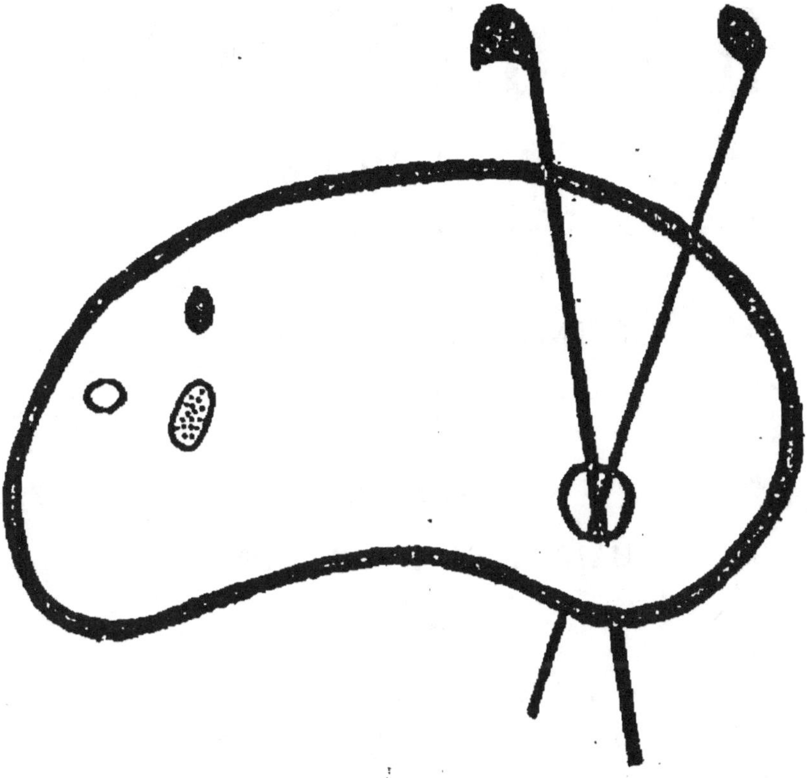

COUVERTURE SUPERIEURE ET INFERIEURE
EN COULEUR

LES CHEFS-D'ŒUVRE

DU

THÉATRE ESPAGNOL

ANCIEN ET MODERNE

TRADUCTION

DE

CLÉMENT ROCHEL

TOME II

CALDERON — ALARCON

L'Alcade de Zalaméa.
On ne Badine pas avec l'Amour.
La Dévotion à la Croix. — Le Tisserand de Ségovie.
La Cruauté pour l'Honneur.

PARIS
GARNIER FRÈRES, LIBRAIRES-ÉDITEURS
6, RUE DES SAINTS-PÈRES, 6

A LA MÊME LIBRAIRIE

CHEFS-D'ŒUVRE DE LA LITTÉRATURE GRECQU

TRADUCTIONS

25 volumes, format in-18 jésus, brochés, à **3 francs**

ARISTOPHANE. — **Théâtre.** Traduction de Brottier complètement refondue, avec une notice sur chaque pièce, par M. Louis Humbert, professeur au lycée Condorcet. 2 vol.

ARISTOTE. — **La Politique.** Traduction de Thurot, revue par M. Bastien, avec une introduction par M. E. Laboulaye, membre de l'Institut. 1 vol.

ARISTOTE. — **La Poétique et la Rhétorique.** Traduction nouvelle de M. Ruelle. 1 vol.

DÉMOSTHÈNE. — **Discours Politiques.** Traduction de A. Poyard avec des arguments et des notes. 1 vol.

ESCHYLE. — **Théâtre.** Traduction de J. de la Porte du Theil, avec une introduction par M. Louis Humbert. 1 vol.

HÉRODOTE. — **Histoire.** Traduction Larcher, augmentée d'un nouvel index, par L. Humbert, 2 vol.

HOMÈRE. — **Iliade.** Traduction Dacier, revue par M. Crouslé, professeur à la Faculté des lettres de Paris. 1 vol.

— **Odyssée.** Traduction Dacier. 1 vol.

LUCIEN. — **Œuvres complètes** Traduction de Belin de Ballu revue, corrigée et complétée, avec une introduction, des notes et un index, par L. Humbert. 2 vol.

PINDARE. — **Œuvres complètes.** Traduction de M. Poyard, professeur de rhétorique au lycée Henri IV. Nouvelle édition augmentée des **Odes d'ANACRÉON** e de **SAPHO**, et de **Fragment d'ÉRINNA.** 1 vol.

PLATON. — **Apologie de Socrate, Criton, Phédon, Gorgias.** Traduction par M. Bastien, précédée d'une étude par M. Pellissier. 1 vol.

— **La République et l'État.** Traduction par le même. 1 vol.

PLUTARQUE. — **Les Vies des hommes illustres**, traduites par Ricard. Nouvelle édition, revue. 4 vol.

POÈTES MORALISTES DE LA GRÈCE. Hésiode, Théognis, etc.

SOPHOCLE. — **Tragédies**, par M. L. Humbert.

THÉOCRITE. — **Œuvres.** Traduction de F. Barbier avec étude sur les Idylles par Ch. Barbier. 1 vol.

THUCYDIDE — Traduction par M. Loiseau, docteur ès-lettres. 1 vol.

LES ROMANS GRECS. — Les Pastorales, **Daphnis et Chloé**, traduction d'Amyot. Les **Éthiopiennes** d'Héliodore, traduction de Quenneville, revue par M. L. Humbert, précédée d'une Étude sur le roman grec, par M. A. Chassang, inspecteur général.

XÉNOPHON. — **Cyropédie** et **Retraite des Dix-Mille.** Traduction de Gail. Édition revue et abrégée par M. Humbert. 1 vol.

LES CHEFS-D'ŒUVRE

DU

THÉATRE ESPAGNOL

ANCIEN ET MODERNE

LES CHEFS-D'ŒUVRE

DU

HÉATRE ESPAGNOL

ANCIEN ET MODERNE

TRADUCTION

DE

CLÉMENT ROCHEL

TOME II

CALDERON — ALARCON

L'Alcade de Zalaméa.
On ne Badine pas avec l'Amour.
La Dévotion à la Croix. — Le Tisserand de Ségovie.
La Cruauté pour l'Honneur.

PARIS

GARNIER FRÈRES, LIBRAIRES-ÉDITEURS

6, RUE DES SAINTS PÈRES, 6

INTRODUCTION

Pour parler du théâtre espagnol, il faut toujours remonter à Lope de Vega. Il le créa entièrement et lui donna une impulsion unique. Sous son influence, à ses côtés ou après sa mort, une légion d'auteurs écrivirent et firent jouer des pièces en nombre infini ; et, pour expliquer cette excessive production dramatique, il est même à croire que chaque œuvre portée à la scène n'avait que quelques représentations.

Cette floraison dura un siècle environ. Le règne de Philippe IV fut particulièrement favorisé. Ce monarque aimait le théâtre ; on lui attribue plusieurs œuvres anonymes qui ne manquent ni d'intérêt ni de pathétique : *le Comte d'Essex* (1) ou *Donner la vie pour sa Dame; Ce qui se passe chez des Nonnes*, etc....

Moreto, dans la première scène de *On ne peut garder une femme*, dit de Philippe IV :

<small>De quel homme d'esprit en notre temps le Roi n'a-t-il pas fait la fortune ? Quelle plume n'a pas reçu, de sa libéralité, un emploi ? N'a-t-il pas montré son extrême générosité envers Villahermosa, Gongora, Mesa y Enciso, Mendoza et d'autres ?</small>

L'étiquette observée à la cour, ne permettait pas au Roi d'aller au théâtre. Philippe IV, sans abolir cette

---

<small>(1) Un manuscrit de la Bibliothèque nationale de Madrid établit que, du 5 octobre 1622 au 8 février 1623, furent représentées devant la Reine 43 œuvres dramatiques qui, à 300 réaux chaque, occasionnèrent une dépense de 13,500 réaux payés aux acteurs. Les directeurs de troupes étaient Pedro Valdès, Alonso de Olmedo, Cristobal de Avendaño, Juan de Moralès, Vallejo. Parmi les pièces connues, nous pouvons citer : *Gañar amigos*, d'Alarcon; *Celos engendran amor, la Vengadora de las mujeres*, de Lope; etc. Quatre ou cinq pièces ont été jouées deux fois.

A la date du 25 février 1637, est inscrit un *Don Quichotte* de Calderon, œuvre perdue aujourd'hui, représentée par la troupe de Rosa.

Les fêtes de décembre 1657 signalent *Psyché et Cupidon*, d'Antonio de Solis, au théâtre du Buen Retiro. La machination était l'œuvre d'un ingénieur italien, Maria Antonozzi.</small>

coutume, se rendait incognito aux théâtres de la Croix et du Prince. Il fit élever une fort belle salle de spectacle au palais du Buen Retiro, aux portes de Madrid, et invitait les personnages de marque à l'accompagner (1).

La description de ce théâtre se trouve tout entière dans le *Journal du Voyage d'Espagne* par le secrétaire du maréchal de Grammont, envoyé extraordinaire de Louis XIV (1659) (2). Madame d'Alunoy en parle aussi (1689) dans sa *Relation de Voyage*. Madame de Villars, qui habita Madrid de 1679 à 1681 avec son mari, ambassadeur de France, s'étend encore sur le théâtre du Buen Retiro (3).

Parler de tous les contemporains de Lope de Vega, dépasserait notre cadre. D'ailleurs, les notes biographiques font défaut le plus souvent. On connaît l'œuvre d'un auteur, on sait qu'il eut de grands succès de son temps, mais il a fallu plus de deux siècles pour que des chercheurs s'emploient à reconstituer sa vie. Alors les documents manquent et on s'estime heureux si l'on retrouve un acte de baptême ou de décès.

(1) Le Roi fréquentait beaucoup les poètes; il en avait réuni un certain nombre pour improviser une comédie sur la création du monde; il chargea Calderon d'écrire le rôle d'Adam, et se réserva le rôle de Dieu Créateur. Adam, dans un superbe monologue, retraçait les joies du Paradis. Le Roi témoigna quelque impatience. Calderon s'en aperçut et en demanda la raison : « La raison? répondit le Roi, c'est que je me repens d'avoir créé un Adam si éloquent! »

(2) « Ce que je garde pour la bonne bouche, c'est la comédie représentée hier soir. Le salon était éclairé par six torchères ou plutôt par six énormes cierges posés sur des chandeliers d'argent gigantesques. Des deux côtés du salon, en face l'un de l'autre, se trouvent deux balcons ou tribunes avec rampes en fer. Les Infants et quelques personnes du palais en occupèrent un et le maréchal l'autre... Bientôt le Roi entra, ainsi que l'Infante (Marie-Thérèse, fiancée à Louis XIV). Le Roi ôta son chapeau et salua les dames; il s'assit à droite de la Reine et l'Infante à gauche. Pendant toute la représentation il se tint immobile et ne parla qu'une fois à la Reine... »

(3) « J'ai été assez souvent à la comédie espagnole avec la Reine; rien n'est si détestable. Je m'y amusais à voir les amants regarder leurs maîtresses et leur parler de loin avec des signes qu'ils font de leurs doigts; pour moi je suis persuadée que c'est plutôt une marque de leur souvenir qu'un langage; car leurs doigts vont si vite, que si ces amants s'entendent, il faut que l'amour d'Espagne soit un excellent maître dans cet art. Je pense que c'est qu'il y voit plus clair qu'ailleurs, et qu'il ne se soucie guère de faire plus de chemin... »

Cervantès dans le prologue de ses comédies, et Agustin de Rojas dans son *Voyage humoristique*, signalent les principaux contemporains de Lope : « Les œuvres du docteur Ramon, dit Cervantes, sont appréciées et occupent un bon rang après celles de Lope ; on estime les intrigues bien menées du licencié Michel Sanchez ; le sérieux du docteur Mira de Mescua honore notre nation. Il faut signaler encore les innombrables conceptions du chanoine Tarraga ; la douceur et le charme de don Guilhen de Castro ; l'esprit d'Aguilar ; la pompe, le faste, la grandeur des comédies de Luis Velez de Guevara, celles du spirituel don Antonio de Galarza et celles de Gaspar de Avila. Tous ces auteurs et d'autres ont aidé puissamment à la gloire de Lope. »

La nomenclature de don Agustin de Rojas comprend une trentaine de noms, la plupart obscurs et inconnus ; leurs œuvres n'ont pas eu la bonne fortune de passer à la postérité.

Ainsi, du docteur Ramon, que Cervantès place immédiatement après Lope de Vega, on ne connaît aucune pièce et on ne possède aucun détail biographique.

Le chanoine Tarraga jouit de son vivant d'un grand renom ; douze de ses comédies sont citées ; on sait qu'il était Valencien. M. Ochoa, dans sa collection des contemporains de Lope, a imprimé l'*Ennemie favorable*, en trois actes, dont l'action est assez bien conduite et la versification facile. Mais, à côté de fortes pensées, il y a des extravagances étranges : tous les personnages appartiennent à un rang élevé ; le *gracioso* obligatoire manque. Voici un fragment de scène entre la reine Trene et la favorite du Roi, Laure :

TRENE (*à part.*) — J'entreprends une lutte qui me donne crainte.
LAURE (*à part.*) — J'hésite... j'ai peur ! Elle est jalouse ; je suis femme, livrée à mes seules forces, et je sais qui j'offense.
TRENE (*à part.*) — Comme elle me regarde !... Je veux lui parler.

LAURE (à part.) — Allons!... Si elle possède un royaume, moi je porte un Roi dans mon cœur...
TRENE. — Écoutez...
LAURE. — Parlez.
TRENE. — Jésus!... Quelle impertinence!
LAURE. — Que me voulez-vous?
TRENE. — Approchez.
LAURE. — Puisque vous avez besoin de moi, pourquoi n'approchez-vous pas?
TRENE. — Faisons chacune quelques pas en avant.
LAURE. — C'est chose juste...
TRENE. — Savez-vous pourquoi je viens?
LAURE. — Non.
TRENE. — Savez-vous qui commande?
LAURE. — Celui qui règne.
TRENE. — Et qui règne?
LAURE. — Celui qui a hérité du trône.
TRENE. — Sais-tu que je suis Reine?
LAURE. — Sais-tu que je suis moi?
TRENE. — Et qui es-tu?
LAURE. — L'honneur.
TRENE. — Et qu'est ton honneur?
LAURE. — Mon être.
TRENE. — Et qu'est ton être?
LAURE. — Le plus grand.
TRENE. — Si tu as tant de valeur, comment te laisses-tu aimer? Comment captives-tu mon époux?
LAURE. — Moi?. . . . .
. . . .

TRENE. — Tu portes la livrée du Roi, tu reçois des gages, tu fais bien de ne pas aimer mon frère bien qu'il t'aime. Une femme qui laisse un Roi pour un Roi, laisse la proie pour l'ombre. Deux Rois te font la cour. Si ton ardeur ne s'éteint pas, cherches en deux autres, tu en auras quatre dans ton jeu. On dit que le fruit dérobé a plus de saveur. Combien de temps ton indifférence a-t-elle résisté?... Il est tendre? Il t'aime, lui? Il parle mieux? Rentre chez toi, ouvre ta fenêtre, accorde ta guitare; et des cordes à l'unisson forme une échelle.
LAURE. — Reine, assez, assez!.. Je ne souffrirai point qu'on m'offense, qu'on m'outrage. Je puis prêter de l'honneur à la Reine, et aussi un lignage.
TRENE. — Ce sera un lignage de boue; ton honneur n'existe qu'en paroles...
LAURE. — Je suis mieux apparentée que vous, et je suis plus honorée.
TRENE (elle lui donne un soufflet.) — Tu mens!
LAURE. — Un soufflet? Un démenti?... Mes mains deviendront une épée!

Cette querelle entre une Reine et une femme noble manque de dignité. Mais la réponse de Laure au Roi, qui la supplie de se taire, ne manque pas de grandeur.

LAURE. — Je me tais. La langue n'a rien à dire quand l'outrage parle. Cette joue fera l'office de ma bouche. Sur elle tu peux voir mon injure gravée ; elle est peinte de la main de ton épouse. Là son orgueil insensé a offensé ma race, et pour que l'injure soit patente, elle a mis le sceau de sa main...

Don Gaspar Aguilar, un autre poète valencien, est supérieur à Tarraga. Nous connaissons seulement le *Marchand aimé* parmi les douze comédies qu'on lui attribue. Le sujet, en ce temps-là, n'était pas encore rebattu. Un riche marchand, est aimé par deux femmes. Il hésite dans son choix, et feint d'être ruiné. L'une des femmes l'abandonne pour épouser le domestique, qui est censé posséder tous les biens de son maître ; l'autre, au contraire, renonce à un brillant mariage pour suivre la fortune de celui qu'elle aime malgré la perte de ses richesses.

Valence était un vrai centre littéraire ; avec le chanoine Tarraga, don Gaspar Aguilar, on cite don Mario Antonio Ortis, Vincente Esquerdo, Jacinto Alonso Malvenda, don Antonio Folch de Cordova et d'autres que ne mentionne pas Rojas.

Le docteur don Antonio Mira de Amesa, ou Mescua, eut autant de célébrité comme poète lyrique que comme poète dramatique. Moins naturel que Lope de Vega, bien plus métaphorique, il a de l'esprit ; et, comme exemple de dialogue vif et animé, on cite cette scène tirée du *Phénix de Salamanque* :

GARCERAN. — Où as-tu pris logement ?
SOLANO. — Près du Carmen.
GARCERAN. — As-tu commandé le dîner ?
SOLANO. — Oui.
GARCERAN. — Quel en est le menu ?

SOLANO. — Un chapon, un pâté, deux perdrix...
GARCERAN. — Bien.
SOLANO. — Une moitié de chevreau grillé, deux lapereaux.
GARCERAN. — Parfait.
SOLANO. — Un gigot de mouton.
GARCERAN. — S'il est à point, rien à dire.
SOLANO. — Un jambon.
GARCERAN. — Oh! oh! Tu es un bon fourrier!
SOLANO. — Trois pots de clairet et de moscatel : sans vin, le cochon est à table comme un captif en Algérie.
GARCERAN. — Je vais bien dîner.
SOLANO. — Alors le menu te plaît?
GARCERAN. — Certes.
SOLANO. — Viens donc dans cette rue, tu vas contempler le menu en peinture; tes désirs seront remplis. Le peintre a reproduit les lapins et le veau au naturel... Car enfin, tu ne t'es pas encore demandé quel argent ai-je donné à Solano pour ordonner et commander le repas?
GARCERAN. — Alors, tu n'as pas d'argent?
SOLANO. — De l'argent? oh! Garceran, depuis hier, nous sommes en peau.
GARCERAN. — Je t'ai remis 300 réaux à Valence.
SOLANO. — Parfaitement, mais jette un coup d'œil sur le compte. (*Il sort un papier*) : « Dépenses de Solano en cours de route... »
GARCERAN. — As-tu noté le vin que tu as bu?
SOLANO. — « Soixante réaux pour la valise; quatre-vingt-dix pour deux mules à Machin... » Tu vois? Voilà la moitié des trois cents réaux... « Vingt réaux que tu as perdu au jeu, deux réaux que tu as donnés à une fillette dans le besoin; cent réaux dépensés en nourriture et en chambres de Valence jusqu'ici; dix-huit réaux employés en vin que j'ai bu. » Combien manque-t-il?
GARCERAN. — Trente réaux.
SOLANO. — Trente exactement?
GARCERAN. — Oui.
SOLANO. — Alors, j'ai oublié quelque chose... Oui... Trente réaux, moins un petit cuarto, remis d'avance à notre hôtelier; nous n'avions pas de vase de nuit, et pour un cuarto j'ai acheté un plat de terre... Voilà le détail des trois cents réaux; il n'en manque pas un et le compte est parfait !..

Les contemporains donnèrent à Michel Sanchez le surnom de *Divin*; il n'est resté de cet auteur qu'une comédie, la *Guarda cuidadosa*, de laquelle Lista fait de grands éloges : il estime que cette œuvre marque la transition entre Lope et Calderon.

Mais de tous les contemporains de Lope, le plus

célèbre est Guilhen de Castro ; et cette célébrité, il la doit pour la plus grande part à Corneille. La *Jeunesse du Cid* du poète valencien fut suivie des *Hauts faits du Cid*. (*Las hazañas del Cid*). Les Espagnols connaissent à peine cette suite de l'épopée de Rodrich de Bivar. Elle est totalement ignorée en France, de même que les autres pièces de théâtre de G. de Castro, qui en a écrit environ quarante.

Luis Velez de Guevara prend place aussi parmi les contemporains de Lope. Il excella dans la nouvelle, qu'il fit en grand nombre, bien qu'il ait composé quatre cents comédies. Ses personnages sont bien compris, braves, généreux. Les dames surtout sont bonnes, affectueuses, honnêtes. Il sacrifia au cultisme et nous ne connaissons pas de plus bel échantillon que ce portrait de doña Sol par elle-même, dans la *Romera de Santiago* :

... Mais tout cela est de peu d'importance si ce monstre, ce scorpion que l'on nomme une Beauté — il serait mieux de dire un Poison — ce basilic humain, ce sphinx qui naquit d'un enfantement de la trahison pour vaincre son maître, ce tyran, cette fleur merveilleuse de mensonge, cette ambition éphémère n'eût pas donné occasion de manquer aux privilèges du respect qui inspire la noblesse de cœur.

En retraçant à grands traits, dans le tome I des *Chefs-d'Œuvre du Théâtre espagnol*, la vie de Lope Vega, nous avons beaucoup parlé du docteur Juan Perez de Montalvan. Il était né à Madrid en 1602 ; son père, libraire du Roi, envoya son fils à l'Université d'Alcala où il obtint le titre de docteur en théologie. A l'âge de vingt-trois ans, il fut ordonné prêtre. Son ardeur au travail était telle que, vers l'âge de trente-six ans, il devint fou et mourut en 1638. Il avait écrit trente-six comédies diversement appréciées, qui nous ont été conservées. Ses contemporains ne lui épargnèrent ni les critiques, ni les épigrammes. Il se complaisait en de pompeux monologues, en des récits poétiques :

> J'arrivai à Florence et Clenardo vint à mon devant. Il me combla d'attentions, tu le sais déjà. J'entrai dans la ville, très fier, sur un vaillant alezan, de ceux qui sont élevés et nourris dans les pâturages d'Andalousie. Il était en si bel état, si étoffé, que le ciel aurait pu l'atteler au char du Soleil. Je vis Camille plus belle que la Vénus que Chypre adore comme déesse et mère sur des autels ornés de roses et de fleurs d'oranger; ses cheveux dénoués flottaient sur ses épaules. Elle semblait un diamant monté sur or : l'espiègle Cupidon avait élu domicile dans ses beaux cheveux; il baisait son front et jouait avec son sourire. Les sourcils qui s'écartaient pour limiter chaque Orient formaient une architecture d'un ébène transparent; les cils étaient si noirs qu'ils paraissaient de sombres forêts. Je ne parlerai pas de ses yeux, j'offenserais leur majesté. Le ciel, dans son huitième cercle, n'a pas deux luminaires, deux flambeaux, deux astres plus étincelants. Enfin, elle sortit de la prison de ses gants ses doigts ornés de diamants et semblables à des fleurs de jasmin. Et je les ai tant admirés quand ma vue se porta sur eux, que j'en ai oublié le souvenir de son visage. Son beau ciel me regarda et, bien qu'il fût tout étoilé, il se trouva pour moi nuageux tant il me témoigna de rigueur.

Ce monologue est l'archétype de tous ceux où les poètes du temps font montre de leurs souvenirs classiques, pour faire parler les galants, et aussi pour utiliser toutes les figures de rhétorique usitées et embellies par des vers sonores, harmonieux, qui, dits avec une certaine emphase, mettaient en joie les spectateurs.

Nous citerons encore ce dialogue, tiré de *Cumplir con su obligacion*, de Montalvan :

DON JUAN. — Madame...
CAMILLE. — Que voulez-vous ?
DON JUAN. — Parler à Votre Excellence.
CAMILLE. — Je suis là.
DON JUAN. — J'ai beaucoup à dire.
CAMILLE. — Moi aussi j'ai à vous parler.
DON JUAN. — Je suis à vos ordres.
CAMILLE. — Répondez-moi franchement. Êtes-vous amoureux ?
DON JUAN. — Moi ?
CAMILLE. — Vous. — Dites la vérité.

DON JUAN. — Je ne suis pas assez malheureux pour ne pas avoir un amour au cœur !
CAMILLE. — Bien heureuse est la personne que vous aimez !
DON JUAN. — Oui, mais je n'en dis pas autant pour moi.
CAMILLE. — Je loue son bonheur puisqu'elle vous a mérité.
DON JUAN. — Et moi je me plains, parce que je n'en suis pas digne.
CAMILLE. — Est-ce que je la connais ?
DON JUAN. — Oui, sur ma foi.
CAMILLE. — C'est ma cousine ?
DON JUAN. — Non certes.
CAMILLE. — Est-elle jolie ?
DON JUAN. — Comme vous.
CAMILLE. — Vous aime-t-elle bien ?
DON JUAN. — Je l'ignore.
CAMILLE. — Qu'attendez-vous ?...
DON JUAN. — Pour me déclarer ?...
CAMILLE. — Oui. Pourquoi ne l'avez vous pas fait ?
DON JUAN. — Je ne puis.
CAMILLE. — Est-ce manque d'amour ?
DON JUAN. — C'est crainte.
CAMILLE. — Qu'est-ce qui vous retient ?
DON JUAN. — L'espoir de me dégager.
CAMILLE. — Pourquoi ?
DON JUAN. — Parce que j'arrive tard.
CAMILLE. — Ne l'aimez pas.
DON JUAN. — Je suis aveugle.
CAMILLE. — A-t-elle un maître ?
DON JUAN. — Elle l'attend.
CAMILLE. — Qui êtes-vous ?
DON JUAN. — Son égal.
CAMILLE. — Alors, que vous manque-t-il ?
DON JUAN — Qu'elle m'aime.
CAMILLE. — Est-elle mon amie ?
DON JUAN. — Elle vous aime beaucoup.
CAMILLE. — Est-ce que je la vois souvent ?
DON JUAN. — Chaque jour.
CAMILLE. — Dites-moi son nom ?
DON JUAN. — Je le voudrais.
CAMILLE. — Que craignez-vous ?
DON JUAN. — Un dédain.
CAMILLE. — Que ferait-elle ?
DON JUAN. — Elle s'offenserait.
CAMILLE. — Enfin, où l'ai-je vue ?
DON JUAN. — Dans votre miroir.
CAMILLE. — Moi ?
DON JUAN. — Oui.
CAMILLE. — Alors c'est moi ?...
DON JUAN. — Vous-même !

Les quelques auteurs, dont nous avons relevé les noms, sont tous de pâles reflets de Lope; ils disposent leur action comme le maître, imitent son style, sans l'égaler jamais. Ils se différencient entre eux seulement par la manière d'écrire les vers.

**

Tirso de Molina, Moreto, Alarcon, Rojas et Calderon forment une autre catégorie. Ceux-là s'emploient à perfectionner l'action dramatique, à mieux déterminer les caractères. Ils procèdent de Lope de Vega, mais leur originalité demeure entière.

Gil de Zarate dit, dans son *Traité de Littérature* : « A Tirso de Molina on accorde la *vis comica* dans toute sa force; à Moreto, la grâce et le naturel; à Alarcon, la philosophie et la perfection du style; enfin, à Calderon, l'art dans la distribution de l'affabulation, la sublimité et la magie du langage. »

Tirso de Molina avoue trois cents comédies en quatorze années; il est supérieur à Lope en force comique, en élocution dramatique, en flexibilité de situations, en variétés de caractères. Lope fut sympathique au public par ses idées chevaleresques, par le respect et l'adoration que toujours il témoigna au beau sexe, divinisant la femme et la plaçant sur un piédestal d'idolâtrie, en quelque sorte. Tirso semble, au contraire, garder rancune à la plus belle moitié du genre humain. Il ne fait de ses héroïnes ni des modèles de vertu, ni des modèles de perfection; elles arrivent facilement au dévergondage et mènent les hommes par le bout du nez. Il parle une langue libre et poivrée, à la façon de notre Rabelais ou de nos conteurs du moyen âge. Le mot crû ne l'effraie jamais. Il met en scène tantôt une duchesse, une grande dame, qui s'amourache de quelque galantin de rang inférieur, qu'elle introduit chez elle en qualité de secrétaire, d'employé quelconque et qu'elle épouse à un moment donné, parce que le mariage s'impose; tantôt une femme abusée par un amoureux en fuite, qui s'emploie par tous les moyens à ramener l'infidèle.

Nombre de pièces de Tirso furent interdites; deux siècles durant son nom fut oublié. D'intelligentes suppressions ont été apportées à ses œuvres et, quand elles ont été remises à la scène, le public a accueilli avec un tel enthousiasme le *Timide au Palais*, que, d'après Gil de Zarate, sa gloire a éclipsé celle de Lope et de Calderon.

La biographie de Tirso (Gabriel Tellez), né à Madrid en 1585, est entièrement à écrire. On dit qu'à l'âge de cinquante ans il entra dans les ordres et qu'il mourut vers 1648. On ignore tout de sa jeunesse. Il voyagea beaucoup, surtout en Portugal, — ses œuvres permettent de le supposer. Mais tout est conjectures dans l'existence de Tirso de Molina; son portrait qui existait en 1808 a même disparu complétement.

On joue de nos jours sur les théâtres d'Espagne une vingtaine de ses comédies. Celle qui nous plaît le plus est intitulée: *Preuves d'amour et d'amitié;* par exception, le rôle de la femme est d'une délicieuse candeur.

On a pu juger, par la lecture du *Timide au Palais*, que Tirso sacrifie parfois au gongorisme à la mode. Mais il ne s'attarde guère à ces subtilités et revient aux situations amusantes et aux sculs effets comiques. Voici une page de *Don Gil aux Chausses vertes*, qui montre de quelle manière il pose ses personnages.

Doña Juana, abandonnée par son amant, a pris le nom et les habits d'un jeune homme, Don Gil. Elle est arrivée à Madrid et engage comme valet un pauvre diable, qui compte sur la Providence pour subvenir à ses besoins quotidiens. Elle lui demande près de qui il a déjà servi :

DOÑA JUANA. — Vous cherchez une condition?

CARAMANCHEL. — Je cherche un maître, mais si le ciel en faisait pleuvoir, si les punaises en cherchaient, si le crieur public allait par les rues en demander, si Madrid en était débordée et si, aveugle, je marchais dessus, jamais je n'en trouverais un, tant je suis mal chanceux.

DOÑA JUANA. — Avez-vous beaucoup servi?

CARAMANCHEL. — Beaucoup, autant que Lazarille de Tormès. J'ai servi un mois, pas tout à fait, un médecin fort barbu, à la lèvre pendante bien qu'il ne fût pas allemand, portant des gants parfumés à l'ambre, s'habillant de soie, entêté comme une mule, plein de morgue: beaucoup de livres et peu de science. Le salaire qu'il me donnait ne me plaisait guère, car il gagnait son argent sans conscience. Échappant à une semblable situation, je m'enfuis de cette chénevière.

DOÑA JUANA. — Il gagnait mal son argent? Comment cela?

CARAMANCHEL. — D'abord, avec quatre aphorismes, trois citations, deux syllogismes, il soignait une rue entière. La médecine est une science qui demande beaucoup d'études, et il n'y a pas de gens qui étudient moins que les médecins bien que notre vie soit en jeu. Comment étudieraient-ils? Ils ne s'arrêtent pas de la journée. Voici l'emploi du temps de mon maître. Au lever d'ordinaire, parce qu'il était vieux chrétien, il déjeunait d'une tranche de jambon, arrosé de l'électuaire *aqua vitis*, autrement dit jus de vigne; puis il visitait, à pas comptés, les malades dans tous les coins et recoins de la ville. Nous rentrions à onze heures. Mon docteur, las de voir des urinaux et des fistules, pouvait-il trouver le temps de consulter Hippocrate et de chercher les remèdes qui convenaient à tant de maladies? Alors il mangeait une soupe et un rôti avancé; après le repas, il jouait un cent de piquet ou la poule. A trois heures, il retournait à sa médecine et je le suivais comme son ombre — saint Roch et son chien. Quand il revenait au logis, il faisait nuit. S'il lui prenait envie de consulter un de ses vieux auteurs, il n'en avait pas le temps. On entendait doña Stéphanie, sa femme, qui criait : « Inès, Léonor! allez avertir le docteur; le souper refroidit. » Mon maître répliquait: « Un moment ! j'ai besoin d'étudier. Dites à Madame que le fils de la Comtesse souffre d'une esquinancie et que la Génoise, son amie, est atteinte de la fièvre scarlatine; il faut que j'examine si, dans l'état intéressant où elle se trouve, on peut la saigner, Dioscoride dit oui et Galien dit non. » Les servantes se retiraient, mais la dame se fâchait et, faisant irruption dans le cabinet : « Allons, Seigneur, votre réputation est établie, et vous en savez assez pour l'argent que vous gagnez. Si vous vous fatiguez ainsi, vous tomberez malade. Envoyez au diable Galien. Qu'importe au bout de l'année vingt morts de plus ou de moins ! » Ainsi bousculé le docteur se levait et abandonnait les textes morts pour étudier les textes vivants. Il mangeait et la science jeûnait. Il débutait par de l'escarolle et finissait par des olives ; puis, se couchant bien lesté, il recommençait sa tournée au point du jour, répétait ses sornettes, formulait des ordonnances faciles et bernait ses malades avec des mots vides de sens: « Le mal de votre Seigneurie provient des vapeurs et de l'hypocondrie ; le poumon est obstrué et, pour déterger les flegmes vitreux qu'il renferme mêlés avec les humeurs, — la nature ne travaillera que mieux — il convient de prendre une potion, laquelle donnera au foie et à la rate la substance qui mange le mal. » On lui remettait un double écu, et on célébrait ses louanges parce qu'on n'avait rien compris à ce flux de paroles. Je jure Dieu qu'un jour, ayant quatre malades à purger, je le vis copier dans un antique registre quatre formules au hasard et les offrir à ses clients en disant : « Dieu vous guérisse ! » Ne pensez-vous pas, comme moi, que je ne pouvais gagner ainsi mon argent? Je le quittai donc.

DOÑA JUANA. — Quel serviteur scrupuleux !

CARAMANCHEL. — Ensuite, je passai au service d'un avocat, grand mangeur de bourses, mais je me lassai vite. Alors que les plaideurs attendaient dans l'antichambre qu'on examinât leurs procès, il se bichonnait, se frisait. C'était à lui appliquer des volées de coups de bâton ! Il avait un fer, en forme de tenailles, au moyen duquel il relevait sa barbe en pointe, après l'avoir gommée. Comme cela va bien, une tête gommée ! Je le quittai pour un ecclésiastique. C'était un homme de poids. Il avait un bonnet brodé, le visage fleuri, l'air grave, les joues pendantes, le cou penché sur l'épaule; il nous mettait au pain et à l'eau tous les vendredis pour économiser sur notre pitance. Quant à lui, il mangeait un chapon dodu — les consciences des théologiens sont larges — et, quand il ne restait plus que les ailerons et les pattes, il disait, levant les yeux au ciel : « Ah! gouvernante, que Dieu est bon ! » J'abandonnai son service pour ne plus voir un saint célébrer la bonté de Dieu seulement après dîner. J'entrai chez un avare qui allait à cheval et me donnait deux réaux par jour pour mes gages et ma nourriture. A la moindre faute, il rognait sur ma solde, mais je me rattrapais sur la ration de la haridelle ; je vendais l'avoine que je dérobais ; j'avais ainsi la ration du cheval qui devait se contenter de mon salaire. Ensuite je me plaçai chez un personnage fort ignorant et fort prétentieux, marié à une certaine doña Mayor. Il envoyait sa femme chez celui-ci ou celui-là et, par ce moyen, ne pourvoyait pas aux besoins de sa moitié. Les maîtres que j'ai servis ont aussi nombreux que les poissons dans la mer. Je vous lasserais en les énumérant. Qu'il vous suffise de savoir qu'en ce moment, mal conditionné je suis sans condition.

DOÑA JUANA. — Si tu te fais le chroniqueur des gens d'humeur diverse qui t'ont employé, mets-moi sur ta liste, car je te prends à mon service.

Au sujet de Moreto et d'Alarcon, même pénurie de renseignements bibliographiques.

Nous avons rapporté tous les faits saillants et véri-

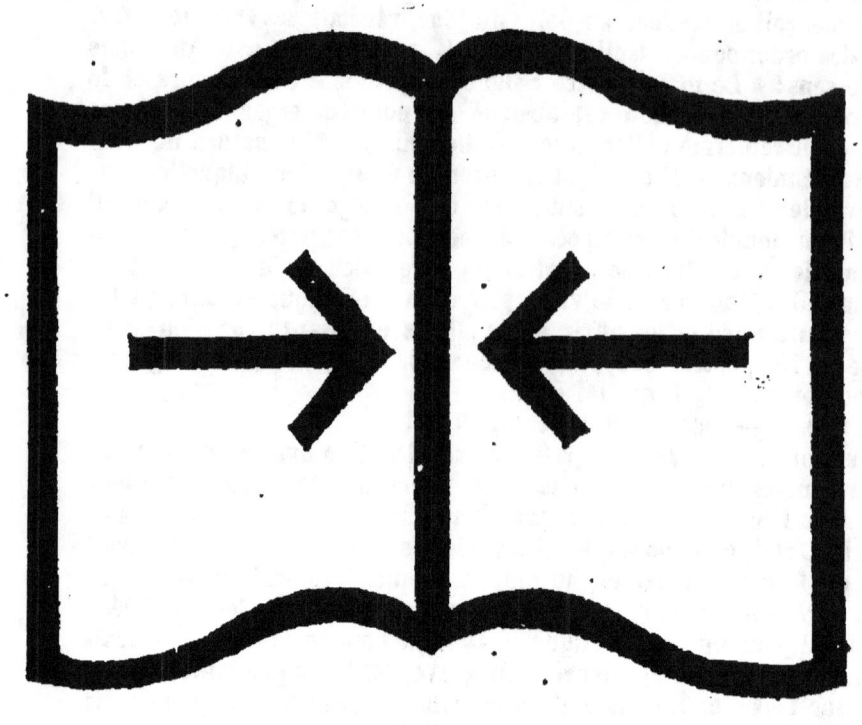

**RELIURE SERRÉE
ABSENCE DE MARGES INTÉRIEURES**

VALABLE POUR TOUT OU PARTIE DU DOCUMENT REPRODUIT

diques ayant trait à don Agustin Moreto y Cabanas, dont les œuvres sont les joyaux de la littérature espagnole (1). Il n'existe aucune traduction des principales œuvres de Moreto. Mais nous comptons combler cette lacune avec un volume composé de six pièces, parmi lesquelles *El Lindo don Diego*, qui permettront d'apprécier la richesse et la souplesse de ce beau talent.

Don Juan Ruiz de Alarcon, peut-être parce qu'il fut disgracié de la nature — il était bossu — n'a obtenu que de nos jours, la justice qui lui était due. Ses contemporains le criblèrent d'épigrammes. Lope de Vega, si indulgent pour tous, se montra à son égard d'une excessive sévérité. Nombre de ses œuvres furent imprimées sous le nom d'autres auteurs. Lorsque Corneille lui emprunta le sujet du *Menteur*, il eut entre les mains la *Verdad Sospechosa* qui figure dans le tome xxiv des œuvres de Lope de Vega (2). Le *Tisserand de Segovie* fut imprimé sous les noms de Calderon et de Rojas. L'*Examen des maris* est tantôt attribué à Montalvan, tantôt à Lope (3).

On croit que Ruiz de Alarcon y Mendoza est né à Tasco, (Mexique) et qu'il descendait d'une famille noble originaire d'Alarcon, village de la province de Cuenca. D'après les registres de l'Inquisition, Alarcon habitait l'Espagne en 1622. En 1628, il publia le premier volume de ses comédies, en s'intitulant « rapporteur du Conseil des Indes » (4). Cette charge était d'importance. Il dédie son livre au duc de Medina de las Torres

---

(1) Cf. *Les Chefs-d'Œuvre du Théâtre Espagnol*, t. 1, Notice de *Dédain pour dédain*, p. 487.

(2) Zaragoza, 1630.

(3) Tome xxiv des Comédies de Lope. — Zaragoza, 1633.

(4) Le théâtre d'Alarcon constitue une rareté bibliographique. Il comporte deux volumes : le premier (1628) ne se trouve qu'à la Bibliothèque de Paris et le deuxième (1634) à Brunswich.

en un style familier, qui détonne avec le style humble ordinairement employé par les auteurs vis-à-vis des puissantes seigneuries. Puis, s'adressant au public, ajoute, avec une hauteur souveraine :

> Voici mes œuvres : traite-les selon ton habitude, non selon la justice, mais selon ton plaisir. Elles te regardent avec mépris et sans crainte, car elles ont franchi le péril de tes forêts, et maintenant elles n'ont qu'à passer le danger de tes rancunes. Si elles te déplaisent, je me réjouirai en sachant qu'elles sont bonnes ; et si elles ne te déplaisent pas, je me réjouirai de savoir qu'elles sont bonnes sans t'avoir coûté de l'argent.

Cet excès d'orgueil dut beaucoup être préjudiciable au poète. Son infirmité prêtait au ridicule. Un contemporain écrivait à son sujet : « Tu es tellement bossué devant et derrière, Alarcon, qu'il est impossible de savoir où prend commencement ta bosse et de quel côté tu l'inclines. » Néanmoins, la cour apprécia le talent du poète, et le duc de Medina lui fit obtenir une fonction importante qui mit en exaspération toute la gent de lettres. Gongora, Quevedo, Lope de Vega, Montalvan, Gabriel Tellez, tous l'attaquent à la fois ; tous l'accusent de plagiat. Or, le véritable plagié, c'était Alarcon.

> Les œuvres d'Alarcon, dit le comte de Schack, (1) apparaissant avec un caractère d'originalité marquée, nous ouvrent un horizon poétique complètement nouveau. Alarcon était un de ces hommes audacieux et indépendants qui, méprisant toute intervention, entrent sans hésiter dans de nouveaux chemins ; un de ces caractères énergiques qui marquent du sceau de leur originalité tout ce qu'ils font. Lorsque la moyenne partie des poètes dramatiques de ce temps considéraient l'argument de leurs œuvres comme l'objet principal, le tournant et le retournant en tous sens pour lui donner un aspect, une forme poétique, dans le désir de revoir les spectateurs, Alarcon envisage les faits qui constituent l'action dramatique comme subordonnés à l'idée qu'il veut mettre à la scène... Il ne se propose pas seulement de plaire au public, de l'intéresser, de l'émouvoir, il veut lui communiquer la force violente de l'inspiration qui l'étreint. Alarcon, paraît-il, fut un homme audacieux, orgueilleux, contempteur de passions viles, mais aimant le bien avec passion ; toutes ses poésies sont empreintes de la noblesse d'une âme

---
(1) Cf. *Histoire de la Littérature et de l'Art dramatique en Espagne*.

grande et de la sublimité de ses pensers ; il peint avec prédilection tout ce qui élève l'homme : l'énergie, la défense de l'innocence persécutée, l'abnégation de l'amour, la fidélité immuable de l'amitié, la loyauté chevaleresque qu'aucune souillure ne doit atteindre. A côté de ces qualités et faisant suite aux idées du temps, il exalte la soif inextinguible de la vengeance peu scrupuleuse dans le choix des motifs et désireuse de noyer dans le sang de l'offenseur l'outrage qui a été fait.

Alarcon, en somme, exalte la vertu et se fait le champion de la vérité. Il confond le médisant et châtie sa langue de vipère dans *les Murs entendent* ; il célèbre la fidélité à tenir sa parole dans *Gagner des amis* ; il montre ce qu'une promesse a de sacré dans *la Preuve des promesses* ; il recherche les légendes héroïques dans les *Seins privilégiés*. Toujours ses visées sont belles et ses maximes profondes. On loue sa versification aisée, facile, sonore, naturelle. On croit qu'il mourut vers 1639.

*
**

Le premier poète qui commença à s'écarter de la simplicité et du naturel, créant une nouvelle école que perfectionna Calderon, est don Francisco de Rojas Zorrilla. Il apportait avec lui, si on peut s'exprimer ainsi, l'école du coloris. Ses vers forment une musique sonore et brillante. Il a de l'énergie et de la vigueur. *Garcia del Castañar* n'est au-dessous d'aucun drame de l'époque ; Moreto a plus de légèreté, mais Rojas est plus piquant.

Voici une scène pleine de grâce et de naturel ; Don Mendo s'emploie à séduire Blanche :

DON MENDO. — Paysanne, qui t'a vue sans désirer être ton amant ?
BLANCHE. — Entrez et taisez-vous, Seigneur.
DON MENDO. — Tout ce que tu m'offres, je le changerais pour un plat d'amour assaisonné de bonne volonté.
BLANCHE. — Dites-moi donc, beau courtisan, portant l'écharpe rouge, qui, en ma maison, vous préparerait un tel plat ?
DON MENDO. — Ta main.

BLANCHE. — Une sauce de bœuf aux aubergines vous vaudra mieux, et que Dieu sauve ma main ! Amen ! Ne désirez pas trop ce mets-là. Si vous en voulez, on vous dirait que la main d'une villageoise a besoin d'être lardée et entrelardée pour être mangée par un seigneur.

DON MENDO. — C'est l'amour qui la fait désirer pour mes lèvres.

BLANCHE. — Pardonnez-moi, mais saint Pierre est fort bien à Rome et, si vous ne le savez pas, apprenez que ce plat-là n'est servi par moi qu'à mon mari, qui me paie fort bien, sans flatterie et sans détour.

DON MENDO. — Mon amour et mes désirs te paieront tout aussi bien.

BLANCHE. — En meilleure marchandise dépensez vos vaines intentions. Les bohémiens ne tromperont jamais l'épouse de Garcia, qui n'est cependant qu'une sauvage fille des montagnes.

DON MENDO. — Et belle comme une fleur !..

BLANCHE. — D'où je suis, Seigneur ?... Je suis d'Orgaz pour vous servir.

DON MENDO. — Je crois que, pour le soupçon, tu viens du ciel et pour la rigueur de la montagne.

BLANCHE. — Les filles de mon pays sont-elles sottes ?... Allez manger et grand bien vous fasse !

DON MENDO. — Ne me comprends-tu pas, Blanche ?

BLANCHE. — J'entends fort bien votre chanson. La fille d'Orgaz n'est pas tout à fait sotte, sur ma foi !

DON MENDO. — Par tes yeux aimés, fille d'Orgaz, tu m'écouteras !

BLANCHE. — Assez ! Que la fête soit joyeuse ! On est à table, entrez et soyez plus courtois.

DON MENDO. — Et toi, sois aussi moins cruelle.

BLANCHE. — Vous n'entrez pas ? Attendez... Holà ! Garcia, mon mari !

DON GARCIA (*paraissant.*) — Que voulez-vous, mes yeux divins ?

BLANCHE. — Faites donc entrer ce Seigneur qui veut à toute force me conter une histoire.

DON GARCIA. — Entrez, Seigneur, vous m'honorez. Prenez une bouchée de la nourriture qui vous est loyalement et gracieusement offerte, et qu'elle vous profite plus que la pomme ne profita à Adam !

Felipe Godinez (1) n'est connu que par un passage du *Voyage au Parnasse*. Ses comédies n'offrent guère de saillant que leur invention et leur exposition. *Le soleil brille même la nuit* est considéré comme la plus parfaite.

On parlait beaucoup de Luis de Belmonte au temps de Lope. On lui attribue une comédie, *le Diable prédicateur*, imitée du *Frère diable* de Lope. Si elle lui appar-

(1) CERVANTÈS. — *Voyage au Parnasse.* — «... Celui-ci a un esprit fleuri comme le bois de mai. Il commence à s'essayer dans la comédie, et se nomme Godinez. »

tient, c'est certainement la meilleure de ses œuvres. Cette pièce, représentée pendant tout le xviie siècle, fut interdite au siècle suivant et aussi pendant le règne de Ferdinand VII. Les censeurs estimaient qu'elle offensait la religion.

En collaboration avec Rojas et Calderon, Luis de Belmonte a écrit *le Meilleur ami, c'est le mort*.

Nous pourrions mentionner d'autres auteurs, mais une trop brève nomenclature serait sans intérêt. Notons cependant, en raison du nom, Diego Muxet de Solis qui publia en 1624, à Bruxelles, un volume de comédies, parmi lesquelles la *Vengeance de la duchesse d'Amalfi*, suite du *Majordome de la duchesse d'Amalfi* de Lope de Vega. Il serait curieux de rechercher si, comme il est possible, Alfred de Musset ne tiendrait pas quelque parenté avec le Muxet espagnol du xviie siècle.

Pour être agréable aux féministes, que nous n'aimons guère, citons Doña Bernarda Ferreira de la Cerda, d'origine portugaise, appelée à Madrid par Philippe III pour enseigner le latin aux Infantes, et qui publia un volume de comédies, et Doña Feliciana Enriquez de Guzman, auteur d'une tragi-comédie.

Rappelons aussi qu'au temps de Lope de Vega, il n'était pas rare que divers auteurs se réunissent pour composer une comédie. Ils gardaient l'anonyme et l'œuvre imprimée portait : « Comédie fameuse, composée par un, deux, ou trois beaux esprits de la cour. »

Les acteurs en renom ne manquaient pas. Mais leur gloire, leurs succès, nous laissent indifférents. Ils sont trop qualifiés de *prodigieux* dans les écrits contemporains.

*
* *

L'art dramatique espagnol a pour caractéristique une animation, une intensité, dues à la rapidité avec laquelle le sang circule dans les veines. Le tempérament impressionnable des peuples du midi, influe et sur la vie sociale et sur la vie de théâtre : en eux, tout est action, parole, mouvement. Les étrangers sont frappés de l'exagération des gestes des acteurs, de la mobilité expressive de leur physionomie, des contrastes rapides de la récitation, de la transition nullement préparée d'un sentiment à un autre. Le style conventionnel que nos conservatoires, nos grands théâtres en France ont adopté pour la déclamation, diffère totalement du naturel des artistes d'Espagne. Les mêmes effets sont obtenus par d'autres moyens auxquels nous ne sommes pas accoutumés. Les mètres poétiques variables obligent les acteurs espagnols à une attention soutenue ; l'omission d'une syllabe entraîne un manque d'équilibre du vers et choque l'oreille du public. Une assonnance oubliée fait murmurer une salle entière. Les spectateurs sont moins instruits qu'en France, mais leur attention est telle qu'ils possèdent la pièce entière après une seule audition, quelque compliquée qu'ait été l'intrigue.

La récitation dépend presque entièrement de la structure métrique. Les vers de romance, plus spécialement consacrés au récit, doivent être déclamés avec rapidité et légéreté ; leurs périodes, coupées d'exclamations incidentelles, ne surprennent jamais les auditeurs. L'acteur n'a ni monotonie, ni emphase dans sa diction ; il demeure simple et naturel. Quand il s'agit de *redondillas*, de *quintillas*, la diction est plus reposée. Les *stances* comportent plus de solennité et de majesté, de même que les *silvas*, les *liras*; les *iambes* non rimés exigent une vivacité qui n'est pas applicable au *sonnet*; celui-ci, écrit dans une langue choisie, nécessite une bonne articulation, une accentuation soignée.

Une relation d'une fête, donnée dans les jardins d'Aranjuez, en 1623, à l'occasion de l'anniversaire de la naissance de Philippe IV, montre la pompe qui présidait aux représentations théâtrales. La scène avait 115 pieds de large et 78 pieds de profondeur; de chaque côté se dressaient sept arcs avec corniches, pilastres, chapiteaux dorés et au-dessus des galeries, avec balustrades dorées et argentées pour soutenir 70 candélabres où brûlaient des flambeaux de cire. En haut, une toile tendue, imitant le firmament étoilé, semé de points lumineux. Sur la scène était dressée une montagne élevée de 80 pieds de circonférence et ouverte en son milieu. Le sujet de la comédie était emprunté aux aventures d'Amadis de Gaule : les rôles étaient tenus par les seigneurs et les dames de la cour, parmi lesquelles la Reine elle-même. A l'arrivée du Roi, une musique se fit entendre.

Le spectacle commençait par des danses. Sous l'un des arcs se présenta un carrosse en cristal qui amenait le fleuve Tage, entouré de nymphes et de naïades. Un second char, traîné par le taureau du Zodiaque, portait le mois d'avril. Le fleuve Tage et le mois Avril saluèrent le Roi et mirent pied à terre. Le Temps, monté sur un aigle doré, vint féliciter le Roi au sujet de sa naissance ; alors trois arbres s'ouvrirent pour donner passage à trois nymphes qui récitèrent des vers. La comédie commença. Les costumes étaient somptueux et les décorations magnifiques. On voyait l'aurore monter au ciel sur un nuage resplendissant; des dragons lancer des flammes et se battre; la montagne s'ouvrir pour montrer un palais enchanté, gardé par quatre géants. Soudain, dans un tremblement de terre, le palais s'enfonça et, à sa place, surgirent des jardins fleuris.

Dans toutes les fêtes du règne de Philippe IV, la musique s'unissait à la danse. Vers la fin on jouait des pièces féeriques chantées, ainsi : *Comment la rose 'est teinte de pourpre*, de Calderon, tirée de la fable l'Adonis.

Le luxe de la scène marque la seconde moitié de l'âge l'or du théâtre espagnol ; c'est déjà un symptôme de écadence. Les grands poètes, comme Calderon, rehaussèrent par leur génie, le faste de la mise en scène ; mais quand ils eurent disparu, la décadence de l'art dramatique fut prompte et rapide.

Vers la seconde moitié du xvii° siècle, les œuvres ramatiques furent qualifiées de dénominations inconues au temps de Lope, ainsi :

Les *Comédies de Figuron*, dans lesquelles tient le rincipal rôle un personnage ridicule, généralement rès infatué de lui-même, tout en étant bien élevé. Moreto, Rojas et d'autres ont laissé d'excellentes uvres dans ce genre, qui dégénéra tantôt en farces rossières et vulgaires ;

Les *Sainètes*, qui avaient la même signification que le not *intermèdes*. On les jouait dans les entr'actes des rames ;

Les *Mojigangas*, petites pièces bouffes, qui tinrent ne grande place au xvii° siècle ;

Les *Zarzuelas*, opérettes ou petites pièces chantées. e modèle du genre, est *Comment la rose s'est teinte e pourpre*, de Calderon. Ce nom dérive d'une maison e campagne, appelée *Zarzuela* et sise non loin de adrid, où fut inauguré ce genre de représentations.

Les *loas* étaient abandonnées et les *autos sacramenles*, réservés aux fêtes du Corpus (Fête-Dieu), plus écialement à Madrid. Madame d'Aulnoy nous a décrit ec complaisance la fête du Corpus de 1679.

La Huerta, dans son *Catalogue*, enregistre le nom de 852 comédies, jouées au xvii° siècle. Ce chiffre est férieur à la réalité. Que l'on additionne les 1,500 médies de Lope de Vega, les 400 de Luis de Guevara, les 300 de Tirso de Molina, les 100 et quelques de Calderon, de Moreto et d'Alvaro Cubillo d'Aragon; le chiffre considérable des comédies de don Ramon, de Montalvan, de Mira de Mescua, de Matos Fragero, etc., etc., et l'on aura vite dépassé le relevé de La Huerta. Riccoboni, dans ses *Réflexions sur les différents théâtres de l'Europe* (1740), rapporte qu'un libraire de Madrid conçut l'idée de réunir les comédies espagnoles, sans nom d'auteur, c'est-à-dire écrites par *un, deux, ou trois beaux esprits de Madrid*, et qu'il arriva à 4,800.

En l'année 1647, il existait quatorze troupes d'artistes, dûment autorisées à jouer la comédie et occupant plus de mille personnes (1).

A la mort de Philippe IV (1675), les théâtres demeurèrent fermés pendant une année. C'est pendant la minorité de Charles II que la décadence de la monarchie espagnole se manifeste, s'accentue. La régence de Marie-Anne d'Autriche fut néfaste à la grandeur de l'Espagne. La dette publique s'accrut et la dépopulation marcha à pas de géant. D'un passage de comédie de Moreto, (*L'occasion fait le larron*) il ressort que le public commence à se désaffectionner de la littérature dramatique. « Oh! changement de temps ! s'écrie un personnage, le théâtre qui, en une époque, fut estimé comme un art divin, est maintenant regardé comme un art méprisable ! »

Bien que la décadence date du règne de Charles II, cette période de l'histoire du théâtre espagnol est tellement liée à la précédente qu'on ne saurait la séparer. Calderon, Moreto, Rojas et d'autres continuèrent à produire. Les nouveaux auteurs ne manquent pas de mérite, mais ils sont loin de la brillante période de

---

(1) Supplique au Roi, de l'acteur Santiago Oriez (1647)

âge d'or, dont les derniers rayons s'éteignirent avec le viie siècle. En politique, la Guerre de Succession portait une mortelle atteinte à la grandeur du pays. L'Espagne ne s'est jamais relevée du concours de circonstances qui ont amené sa chute ; elle s'est immobilisée dans sa gloire passée ; le peuple s'est désintéressé des choses qu'il aimait le plus jadis ; il semble être endormi dans un de ces sommeils des *Mille et une Nuits*, à la fois fantastique et salutaire ; il attend l'heure du réveil, nous pourrions dire de la résurrection.

*
* *

La vie de Calderon embrasse les règnes des trois derniers souverains de la maison d'Autriche : de Philippe III, de Philippe IV et de Charles II, et elle a ses cines dans celui de Philippe II. Calderon naquit à Madrid le 17 janvier 1600. Il appartenait à une famille distinguée. Son père, Don Diego Calderon de la Barca Barreda, était originaire, comme Lope, du vallon de Carriedo, où ses ancêtres étaient venus de Tolède se réfugier après l'invasion des Arabes ; sa mère, Doña Maria de Henao y Riaño appartenait à une famille de Mons, en Hainaut, comme son nom l'indique ; elle était parente des Riaños, *Infanzones* d'Aragon. Selon son biographe Vera Tasis y Villaroel, « il pleura trois fois dans le sein maternel » avant que de naître. Il fit ses premières études au collège des Jésuites de Madrid ; de là il fut envoyé à l'Université de Salamanque. Il rentra à Madrid à dix-neuf ans et prit part au concours poétique organisé en raison de la canonisation de Saint-Isidore. Lope de Vega, juge du concours, décerne un troisième prix au jeune auteur : « Pedro Calderon, dit-il, a mérité dans un âge tendre le laurier que d'ordinaire le temps ne produit que pour les cheveux blancs. »

Plus tard, Lope a consacré une *silve* à Calderon dans le *Laurier d'Appollon* : « Rien qu'à te dire ses qualités, quand je tairais son nom célébré depuis tes rivages, ô Manzanarès, jusqu'aux rocs sourcilleux du Pinde, baigné par le fleuve au bord duquel naissent les beaux génies qui se plaisent aux doctes veilles, tu reconnaîtrais Don Pedro Calderon. C'est la vérité et non une vaine louange que je lui donne, que par la poésie de son style et par la douceur de ses chants, il atteint la cime suprême du mont sacré. »

Calderon, à l'âge de vingt-cinq ans, s'engage comme soldat. On le retrouve à Milan et dans les Flandres. C'est vers ce temps qu'il dut écrire le *Siège de Bréda*, représenté à Madrid en 1625. Combien de temps guerroya-t-il pour le compte de l'Espagne ? On l'ignore. Ce que l'on sait, c'est que Philippe IV l'appela à la Cour pour lui donner la direction des fêtes célébrées, avec grand apparat, au palais du Buen Retiro. En 1637, le poète reçoit l'habit et le titre de chevalier de Santiago ; avant de partir pour la Catalogne, pour y combattre une armée française, il écrit le drame du *Combat d'Amour et de Jalousie* (1640). Veuf depuis 1645 de sa première femme, Philippe IV épouse sa nièce Marie-Anne d'Autriche ; il charge Calderon de la relation des fêtes, et il en résulte un grand in-folio imprimé en 1650 sous ce titre : *Notice de la réception et de l'entrée de la reine, Notre-Dame, Doña Maria Ana d'Autriche, dans la très noble et très loyale ville couronnée de Madrid.*

L'année 1651 marque une grande date dans la vie de Calderon. C'est une de ses plus fécondes comme production théâtrale. Il se fait prêtre. On lit dans une lettre datée du 9 octobre 1651 : « Don Pedro Calderon a chanté sa messe, et j'ai eu l'honneur de lui baiser la main, à cette occasion, il y a six jours. »

Philippe IV nomme Calderon (1653) chapelain des

Rois Nouveaux de Tolède ; dix ans après il lui octroie un poste de chapelain d'honneur dans son propre palais, tout en lui conservant son bénéfice de Tolède, avec le privilège d'en toucher les émoluments à Madrid ; il y ajoutait même une pension sur les revenus de la Sicile.

Son biographe assure que le chiffre des *autos* écrits par Calderon dépassa la centaine et que celui des comédies atteignit cent vingt ; il énumère deux cents *loas* sur des sujets mondains et religieux, des sonnets, des chansons, des romances, des sainètes et des poésies en nombre infini, plus un poème, un traité sur la noblesse de la peinture et un autre sur la défense de la comédie.

Ses comédies s'imprimèrent d'abord très lentement ; la première série de douze parut en 1635, la seconde en 1637. Les tomes trois et quatre sont datés de 1664 et de 1672. La plupart de ces pièces étaient incorrectes et tronquées. Le duc de Veragua, vice-roi de Valence, eut le désir de posséder une collection complète des œuvres de Calderon ; il s'adressa au poète : « Comment se fait-il qu'étant la gloire de notre nation, vous le preniez si froidement, que vous en oubliez l'obligation où vous êtes de ne pas laisser s'aventurer l'honneur qui, à tous les Espagnols, revient de vos ouvrages, dans le hasard de les voir se perdre. »

Calderon répond au duc de Veragua, et dresse la liste de ses comédies imprimées ou non ; leur nombre s'élève à cent onze, et celui des autres à soixante-douze (1).

*
**

Tous les portraits de Calderon le représentent dans un âge avancé ; il n'existe aucun portrait de jeunesse.

(1) Cf. *Appendice*, p. 569.

On voit l'homme d'âge et sacerdotal, on ne voit pas le Calderon étourdi, passionné, tirant l'épée du fourreau, aimant la vie parce que la vie c'est le présent, le certain. Heureusement qu'un *romance* existe, qui supplée à la peinture absente.

Don Jorge Diez, savant et très digne ecclésiastique, directeur du Collège royal de Séville, décédé il y a environ vingt-cinq ans, était possesseur d'un manuscrit renfermant diverses poésies, parmi lesquelles un romance de Calderon dans lequel il se dépeint lui-même. Ce document fut communiqué en 1853 à don Eugenio Hartzenbusch qui le publia, en appendice, dans le premier volume du Théâtre de Lope de Vega. Il mérite d'être reproduit en son intégrité.

Romance de don Pedro Calderon à une dame qui désirait être informée de son état, de sa personne et de sa vie :

Très curieuse Dame, qui me questionnez sur mon état et prétendez m'examiner *de moribus et vita*, qui que vous soyez, prêtez-moi attention et écoutez ce que j'ai à vous répondre en style plaisant ; je vous adresse *un romance* qui satisfera votre curiosité.

D'abord occupons-nous de mon portrait ; et, ensuite, s'il plaît à la Muse, nous parlerons de mes mœurs bien que j'ai à cacher quelque chose. Le papier me servira de toile, l'encrier de palette et la plume de pinceau. Dieu veuille que cette peinture me ressemble !

Je suis un homme de si peu sociable stature que, grande entre les petites, elle est petite entre les grandes. Je suis montagnard ; j'ai quelque parenté, s'il faut en croire les langues indiscrètes des Asturies, avec deux juges de Castille, Lain Calvo et Nuño Rosura.

Ma caboche et mon toupet, en haut du front, en témoignent. Voyez que de choses je vous apprends en quatre mots : ma calvitie et mon lignage. J'ai le front bombé (1) sans jamais arriver à l'enfantement, mais j'en ressens les douleurs à chaque croissant de la lune.

J'ai à la tempe gauche certaine cicatrice que, pour cause de jalousie, me fit une pointe d'épée. Puis viennent les sourcils, que des rides inégales joignent l'un à l'autre dans un froncement.

On ne me trouve pas les yeux si on ne les cherche avec attention. Enfoncés dans leurs deux orbites, s'ils pleurent, l'un est le Huéscar, l'au-

---

(1) *Preña la tengo la frente.* — J'ai le front dans un état intéressant.

tre le Jucar (1); vers eux se dresse hardiment la pointe de mes moustaches, corbeaux que j'ai élevés et qui s'efforcent de m'arracher les yeux.

J'ai le teint pâle, la peau sèche et rude depuis que l'épouvante de quelques boutons me saisit. Le nez est à sa place, point trop bête, ni trop pointu, mais si discret que même sollicité par le tabac, il n'éternue pas.

La bouche est un panier de sparte rompu qui, par ses trous, laisse échapper ce qu'on y met ; elle ne garde que la ferrure de la mâchoire. Mes mains sont des pieds de porc, avec leurs soies et leurs ongles, si maigres que si je les ronge après autre chose, cet *autre chose* paraît excellent (2).

La taille est longue, s'il plaît à mon tailleur, sinon elle est courte car, de la *golille* à la ceinture, c'est lui qui commande. De la ceinture aux jarretières, rien de caché, rien d'inutile, sauf quatre poches qui renferment ni *plus*, ni *ultra*.

Ma jambe est jambe, rien de plus, ni de belle mine, ni robuste, un peu cagneuse, mais pas du genou. Le pied seul mérite des louanges, sauf pourtant qu'il est mal fait, qu'il est long, qu'il est large et qu'il sue.

Me voici peint au naturel, sans me flatter aucunement, et si c'est ainsi que je me vois, bonté du ciel ! comment me verrez-vous ? Mais laissons pour ce qu'elle est ma sublime figure et allons à l'innumérable bande de mes aventures ; je veux aujourd'hui, pour vous plaire, reculer jusqu'au berceau le souvenir de ma vie. Oh ! quand je badine, je n'ai pas d'affliction !

Je suis né à Madrid ; je naquis sous une si fâcheuse étoile que j'ai connu jusqu'à un certain Ventura (3), mais c'est tout le bonheur que j'y ai connu. Je grandis et ma mère, religieusement rusée, eut l'idée comme elle pouvait en avoir une autre, de me faire prêtre.

L'évêque de Troie me donna la première tonsure. De ce commencement des ordres, la petite couronne est tout ce qui me reste. Ce fut lui aussi qui me fit, à Salamanque, bachelier ; ce titre de bachelier me donne licence d'excuser bon nombre de mes actes.

L'envie de gagner une petite bourse dans la joute littéraire d'Isidro me fit poète. Qui n'a pas péché en désir d'argent ? Ainsi Barthole et Baldo devinrent obscurs pour moi ; au lieu d'étudier les lois, j'écrivis à jeun des *coplas*.

L'inclination vers le théâtre me jeta dans les coulisses ; je fis des comédies, bonnes ou mauvaises, vous en jugerez. De l'état d'homme de loi je passai à celui de poète. Mais voyant que certains vieillards traitent la poésie d'impertinence grave, je songeai à changer d'état.

Une religion plus étroite et moins relâchée me fit entrer dans le

---

(1) Deux rivières d'Espagne, le *Buescar* dans la province de Grenade et le *Jucar* dans la province de Valence.

(2) *Grosura.* — Graisse.

(3) Calderon joue sur le mot *ventura*, qui veut dire bonheur, et qui est aussi un nom propre très répandu.

cloître (1) des écuyers. Le lecteur se fera une idée, si le lecteur se fait une idée de quelque chose, des phases diverses de ma fortune.

J'ai été et serai toujours un parasite, un poète, un écuyer. Oh! sublime patience de Job, as-tu souffert plus de calamités réunies? Avec ces trois professions, on n'imaginera guère, je suppose, qu'une belle-mère n'ait pas répondu non à mes avances pour devenir son gendre.

Aussi je suis resté célibataire jusqu'à ce jour et je le suis plus que jamais, pour des raisons dont la faute est au Duc, mon Seigneur. Son Auguste Excellence ayant fait de moi un écuyer, toutes les femmes me fuient, aucune ne voulant être écuyère.

De cet éloignement du grand nombre, je me rattrape avec quelques-unes qui supportent mes défauts pour que je supporte les leurs; les temps sont si durs aujourd'hui, peut-être à cause des grandes pluies, que l'amour lui-même crie misère.

Mais un sage a dit qu'il faut se conformer au temps; aussi si mon amour a besoin d'une provision de trois dames, je me conforme au précepte en m'arrangeant de deux. Dans la troupe de théâtre la plus modeste, ne faut-il pas, pour les divers rôles, une première dame et une seconde?

Et comme dans la nature, la variété fait la beauté des deux maîtresses dont je me contente, si l'une est blonde, l'autre est brune. L'une est une dame de haut parage, avec son petit contingent d'aventures, l'autre est d'humble condition; l'une a de l'esprit, l'autre de l'instruction.

L'une est laide et l'autre n'est pas belle, ce qu'on voudra. Elles se ressemblent en cela, car j'aime mieux deux laideurs qu'une seule beauté. Je les aime véritablement l'une et l'autre. Si Platon dit quelque part que celui-là qui aime deux femmes, n'en aime bien aucune, Platon a menti.

Qu'est-ce, en effet, qu'aimer une femme, sinon la vouloir en santé, bien parée et fêtée? Et je fais de mon mieux pour qu'elles soient toujours l'une et l'autre bien portantes, bien fêtées et bien richement vêtues, bien que.....

Le dernier feuillet du manuscrit manque et, c'est dommage. On peut le compléter par un autre romance antérieur à l'entrée dans les ordres de Calderon. Le poète sollicite les faveurs d'une dame et lui dit :

Si ton cœur a un maître, dérobe-le au pouvoir de ce maître... J'ai vu des jasmins se détourner d'un mur le long duquel ils grimpaient déjà, pour faire à un arbre voisin une part dans leurs embrassements. Laisse-toi persuader de te rendre à mes désirs, par ce lierre qui s'enlace à deux créneaux, par cette vigne qui embrasse deux peupliers...

(1) La faculté

Les notions sur les dernières années de la vie de Calderon sont plus nombreuses. Boisel écrit dans son *Journal du Voyage d'Espagne* (1) :

> A la nuit vinrent me rendre visite le marquis d'Eliche, fils aîné de D. Luis de Haro et M. de Barrière ; ils m'entraînèrent au théâtre. La comédie que l'on jouait était connue et de peu de mérite, bien que composée par Don Pedro Calderon. Par la suite j'ai fait une visite à Calderon, qui passe pour être le poète le plus éminent et l'esprit le plus distingué d'Espagne ; il est chevalier de l'ordre de Santiago et chapelain de la chapelle de la reine à Tolède ; mais j'ai déduit de sa conversation que, quant à son savoir, il est fort incomplet. Nous avons longuement discuté sur les règles de la comédie, inconnues et nullement appréciées des Espagnols.

Evidemment le voyageur était imbu des règles d'Aristote ; il demeurait Français en Espagne et raisonnait comme un aveugle qui juge les couleurs.

Calderon dut vivement ressentir la mort de Philippe IV ; il perdait un protecteur et un ami ; néanmoins la cour lui continua ses faveurs. Il s'était fait recevoir dans la congrégation des prêtres originaires de Madrid, placée sous l'invocation de saint Pierre ; il l'institua sa légataire universelle. Il ne s'était jamais marié ; sa sœur, Dorothée, religieuse dans le couvent de Sainte-Claire, à Tolède, ne lui survécut qu'un an. Il avait eu deux frères, don Diego et don José (2).

Calderon mourut le 25 mai 1681, le dimanche de la Pentecôte. Sa dernière comédie fut : *Sort et devise de Léonide et de Marphise*, écrite en 1680. On lit dans une lettre du poète et historien Solis : « Notre ami Calderon est mort et il a fini comme on dit que finit le cygne, en chantant, car, étant dans le danger même de la maladie, il fit tout ce qu'il put pour terminer le

---

(1) Paris, 1669, p. 298.

(2) Un dernier rejeton de la famille de Calderon vivait il y a quelques vingt ans, dans la petite ville de Mora, de la province de Tolède.

second *auto* du jour du *Corpus*, qu'il acheva ensuite ou qu'acheva avec lui don Melchior de Léon. C'est, assure-t-on, un des meilleurs qu'il ai faits de sa vie. »
Il rendit le dernier soupir dans les bras d'un de ses amis, don Mateo Lozano, comme lui chapelain d'honneur et curé de la paroisse de Saint-Michel.

L'admiration de ses contemporains était sans limites, et l'on en peut juger par ce fragment de notice inséré en tête de la *Cinquième partie* de ses œuvres :

Il fut l'oracle de la cour, l'étonnement des étrangers, le père des muses, le lynx de l'érudition, la lumière des théâtres, l'admiration des hommes ; toujours il demeura orné de vertus rares. Sa maison était l'abri des malheureux, sa sagesse était célébrée, sa modestie extrême, son humilité profonde, sa courtoisie parfaite, son langage simple et honnête, et sa fréquentation sûre. Sa plume exquise et courtoise jamais ne blessa par de mordants commentaires le renom de personne, jamais ne répondit aux médisants ; son oreille jamais n'écouta les propos malicieux de l'envie ; enfin, il fut le prince des poètes castillans qui remplacèrent les grecs et les latins. Dans le genre héroïque il fut élevé et cultivé, dans le moral érudit et sentencieux, dans le lyrique agréable et éloquent, dans l'amoureux honnête et affectif, dans le joyeux vif et salé, dans le comique subtil et pondéré. Il fut doux et sonore dans le vers, sublime et élégant dans l'élocution, docte et ardent dans la phrase, grave et fécond dans le précepte, vif et primesautier dans l'idée, amoureux et persuasif dans l'originale invention, et éternel dans la renommée.

Un autre contemporain, le Dr Manuel, écrit de son côté :

Ce qui est le plus digne d'admiration, dans cette rare intelligence, c'est que jamais il n'imita personne. Il naquit pour être maître et non disciple ; il ouvrit une nouvelle voie au Parnasse ; sans guide il escalada ses sommets ; les érudits savent bien qu'à travers les siècles les inventeurs sont rares.
Seule la rare intelligence de notre Don Pedro put ouvrir de nouvelles voies sans fouler les anciennes ; il regarda ses prédécesseurs non pour les suivre, mais pour les précéder ; son vol les couvrit tous. Je puis dire de cette plume insigne ce que le doctissime Macedo a dit du Tasse, *seul il a péché en ne péchant pas*, ou ce qui a été dit de Camoens, qu'il se contenta du moins de pécher véniellement. Les minces défauts notés par la scrupuleuse mélancolie des critiques sont tellement artificiels que

j'estime qu'ils augmentent la beauté de ses œuvres et qu'ils témoignent de son habileté...

Lorsque l'on compare la sérénité, le calme, l'heureuse destinée de Calderon avec les tourments, les vicissitudes sans nombre qui accablèrent Cervantès et Lope de Vega, le contraste est saisissant. Non seulement la vie fut douce à Calderon, mais sa gloire effaça celle de ses prédécesseurs. De tous les poètes espagnols il est le plus connu, le plus renommé. Les allemands, Schlegel en tête, l'ont tellement célébré qu'ils se sont montrés injustes envers les autres génies :

Enfin parut don Pedro Calderon de la Barca, génie non moins fécond, écrivain non moins facile que Lope, mais doué d'un sentiment poétique bien autrement supérieur... A un degré plus élevé, se rénova l'admiration de la nature, l'enthousiasme du public, et la domination du théâtre.....

Dans son œuvre, rien n'est laissé au hasard ; tout est ouvré avec une parfaite habileté ; il suit des principes sûrs et logiques ; il a des vues profondément artistiques.....

Calderon s'est assimilé, a fait sien tout ce qui avait servi à ses prédécesseurs... De là vient qu'il répète des expressions, des images, des comparaisons, des jeux de scène, son esprit étant trop riche pour que ces emprunts, je ne dis pas aux autres, mais à lui-même aient quelque importance. La perspective théâtrale est à ses yeux la partie essentielle de l'art ; mais cette vue, à peine indiquée chez les autres, devient positive chez lui ; je ne connais aucun auteur dramatique qui ait su, comme lui, poétiser l'effet et qui ait fouillé si puissamment les sentiments tout en les rendant aériens....

Ses drames se divisent en quatre sortes : représentations d'histoires de saints, tirées de l'Écriture ; pièces historiques, mythologiques ou empruntées à quelque autre invention poétique, enfin peintures de la vie sociale et des coutumes modernes. Dans un sens rigoureux, on ne peut appeler historiques que les œuvres basées sur l'histoire nationale. Calderon a traité avec une suprême réalité les anciennetés historiques de l'Espagne ; d'autre part il était pénétré d'un nationalisme absolu, trop ardent, pourrait-on dire, pour pouvoir le dissimuler. Aussi il lui fut possible de s'identifier avec les peuples qu'un soleil resplendissant éclaire, comme les peuples du Midi ou de l'Orient ; jamais il ne comprit l'antiquité classique ou le Nord de l'Europe. Quand il a emprunté à ces peuples des données historiques, il les a traitées d'une manière fantaisiste. La mythologie grecque n'a été pour lui qu'une fable enchanteresse et l'histoire romaine qu'une hyperbole majestueuse...

Calderon fut dans toute sa gloire, alors que dans les autres contrées d'Europe régnait le maniérisme dans l'art et que la littérature déclinait vers le prosaïsme qui domina le xviii° siècle. C'est pour cela que Calderon occupe le sommet le plus élevé de la poésie romantique ; sa splendeur emplit ses œuvres de même qu'un feu d'artifice réserve les couleurs les plus variées, les lueurs les plus brillantes pour le banquet final...

De ce jugement de Schlegel il convient de rapprocher celui d'un vrai espagnol, à la fois poète, littérateur et auteur dramatique, Gil y Zarate :

Au temps de Calderon (1) la littérature, cultivée par des esprits délicats, riche en belles productions, avait fait de la langue espagnole une langue européenne ; elle était pompeuse, sonore et harmonieuse. Mais les défauts de ces qualités commençaient à être poussés vers l'exagération ; la bravoure dégénérait en fanfaronnade ; le point d'honneur en esprit querelleur ; la galanterie en audace ; la loyauté en servilité ; la religiosité en superstition ; le souci de la renommée en tyrannie domestique ; la pompe du langage en boursouflure ; l'esprit en cultiisme. Ainsi ces hommes étaient braves, amoureux, galants, chevaleresques, soucieux du point d'honneur, fidèles à leur roi et à leur dame, observateurs rigoureux de leur parole, religieux à l'extrême ; ils parlaient sans emphase ; mais ils étaient aussi querelleurs, fanfarons, jaloux, oppresseurs de leurs femmes et de leurs sœurs, animés de cruelles vengeances, aveuglés par des croyances superstitieuses ; ils se montraient affectés et obscurs dans leur manière de parler. Les femmes apparaissaient fières, modestes, dévotes et sages ; mais l'oppression, la surveillance dont elles étaient l'objet incessant les rendaient rusées pour leurs amours, ingénieuses pour mener une intrigue cachée et hypocrites dans leur conduite.

Tels sont les galants que Calderon présente dans ses comédies ; telles sont les dames qu'il met sur la scène. Non seulement Calderon a parfaitement retracé les scènes d'une époque, mais il a reproduit dans ses œuvres l'esprit, les affections, les croyances, le langage du siècle avec une vérité admirable ; ce qui nous semble un défaut chez lui, ne l'était pas alors et s'il avait négligé le mauvais côté des choses, ses œuvres n'auraient pas le cachet de vérité qu'un poète dramatique doit imprimer à toutes ses productions.

1) *Traité de littérature espagnole.* — Garnier frères, éditeurs, Paris.

Ce caractère essentiellement national est si profondément gravé chez Calderon qu'il se révèle dans chaque scène, chaque phrase, chaque parole ; il ne saurait rien peindre qui ne fût pas espagnol. Vainement dans ses drames il met en scène toutes les nations, toutes les époques de l'histoire, toutes les croyances ; vainement il sort du monde réel pour le monde de la fable ou de l'allégorie ; il est toujours le même ; aucun fait, aucun héros n'a la couleur locale ; jamais les personnages ne parlent comme il convient à leur situation ; de même qu'à tous il prête le langage espagnol, de même ils sont espagnols dans leurs actes, dans leurs affections. Calderon n'emprunte que les noms aux sources étrangères et encore les défigure-t-il (1). Le reste passe sous les fourches caudines du profond nationalisme qu'il impose à tout ce qui n'est pas son pays...

Il est donc de toute évidence que Calderon est un espagnol pur et qu'il est la vivante image de son siècle. Dans sa personne se trouvent unis le gentilhomme, le soldat, l'homme de cour et le prêtre ; dans ces conditions diverses il se montra poète et reproduisit d'un admirable pinceau les idées et les effets qui les distinguent.....

Gil y Zarate paraphrase en excellents termes ce passage d'une comédie de Moreto :

DON PEDRO. — Qu'y a-t-il de nouveau, à Madrid, en fait de comédies ?
DON MANUEL. — On en produit fort peu, excepté de loin en loin quelqu'une d'un poète qui, par ordre supérieur, écrit pour le palais, mais avec un tel art, une telle nouveauté, qu'il semble se surpasser lui-même.
DON PEDRO. — Celui-là, c'est Calderon.

(1) Calderon, comme Shakespeare, s'est peu intéressé à la vérité géographique ; de telles licences ne diminuent pas la valeur du génie. Comme curiosité, citons deux vers de la comédie : *En cette vie, tout est vérité, tout est mensonge*. Phoras règne à Byzance (vii° siècle) ; il dit : « Les balles et la poudre sont l'ultime raison des rois. »

DON MANUEL. — Sans doute. Il n'y a que son génie pour exciter ainsi l'admiration de tous ceux qui ont bu aux sources sacrées.

Les restes de Calderon furent ensevelis à l'église Saint-Sauveur ; un tombeau de marbre surmonté de son portrait à l'huile fut élevé par les soins de la Congrégation des prêtres de Madrid. Une épitaphe latine portait : « Ne te fie ni aux applaudissements des rois ni à ton génie ». En 1840, l'église menaçait ruines. Sur l'initiative de Don Joaquin Marraci y Soto, de Don Antonio de Iza Zamacola et de Don Francisco Perez, le cercueil de Calderon fut exhumé et déposé dans l'église de Saint-Nicolas (12 juin), mais une loi du 6 novembre 1837 avait décidé que l'ancien couvent de Saint-François-le-Grand serait converti en Panthéon national et, le 7 février 1841, un décret avait ordonné l'exécution de cette loi. On n'est jamais pressé en Espagne. Le décret fut exécuté le 20 juin 1869. Madrid, pour la troisième fois, vit défiler le cercueil du grand poète dramatique. Depuis, à la date du 2 juin 1880, un monument a été érigé à la mémoire de Don Pedro Calderon, sur la place du prince Alphonse, en face le théâtre espagnol. Le monument, dans le goût de la Renaissance et en marbre de Carrare, est dû au sculpteur Don Juan Figueras.

Nous avons vu que, parmi les éloges décernés par ses biographes à Calderon, celui de n'avoir jamais emprunté les idées des autres, figure en bon rang. Il convient de ne pas se montrer aussi absolu. La coutume du temps était de reprendre le sujet d'une pièce oubliée ou délaissée. Calderon ne se fit pas faute de refondre ou de mettre à point des comédies déjà représentées. Dans la notice de l'*Alcade de Zalamea*, nous avons cité des passages presque textuels d'un *Alcade de Zalamea* antérieur, écrit par Lope de Vega. Nous avons relevé d'autres emprunts. La *Vengeance de Tamar*, de Tirso de Molina, a servi pour les *Cheveux d'Absalon*, de Calderon; le deuxième acte est presque mot à mot semblable à celui de Tirso. La raison de cette ressemblance serait que la censure ayant défendu la pièce de Tirso, ce dernier s'adressa à Calderon qui, en raison de sa notoriété et des changements introduits, obtint d'être joué. Il existe, manuscrit, un *Médecin* de Lope, en tout semblable comme situation au *Médecin de son Honneur*, de Calderon; les noms des personnages et les vers diffèrent seuls; la pièce de Lope, qui porte la date de 1623, fut interprétée par un acteur en renom nommé Avendaño. Calderon conserva la donnée de la pièce et se contenta de la réécrire. La *Fille de Gomez Arias*, de Luis Velez de Guevara a également été refondue par Calderon. Nous pourrions citer d'autres exemples.

L'usage de retailler, de recouper, de rebouter des œuvres existantes s'est perpétué de nos jours en Espagne. Lopez de Ayala a porté la main sur l'*Alcade de Zalamea*; sa « refondition » a été jouée pour célébrer le centenaire de la mort de Calderon, en 1885. Breton de los Herreros, Hartzenbusch, le duc de Rivas, vingt autres ont touché au vieux répertoire. En France, nous ne sommes pas habitués à de tels sacrilèges. Mais chaque pays a ses mœurs bien déterminées. La gloire de Calderon n'en souffre nulle atteinte. Son nom demeure lumineux, resplendissant. C'est un génie national, très espagnol; mais par ses côtés chevaleresques, religieux, ses élans romanesques et passionnés, au même titre que Cervantès et Lope de Vega, il appartient à l'humanité tout entière.

L'ALCADE DE ZALAMÉA

(EL ALCALDE DE ZALAMEA)

PERSONNAGES

Le roi PHILIPPE II.
DON LOPE DE FIGUEROA.
DON ALVAR D'ATAYDE, capitaine.
UN SERGENT.
REBOLLEDO, soldat.
PEDRO CRESPO, vieux laboureur.
JUAN, son fils.
DON MENDO, gentillâtre.
NUÑO, son domestique.
UN GREFFIER.
ISABELLE, fille de Crespo.
INÈS, cousine d'Isabelle.
L'ÉTINCELLE, vivandière.
Soldats.
Laboureurs.
Cortège.

LA SCÈNE SE PASSE AU VILLAGE DE ZALAMÉA (PROVINCE D'ESTRAMADURE) ET DANS LES ENVIRONS

NOTICE

Les savantes recherches de D. Juan Eugenio Hartzenbusch, publiées en 1864, dans un *Mémoire de la Bibliothèque Nationale*, ont établi que l'*Alcade de Zalaméa* de Calderon n'est qu'un arrangement, ou plutôt une libre imitation de l'*Alcade de Zalaméa*, comédie de Lope de Vega. Le manuscrit original figure dans la riche collection offerte à la Bibliothèque de Madrid par l'éminent critique D. Agustin Durán.

L'œuvre de Lope est plus que médiocre. Elle ne fut jamais imprimée, et ne se trouve dans aucun catalogue de ses œuvres dramatiques. Voici brièvement résumée l'affabulation :

Pedro Crespo, paysan de Zalaméa, a deux filles non mariées qui, le soir, derrière leurs grilles, causent avec le capitaine D. Diego et son frère D. Juan ; ces deux officiers appartiennent à un *tercio* qui a pris ses quartiers à Zalaméa. Précisément, à la même époque, Pedro Crespo a reçu la marque officielle (la *vara*) de la dignité d'alcade ; d'abord il a refusé l'insigne honneur auquel l'appellent ses compatriotes ; mais, devant leur bienveillante insistance, il a fini par accepter. Le hasard fait tomber entre ses mains un papier qui lui apprend que don Diego et don Juan abusent ses filles et que, sous couleur de mariage, ils préparent un enlèvement. Par une voie indirecte, il fait aviser ses filles. Elles ne veulent pas s'en rapporter aux sages conseils qu'elles reçoivent, s'enfuient de la maison paternelle et tombent dans une embuscade préparée par Pedro Crespo, jaloux de sauver son honneur. Ainsi finit le premier acte.

Au second, paraît don Lope de Figueroa, l'intègre chef de troupes ; il est tel que le représente Calderon. Même discussion, même querelle avec l'alcade. Les filles de Pedro Crespo sont parvenues à s'échapper une deuxième fois ; elles ont rejoint leurs amoureux qui les abandonnent, aussitôt leurs désirs satisfaits. Le père a couru à leur recherche ; à son tour il se heurte à une troupe de soldats, placés en embuscade par les capitaines. Il est pris, désarmé et attaché solidement à un tronc d'arbre ; et passent devant lui ses filles abusées, qui, dans la peur d'être tuées, n'osent le délivrer. C'est un de ses fidèles serviteurs qui brise ses liens.

Cependant, les capitaines continuent leurs méfaits à Zalaméa. Une nuit, l'Alcade les surprend en flagrant délit, les fait emprisonner ; obtient de ses filles la remise de la promesse écrite de mariage et contraint les militaires à les épouser.

Le lendemain, Philippe II, en route pour le Portugal où il va se faire couronner, s'arrête à Zalaméa ; on lui a conté l'aventure ; un civil a osé porter la main sur des militaires et méconnaître leurs privilèges. Philippe II interroge l'alcade et exige qu'on lui montre les deux officiers. L'alcade obéit. Un rideau est soulevé, et les deux cadavres apparaissent alors :

LE ROI. — Qu'as-tu fait ?

L'ALCADE. — Par Dieu ! j'ai fait ce que vous voyez.

LE ROI. — N'était-il pas plus juste de les marier ?

L'ALCADE. — Oui, sire ; et je les ai mariés ainsi que l'ordonne l'Église ; mais ensuite, je les ai fait pendre.

LE ROI. — Pourquoi les mettre à mort après les avoir mariés ?

L'ALCADE. — ..... C'est afin que mes filles soient veuves et non prostituées (*rameras*)..... Abuser de jeunes vierges, n'est-ce pas un crime qui comporte la mort ?

LE ROI. — ... Oui... mais ils sont hidalgos, et puisque tu t'es institué leur juge, l'équité exigeait qu'ils fussent décapités.

L'ALCADE. — Sire, dans notre pays, les hidalgos ont bonne conduite, et le bourreau n'a pas appris à décapiter.

Ces derniers vers se retrouvent textuellement dans l'œuvre de Calderon. Le dénouement diffère peu : le Roi approuve la conduite de l'Alcade ; les filles de Pedro Crespo entreront au couvent et le paysan justicier demeurera, jusqu'à sa mort, alcade de Zalaméa.

L'*Alcade de Zalaméa*, composé en 1651, l'année même de l'entrée de Calderon dans les ordres, a été imprimé en petites plaquettes, fort rares aujourd'hui. Celle que nous avons sous la main porte le nom de Rojas, comme auteur, et le titre de : *El garrote más bien dado.* (Le garrot fort bien appliqué.) Cette spéculation de librairie est due, sans doute, à quelque éditeur de la catégorie de ceux dont Lope se plaint fort dans sa dédicace du *Châtiment sans vengeance*.

En comparant les deux pièces de Lope et de Calderon, on voit que les différences sont peu importantes dans leurs grandes lignes. Calderon a supprimé une fille et un capitaine ; il s'est appliqué à peindre surtout la belle et imposante figure de don Lope de Figueroa. Il a développé le caractère de Pedro Crespo et créé en entier, superbement, les types épisodiques de l'Hidalgo campagnard, orgueilleux et miséreux à la fois ; les figures inoubliables de Rebolledo, le soldat bon enfant sans scrupules, et cette entraînante *Chispa* (l'Étincelle), la vivandière à la vertu facile, toujours enjouée et défiant la mauvaise fortune.

On a voulu voir dans l'*Alcade de Zalaméa* une sorte d'incarnation de la liberté municipale espagnole (*los fueros*) en lutte contre les privilèges de la noblesse et de l'armée. C'est sans doute cette idée qui, quelques années avant la Révolution Française, avait déterminé Collot d'Herbois à *imiter* une *imitation* de Linguet sur l'*Alcade de Zalaméa*, et à la transporter à la scène sous ce titre : *le Paysan magistrat*.

Calderon se fut défendu d'inventions si subversives, tout comme Lope de Vega. Nous croyons plutôt que ces deux grands génies voulurent simplement protester contre les excès auxquels se livraient les soldats dans leurs marches à travers les provinces amies ou ennemies. Pellicer écrit, à la date du 26 juillet 1639 : « A Madrid, en quinze jours, sont morts 70 hommes ; il y a, dans les hôpitaux, 40 femmes blessées ; toutes ces atrocités (*hazañas*) ont été commises par des soldats. » A la date du 16 octobre 1640, du même Pellicer : « Jeudi de la semaine passée, on a brûlé un homme... et le jour suivant, le Conseil de guerre a fait pendre un soldat (on dit que c'était un (*afferez*) lieutenant), pour avoir commis un des plus grands crimes que l'horreur ait inventés. Une demoiselle (*doncella*) honorée, ne voulant pas céder à ses désirs (*torpezas*), il l'a tuée et, par deux fois, a consommé un attentat atroce et sauvage. » Calderon osa flétrir ces abominables pratiques et se couvrit du scenario et de l'autorité de Lope de Vega. En terminant sa pièce il l'a qualifiée d'histoire véritable (*Con que fin el autor dá — A esta historia verdadera*). Les chercheurs ont fouillé en vain, livres, mémoires, chroniques ; ils n'en ont pas trouvé de trace. Dans son *Histoire de Philippe II*, Luis Cabrera ne mentionne, en effet, aucun fait semblable. C'est en 1561, que Philippe II se rendit à Lisbonne pour être couronné. Mais Evangelista Orense a fait imprimer vers cette époque les *Événements de la guerre de Portugal* (Venise - 1582.) : il accuse les italiens et les allemands des désordres arrivés durant l'expédition ; il parle de certain capitaine de galère et d'autres officiers décapités — leurs têtes furent exposées — pour avoir profané un couvent portugais. Sur don Lope de Figueroa, le célèbre capitaine des armées de Philippe II, on peut consulter l'*Histoire de Cadix*, par Suarez, (Liv. II, chap. 2) et les *Dialogues militaires* d'Escalante. (Dial. III, page 41 et s.).

L'*Alcade de Zalaméa* est populaire en Espagne. Notons en passant que le compositeur Salvàyre a écrit une partition, *Pedro de Zalaméa*, qui a été chantée à l'étranger et jamais à Paris.

Insister sur les beautés de l'œuvre de Calderon serait oiseux. Pour bien les entendre, il faut les lire dans la langue originale. La traduction les trahit malheureusement. Ainsi, l'un des morceaux les plus superbes de sonorité, avec ses points exclamatifs, débordant de poésie, c'est le couplet d'Isabelle à son père (Scène II, 3° acte). Notre français ne peut en donner aucune idée; il manque de longues et de brèves se rapportant aux harmonies, aux richesses de la langue que parle Calderon.

Aussi bien l'*Alcade de Zalaméa* compte parmi les chefs-d'œuvre du théâtre espagnol, tant par le style que par l'action et les caractères des personnages. Il se place au même rang que les classiques tragédies de Corneille et de Racine. Il est complet et très scénique, tel qu'il aurait dû être respecté pour la représentation. Mais, en Espagne, on ne partage pas nos idées. Un auteur, aussi élégant que correct, littérateur de talent et homme politique marquant, don Adelardo Lopez de Ayala, avant sa mort prématurée a, sans hésitation ni frémissement, osé arranger l'œuvre de Calderon; et c'est sa version qu'on joue aujourd'hui.

L'ALCADE DE ZALAMÉA

ACTE PREMIER

UNE ROUTE CONDUISANT AU VILLAGE DE ZALAMÉA

SCÈNE I

REBOLLEDO, L'ÉTINCELLE, SOLDATS

REBOLLEDO

Que le corps du Christ soit avec celui qui nous fait marcher, d'un endroit à un autre, sans nous donner à rafraîchir !

TOUS

Amen !

REBOLLEDO

Sommes-nous des gitanos pour aller de la sorte ? Au son du tambour, marcher derrière un drapeau ployé !..

UN SOLDAT

Tu commences déjà ?

REBOLLEDO

Il n'y a qu'un moment que le tambour s'est tu, et nous a fait la grâce de ne plus nous rompre la tête !...

DEUXIÈME SOLDAT

Ne montre pas de déplaisir ; il faut, ce me semble, oublier la fatigue du chemin à l'entrée du village.

REBOLLEDO

Que m'importe l'arrivée quand je suis mort de fatigue ! Et, en admettant que je sois vivant, Dieu sait si nous nous arrêterons ici; car les alcades vont venir dire au commissaire que si l'on peut aller plus loin ils donneront le nécessaire... Le commissaire répondra que c'est impossible, que la troupe est harassée ; mais si le conseil a quelqu'argent, le commissaire nous dira : « Soldats, il y a un ordre de ne pas s'arrêter ; continuons donc à marcher !... » Et nous, pauvres malheureux, nous obéirons à l'ordre qui, pour le commissaire, est un ordre monacal et pour moi un ordre mendiant (1). Mais, vive Dieu ! si j'arrive ce soir à Zalaméa et si l'on veut aller plus loin, on aura beau commander ou prier : on partira sans moi et, certes, ce ne sera pas le premier coup de tête que j'aurai accompli en ma vie !...

PREMIER SOLDAT

Et ce ne sera pas non plus le premier qui aura coûté la vie à un pauvre soldat; aujourd'hui je considère que Don Lope de Figueroa est le chef de notre troupe; s'il a un renom mérité de courage et de vaillance, il a aussi celui d'être un homme sans pitié, jurant terriblement et prêt à justicier son plus grand ami sans grande forme de procès.

REBOLLEDO

Avez-vous bien entendu ?... Je ferai ce que j'ai dit.

DEUXIÈME SOLDAT

Un soldat doit-il se vanter ainsi ?

REBOLLEDO

Moi, je m'inquiète fort peu ; je me chagrine seulement pour cette pauvrette qui accompagne ma personne !...

---

(1) Les Ordres mendiants étaient pauvres, alors que les autres Ordres monacaux vivaient dans l'abondance. Le public comprenait la malice de l'allusion.

L'ÉTINCELLE

Seigneur Rebolledo, ne vous affligez pas pour moi, non; vous le savez, j'ai l'âme barbue, et cette pitié m'humilie. Je ne viens pas pour que le service me soit facilité; j'entends subir toutes les charges du métier. Si j'avais voulu jouir de mes aises, je n'aurais pas abandonné, la chose est claire, la maison du régidor où rien ne manquait et où les cadeaux étaient nombreux. Dans le mois d'exercice de leur charge, il est des régidors qui tiennent table ouverte (1). Puisque je me suis résolue à suivre la troupe, à marcher et à souffrir avec Rebolledo... mais à quoi vais-je penser et réfléchir?

REBOLLEDO

Vive le ciel! tu es la reine des femmes! (2).

UN SOLDAT

C'est vrai! Vive l'Étincelle!

REBOLLEDO

Oui, vive l'Étincelle! surtout si, pour nous faire oublier la fatigue de la route, elle inquiète l'air d'une chanson ou d'une jácara (3).

L'ÉTINCELLE

Que les castagnettes répondent à cette demande!

REBOLLEDO

Et moi, je t'accompagnerai. Les camarades jugeront.

LES SOLDATS

Vive Dieu! c'est bien parlé...

L'ÉTINCELLE (*chantant.*)

Je suis titiri, titiri, tina.
Je suis la fleur de la chanson.

---

(1) *Mesa franca.*
(2) *Corona de las mujeres.* — La couronne des femmes.
(3) *Jácara.* — Couplets dansés.

REBOLLEDO (*chantant.*)

Je suis titiri, titiri, tina,
Je suis la fleur de la chanson.

L'ÉTINCELLE (*chantant.*)

Que l'Enseigne s'en aille à la guerre,
Et que le Capitaine s'embarque !

REBOLLEDO (*chantant.*)

Qui voudra tue les Mores !
A moi, ils ne m'ont pas fait de mal.

L'ÉTINCELLE (*chantant.*)

Allons, que le bois aille au four,
Et que le pain ne me manque pas !

REBOLLEDO (*chantant.*)

Hôtesse, tuez-moi une poule,
Car le mouton me fait mal !

PREMIER SOLDAT

Regardez : je suis fâché d'avoir aperçu cette tour, car cette chanson nous charmait, mais il est probable que c'est là où nous nous arrêtons.

REBOLLEDO

Est-ce Zalaméa ?

L'ÉTINCELLE

Le clocher l'indique. (*Au soldat.*) Ne soyez pas ennuyé que je cesse mon cantique ; il y aura mille occasions de le reprendre, d'autant que cela m'amuse ! Il y a des femmes qui à la moindre chose pleurent ; moi, pour la moindre chose, je chante et je vous dirai cent jácaras.

REBOLLEDO

Faisons halte ici. Il convient d'attendre que le sergent apporte l'ordre et nous dise s'il faut entrer en masse ou par escouades.

DEUXIÈME SOLDAT

Voici le sergent qui arrive ! Mais, lui aussi, il attend le capitaine.

SCÈNE II

LE CAPITAINE, LE SERGENT, Les Mêmes.

LE CAPITAINE

Seigneurs soldats, j'ai droit à des félicitations ; nous restons ici et prenons logement jusqu'à ce que don Lope de Figueroa nous rejoigne avec la troupe qui se trouve à Llerena. Aujourd'hui est arrivé l'ordre de la rassembler et de ne partir pour Guadalupe que lorsque tout le régiment (*tercio*) (1) sera réuni. Le chef ne tardera pas à venir ; ainsi nous avons quelques jours pour nous reposer de nos fatigues.

REBOLLEDO

Vous méritez nos félicitations.

TOUS

Vive notre capitaine !

LE CAPITAINE

Le logement est déjà préparé ; le commissaire distribuera les billets à mesure que l'on entrera.

L'ÉTINCELLE (*à part.*)

Il faut que je sache maintenant pourquoi Rebolledo chantait tout à l'heure :

> Hôtesse, tuez-moi une poule,
> Car le mouton me fait mal !

(Tous sortent.)

(1) Le *tercio* espagnol était plus important que notre régiment actuel.

UNE RUE

SCÈNE III
LE CAPITAINE, LE SERGENT.

LE CAPITAINE

Sergent, avez-vous gardé mon billet de logement?

LE SERGENT

Oui, seigneur.

LE CAPITAINE

Et où suis-je logé?

LE SERGENT

Dans la maison d'un paysan, le plus riche du village. J'ai même entendu dire que c'est l'homme le plus orgueilleux du monde et qu'il a plus de luxe et plus de fierté qu'un Infant de Léon.

LE CAPITAINE

Tant de présomption convient bien à un vilain!

LE SERGENT

On prétend, seigneur, que c'est la meilleure maison de l'endroit; mais si je dois vous dire la vérité, j'ai choisi ce logement non seulement à cause du bien-être, mais encore parce qu'il n'y a pas à Zalaméa de plus belle femme...

LE CAPITAINE

Parle.

LE SERGENT

Que la fille de ce paysan...

LE CAPITAINE

Toute belle et glorieuse qu'elle peut être, elle n'est qu'une fille des champs aux grosses mains et aux grands pieds.

LE SERGENT

Qui dit cela ?

LE CAPITAINE

Est-ce un démenti que tu me donnes, imbécile ?

LE SERGENT

Celui qui n'est pas engagé d'amour et ne cherche qu'à égayer ses loisirs, peut-il mieux employer son temps qu'en compagnie d'une villageoise fort embarrassée pour répondre ?...

LE CAPITAINE

Voilà une chose qui ne m'a jamais de la vie amusé. même en passant ; car dès que je ne vois pas une femme bien parée et bien arrangée, il me semble que ce n'est pas une femme.

LE SERGENT

Eh bien ! pour moi, seigneur, n'importe laquelle est une femme. Allons là-bas ; vive Dieu ! je m'en occuperai pour mon compte...

LE CAPITAINE

Veux-tu savoir lequel de nous deux parle bien ? Celui qui adore une beauté dit en voyant celle qu'il aime : « Voilà ma dame » et non : « Voilà ma paysanne ! » Donc si l'on appelle dame celle qu'on aime, il est clair que le nom de dame est mal appliqué à une villageoise. Mais quel est ce bruit ?...

LE SERGENT

C'est un homme qui, au coin de la rue, vient de descendre d'une étique Rossinante et, qui par le visage et la taille, ressemble à ce don Quichotte dont Michel de Cervantès a écrit les aventures.

LE CAPITAINE

Quelle étonnante figure !

LE SERGENT

Allons, seigneur, il est temps...

LE CAPITAINE

Sergent, porte d'abord mes effets au logis, puis reviens m'avertir. (*Ils sortent.*)

SCÈNE IV

MENDO, *gentilhomme ridicule*, NUÑO

MENDO

Comment va le roussin !

NUÑO

Pauvre bête ! elle ne tient plus debout.

MENDO

As-tu dit à mon laquais de le promener un instant ?

NUÑO

La belle idée !

MENDO

Rien ne délasse autant les animaux.

NUÑO

Moi, je préférerais de l'avoine.

MENDO

As-tu dit qu'on n'attache pas mes levriers ?

NUÑO

Ils seront enchantés, mais le boucher ne sera pas content.

MENDO

Assez! Et, puisque trois heures ont sonné, donne-moi mes gants et un cure-dents.

NUÑO

Votre cure-dents ne sera pas pris au sérieux.

MENDO

Si quelqu'un allait imaginer que je n'ai pas mangé un faisan, je lui soutiendrais, ici, et partout ailleurs, qu'il en a menti!

NUÑO

Et ne serait-il pas mieux de me soutenir?... car enfin je suis à votre service...

MENDO

Quelles sottises!... A propos, n'est-il pas entré ce soir des soldats dans ce village?

NUÑO

Oui, seigneur.

MENDO

N'est-ce pas pitié, que ces paysans aient ainsi de nouveaux hôtes!

NUÑO

C'est une plus grande pitié que d'autres n'en aient jamais.

MENDO

De qui parles-tu?

NUÑO

Des gentilshommes. N'est-il pas étonnant qu'on ne leur envoie personne à loger? Vous êtes-vous demandé pourquoi?

MENDO

Et pourquoi?

NUÑO

Pour qu'on ne meure pas de faim chez eux.

MENDO

Dieu ait en paix l'âme de mon seigneur et père! Enfin, il m'a laissé une belle cédule enluminée d'or et d'azur, qui m'exempte ainsi que mon lignage.

NUÑO

Mieux eût valu qu'il nous laissât quelque argent.

MENDO

Enfin, quand j'y pense et si je dois dire la vérité, je lui ai grande obligation de m'avoir engendré noble, car jamais je n'aurais souffert de n'avoir pas été engendré par un autre que par un gentilhomme dans le ventre de ma mère.

NUÑO

Il vous eût été difficile de le savoir.

MENDO

Point du tout, rien de plus facile...

NUÑO

Et comment, seigneur?

MENDO

En effet, tu ne connais rien à la philosophie et tu ignores les principes.

NUÑO

Oui, seigneur, j'ignore les avant et les après depuis que je mange chez vous. Votre table est une table divine sans commencement, ni milieu, ni fin.

MENDO

Je ne parle pas de cela!... Tu sauras que celui qui naît est la substance de la nourriture qu'ont prise ses parents.

NUÑO

Alors vos parents mangeaient? Vous n'avez pas hérité de cette coutume.

MENDO

Ensuite ces aliments se convertissent en leur propre chair, en leur propre sang. Si donc mon père eût mangé des oignons, j'en aurais aussitôt senti l'odeur et j'aurais dit : « Un moment! je ne veux pas être le résultat d'un pareil mets... (1) ».

NUÑO

Je reconnais maintenant que vous avez raison.

MENDO

Sur quoi?

NUÑO

Sur ce que la faim aiguise l'esprit.

MENDO

Imbécile! Est-ce que j'ai faim, moi?

NUÑO

Ne vous fâchez pas; car si vous n'avez pas faim, la faim peut vous venir. Il est déjà trois heures de l'après-midi, et je suis sûr qu'il n'est pas, pour enlever les taches, de pierre blanche meilleure que votre salive et la mienne.

MENDO

Est-ce une raison suffisante pour que j'aie faim? Les travailleurs peuvent avoir faim. Nous ne sommes pas tous de la même espèce : un gentilhomme peut se passer de dîner...

NUÑO

Oh! que ne suis-je gentilhomme!...

---

(1) *De excremento semejante.*

MENDO

Ne me parle plus de cela; nous voici dans la rue d'Isabelle.

NUÑO

Pourquoi étant l'amant constant et fidèle d'Isabelle, ne la demandez-vous pas à son père? Ainsi, vous et son père auriez chacun ce qui vous manque; vous dîneriez et il aurait des petits-fils gentilshommes.

MENDO

Ne me parle plus de cela, Nuño! L'argent aurait un tel pouvoir sur moi que je m'abaisserais à m'allier à un rustre!...

NUÑO

Je m'imaginais qu'il importait d'avoir pour beau-père un homme facile; les autres sont des obstacles où les gendres viennent broncher. D'ailleurs, si vous ne voulez pas vous marier, à quoi servent ces démonstrations d'amour?

MENDO

Eh bien! sans que je me marie, n'existe-t-il pas à Burgos le couvent *de las Huelgas* où l'on conduira la fille, une fois ma fantaisie passée? — Regarde si par hasard tu l'aperçois.

NUÑO

S'il me surprend, j'ai peur de Pedro Crespo.

MENDO

Tu es mon serviteur. Que peut-il faire? Fais ce que ton maître ordonne!

NUÑO

J'obéis, bien que je ne m'assoie pas à sa table avec lui (1).

---

(1) *Proverbe espagnol :* Fais ce qu'ordonne ton maître et assieds-toi à table avec lui.

MENDO

C'est le propre des serviteurs de placer des proverbes.

NUÑO

Bonne nouvelle! Isabelle avec sa cousine Inès s'avance derrière la grille...

MENDO

Dis plutôt que le soleil, couronné de diamants, se lève une seconde fois sur le soir à l'horizon!...

SCÈNE V

ISABELLE, INÈS, *villageoises paraissant à la fenêtre*, LES MÊMES

INÈS

Cousine, viens à la fenêtre; tu verras l'entrée des soldats.

ISABELLE

Ne me parle pas de me mettre à la fenêtre tant que cet homme est dans la rue, car tu sais, Inès, combien il me déplaît de le voir.

INÈS

Il a une singulière manie de te faire la cour et de s'empresser auprès de toi...

ISABELLE

Je n'en suis pas plus heureuse.

INÈS

A mon avis, tu as tort de t'affliger.

ISABELLE

Que dois-je faire?

INÈS

T'en amuser (1).

ISABELLE

S'amuser d'un ennui?

MENDO (*à Isabelle.*)

Jusqu'à ce moment j'aurais juré, foi de gentilhomme! — et ce serment est sacré — que le jour ne s'était pas encore levé. Mais qu'y a-t-il d'étonnant? En vous voyant, je vois une seconde fois l'aurore.

ISABELLE

Je vous l'ai dit bien souvent, seigneur Mendo, vous dépensez en vain vos finesses d'amour, et vous n'en serez pas plus avancé quand vous viendriez tous les jours devant ma maison et dans la rue.

MENDO

Si les jolies femmes savaient combien les embellit la colère, le dédain, la sévérité et l'injure, elles ne voudraient jamais d'autre ornement! Sur ma vie, vous êtes belle; dites, dites-moi tout votre dépit...

ISABELLE

Puisqu'il ne suffit pas de vous le dire, don Mendo, je vous montrerai mon ennui d'une autre façon. — Viens, Inès, rentrons et ferme-lui la fenêtre au nez (2). (*Elle se retire.*)

INÈS

Seigneur chevalier errant, qui ne cherchez des aventures qu'en de semblables lices, car il ne vous serait guère facile de vous présenter en tenant (3), que l'amour vous assiste! (*Elle se retire.*)

(1) *Doraire.*
(2) *La ventana en los ojos.* — La fenêtre sur les yeux.
(3) *Mantenedor.*

MENDO

Inès, la beauté agit comme il lui plaît. — Nuño!

NUÑO

Oh! les pauvres naissent pour être éconduits!

SCÈNE VI

PEDRO CRESPO, Les Mêmes

PEDRO CRESPO (*à part.*)

Eh quoi! je ne puis rentrer ni sortir sans voir ce gentillâtre (1) se promener gravement dans la rue!...

NUÑO (*à son maître.*)

Pedro Crespo vient par ici.

MENDO

Allons de l'autre côté, car ce vilain est malicieux.

SCÈNE VII

JUAN, Les Mêmes

JUAN (*à part.*)

Chaque fois que j'arrive, je trouve ce fantôme à ma porte, ganté et empanaché!

NUÑO (*à son maître.*)

Mais le fils vient par là!

MENDO

Ne te trouble pas et sois sans crainte.

(1) *Hidalgôte.*

CRESPO

Voilà mon fils Juan!

JUAN

Mon père s'avance.

MENDO (*à part.*)

Dissimulons. — (*Haut.*) Pedro Crespo, Dieu vous garde!

CRESPO

Dieu vous garde! (*Mendo et Nuño s'éloignent.*) Le gentilhomme s'obstine ; un de ces jours je me conduirai de manière qu'il s'en souvienne !

SCÈNE VIII
PEDRO CRESPO, JUAN

JUAN (*à part.*)

Je finirai par me fâcher. (*Haut.*) D'où venez-vous, mon père ?

CRESPO

Je reviens de l'aire : ce soir, j'étais allé voir la moisson. Les gerbes sont fournies, magnifiques ; de loin on dirait des montagnes d'or, et cet or est du plus fin, car de ce grain le ciel a vérifié le titre. Le vent est propice ; il chasse la paille d'un côté et le grain reste de l'autre ; ainsi ce qui pèse le moins cède la place à ce qui pèse davantage. Oh! plaise à Dieu que je puisse tout enserrer dans mes greniers avant qu'un orage ne le gâte ou ne l'emporte. — Et toi, qu'as-tu fait, mon fils ?

JUAN

Je ne sais comment vous le dire sans vous fâcher. J'ai joué deux parties de paume et je les ai perdues toutes deux.

CRESPO

Il n'y a pas de mal, si tu as payé.

JUAN

Je n'ai pas payé; je manquais d'argent. Aussi je venais vous demander...

CRESPO

Écoute avant d'achever. Il y a deux choses que tu ne dois jamais faire : ne jamais promettre ce que tu es incertain de pouvoir tenir; jouer plus d'argent que tu n'en as devers toi, afin que si, par accident, tu ne remplis pas ton engagement, ta réputation n'en soit pas atteinte.

JUAN

Le conseil est digne de vous et je dois en tenir compte; en retour je vous en donne un autre: « N'offrez pas de conseil à qui a besoin d'argent. »

CRESPO

Bien répliqué, mon fils !

SCÈNE IX

LE SERGENT, Les Mêmes

LE SERGENT

Pedro Crespo demeure-t-il ici ?

CRESPO

Qu'y a-t-il pour votre service ?

LE SERGENT

Je porte chez lui les effets de don Alvar d'Atayde. C'est le capitaine de la compagnie qui, ce soir, prend ses logements à Zalaméa.

CRESPO

N'ajoutez rien, cela suffit ; pour servir le roi ou les chefs de ses troupes, j'offre ma maison et mon bien. En attendant qu'on lui prépare son appartement, posez là ses effets et allez lui dire qu'il vienne quand il lui plaira ; tout ici est à son service.

LE SERGENT

Il va venir à l'instant même.

(Il sort.)

SCÈNE X

PEDRO CRESPO, JUAN

JUAN

Comment, mon père, riche comme vous l'êtes, vous assujettissez-vous à loger ainsi des gens de guerre ?

CRESPO

Et comment m'y soustraire et m'en exempter ?

JUAN

On achète des lettres de noblesse.

CRESPO

Dis-moi, sur ta vie, quelqu'un ignore-t-il ici que si je suis de race honnête, je n'en suis pas moins d'extraction roturière ?... Non certes... Que gagnerais-je alors à acheter au roi des lettres de noblesse, si je ne puis acheter des ancêtres ? (1) Dira-t-on alors que je vaux mieux qu'à cette heure ? Non ; ce serait une sottise. Eh bien ! que dira-t-on ? Que je suis devenu noble pour cinq ou six mille réaux et cela, c'est de l'argent, ce n'est pas de l'honneur ! Jamais l'honneur ne s'achète... Veux-tu un exemple, un peu trivial, mais n'importe !... Un homme

---

(1) *Si no le compro la sangre.* — Si je n'achète pas le sang.

est chauve depuis des années ; à la fin il prend perruque... Crois-tu que dans l'opinion de ceux qui le connaissent, il cesse d'être chauve ? Nullement. Et que dit-on quand on le voit ? « Un tel porte une perruque bien faite. » Que gagne-t-il à ce qu'on ne voie pas sa calvitie, si tout le monde sait qu'il est chauve ?

JUAN

Il se délivre d'une vexation ; il remédie à un mal autant que possible ; il échappe aux inconvénients du soleil, du froid, du vent.

CRESPO

Moi, je ne veux pas d'honneur postiche ; ma maison restera ce qu'elle est. Vilains furent mes aïeux et mon père ; vilains seront mes enfants. — Appelle ta sœur.

JUAN

La voici.

SCÈNE XI

ISABELLE, INÈS, LES MÊMES

CRESPO

Ma fille, le roi, notre seigneur — le ciel lui conserve de longs jours ! — se rend à Lisbonne, où il va se faire couronner comme roi légitime de Portugal, et à cet effet, les troupes cheminent avec tout l'appareil militaire. Il n'est pas jusqu'au vieux régiment de Flandres qui ne soit à cette occasion revenu en Castille. Cette troupe a pour chef don Lope de Figueroa qui, dit-on, est le Mars espagnol. Aujourd'hui, nous allons avoir des soldats dans la maison et il importe qu'ils ne te voient pas. Ainsi, ma fille, tu vas te renfermer sans retard dans les chambres d'en haut que j'occupais.

ISABELLE

Je venais, mon père, vous en demander la permission. Je sais qu'en demeurant ici j'entendrais des propos déplacés. Ma cousine et moi, nous resterons dans ces chambres sans que personne nous voie, pas même le soleil.

CRESPO

Dieu vous garde! — Juan, tiens-toi ici; reçois nos hôtes tandis que je vais chercher de quoi les régaler.

(*Il sort.*)

ISABELLE

Allons-nous-en, Inès !

INÈS

Allons, ma cousine. Mais je tiens pour folie de garder une femme, si elle ne veut pas se garder elle-même.

(*Elles sortent.*)

SCÈNE XII

LE CAPITAINE, LE SERGENT, JUAN

LE SERGENT

Seigneur, voici la maison.

LE CAPITAINE

Va de suite chercher tous mes effets au corps de garde.

LE SERGENT

Je veux d'abord m'informer de la villageoise. (*Il sort.*)

JUAN

Soyez le bienvenu dans cette maison; c'est un honneur de recevoir un cavalier aussi noble que vous le paraissez. (*A part.*) Quel air galant ! quelle bonne mine ! Cet habit de soldat me fait envie.

LE CAPITAINE

Enchanté de votre connaissance.

JUAN

Excusez-nous si la maison n'est pas plus belle ; mon père aurait voulu qu'elle fût aujourd'hui un palais (1). Il est allé vous chercher des provisions ; il désire vous traiter du mieux possible ; moi, je vais veiller à ce qu'on dispose votre appartement.

LE CAPITAINE

Je suis sensible à votre accueil et à votre empressement.

JUAN

Je me mets à vos pieds. (*Il sort.*)

LE CAPITAINE (*au sergent qui revient.*)

Qu'y a-t-il, sergent ? Aurais-tu déjà vu la paysanne ?

LE SERGENT

Vive le Christ ! J'ai fouillé dans cette intention la cuisine et l'appartement, et je ne l'ai pas rencontrée.

LE CAPITAINE

Sans doute le vieux rustre l'a cachée !

LE SERGENT

Je me suis informé d'elle à une servante et j'ai appris que son père la tenait dans un appartement au-dessus, et qu'il lui avait défendu de descendre. Il est fort soupçonneux.

LE CAPITAINE

Quel est le paysan qui n'a pas de malice ? Pourquoi ces précautions ? Si j'avais vu sa fille, je n'en aurais pas

(1) *Un alcazar.*

fait cas ; mais seulement parce que le vieux la cache, vive Dieu ! j'ai le vif désir de pénétrer où elle est.

LE SERGENT

Alors, seigneur, comment ferons-nous ? par quel moyen arriverons-nous jusqu'à elle sans provoquer le soupçon ?

LE CAPITAINE

Par entêtement je la verrai ; il faut trouver une ruse.

LE SERGENT

Bien qu'il n'y ait pas grand intérêt à la voir, il s'agit d'aviser ; ainsi vous serez satisfait.

LE CAPITAINE

Écoute donc...

LE SERGENT

Qu'est-ce ? parlez.

LE CAPITAINE

Tu vas feindre de... non ! Voici un soldat qui vient ; il est fort dégourdi et remplira mieux le rôle que je lui tracerai.

SCÈNE XIII

REBOLLEDO, L'ÉTINCELLE, Les Mêmes

REBOLLEDO (à *l'Étincelle.*)

Je viens à cette intention parler au capitaine ; je verrai si j'ai quelque chance.

L'ÉTINCELLE

Parle lui d'une manière convenable ; ne sois pas toujours écervelé et fou.

REBOLLADO

Prête-moi un peu de ta sagesse.

L'ÉTINCELLE

J'en ai peu ; pourtant elle te servirait beaucoup.

REBOLLEDO

Pendant que je lui parle, attends-moi là un instant. — (*Au capitaine.*) Je venais, seigneur, vous prier...

LE CAPITAINE

Vive Dieu ! je t'aiderai de tout mon pouvoir, Rebolledo, car j'aime ta bonne grâce et ton entrain.

LE SERGENT

C'est un excellent soldat.

LE CAPITAINE

Eh bien ! de quoi s'agit-il ?

REBOLLEDO

Seigneur, j'ai perdu tout l'argent que j'avais, que j'ai eu et que j'aurai jamais, et me voilà pauvre pour le passé, pour le présent et pour l'avenir : rendez-moi le service de dire à l'enseigne qu'il me donne comme indemnité...

LE CAPITAINE

Voyons ! quoi ?

REBOLLEDO

La préférence pour tenir le jeu du trou-madame : (1) j'ai beaucoup d'obligations à remplir et je suis un honnête homme.

LE CAPITAINE

Cela me paraît juste et l'enseigne saura que tel est mon plaisir.

L'ÉTINCELLE (*à part.*)

Le capitaine a consenti !... Oh ! si je pouvais m'entendre appeler la *bolichera* ! (2).

---

(1) *Boliche.* — Jeu du trou-madame.
(2) Tenancière du jeu.

REBOLLEDO

Je me charge de la commission.

LE CAPITAINE

Un moment ; avant que tu t'éloignes, je veux me confier à toi pour un certain projet que j'ai formé et qui me tient à cœur.

REBOLLEDO

Qu'attendez-vous donc ? Qui tarde à savoir, tarde à exécuter.

LE CAPITAINE

Écoute. Je veux monter à cet appartement pour voir s'il s'y trouve une personne qui essaie de se cacher de moi.

REBOLLEDO

Et pourquoi n'y montez-vous pas ?

LE CAPITAINE

Je ne voudrais pas le faire sans avoir un prétexte qui me servît d'excuse. Je vais feindre de me quereller avec toi ; tu fuiras en courant de ce côté ; alors, furieux, je tirerai l'épée et toi, épouvanté, tu entreras dans l'appartement où la personne que je cherche se cache.

REBOLLEDO

C'est compris.

L'ÉTINCELLE (*à part.*)

Puisque Robelledo cause ainsi avec le capitaine, il est sûr que nous aurons le jeu.

ROBELLEDO (*à haute voix.*)

Vive Dieu ! Dire qu'ont obtenu ce que je demande un escroc, une poule mouillée, un vaurien !... Aujourd'hui qu'un homme d'honneur se présente, on lui refuse !...

L'ÉTINCELLE (*à part.*)

Voilà sa folie qui le prend !

LE CAPITAINE

Comment ! Me parler de la sorte !

REBOLLEDO

Quand j'ai raison, n'ai-je pas droit de me plaindre ?

LE CAPITAINE

Non, tu ne l'as pas. Remarque que je supporte ton insolence.

REBOLLEDO

Vous êtes mon capitaine ; pour cela, je me tais. Mais, vive Dieu ! si j'avais en ma main mon mousquet...

LE CAPITAINE

Que ferais-tu ?

L'ÉTINCELLE (*au capitaine.*)

Seigneur, arrêtez... (*A part.*) Il est perdu !

REBOLLEDO

Vous me parleriez sur un autre ton.

LE CAPITAINE

Qu'attends-je pour tuer cet audacieux, cet insolent ?

REBOLLEDO

Je fuis, mais par respect pour les insignes du grade.

LE CAPITAINE

Tu auras beau fuir, je te tuerai.

L'ÉTINCELLE (*à part.*)

Hélas ! il a fait des siennes.

LE SERGENT

Calmez-vous, seigneur !

L'ÉTINCELLE

Écoutez !...

LE SERGENT

Un moment, arrêtez !

L'ÉTINCELLE

On ne m'appellera pas la *bolichera* ! (*Rebolledo fuit. Le capitaine le poursuit l'épée à la main ; le sergent sort.*)

SCÈNE XIV

JUAN, *une épée à la main,* CRESPO, L'ÉTINCELLE

L'ÉTINCELLE

Vite, accourez tous !

JUAN

Qu'est-il arrivé ?

CRESPO

D'où vient ce bruit ?

L'ÉTINCELLE

Le capitaine vient de tirer l'épée contre un soldat, et il le poursuit dans l'escalier de la maison.

CRESPO

Quelle fatalité !

L'ÉTINCELLE

Montez tous derrière lui.

JUAN

Il était bien inutile de cacher ma sœur et ma cousine ! (*Ils s'en vont en courant.*)

UNE CHAMBRE DANS LA MAISON DE PEDRO CRESPO

SCÈNE XV

REBOLLEDO *entrant en courant*, ISABELLE, INÈS, puis LE CAPITAINE, LE SERGENT

REBOLLEDO

Mesdames, puisqu'un temple a toujours été un asile sacré, que cette chambre me serve d'asile, puisqu'il est le temple de l'amour.

ISABELLE

Qui vous contraint à fuir ainsi ?

INÈS

Pour quel motif avez-vous pénétré ici ?

ISABELLE

Qui vous poursuit ? qui vous cherche ? (*Le capitaine et le sergent entrent.*)

LE CAPITAINE

C'est moi qui veux tuer ce drôle. Si je croyais...

ISABELLE

Arrêtez, seigneur, il se réclame de moi ; les hommes, tels que vous, doivent leur protection aux femmes, moins pour ce qu'elles sont que parce qu'elles sont femmes. Cela suffit, étant ce que vous êtes.

LE CAPITAINE

Un autre asile ne pourrait le sauver de ma colère ; à votre extrême beauté j'accorde la vie. Mais considérez qu'il n'est pas bien à vous, en cette occurrence, de commettre l'homicide que vous ne voulez pas que je commette.

ISABELLE

Seigneur cavalier, si votre courtoisie nous impose des obligations, ne nous faites pas regretter notre intervention. Je vous ai supplié d'épargner ce soldat; mais je ne veux pas que vous ayez paiement de la dette que j'ai contractée.

LE CAPITAINE

Non seulement votre beauté est d'une rare perfection, mais votre esprit me charme. Aujourd'hui la beauté et l'esprit ont juré de contracter alliance en votre personne...

SCÈNE XVI

PEDRO CRESPO, JUAN, *avec des épées nues*
puis **L'ÉTINCELLE,** Les Mêmes

CRESPO

Qu'est-ce donc, seigneur cavalier ? Alors que je tremble de vous rencontrer mettant un homme à mort, je...

ISABELLE *(à part.)*

Dieu me protège !

CRESPO *(continuant.)*

Je vous trouve disant des fadaises à une femme. Certes, il faut que vous soyez d'un sang bien noble, puisque votre colère s'apaise si promptement !

LE CAPITAINE

Celui à qui sa naissance impose des obligations, est tenu d'y soumettre sa conduite, le respect que je dois à cette dame a suspendu toute ma colère.

CRESPO

Isabelle est ma fille ; elle est une paysanne, seigneur, et non une dame.

JUAN *(à part.)*

Vive le ciel ! tout ceci est une invention pour pénétrer dans cet appartement. Je suis honteux au fond de l'âme que l'on imagine que je suis dupe ; cela ne sera pas ! *(Haut.)* Seigneur capitaine, vous auriez dû mieux apprécier le désir qu'a mon père de vous être agréable et ne pas lui faire cette insulte.

CRESPO *(à Juan.)*

De quoi vous mêlez-vous, jeune homme ?(1). De quelle insulte parlez-vous ? Si le soldat lui a manqué, ne devait-il pas courir après lui ? Ma fille estime fort la faveur d'avoir obtenu sa grâce, et moi je suis sensible aux égards témoignés à votre sœur.

LE CAPITAINE *(à Juan.)*

Il est clair que je n'ai pas eu d'autres motifs ; pesez mieux vos paroles.

JUAN

J'ai bien vu ce qui en est.

CRESPO

Comment parlez-vous ainsi ?

LE CAPITAINE

Parce que vous êtes là, je ne châtie pas ce garçon ainsi qu'il le mérite.

CRESPO

Un moment, capitaine ; moi je puis traiter mon fils comme il me plaît ; vous, vous n'avez pas ce droit.

JUAN

Et moi, je souffre tout de mon père ; d'un autre je ne supporte rien.

LE CAPITAINE

Que feriez-vous donc ?

(1) *Rapaz.*

JUAN

Je donnerais ma vie pour mon honneur

LE CAPITAINE

L'honneur d'un vilain?

JUAN

C'est le même que le vôtre ; il n'y aurait pas de capitaines, s'il n'y avait pas de laboureurs.

LE CAPITAINE

Vive Dieu ! c'est trop en entendre. (*Le capitaine, Juan et Crespo sortent l'épée.*)

CRESPO

Voyez, je me mets entre vous.

REBOLLEDO (*à l'Étincelle.*)

Vive le Christ ! L'Étincelle, il va pleuvoir des coups.

L'ÉTINCELLE (*appelant.*)

A la garde ! à la garde !

REBOLLEDO (*annonçant.*)

Halte ! voici don Lope de Figueroa !

SCÈNE XVI

DON LOPE, *richement vêtu et armé*, LES MÊMES

DON LOPE

Qu'est cela ? La première chose, que je vois en arrivant, c'est une querelle ?

LE CAPITAINE (*à part.*)

Don Lope de Figueroa se présente fort mal à propos.

CRESPO (*à part.*)

Par Dieu ! mon blanc-bec (1) aurait tenu tête à tous.

(1) *El rapagon.*

DON LOPE

Que s'est-il passé ? Qu'est-il advenu ? Parlez, ou, vive Dieu ! hommes, femmes, la maison entière je jette tout par la fenêtre. C'est bien assez pour moi d'être monté jusqu'ici avec la douleur que je ressens à cette jambe... que le diable l'emporte, ainsi soit-il !... J'entends que l'on me dise ce qui en est.

CRESPO

Ce n'est rien, seigneur.

DON LOPE (*au capitaine.*)

Parlez, dites la vérité !

LE CAPITAINE

Vous saurez que je suis logé ici ; or, un soldat...

DON LOPE

Achevez.

LE CAPITAINE

Un soldat m'a donné sujet de tirer l'épée contre lui. Il a pénétré ici en s'enfuyant ; je l'ai poursuivi ; j'ai trouvé ces deux paysannes, et leur père ou leur frère, je ne sais ce qu'ils sont, se sont fâchés de ce que je suis entré jusqu'ici.

DON LOPE

Puisque je suis arrivé à propos, je donnerai satisfaction à tout le monde. Quel est le soldat, dites-moi, qui a mis son capitaine dans l'obligation de tirer l'épée ?

REBOLLEDO (*à part.*)

Quoi ? Je paierais pour tous !

ISABELLE

Voilà l'homme qui est entré ici en fuyant !

DON LOPE

Qu'on lui donne deux tours d'estrapade.

####### REBOLLEDO

L'estra !... Que va-t-on me donner, seigneur ?

####### DON LOPE

L'estrapade.

####### REBOLLEDO

Je ne suis pas homme à être traité ainsi.

####### L'ÉTINCELLE (*à part.*)

Cette fois on me l'estropie !

####### LE CAPITAINE (*bas à Rebolledo.*)

Pour Dieu, Rebolledo, tais-toi !... Je te tirerai de là.

####### REBOLLEDO (*bas au capitaine.*)

Non. Je veux parler. Si je me tais, on me liera les bras derrière le dos, comme un soldat qui s'est mal conduit. (*Haut*). Le capitaine m'a ordonné de feindre une querelle avec lui, afin d'avoir un prétexte pour entrer ici.

####### CRESPO

Vous voyez, seigneur, que nous avions raison.

####### DON LOPE

Vous n'aviez pas raison ; vous exposiez votre village à la destruction. — Holà ! tambour, va proclamer que tous les soldats rentrent au corps de garde et que personne ne sorte de la journée sous peine de mort !... Et pour que vous ne demeuriez pas, vous, avec votre dessein, vous, avec votre ennui, et que tous deux vous ayez satisfaction, cherchez un autre logement, capitaine ; à compter de ce jour je m'installe dans cette maison jusqu'à ce que nous partions pour Guadalupe où est le roi.

####### LE CAPITAINE

J'obéis à vos ordres. (*Le capitaine, Rebolledo, le sergent et l'Étincelle sortent.*)

CRESPO (*à Isabelle.*)

Rentrez, ma fille. (*Elle s'en va avec Juan. A Don Lope.*) Je vous rends mille grâces, seigneur, pour la faveur que vous m'avez faite en m'évitant l'occasion de me perdre.

SCÈNE XVIII

DON LOPE, CRESPO

DON LOPE

Comment vous seriez-vous perdu, dites-moi ?

CRESPO

En donnant la mort à qui cherchait à me causer la moindre offense.

DON LOPE

Vive Dieu ! savez-vous qu'il s'agit d'un capitaine ?

CRESPO

Oui, vive Dieu ! mais eut-il été général, s'il eût offensé mon honneur, je le tuerais.

DON LOPE

Si quelqu'un s'avisait de toucher seulement un poil de l'habit du moindre de mes soldats, vive Dieu ! je le ferais pendre.

CRESPO

Si quelqu'un s'avisait de porter atteinte à un atome de mon honneur, vive Dieu ! moi aussi je le ferais pendre.

DON LOPE

Savez-vous, étant ce que vous êtes, qu'il y a pour vous obligation de supporter ces charges ?

CRESPO

Avec mon bien, oui; avec mon honneur, non. Au roi je suis prêt à donner mon bien et ma vie ; mais l'honneur est le patrimoine de l'âme, et l'âme appartient seule à Dieu.

DON LOPE

Par le Christ ! vous pourriez avoir raison.

CRESPO

Oui, par le Christ ! car je n'ai jamais eu tort.

DON LOPE

Je suis fatigué et cette jambe, que le diable m'a donnée, a besoin de repos.

CRESPO

Qui vous dit le contraire ? Ici, le diable m'a donné un lit et il sera pour vous.

DON LOPE

Et le diable l'a-t-il fait, votre lit?

CRESPO

Certes oui.

DON LOPE

Eh bien ! je vais le défaire, car, vive Dieu ! je suis las.

CRESPO

Alors, vive Dieu ! reposez-vous.

DON LOPE (à part.)

Le vilain est têtu ; il jure autant que moi.

CRESPO (à part.)

Le don Lope est opiniâtre (1) ; tous deux, nous vivrons en mauvais accord (2).

---

(1) *Caprichudo.*
(2) *No haremos migas.*

ACTE DEUXIÈME

UNE RUE. ON VOIT LA MAISON DE PEDRO CRESPO

SCÈNE I

MENDO, NUÑO

MENDO

Qui t'a raconté tout ça ?

NUÑO

Tout ça m'a été dit par Ginésa sa servante.

MENDO

Le capitaine, à la suite de cette querelle, vraie ou simulée, s'est donc mis à faire la cour à Isabelle ?

NUÑO

De telle manière qu'on ne voit pas plus de fumée chez lui que chez nous. De tout le jour, il ne quitte pas sa porte; à chaque instant, il lui envoie des messages. Un mauvais petit soldat, (1) son confident, ne fait qu'aller et venir.

MENDO

Tais-toi; c'est trop de poison, trop pour que mon âme le boive en une fois.

NUÑO

D'autant que votre estomac n'a pas la force suffisante pour le supporter.

MENDO

Nuño, causons un peu sérieusement.

---

(1) *Un mal soldadillo.*

NUÑO

Plût à Dieu que ce fût une plaisanterie!

MENDO

Et que répond Isabelle?

NUÑO

Elle lui répond comme à vous, car Isabelle est une divinité superbe et splendide; les vapeurs de la terre ne peuvent obscurcir son ciel.

MENDO (*lui donnant un soufflet.*)

Que Dieu te récompense!

NUÑO

Qu'il vous donne mal aux dents, car vous m'en avez brisé deux! Mais vous avez bien fait: elles sont inutiles à votre service, si c'est pour les réformer. — Voici le capitaine!

MENDO

Vive Dieu! si l'honneur d'Isabelle n'était en cause, je le tuerais!...

NUÑO (*à part.*)

Songez plutôt à votre tête!

MENDO

Éloignons-nous pour écouter. Viens avec moi par ici. (*Ils se mettent à l'écart.*)

SCÈNE II

LE CAPITAINE, LE SERGENT, REBOLLEDO, Les Mêmes

LE CAPITAINE

Ce feu, cette passion, ce n'est pas de l'amour, c'est de la rage, de la colère, de la fureur, de l'entêtement!...

REBOLLEDO

Oh! seigneur, mieux eût valu ne jamais voir cette belle villageoise qui vous cause tant d'ennuis!

LE CAPITAINE

Que t'a dit la servante?

REBOLLEDO

Ne connaissez-vous pas ses réponses?

MENDO (à *Nuño.*)

C'est décidé : puisque la nuit étend ses voiles sombres, ma prudence se résout au meilleur parti. Viens m'armer.

NUÑO

Seigneur, quelles armes avez-vous autres que celles qui sont peintes sur un carreau bleu de faïence, au-dessus de la porte de votre maison?

MENDO

Dans ma sellerie, je présume, nous trouverons quelque chose de convenable.

NUÑO

Partons sans que le capitaine nous aperçoive. (*Ils s'en vont.*)

LE CAPITAINE

Une villageoise peut-elle résister si noblement! Ne pas me répondre une parole favorable!...

LE SERGENT

Les femmes de ce genre, seigneur, ne s'éprennent guère des hommes tels que vous; si un paysan leur faisait la cour, les fêtait, elles feraient un autre cas de lui. Vos plaintes sont d'ailleurs sans portée. Puisqu'il faut partir demain, pourquoi tenter en un jour de vous faire écouter par une femme et d'en être favorisé?

LE CAPITAINE

En un jour le soleil éclaire le monde et disparaît; en un jour on bouleverse un royaume; en un jour des pierres sont dressées en édifice; en un jour une bataille est perdue et gagnée; en un jour la mer s'agite et se calme; en un jour un homme naît et meurt; donc en un jour mon amour peut voir ombre et lumière comme une planète; bonheur et malheur comme un empire; gens et bêtes comme une forêt; paix et agitation comme la mer; triomphe et ruine comme une bataille; vie et mort, comme un être doué de sentiments et de facultés. Puisqu'un seul jour a suffi pour me rendre si à plaindre, pourquoi un seul jour ne suffirait-il pas pour me rendre le plus heureux des hommes? Est-il obligatoire que les triomphes s'engendrent plus doucement que les défaites?

LE SERGENT

L'avoir vue une fois seulement vous a mis en cet état?

LE CAPITAINE

N'est-ce donc pas assez de l'avoir vue? Une étincelle fugitive suffit pour occasionner un incendie; un moment suffit pour qu'un volcan s'entr'ouvre en un abîme de soufre; un moment suffit pour que la foudre détruise tout sur son passage; un moment suffit pour qu'un canon, même hors de service, crache l'horreur. Pourquoi un moment ne suffirait-il pas pour que l'amour ne cause pas les mêmes ravages que l'incendie, le volcan, la foudre et le canon?

LE SERGENT

Ne disiez-vous pas que les paysannes n'avaient jamais de beauté?

LE CAPITAINE

Et cette confiance m'a perdu; celui qui pense qu'il va

au-devant d'un danger, se tient sur la défensive; celui qui s'avance avec sécurité court un plus grand risque car il est pris au dépourvu en cas de péril. Je m'attendais à trouver une paysanne et j'ai rencontré une divinité. Ne devais-je pas succomber? Je n'ai jamais vu de beauté plus parfaite, plus accomplie. Ah! Rebolledo, je ne sais ce que je ferais pour la revoir.

REBOLLEDO

Il y a dans la compagnie un soldat qui chante à merveille, et l'Etincelle, qui est ma gardienne des jeux, est la première femme du monde pour les chansons dansées. Allons, seigneur, chanter, danser, faire de la musique sous ses fenêtres. Par ce moyen vous pourrez la voir et même lui parler.

LE CAPITAINE

Don Lope est logé dans la maison et je ne voudrais pas l'éveiller.

REBOLLEDO

Mais quand, don Lope peut-il dormir avec sa jambe? Après tout, seigneur, s'il entend, la faute sera nôtre. Vous n'avez qu'à venir déguisé parmi les chanteurs.

LE CAPITAINE

Bien qu'il y ait à dire à cela, ma passion surmonte tout. Tenez-vous prêts cette nuit. Seulement qu'on n'entende pas que je l'ordonne. — Ah! Isabelle, que de soucis tu me causes!... (*Le capitaine et le sergent sortent.*)

SCÈNE III

L'ÉTINCELLE, REBOLLEDO

L'ÉTINCELLE (*au dehors.*)

Un moment!

REBOLLEDO

L'Étincelle, qu'est cela?

L'ÉTINCELLE

C'est un pauvre diable que je viens de marquer au visage.

REBOLLEDO

Quel a été le motif de la querelle?

L'ÉTINCELLE

Il a voulu tricher, soutenant une heure et demie qu'il avait fait un coup qu'il n'avait pas fait. Il m'a lassée et je lui ai parlé avec ceci. (*Elle sort un poignard.*) Pendant que le barbier lui pose quelques points de suture, allons au corps de garde; là, je te conterai l'affaire.

REBOLLEDO

Quand je suis en allégresse, c'est bien le moment de se fâcher.

L'ÉTINCELLE

Mais pourquoi nous ennuyer l'un et l'autre? Voici les castagnettes; que faut il chanter?

REBOLLEDO

Ce sera pour ce soir; la musique sera d'importace. Mais allons, ne nous arrêtons pas; allons au corps de garde.

L'ÉTINCELLE

Je veux que dans le monde mon renom soit éternel; je suis l'Étincelle, la *Bolichera!* (*Ils sortent.*)

UNE SALLE BASSE DANS LA MAISON DE CRESPO

Vue et sortie sur un jardin ; d'un côté une fenêtre.

SCÈNE IV

DON LOPE, PEDRO CRESPO

CRESPO

En cet endroit, qui est le plus frais, dressez la table de don Lope. (*A don Lope.*) Ici vous souperez de meilleur appétit. Les journées d'août sont compensées par les soirées.

DON LOPE

Ce coin de jardin est vraiment délicieux.

CRESPO

Ma fille a l'habitude de venir ici se distraire. Asseyez-vous, seigneur ; la brise embaumée qui se joue dans le feuillage de ces treilles, dans la cime de ces arbres et le murmure de cette fontaine produit une aimable harmonie. On dirait une cithare d'argent et de nacre, aux touches d'or, aux cordes retentissantes. Pardonnez si, pour toute musique, vous n'avez que celle de cet instrument, sans chanteurs qui vous délectent, sans concert de voix qui attire votre attention. Il n'y a ici pour chanteurs que les oiseaux qui gazouillent, et ceux-là ne se font pas entendre la nuit et je ne puis les contraindre. Asseyez-vous donc, seigneur, et oubliez cette souffrance continue.

DON LOPE

Je ne puis ; il m'est impossible de me divertir. Dieu me soit en aide !

CRESPO

Ainsi soit-il.

DON LOPE

Le ciel me donne patience... Prenez place, Crespo.

CRESPO

Je suis fort bien.

DON LOPE

Asseyez-vous.

CRESPO

Puisque vous l'exigez, seigneur, j'obéis ; vous auriez dû ne pas y faire attention. (*Il s'assoit.*)

DON LOPE

Vous ne savez pas à quoi je pense, Crespo ?... C'est que, hier, la colère vous avait mis hors de vous.

CRESPO

Rien n'est capable de me mettre hors de moi.

DON LOPE

Alors pourquoi vous êtes-vous assis sans que je vous en aie prié et même sur le meilleur siège ?

CRESPO

Parce que vous ne me l'avez pas dit : aujourd'hui que vous me le dites, je n'aurais pas voulu m'asseoir. Il faut être poli avec ceux qui le sont.

DON LOPE

Hier vous ne faisiez que jurer, pester, gronder, et aujourd'hui vous êtes aimable, réservé, plein d'urbanité.

CRESPO

Moi, seigneur, je réponds toujours sur le même ton et dans la langue où l'on me parle. Hier, vous parliez comme vous savez ; la réponse devait être à l'unisson de la demande. J'ai pour principe de jurer avec qui jure, de prier avec qui prie : je m'accommode à tout. C'est au point que je n'ai pas dormi de la nuit parce que je pensais à votre jambe, et ce matin je me suis levé avec des douleurs aux deux jambes : j'étais comme embarassé, ne sachant si vous souffriez de la droite ou de la gauche et, pour ne pas commettre d'erreur, j'ai eu mal à toutes deux. Dites-moi de quelle jambe vous souffrez afin que je ne ressente mal qu'à une seule.

DON LOPE

N'ai-je pas raison de me plaindre, si depuis trente ans que je guerroie en Flandres, l'hiver exposé aux frimas, l'été à l'ardeur du soleil, je n'ai jamais eu de repos et je n'ai jamais passé une heure sans douleur?

CRESPO

Que Dieu, seigneur, vous donne de la patience!

DON LOPE

Et que voulez-vous que j'en fasse ?

CRESPO

Eh bien! qu'il ne vous en donne pas!

DON LOPE

Je m'en moque. Je souhaite que mille démons emportent la patience et moi avec.

CRESPO

Amen! Et s'ils ne vous donnent pas satisfaction, c'est qu'ils ne font jamais rien de bon.

DON LOPE

Jésus! Jésus!

CRESPO

Qu'il soit avec vous et avec moi!

DON LOPE

Vive le Christ! je meurs!

CRESPO

Vive le Christ ! j'en suis fâché.

SCÈNE V

JUAN *apportant une table*, Les Mêmes

JUAN

Voici la table.

DON LOPE

Pourquoi mes domestiques ne viennent-ils pas me servir ?

CRESPO

C'est moi, seigneur, sauf votre approbation, qui leur ai dit de ne pas venir et de ne faire dans ma maison aucune disposition pour votre service, car j'espère, grâce à Dieu, que vous n'y manquerez de rien.

DON LOPE

Puisque mes gens ne doivent pas venir, faites-moi la grâce d'appeler votre fille pour souper avec moi.

CRESPO

Juan, dis à ta sœur de venir à l'instant. (*Juan sort.*)

DON LOPE

Mon peu de santé doit écarter tout soupçon de ce côté-là.

CRESPO

Quand même, seigneur, votre santé serait telle que je la désire, je n'aurais pas de soupçon. Vous faites injure à mon dévouement, je n'ai aucune inquiétude à ce sujet. Si d'abord je lui ai recommandé de ne pas sortir de son appartement, c'était pour qu'elle n'entendît pas des propos trop libres. Si tous les soldats étaient bien élevés comme vous, j'aurais voulu qu'elle fût la première à les servir.

DON LOPE (*à part.*)

Comme ce paysan est adroit et prudent.

SCÈNE VI

ISABELLE, INÈS, JUAN, Les Mêmes

ISABELLE

Que m'ordonnez-vous, mon père?

CRESPO

Ma fille, c'est le seigneur don Lope qui vous fait l'honneur de vous appeler.

ISABELLE (*à don Lope.*)

Je suis votre servante.

DON LOPE

C'est moi qui désire vous servir. (*A part.*) Qu'elle est belle et modeste! (*Haut.*) Je vous invite à souper avec moi.

ISABELLE

Il sera mieux que ma cousine et moi servions à table.

DON LOPE

Asseyez-vous.

CRESPO

Asseyez-vous. Faites ce qu'ordonne le seigneur don Lope.

ISABELLE

Le mérite est dans l'obéissance. (*Elles s'asseyent. On entend au dehors jouer de la guitare.*)

DON LOPE

Qu'est ceci ?

CRESPO

Ce sont des soldats qui se promènent dans la rue, chantant et pinçant de la guitare.

DON LOPE

Sans cette liberté, les fatigues de la guerre seraient mal endurées ; le métier de soldat est pénible et il faut le laisser se distraire.

JUAN

Avec tout ça, c'est une belle vie.

DON LOPE

Vous conviendrait-elle ?

JUAN

Oui, seigneur, si votre Excellence daignait me protéger.

UNE VOIX (*du dehors.*)

Ici, on sera mieux pour chanter

REBOLLEDO (*du dehors.*)

Allons, un couplet pour Isabelle ; afin qu'elle s'éveille, jette une pierre à sa fenêtre.

(On entend le choc d'une pierre contre une fenêtre.)

CRESPO (*à part.*)

La musique s'adresse à une fenêtre déterminée. Patience !

UNE VOIX (*chantant.*)

La fleur du romarin,
Jeune Isabelle,
Est aujourd'hui d'un bleu azuré
Et demain elle sera de miel.

DON LOPE (*à part.*)

Passe pour la musique ; mais lancer des pierres contre la maison où je suis logé, c'est trop insolent. Mais dissimulons à cause de Pedro Crespo et de sa fille. (*Haut.*) Quelles folies !

CRESPO

Ce sont des jeunes gens. (*A part.*) Si ce n'était pas pour don Lope, je sortirais et, bientôt...

JUAN (*à part.*)

Si je pouvais attraper la vieille rondache qui est dans la chambre de don Lope..... (*Il fait quelques pas.*)

CRESPO

Où vas-tu, mon garçon ?

JUAN

Je vais dire qu'on apporte le souper.

CRESPO

Les domestiques l'apporteront.

TOUS (*du dehors.*)

Eveille-toi, Isabelle, éveille-toi !

ISABELLE (*à part.*)

Qu'ai-je donc fait, mon Dieu, pour recevoir semblable affront ?

DON LOPE

Je ne puis le tolérer. En voilà assez ! (*Il renverse la table.*)

CRESPO

Oui, c'est trop fort ! (*Il renverse un siège.*)

DON LOPE (*à part.*)

J'ai perdu patience. (*Haut.*) N'est-il pas terrible, dites-moi, de souffrir ainsi d'une jambe ?

CRESPO

J'y pensais comme vous.

DON LOPE

En vous voyant renverser la chaise, j'ai cru que c'était autre chose.

CRESPO

Quand vous avez renversé la table je n'ai trouvé sous la main que cette chaise... (*A part.*) Honneur, dissimulons.

DON LOPE (*à part.*)

Qui donc est dans la rue ! (*Haut.*) C'est bien. Je ne veux pas souper encore. Vous pouvez vous retirer.

CRESPO

Comme il vous plaira.

DON LOPE

Que Dieu soit avec vous, mademoiselle !

ISABELLE

Que le ciel vous conserve, seigneur !

DON LOPE (*à part.*)

Ma chambre donne sur la rue et une rondache y est appendue.

CRESPO (*à part.*)

Il y a une sortie par la cour et j'ai une vieille épée.

DON LOPE

Bonsoir.

CRESPO

Bonsoir. (*A part.*) Je fermerai la porte sur mes enfants.

DON LOPE (*à part.*)

J'entends qu'on laisse cette maison tranquille.

ISABELLE (*à part.*)

O ciel ! qu'ils dissimulent mal le souci qui les étreint !

INÈS (*à part.*)

Ils cherchent à se tromper tous deux.

CRESPO

Holà, mon garçon !

JUAN

Seigneur ?

CRESPO

Votre lit est de ce côté.

(*Tous s'éloignent.*)

LA RUE DEVANT LA MAISON DE CRESPO

SCÈNE VII

LE CAPITAINE, LE SERGENT, L'ÉTINCELLE, REBOLLEDO *avec des guitares*, SOLDATS

REBOLLEDO

Nous sommes mieux ici ; l'endroit est plus favorable. Que chacun prenne son rang.

L'ÉTINCELLE

Recommençons-nous la musique ?

REBOLLEDO

Oui.

L'ÉTINCELLE

Maintenant, je suis dans mon centre.

LE CAPITAINE

Cette villageoise n'a pas entr'ouvert sa fenêtre.

LE SERGENT

Pourtant on a dû nous entendre.

L'ÉTINCELLE

Attendons.

LE SERGENT (à part.)

Ce sera à mes dépens.

REBOLLEDO

Il faut voir quel est celui qui vient vers nous.

L'ÉTINCELLE

Eh bien ! quoi, ne vois-tu pas un cavalier bien mis ? (1)

SCÈNE VIII

MENDO *portant un bouclier*, NUÑO, Les Mêmes

MENDO

Ne vois-tu pas ce qui se passe ?

NUÑO

Je ne le vois pas, mais je l'entends.

MENDO

O ciel ! qui pourrait le supporter ?

NUÑO

Moi.

MENDO

Crois-tu qu'Isabelle ouvre sa fenêtre ?

NUÑO

Elle l'ouvrira.

MENDO

Non, elle ne le fera pas, drôle !...

NUÑO

Elle n'ouvrira pas ?

MENDO

Ah ! jalousie ! peine cruelle !... Je les éloignerais bien

(1) *Un jinete de la Costa* — un cavalier de prix.

à coups d'épée, mais je dois cacher mes malheurs jusqu'à ce que je sache s'il y a de sa faute.

NUÑO
Alors asseyons-nous.

MENDO
Bien ; ainsi je ne serai pas reconnu.

REBOLLEDO
L'homme s'est assis. On dirait une âme en peine qui rôde, avec sa targe sur le dos, pour expier les lances qu'il a rompues. — Allons, chante.

L'ÉTINCELLE
Qu'il nous entende !

REBOLLEDO
Dis une chanson si entraînante qu'elle fouette le sang.

L'ÉTINCELLE
Ainsi vais-je faire.

SCÈNE IX

DON LOPE & PEDRO CRESPO, *chacun d'un côté différent et armés*, LES MÊMES

L'ÉTINCELLE (*chantant.*)

Un certain Sampayo était
La fleur des Andalous,
Le gaillard de meilleure allure
Et le rufian de meilleure mine,
Dont la Criarde
Il trouva un jour...

REBOLLEDO
Ne lui cherchez pas querelle sur la date : l'assonance veut que ce soit un lundi.

L'ÉTINCELLE (*chantant.*)

Il trouva, dis-je, la Criarde,
Qui, buvant entre deux lumières,
Occupait avec Garlo
Le coin d'un cabaret,
Garlo qui fut toujours
En tout ce qui le regarde
Un foudre de bas étage,
Car c'est un foudre sans nuages,
Tira l'épée et, aussitôt,
Frappant d'estoc et de taille...

(*Don Lope et Pedro Crespo se précipitent sur les chanteurs, l'épée à la main.*)

CRESPO

Ce fut de cette manière !...

DON LOPE

Il s'y prit de la sorte ! (*Les chanteurs fuient dispersés.*) Ils fuient. Un seul demeure, celui qui est là.

CRESPO

Celui qui est là est sans doute quelque soldat.

DON LOPE

Certes, il ne s'échappera pas sans blessure.

CRESPO

Je ne veux pas qu'il reste sans que mon épée ne lui fasse abandonner le terrain.

DON LOPE

Va-t-en avec les autres !

CRESPO

Allez-vous-en, ou je vous fais courir ! (*Ils se battent.*)

DON LOPE (*à part.*)

Vive Dieu ! il se bat bien.

CRESPO (*à part.*)

Vive Dieu ! il combat bien !

SCÈNE X

JUAN, *l'épée à la main*, DON LOPE, CRESPO

JUAN

Fasse le ciel que je l'atteigne ! (*A Crespo.*) Seigneur, me voici à votre côté.

DON LOPE

N'est-ce pas Pedro Crespo ?

CRESPO

Lui-même. Êtes-vous don Lope ?

DON LOPE

Oui, je suis don Lope. Mais n'aviez-vous pas dit que vous ne sortiriez pas ? Voilà un bel exploit !

CRESPO

Agir comme vous avez agi, c'est une excuse et une réponse.

DON LOPE

C'était moi qui étais offensé et non vous.

CRESPO

Il n'y a pas à dissimuler. Je suis venu me battre pour vous tenir compagnie.

SOLDATS (*au dehors.*)

Réunissons-nous pour exterminer ces vilains.

LE CAPITAINE (*au dehors.*)

Prenez garde ! (*Ils entrent tous.*)

DON LOPE

Un moment! Ne suis-je pas là? Que signifie cette conduite?

LE CAPITAINE

Les soldats s'amusaient dans cette rue à chanter doucement et sans bruit; il s'est élevé une querelle et je suis venu mettre la paix.

DON LOPE

Don Alvaro, j'apprécie votre prudence. Mais puisque ce village est émotionné, je veux éviter un malheur. En conséquence, comme voici le jour qui paraît, je donne l'ordre, afin qu'il n'y ait pas plus grand dommage, que vous partiez au plus tôt de Zalaméa. Et ceci réglé, qu'on ne recommence pas; autrement, vive Dieu! je rétablirai la paix à coups d'épée.

LE CAPITAINE

La compagnie se mettra en marche dans la matinée. (*A part.*) Belle villageoise, tu me coûteras la vie! (*Le capitaine et les soldats s'en vont.*)

CRESPO (*à part.*)

Don Lope a la tête dure; nous nous entendrons.

DON LOPE (*à Crespo.*)

Venez avec moi. Que personne ne vous rencontre seul. (*Ils sortent.*)

SCÈNE XI
MENDO, NUÑO *blessé*

MENDO

Nuño, ta blessure est-elle sérieuse?

NUÑO

Quand elle le serait encore moins, elle serait de moi fort mal acceptée et je m'en serais passé.

MENDO

Je n'ai jamais éprouvé en ma vie plus de peine, ni de chagrin.

NUÑO

Ni moi non plus.

MENDO

Il est juste que je sois ennuyé ! C'est à la tête que tu as reçu le coup?

NUÑO

Tout ce côté-là est atteint. (*On entend battre le tambour.*)

MENDO

Qu'est ceci ?

NUÑO

C'est la compagnie qui va partir.

MENDO

A la bonne heure !... Je n'aurai plus à craindre la rivalité du capitaine.

NUÑO

Ils partent dans la journée.

SCÈNE XII

LE CAPITAINE, LE SERGENT, Les Mêmes

LE CAPITAINE

Sergent, tu partiras avant le coucher du soleil avec toute la compagnie ; lorsque cet astre disparaîtra de l'horizon pour se plonger dans l'océan espagnol, souviens-toi que je t'attends au sommet de la montagne. Je veux aujourd'hui trouver ma vie dans la mort du soleil.

LE SERGENT

Silence ! j'aperçois quelqu'un du village.

MENDO (*à Nuño.*)

Tâchons de passer sans marquer mon ennui. Nuño, ne laisse voir aucune faiblesse. (1)

NUÑO

Puis-je montrer de l'embonpoint? (2). (*Ils s'éloignent.*)

LE CAPITAINE

Je vais retourner au village. J'ai dans mes intérêts une servante; peut-être pourrai-je parler à ma belle homicide. Quelques cadeaux m'ont servi et mes affaires sont avancées.

LE SERGENT

Seigneur, si vous y retournez, faites-vous accompagner car il ne faut pas se fier à ces paysans.

LE CAPITAINE

Je le sais. Tu désigneras quelques hommes pour venir avec moi.

LE SERGENT

Je ferai tout ce que vous m'ordonnerez. Mais si par hasard don Lope revenait et vous apercevait?

LE CAPITAINE

Mon amour n'a rien à craindre de ce côté. Don Lope part lui aussi pour Guadalupe, où il doit rassembler tout le tercio. C'est lui qui me l'a dit tout à l'heure quand je suis allé prendre congé. Le roi doit s'y trouver. Il est en chemin.

LE SERGENT

Je vais, seigneur, exécuter vos ordres.

LE CAPITAINE

Songe qu'il y va de ma vie. (*Le sergent sort.*).

---

(1) *Flaquesa* — Faiblesse. Le mot signifie aussi maigreur.
(2) *Gord ra* — Embonpoint. Jeu de mots intraduisible.

SCÈNE XIII

REBOLLEDO, LE CAPITAINE, L'ÉTINCELLE

REBOLLEDO
Bonne nouvelle, seigneur !

LE CAPITAINE
Qu'est-ce donc, Rebolledo ?

REBOLLEDO
Vous me devez une bonne étrenne, si je vous dis que...

LE CAPITAINE
De quoi s'agit-il ?

REBOLLEDO
Vous avez un ennemi de moins à craindre.

LE CAPITAINE
Et lequel ? Parle donc.

REBOLLEDO
Ce jeune homme, frère d'Isabelle, don Lope l'a demandé à son père et il vient avec nous. Je l'ai rencontré dans la rue, bien habillé et plein d'ardeur; il avait l'air moitié d'un laboureur, moitié d'un soldat... Nous n'avons plus que le vieux contre nous.

LE CAPITAINE
Tout arrive pour le mieux, et ce sera parfait si mon espoir de causer cette nuit avec Isabelle se réalise.

REBOLLEDO
N'en doutez pas.

LE CAPITAINE
Je reviendrai. Je vais rejoindre la troupe qui s'ap-

prête à partir. Tous deux vous viendrez avec moi.

(Il s'en va.)

REBOLLEDO

Nous deux, c'est peu, mais, vive Dieu! c'est assez contre deux autres, et même contre quatre, et même contre six.

L'ÉTINCELLE

Et moi que deviendrai-je, si tu y retournes? Je ne serai plus en sûreté si celui que j'ai envoyé chez le barbier pour se faire recoudre me trouve seule.

REBOLLEDO

Je ne sais que faire de toi. Est-ce que tu n'aurais pas le courage de m'accompagner?

L'ÉTINCELLE

Pourquoi pas? Je ne porte pas l'habit de soldat, mais j'en ai le courage et la détermination.

REBOLLEDO

L'habit ne manquera pas: nous avons celui de ce page qui est parti dernièrement.

L'ÉTINCELLE

Eh bien! je passerai pour lui!

REBOLLEDO

Partons, le drapeau est en route!...

L'ÉTINCELLE

Ah! je vois bien maintenant pourquoi j'ai tant chanté: « L'amour d'un soldat ne dure qu'une heure! »

(Ils s'en vont.)

DEVANT LA MAISON DE PEDRO CRESPO

SCÈNE XIV
DON LOPE, PEDRO CRESPO, JUAN

DON LOPE
Je vous suis fort reconnaissant de tout ce que vous avez fait pour moi ; mais je vous suis par dessus tout obligé de me donner votre fils comme soldat. Je vous en remercie du fond du cœur.

CRESPO
C'est un serviteur que je vous donne.

DON LOPE
C'est un ami que je reçois de vous. Sa bonne tournure, son ardeur, son goût pour les armes m'attirent vers lui.

JUAN
Je vous serai toujours soumis et vous verrez comme je vous servirai et vous obéirai en tout.

CRESPO
Seigneur, je vous prie de l'excuser s'il ne réussit pas à vous satisfaire ; dans sa rustique éducation, la charrue, la pelle, la fourche furent ses uniques livres et il n'a pu apprendre ce que, dans les palais des riches, enseigne l'urbanité du monde.

DON LOPE
Maintenant que le soleil a perdu de sa force, il est temps que je parte.

JUAN
Je vais voir, seigneur, si l'on amène votre litière.

(*Il sort.*)

SCÈNE XV

ISABELLE, INÈS, DON LOPE, PEDRO CRESPO

ISABELLE

Est-ce bien à vous, seigneur, de partir comme cela sans prendre congé de personnes qui ne désirent rien tant que de vous servir ?

DON LOPE

Je ne serais point parti sans vous baiser la main et sans vous prier de me pardonner la liberté que je veux prendre et que vous me pardonnerez, sans doute, car ce n'est pas celui qui fait le don qui oblige, mais celui qui auparavant a rendu un service. (*Don Lope offre une croix.*) Cette croix, (1) bien qu'entourée de diamants, arrive pauvre dans vos mains, mais je vous prie de l'accepter et de la porter en mémoire de moi.

ISABELLE

Je suis fâchée, seigneur, que vous récompensiez aussi généreusement notre hospitalité ; c'est nous qui vous avons obligation pour l'honneur que vous nous avez fait.

DON LOPE

Ce n'est pas une indemnité, mais un témoignage d'amitié.

ISABELLE

A ce titre je l'accepte. Je vous recommande mon frère puisqu'il est assez heureux pour mériter d'être admis au nombre de vos serviteurs.

DON LOPE

Je vous le répète, soyez sans inquiétude ; il vient avec moi.

(1) *Venera* — Croix d'un ordre de chevalerie.

SCÈNE XVI

JUAN, Les Mêmes

JUAN

Seigneur, la litière est prête.

DON LOPE

Demeurez avec Dieu.

CRESPO

Que Dieu vous garde !

DON LOPE

Adieu, bon Pedro Crespo.

CRESPO

Adieu, noble seigneur don Lope.

DON LOPE

Qui nous eût dit le premier jour que nous nous sommes vus que nous deviendrions amis pour toujours?

CRESPO

Moi, je l'aurais dit, seigneur, si j'avais pu deviner, en vous écoutant, que vous étiez...

DON LOPE

Achevez donc...

CRESPO

Un fou d'une si bonne espèce. (*Don Lope s'en va.*) Pendant que le seigneur don Lope se prépare, écoute, mon fils, ce que j'ai à te dire en présence de ta sœur et de ta cousine. — Grâce à Dieu, Juan, tu sors d'une famille sans tache, (1) mais plébéienne. Je te dis l'un comme l'autre; l'un pour que tu ne conçoives pas une telle

---

(1) *Limpio mas que el sol.*

méfiance de toi-même, que tu n'oses aspirer à t'élever, par ta bonne conduite, au-dessus de ce que tu es, l'autre pour que tu n'oublies jamais ce que tu dois être. Use de l'une et l'autre vue avec une égale humilité, parce qu'étant humble, une juste appréciation des choses te fera prendre le meilleur parti, et que cette même humilité te fera mettre en oubli des choses qui, chez les orgueilleux, tournent souvent contre eux. Combien d'hommes ayant des défauts les ont rachetés par la modestie! et combien d'autres, même estimables, se sont fait haïr pour leur orgueil! Sois courtois de manières, sois affable et généreux : car c'est le chapeau et l'argent qui font les amis, et tout l'or que le soleil engendre dans les Indes, qu'enferme la mer dans son sein, ne vaut pas l'avantage d'être aimé! Ne parle jamais mal des femmes, pas même des plus humbles ; toutes sont dignes d'égards : c'est d'elles que nous sommes nés. Ne te bats pas pour un rien. Toutes fois que je vois dans les villes des gens qui enseignent à se battre, je me dis à part moi : « Ce n'est point là l'école que je voudrais ; ce n'est pas à se battre avec adresse, avec habileté, avec élégance, que les hommes devraient apprendre, mais à connaître les motifs pour lesquels ils doivent se battre ; et j'affirme que s'il y avait un maître pour enseigner non comme il faut se battre, mais pourquoi, tous lui confieraient leurs enfants. » Avec ces conseils et l'argent que je t'ai donné pour ton voyage et pour te faire habiller en arrivant, avec la protection de don Lope, et enfin, avec ma bénédiction, j'espère, Dieu aidant, que je te verrai un jour en meilleure posture. Adieu, mon fils, adieu ; car je m'attendris en te parlant.

JUAN

Vos paroles se gravent dans mon cœur, où elles vivront autant que je vivrai moi-même. Votre main et toi, ma sœur, dans mes bras! Don Lope! mon seigneur, est déjà parti, et il me faut le rejoindre.

ISABELLE

Je voudrais te retenir dans mes bras.

JUAN

Adieu, cousine.

INÈS

Ma voix ne te dit rien : mes yeux parlent pour elle. Adieu.

CRESPO

Allons, pars vite. Plus je te vois, plus je regrette que tu nous quittes. Conduis-toi comme je te l'ai dit.

JUAN

Que le ciel soit avec vous tous !

CRESPO

Qu'il soit avec toi ! (*Juan sort.*)

ISABELLE

Vous avez été cruel, mon père !

CRESPO (*à part.*)

Maintenant que je ne le vois pas, je suis moins affligé. (*Haut.*) Après tout, que serait-il devenu en restant ici ? Peut-être un fainéant, un mauvais sujet. Mieux vaut qu'il serve le roi !

ISABELLE

Je regrette qu'il parte ainsi de nuit.

CRESPO

Voyager de nuit pendant l'été est plaisir plus que fatigue. Il faut qu'il rejoigne don Lope au plus tôt. (*A part.*) J'ai beau faire le brave, cet enfant m'a attendri.

ISABELLE

Père, rentrons à la maison.

INÈS
Puisque nous n'avons plus les soldats, demeurons un peu sur la porte et jouissons de la fraîcheur de la soirée. Les voisins vont bientôt sortir de leurs maisons.

CRESPO (à part.)
A la vérité, je ne désire pas non plus rentrer, moi; car d'ici je m'imagine, comme le chemin blanchit, que j'y vois Juan. (*Haut.*) Inès, apporte-moi un siège.

INÈS
Voilà un petit tabouret.

ISABELLE
On dit que cette après-midi la ville a élu ses magistrats.

CRESPO
C'est toujours au mois d'août qu'ont lieu les élections. (*Pedro Crespo, Isabelle et Inès s'assoient.*)

SCÈNE XVII

LE CAPITAINE, LE SERGENT, REBOLLEDO, L'ÉTINCELLE, SOLDATS, Les Mêmes

LE CAPITAINE
Ne faites pas de bruit. Toi, Rebolledo, avance et préviens la servante que je suis dans la rue.

REBOLLEDO
J'y vais. Mais que vois-je ? Il y a du monde devant la porte.

LE SERGENT
Et moi, aux reflets de la lune qui éclaire leurs visages, il me semble reconnaître Isabelle.

LE CAPITAINE

C'est elle ; mieux que la lune, mon cœur me le dit. Nous arrivons au moment favorable et, si nous avons de l'audace, nous n'aurons pas à regretter d'être venus.

LE SERGENT

Voulez-vous, capitaine, écouter un conseil ?

LE CAPITAINE

Non.

LE SERGENT

En ce cas, je ne vous le donnerai pas. Faites ce qu'il vous plaira.

LE CAPITAINE

Je m'approche et hardiment j'enlève Isabelle. Vous autres, en même temps, avec vos épées, empêchez qu'on me suive.

LE SERGENT

Puisque nous sommes venus, c'est pour vous obéir.

LE CAPITAINE

Ne l'oubliez pas, le rendez-vous est sur la montagne voisine ; à main droite, en quittant la route...

REBOLLEDO

L'Étincelle ?

L'ÉTINCELLE

Quoi ?

REBOLLEDO

Garde les manteaux.

L'ÉTINCELLE

Quand on va se battre, le meilleur, je crois, est de garder les habits ; on dit cela pour ceux qui vont se baigner, mais qu'importe ?

LE CAPITAINE

Je dois arriver le premier.

CRESPO

Nous avons assez respiré l'air frais ; rentrons.

LE CAPITAINE

Il est temps ; amis, suivez-moi. (*Il se précipite sur Isabelle.*)

ISABELLE

Ah! traître!... Seigneur, qu'est-ce?

LE CAPITAINE

C'est une fureur, un délire d'amour! (*Il l'enlève et s'enfuit.*)

ISABELLE (*au dehors.*)

Au secours!... mon père!

CRESPO

Lâches!... ah!

ISABELLE (*au dehors.*)

Mon père!

INÈS

Je ferai bien de rentrer dans la maison. (*Elle sort.*)

CRESPO

Misérables!... infâmes!... traîtres!... vous profitez que je n'ai pas d'épée!...

REBOLLEDO

Rentrez, si vous ne voulez pas que la mort soit votre dernier châtiment!

CRESPO

Quand mon honneur est mort, que m'importe la vie?... Ah! si j'avais une épée!... Sans armes, que faire?... Et si je m'éloigne, je les perds de vue... que faire?... O destinée implacable!... De toute manière, le péril est le même.

INÈS (*apportant une épée.*)

Tenez... Une épée ! (*Elle sort.*)

CRESPO

Elle vient à propos !... Je retrouve l'honneur, ayant une épée pour vous poursuivre... (*Il sort en courant*).

LA CAMPAGNE

SCÈNE XVIII

CRESPO *qui se bat contre le* SERGENT, REBOLLEDO & les SOLDATS, ensuite ISABELLE.

CRESPO

Traîtres, infâmes, lâchez votre proie !... J'aurai ma fille, ou je perdrai la vie !

LE SERGENT

Vaine entreprise; nous sommes en nombre...

CRESPO

Mes malheurs aussi sont en nombre et combattent tous pour moi... Mais la terre me manque sous mes pieds. (*Il tombe.*)

REBOLLEDO

Tuez-le !

LE SERGENT

Songez qu'il serait trop cruel de lui enlever l'honneur et la vie... Mieux vaut le lier et l'emporter dans la montagne, afin qu'il ne donne point l'alarme.

ISABELLE (*au dehors.*)

Mon père !

CRESPO

Ma fille !

REBOLLEDO

Emportons-le comme tu as dit.

CRESPO

Ma fille, seuls mes soupirs peuvent te suivre ! (*On l'emporte.*)

SCÈNE XIX

ISABELLE & CRESPO, *derrière la scène*; JUAN.

ISABELLE (*au dehors.*)

Ah! malheureuse! (*entre Juan.*)

JUAN (*paraissant.*)

Quelle voix déchirante !

CRESPO (*au dehors.*)

Ah ! malheureux.

JUAN

Mortels gémissements!... A l'entrée de ce bois, mon cheval s'est abattu sous moi ; il se relève et s'enfuit, et je cours après lui, à travers les broussailles... D'un côté j'entends un triste appel, de l'autre une pitoyable lamentation... Ces voix étouffées, je ne les connais point... elles sont à peine distinctes... Deux nécessités font appel à mon courage... elles sont égales, ce me semble... ici, c'est un homme, là, c'est une femme qui appelle... C'est à elle qu'il faut aller... Ainsi j'obéis en deux choses à mon père... il m'a dit de tirer l'épée en sérieuse occasion et d'honorer la femme... j'honore la femme et je tire l'épée pour un grave motif! (*Il sort.*)

ACTE TROISIÈME

UNE FORÊT
(Avant l'aube.)

SCÈNE I

ISABELLE (*en larmes.*)

Que jamais ne se lève à mes yeux la belle clarté du jour ! j'aurais trop grande honte de moi-même... O vous, fugitives étoiles, (1) ne permettez pas à l'aurore de fouler la plaine azurée du ciel et de voiler, avec son sourire et ses larmes, votre paisible clarté ! S'il faut enfin qu'elle paraisse, qu'elle cache son sourire et ne montre que ses larmes !... Et toi, soleil, astre superbe, reste longtemps encore plongé dans la froide écume de la mer ! Souffre, une fois du moins, que la nuit insensible prolonge son règne craintif ! Si tu entends ma prière, l'on dira que ta divinité obéit à sa volonté propre et à un ordre supérieur. Pourquoi te hâterais-tu de révéler à tous, avec ma triste destinée, le plus énorme forfait, la plus atroce violence que le ciel ait permise pour châtier les humains ?... Mais hélas ! ta tyrannie est inexorable et, pendant que je te supplie de retarder ta course, je vois ta face éclatante s'élever au-dessus des monts ! Malheur sur moi, qui, écrasée de tant de tourments, frappée par l'inique, l'adverse fortune, n'ai pu conjurer ta colère soulevée contre mon honneur !... Que faire ? Où aller ? Si mes pas errants me ramènent à la maison paternelle, quel affront pour mon vieux père ! Jamais il n'eût d'autre joie, d'autre bonheur que de se mirer dans la claire

(1) ...*De tantos estrellas*
    Primavera fugitiva. — Printemps fugitif de tant d'étoiles.

lune de mon honneur, aujourd'hui souillé d'une tache ineffaçable ! Et si par respect, par crainte, je ne retourne point à la maison, je laisse le champ ouvert à ceux qui diront que je fus complice de mon infamie, et mon aveugle imprudence fait de mon innocence la proie de la méchanceté !... Combien, combien j'ai eu tort de me dérober, en fuyant, mon frère ! N'eût-il pas mieux valu que, dans son extrême fureur, il m'eût donné la mort, en apprenant ma destinée ? Je veux l'appeler, je veux qu'il revienne altéré de vengeance et qu'il m'ôte la vie... Mais l'écho répète des paroles confuses; j'entends...

SCÈNE II

CRESPO, ISABELLE.

CRESPO (*au dehors.*)

Reviens... Tue-moi !... La mort sera un bienfait. Ce n'est pas être compatissant que de laisser la vie à un infortuné.

ISABELLE

Quelle est cette voix ? Je perçois des sons étouffés. J'ai peine à reconnaître ces accents.

CRESPO (*au dehors.*)

Tuez-moi ! par pitié, tuez-moi !

ISABELLE

O ciel ! il invoque la mort ! Il est donc d'autres malheureux, malgré eux condamnés à vivre !... Mais que vois-je ?

(*Elle écarte quelques branches et découvre Crespo attaché à un arbre.*)

CRESPO

Si quelqu'un de pitoyable traverse cette forêt, qu'il me donne la mort !... O ciel qu'ai-je aperçu?

ISABELLE

Un homme attaché, les mains liées, à un chêne !...

CRESPO

Attendrissant les cieux de sa voix suppliante.

ISABELLE

C'est mon père !

CRESPO

Ma fille que je vois !

ISABELLE

Mon père! mon seigneur !

CRESPO

Approche, ma fille; détache ces liens.

ISABELLE

Je n'ose pas. Si mes mains enlèvent les liens qui vous retiennent, je n'oserai plus vous conter mon malheur; une fois les mains libres et sans honneur, votre colère me donnera la mort, et je veux, auparavant, vous dire mes tortures...

CRESPO

Tais-toi, Isabelle, n'achève pas; il est des malheurs qui n'ont pas besoin d'être contés !

ISABELLE

J'ai beaucoup de choses à vous apprendre; en les écoutant, votre vertu s'en irritera : avant d'avoir tout entendu, vous voudrez vous venger... Hier au soir, je goûtais la sécurité paisible que ma jeunesse se promettait de l'ombre de vos cheveux blancs, lorsque ces traîtres masqués m'enlevèrent. Contre leur audace, l'honneur n'était pas d'un suffisant secours. C'est ainsi que le loup affamé arrache aux mamelles de sa mère une innocente brebis. Ce capitaine, cet hôte perfide, qui, en entrant dans notre maison, y avait introduit un abîme inouï de trahison, de troubles, de ruses, de querelles, m'a saisie dans ses bras pendant que des soldats sous ses ordres protégaient sa fuite. Cet endroit montueux de la forêt, qui avoisine notre village, lui servit d'asile (1). Est-ce que les criminels ne trouvent pas toujours asile dans les forêts? — Ici, après avoir deux fois perdu connaissance, j'ai entendu votre voix qui s'est affaiblie et qui, bientôt, a cessé de parvenir à mon oreille. D'abord vos paroles étaient distinctes ; puis, emportées par le vent, elles n'ont formé qu'un écho confus. Ainsi quand on écoute un clairon qui s'éloigne, longtemps après qu'il est parti, on entend sinon ses accents, du moins ses vibrations... Donc le traître, voyant que personne ne le poursuivait, que personne n'était là pour me défendre, car la lune elle-même, soit cruauté, soit vengeance, avait caché derrière d'épais nuages cette lumière qu'elle emprunte au soleil, le traître, voulut justifier son amour par d'hypocrites paroles... Quelle infamie de vouloir d'un instant à l'autre passer de l'offense à la caresse !... Malheur, malheur à l'homme qui, par la violence, tente d'obtenir un cœur ! Il ne voit donc pas que les victoires de l'amour sont dans l'aveu de l'objet aimé! Sans cet aveu, sans le consentement de l'âme, c'est vouloir une femme belle mais morte !... Que de prières, que de supplications, tantôt fières, tantôt soumises, je lui adressai !... Ce fut en vain... Hélas ! — que ma voix se taise — orgueilleux — mes plaintes m'étouffent — audacieux — ma poitrine gémit — grossier — mes yeux sont pleins de larmes — brutal — mes

---

(1) *Fué su sagrado.*

oreilles bourdonnent — cruel — ma respiration s'arrête — téméraire — ma vie s'échappe ! (1) — il fut sans pitié ; et si ce que ma parole n'ose exprimer peut vous être expliqué par l'action, je cache mon visage de honte, je pleure amèrement mon infortune, je tords mes mains de rage, je frappe mon sein de colère... Comprenez-vous ces démonstrations ? Il n'est pas de mots pour les dire... Bref, mes plaintes étaient emportées par le vent, je ne demandais plus au ciel secours, mais justice; l'aube parut ; me guidant à sa clarté, j'entendis un bruit à travers les arbres touffus. Je regarde et je vois mon frère. Ah ! Dieu ! les secours n'arriveront donc jamais à temps à une infortunée !... A la lueur incertaine du jour naissant, il reconnaît le dommage, sans que nul le lui dise. Le chagrin a des yeux de lynx qui pénètrent les choses. Sans mot dire il tire l'épée dont vous veniez de le ceindre. Le capitaine, qui voit ce secours tardif, hélas! tire aussi son épée. L'un contre l'autre ils se portent. L'un attaque, l'autre pare. Et moi, tandis que vaillamment ils combattent, songeant que mon frère ignorait si j'étais innocente ou coupable, pour ne pas exposer ma vie en me disculpant, je m'enfuis dans les profondeurs de la forêt, mais non sans regarder de temps à autre, à travers le feuillage, car, malgré ma fuite, je désirais savoir l'issue du combat. Bientôt mon frère blessa le capitaine qui tomba ; il voulait l'achever, quand les soldats qui cherchaient le capitaine, prirent parti. Mon frère essaie de se défendre. Mais, les voyant si nombreux, il s'éloigne rapidement ; et eux, tout occupés de soigner le blessé, ne songeant déjà plus à le venger, l'ont emporté, dans leurs bras, du côté du village, sans s'inquiéter de son crime et ne pensant qu'à sa blessure !... Et moi, dans

---

(1) *Luto me vista.* — Que le deuil m'habille.

cet enchaînement de catastrophes, aveugle, désolée, j'ai couru au hasard, sans guide, jusqu'à ce que, prosternée à vos pieds, avant de recevoir la mort de votre main, je vous aie dit mes malheurs. Maintenant vous les connaissez, tournez contre moi votre épée et votre courage. Afin que vous m'ôtiez la vie, mes mains défont vos liens : qu'ils enlacent mon cou infortuné ! (*Isabelle détache son père.*) Je suis votre fille, votre fille déshonorée ; vous êtes libre ; votre réputation exige mon trépas ; l'on dira de vous que, pour ressusciter votre honneur, vous avez donné la mort à votre fille ! (*Elle se met à genoux.*)

CRESPO (*la relevant.*)

Relève-toi, Isabelle ; ne demeure pas à genoux plus longtemps ; sans les événements douloureux qui nous éprouvent et nous affligent, les peines seraient ignorées et le bonheur n'aurait pas de prix…. Les douloureux événements sont faits pour les hommes ; il faut qu'ils s'impriment fortement dans nos cœurs. Allons, Isabelle, retournons à la maison ; ton frère est en danger et nous avons à faire diligence pour le rejoindre et le sauver.

ISABELLE (*à part.*)

O destinée !… Que médite mon père ? Est-ce prudence ou dissimulation ?

SCÈNE III

UNE RUE A L'ENTRÉE DU VILLAGE

CRESPO, ISABELLE

CRESPO

Vive Dieu ! si la nécessité et le besoin de se soigner ont forcé le capitaine de revenir au village, je crois qu'il ferait mieux de mourir de cette blessure que de celles que je lui réserve. Je ne serai satisfait que lorsque je l'aurai tué de ma main.... Allons, ma fille, rentrons chez nous !

SCÈNE IV

LE GREFFIER, Les Mêmes.

LE GREFFIER

Seigneur Pedro Crespo, recevez mes compliments.

CRESPO

Des compliments ?... Pour quoi, greffier ?

LE GREFFIER

Le conseil en ce jour vous a nommé alcade et, en entrant en charge, vous avez pour étrennes deux grandes affaires. La première c'est la venue du roi qui, dit-on, arrive aujourd'hui ou demain ; la seconde, c'est que des soldats viennent de porter secrètement au village, pour le faire panser, ce capitaine qui était ici hier avec sa compagnie. Il refuse de dire qui l'a blessé, mais si on parvient à le découvrir, ce sera une grosse affaire.

CRESPO (à part.)

O ciel ! au moment où je pense à me venger, le bâton de justice me rend l'arbitre de mon honneur ! Comment pourrais-je manquer à mon devoir en ce moment où je viens d'être institué juge pour poursuivre les crimes des autres ?... Des choses comme celles-là ne s'examinent pas légèrement. (Au greffier.) Je suis très reconnaissant de l'honneur qui m'est fait.

LE GREFFIER

Venez, seigneur, à la salle du conseil et, après avoir

pris possession du bâton (1) de justice, vous pourrez sur le champ procéder à l'information.

CRESPO

Marchons. — Vous pouvez retourner chez vous. (*Le greffier sort.*)

ISABELLE

Que le ciel ait pitié de moi ! Dois-je vous accompagner, mon père ?

CRESPO

Ma fille, votre père est alcade ; il saura vous faire rendre justice. (*Isabelle et Crespo s'éloignent.*)

UNE MAISON DE ZALAMÉA. — LE LOGEMENT DU CAPITAINE

SCÈNE V

LE CAPITAINE, *blessé, portant le bras en écharpe,*
LE SERGENT.

LE CAPITAINE

Puisque ma blessure est insignifiante, pourquoi m'avoir conduit ici ?

LE SERGENT

Avant le pansement, comment deviner ce qui en était ? Maintenant que la guérison est certaine, il faut considérer qu'il ne convient pas d'exposer sa vie pour une égratignure. Mais fallait-il vous laisser perdre tout votre sang ?

LE CAPITAINE

Puisque je suis pansé, il y aurait témérité à demeu-

---

(1) La *vara*, bâton noir, surmonté d'une pomme d'ivoire, était le signe de la dignité de l'alcade.

rer : partons avant que le bruit de notre arrivée ne se répande. Les autres sont-ils ici ?

LE SERGENT

Oui, capitaine.

LE CAPITAINE

Un prompt départ nous mettra à l'abri d'une revanche de ces vilains. S'ils apprenaient que je suis ici, il faudrait peut-être en venir aux mains avec eux.

SCÈNE VI

REBOLLEDO, Les Mêmes

REBOLLEDO

La justice entre dans la maison.

LE CAPITAINE

Qu'ai-je à démêler avec la justice ordinaire (1) ?

REBOLLEDO

Je dis que la justice vient d'arriver ici.

LE CAPITAINE

Rien ne peut m'arriver de mieux. La justice nous protègera contre les gens du village et force lui sera de me renvoyer à mon conseil de guerre et là, quoi qu'il y ait du louche dans l'affaire, je suis en sûreté.

REBOLLEDO

Le paysan aura sans doute porté plainte contre vous.

LE CAPITAINE

Je le pense.

PEDRO CRESPO (*au dehors.*)

Gardez toutes les portes : qu'aucun des soldats qui

(1) Les militaires ne relevaient pas de la justice civile.

sont ici ne sorte ; s'il en est qui tentent de passer outre, qu'on les tue.

SCÈNE VII

PEDRO CRESPO, *tenant à la main le bâton d'alcade.*
LE GREFFIER, LABOUREURS, Les Mêmes.

LE CAPITAINE

Comment pénétrez-vous ici ? (*A part.*) Mais que vois-je ?

CRESPO

Et comment n'entrerions-nous pas ? La justice aurait-elle besoin de permission ? Je ne le crois pas.

LE CAPITAINE

La justice, à supposer que, depuis hier, vous la représentiez, n'a rien à voir avec moi. Réfléchissez.

CRESPO

Au nom de Dieu, seigneur, ne vous emportez pas. Je viens seulement remplir, avec votre permission, une formalité, et il importe que nous soyons seuls.

LE CAPITAINE (*aux soldats.*)

Retirez-vous.

CRESPO (*aux laboureurs.*)

Retirez-vous également, (*au greffier*) mais ne perdez pas de vue les soldats.

LE GREFFIER

Ainsi ferai-je. (*Les soldats et les paysans sortent.*)

SCÈNE VIII

PEDRO CRESPO, LE CAPITAINE

CRESPO

Maintenant que je me suis servi de ma qualité de chef de la justice pour vous forcer à m'écouter, je dépose mon bâton d'alcade et, comme un simple particulier, je viens vous dire mes peines. (*Il dépose la vara.*) Et puisque nous sommes seuls, seigneur don Alvaro, parlons clairement sans que nos sentiments, enfermés dans la prison de notre poitrine, parviennent à rompre les portes de la prison du silence... Je suis homme de bien. Si j'avais eu le choix de ma naissance, j'aurais voulu, le ciel m'en est témoin, qu'elle fût sans une tache, un défaut dont mon amour-propre eût à souffrir. Ici, parmi mes égaux, on m'a toujours traité avec respect; le conseil et le chapitre me tiennent en estime. Je possède un bien suffisant et, grâce au ciel, il n'y a pas dans la contrée de plus riche laboureur. Ma fille, je le crois, a été élevée, le mieux possible, dans d'honnêtes sentiments et loin du monde ; sa mère —Dieu ait son âme dans le ciel ! — était l'honnêteté même. Je pense, seigneur, qu'il suffit pour vous convaincre de vous dire que je suis riche et que, malgré cela, personne ne parle mal de moi ; que je ne suis pas fier et que personne ne songe à me manquer. Nous habitons un petit village où l'on ne se contente pas de remarquer les défauts et les ridicules les uns des autres, mais où l'on se fait un plaisir de les publier... Que ma fille soit belle, seigneur, rien ne le prouve mieux que votre action, bien que d'en parler je ne puisse retenir mes larmes !... C'est de là qu'est venu mon malheur. Mais ne vidons pas encore la coupe d'amertume et réservons quelque chose à ma douleur... Seigneur, nous ne devons pas tout laisser faire aux circonstances, nous devons travailler de notre mieux à nous les rendre favorables... Ma douleur, vous le voyez, est bien grande ; bien que je veuille la taire, je ne le puis. Dieu sait que si je pouvais la tenir renfermée en moi-même, je n'en arriverais pas où je viens et plutôt que d'en parler, je me résignerais à mon triste sort... Voulant donc avoir réparation d'un si cruel outrage, chercher un remède à mon affront, je ne pense pas que la vengeance soit une réparation ou un remède. Après de nombreuses réflexions, je ne vois qu'un parti qui me convienne et qui puisse vous convenir. C'est que, dès ce moment, vous preniez tout mon bien sans qu'il nous reste, à moi et à mon fils, un seul maravédis pour notre subsistance. Mon fils viendra vous prier à genoux d'accepter cette offre et ensuite nous nous en irons tous deux demander l'aumône, s'il n'y a pas pour vivre d'autre ressource ; et si mon bien ne vous suffit pas, vous pouvez dès maintenant nous marquer tous deux de la marque des esclaves(1) et nous vendre comme tels ; ce sera autant d'ajouté à la dot que je vous offre ; mais, en retour, seigneur, rendez-nous l'honneur que vous nous avez ravi. Je ne crois pas que le vôtre ait à en souffrir ; car si vos enfants, seigneur, perdent quelque chose à m'avoir pour aïeul, ils en seront amplement dédommagés par l'avantage de vous avoir pour père. En Castille, dit le proverbe, c'est le cheval qui porte la selle... la chose est certaine !... (*Il se met aux genoux du capitaine.*) Voyez, seigneur, je vous en conjure à genoux,

---

(1) Y si queréis desde luego
 Poner una S y un clavo
 Hoy a los dos...

« Et si vous voulez dès ce moment nous mettre à tous deux un S et un clou...» Ces mots *una S y un clavo* forment une espèce de rébus qui signifie *esc'avo,* sclave.

pleurant sur cette barbe blanche et sur ma poitrine. Enfin, ce que je vous demande? Je vous demande l'honneur que vous-même m'avez enlevé, et quoique ce soit mon bien, je vous le réclame si humblement que je ne vous réclamerais pas autrement quelque chose qui fût à vous... Songez que je pourrais le reprendre de mes propres mains, et je ne veux le recevoir que des vôtres.

LE CAPITAINE

Ma patience est à bout! Vieillard ennuyeux et bavard, rendez-moi grâce, toi et ton fils, que je ne vous tue pas de mes mains (*Crespo se lève*), mais la beauté d'Isabelle me désarme. Si vous demandez à venger votre honneur par les armes, je ne crains rien. Si vous préférez vous adresser à la justice, vous n'avez aucun droit sur ma personne.

CRESPO

Ainsi mes larmes ne vous émeuvent pas!

LE CAPITAINE

Les pleurs d'un vieillard ne signifient pas plus que ceux d'un enfant ou d'une femme.

CRESPO

Tant de douleur n'excite pas votre commisération?

LE CAPITAINE

Quelle commisération veux-tu de plus? Je te laisse la vie.

CRESPO (*s'agenouillant.*)

Voyez, à vos pieds, je réclame en pleurant mon honneur.

LE CAPITAINE

Quel ennui!

CRESPO

Songez-y. Je suis alcade de Zalaméa.

LE CAPITAINE

Tu n'as aucune juridiction sur moi. Le conseil de guerre m'enverra réclamer.

CRESPO

Votre résolution est prise ?

LE CAPITAINE

Oui, vieillard caduc et fastidieux.

CRESPO

Il n'est donc plus d'autre remède ?

LE CAPITAINE

Il n'en est pas d'autre pour toi que de te taire.

CRESPO

Pas d'autre ?

LE CAPITAINE

Non.

CRESPO (se relevant.)

Eh bien ! je jure Dieu que vous me le paierez ! (*Appelant.*) Holà ! (*Il reprend le bâton d'alcade.*)

LE GREFFIER (au dedans.)

Seigneur !

LE CAPITAINE

Que veulent faire ces vilains ?

SCÈNE IX

LE GREFFIER, LES LABOUREURS, Les Mêmes

LE GREFFIER

Qu'ordonnez-vous, seigneur alcade ?

CRESPO

J'ordonne que l'on arrête le capitaine.

LE CAPITAINE

Quelle insolence! Un homme de ma sorte! Un officier du roi! C'est impossible...

CRESPO

Nous essaierons. D'ici vous ne sortirez que prisonnier ou mort.

LE CAPITAINE

Je vous préviens. Je suis capitaine en activité (1).

CRESPO

Et moi, par hasard, suis-je un alcade en retraite ? (2). Rendez-vous prisonnier sur-le-champ.

LE CAPITAINE (*à part.*)

Je ne puis me défendre; je suis contraint de me rendre. (*Haut.*) Au roi je porterai ma plainte.

CRESPO

Et moi la mienne ; et comme heureusement il est près d'ici, il nous entendra tous deux. — Remettez cette épée...

LE CAPITAINE

Il n'est pas convenable que...

CRESPO

Comment! pas convenable ? Vous êtes prisonnier.

LE CAPITAINE (*remettant son épée.*)

Traitez-moi avec respect.

CRESPO

Oh! pour cela c'est fort juste. — Avec respect conduisez-le à la prison ; avec respect mettez-lui une paire de fers et une chaîne au cou; également avec respect veillez à ce qu'il ne parle à aucun soldat. Mettez aussi

---

(1) *Un capitano vivo.* — Un capitaine vivant.
(2) *Alcade muerto.* — Un alcade mort.

au cachot ceux qui l'ont assisté parce que bientôt il faudra prendre, avec tout le respect possible, leurs déclarations. (*Au capitaine.*) Et ceci, entre nous, si je trouve des charges suffisantes, je jure Dieu qu'avec toute sorte de respect, je vous ferai pendre.

LE CAPITAINE

Ah! rustres, vous êtes les maîtres! (*Les paysans emmènent le capitaine.*)

SCÈNE X

LE GREFFIER *rentre amenant* REBOLLEDO & L'ÉTINCELLE (*en habits de page.*), PEDRO CRESPO.

LE GREFFIER

Ce page et ce soldat sont les seuls qu'on ait pu arrêter; l'autre s'est sauvé.

CRESPO

Celui-ci est le drôle qui chante. Quand on lui aura passé un nœud coulant autour du gosier, il ne chantera plus.

REBOLLEDO

Mais, seigneur, quel mal y a-t-il à chanter?

CRESPO

Aucun, j'en conviens, et j'ai un instrument qui te fera chanter encore mieux. Déclare la vérité.

REBOLLEDO

Sur quoi?

CRESPO

Que s'est-il passé cette nuit?

REBOLLEDO

Votre fille le sait mieux que moi.

CRESPO
Parle, ou tu vas mourir.

L'ÉTINCELLE
Rebolledo, nie tout de point en point; et si tu nies, ce sera matière à un couplet que j'improviserai.

CRESPO
Et qui chantera un couplet en votre honneur ?

L'ÉTINCELLE
A moi on ne peut appliquer la torture.

CRESPO
Et pourquoi, s'il vous plaît ?

L'ÉTINCELLE
C'est l'usage... la loi le défend.

CRESPO
Et le motif ?

L'ÉTINCELLE
Il est excellent.

CRESPO
Quel est-il ?

L'ÉTINCELLE
Je suis enceinte (1).

CRESPO (à part.)
Quelle impudence ! Mais ne nous emportons pas. (Haut.) N'êtes-vous pas un page d'infanterie ?

L'ÉTINCELLE
Non, seigneur, de cavalerie.

CRESPO
Décidez-vous à formuler vos déclarations.

(1) *Estoy preñada.*

L'ÉTINCELLE

Nous déclarerons tout ce qu'on voudra et plus que nous n'en savons. Le pis serait de mourir.

CRESPO

Cela vous épargnera à tous deux la torture.

L'ÉTINCELLE

Puisqu'il en est ainsi, comme ma vocation est de chanter, je chanterai, vive Dieu ! (*Elle chante.*)

On veut me donner la torture...

REBOLLEDO (*chantant.*)

Et moi, que donnera-t-on ?

CRESPO

Que faites-vous ?

L'ÉTINCELLE

Nous nous accordons, puisque nous allons chanter (*Tous sortent.*)

LA MAISON DE CRESPO

SCÈNE XI

JUAN

Depuis que j'ai blessé le traître et que j'ai été obligé de fuir à l'arrivée de ses compagnons, j'ai parcouru la forêt, jai fouillé ses recoins secrets sans retrouver ma sœur ; aussi je me suis décidé à revenir au village et à rentrer à la maison ; je raconterai tout ce qui s'est passé à mon père. Je verrai ce qu'il me conseillera de faire pour sauver, en même temps, ma vie et mon honneur.

SCÈNE XII

ISABELLE, *éplorée*, INÈS, JUAN.

INÈS

Ne te laisse pas aller ainsi à la douleur. Vivre dans un tel chagrin, ce n'est pas vivre, mais mourir.

ISABELLE

Hélas!... Inès qui t'a dit que je n'ai pas la vie en horreur?

JUAN

Je dirai à mon père... (*Apercevant Isabelle.*) Isabelle?... Qu'est-ce que j'attends? (*Il tire son poignard.*)

INÈS

Cousin?

ISABELLE

Mon frère, que veux-tu?

JUAN

Me venger du péril où tu as mis aujourd'hui ma vie et mon honneur.

ISABELLE

Écoute!

JUAN

Non. Tu mourras! juste ciel!

SCÈNE XIII

CRESPO, Les Mêmes

CRESPO

Qu'est-ce donc?

JUAN

Je veux satisfaire une injure, venger un affront, châtier...

CRESPO

Assez, assez; tu t'abuses. Et comment as-tu osé paraître ici?

JUAN (*remarquant le bâton d'alcade.*)

Qu'est-ce que je vois?

CRESPO

Oser te présenter devant moi lorsque dans la forêt tu viens de blesser un capitaine!

JUAN

Seigneur, si je me portai à cette extrémité, ce fut pour défendre mon honneur et le vôtre.

CRESPO

Allons, Juan, c'est assez. — Holà! qu'on l'enferme, lui aussi, dans la prison. (*Des paysans entrent.*)

JUAN

Seigneur, vous traitez votre fils avec une telle rigueur?

CRESPO

Quand il s'agirait de mon père, je ne me conduirais pas autrement. (*A part.*) De cette façon j'assure sa vie, et l'on dira que ma justice est la plus rare du monde!

JUAN

Écoute pourquoi j'ai blessé un traître, pourquoi je voulais aussi tuer ma sœur...

CRESPO

Je le sais; mais il ne suffit pas que je le sache comme Pedro Crespo, c'est comme alcade que je dois le savoir, et il faut que j'informe sur l'événement. Jusqu'à ce que l'instruction ait tout éclairci, tu resteras en prison. (*A part.*) Il me sera aisé de le justifier.

JUAN

Nul ne comprendra votre manière d'agir : ayant perdu l'honneur, vous arrêtez qui vous le rend et vous préservez qui vous l'ôte! (*On emmène Juan.*)

SCÈNE XIV
CRESPO, ISABELLE, INÈS

CRESPO

Isabelle, va signer la plainte que tu portes contre celui qui t'a outragée.

ISABELLE

Quoi! après avoir voulu cacher l'outrage que je pleure, vous allez maintenant le rendre public? Puisqu'il ne vous est pas permis de le venger, tâchez au moins de le taire.

CRESPO

Non ; et puisque mes devoirs d'alcade ne me permettent pas de satisfaire mon honneur comme je le voudrais, je le ferai de cette manière. (*Isabelle sort.*) Inès, pose là cette *vara*. Puisqu'il ne veut pas se rendre à la douceur, je conclurai par la force (*Inès sort.*)

SCÈNE XV
DON LOPE, SOLDATS CRESPO

DON LOPE (*au dehors.*)

Arrête, arrête!...

CRESPO

Qu'est ceci ? Qui donc descend devant ma maison ?... Qui donc entre chez moi ? (*Entre don Lope suivi de soldats*).

DON LOPE (*entrant.*)

C'est moi, Pedro Crespo. J'étais déjà à la moitié du chemin et je reviens ici pour une affaire grandement ennuyeuse. Il n'était pas bien à moi de descendre autre part que chez vous, puisque vous êtes mon ami.

CRESPO

Dieu vous garde pour l'honneur que vous me faites!

DON LOPE

On n'a point vu là-bas votre fils.

CRESPO

Bientôt vous en saurez le motif. Mais, seigneur, faites-moi la faveur de me dire quelle cause vous ramène; vous paraissez fort ému.

DON LOPE

L'insolence est la plus grande qui se puisse imaginer... jamais on n'a vu pareille témérité... Un soldat qui m'a rejoint en route m'a raconté que... Je l'avoue, j'étouffe de colère !

CRESPO

Achevez, seigneur...

DON LOPE

Un petit alcade d'ici (1) a fait arrêter le capitaine. Et, vive Dieu ! jamais ma damnée jambe ne m'a plus fait souffrir, car elle m'a empêché de venir plus tôt châtier le téméraire. Par le Christ ! je ferai mourir à coups de bâton ce grand malotru (2).

CRESPO

Vous êtes alors venu inutilement; car l'alcade, je pense, ne se les laissera pas donner.

---

(1) *Un alcaldillo.*
(2) *Desvergonzado.*

DON LOPE
Je les lui donnerai malgré lui.

CRESPO
Je ne vois pas cela clairement et je crois qu'il n'est pas au monde de gens vous conseillant si mal. — Savez vous pourquoi l'alcade l'a fait arrêter ?

DON LOPE
Non, mais quel qu'en soit le motif, la partie intéressée devait attendre de moi la justice. Je sais faire couper des têtes quand c'est nécessaire.

CRESPO
Vous ne devez pas savoir ce qu'est un alcade ordinaire dans son village.

DON LOPE
Est-il autre chose qu'un vilain ?

CRESPO
Un vilain, soit ! mais si ce vilain se met dans la tête d'appliquer le garrot au capitaine, rien ne l'en empêchera.

DON LOPE
Cela ne sera pas, vive Dieu ! Et si d'aventure vous voulez en voir l'épreuve, dites-moi où il demeure !

CRESPO
Bien près d'ici.

DON LOPE
Alors dites-moi quel est l'alcade ?

CRESPO
C'est moi.

DON LOPE
Vive Dieu ! je m'en doutais.

CRESPO

Vive Dieu! c'est comme je vous le dis!

DON LOPE

Eh bien! Crespo, ce qui est dit est dit!

CRESPO

Eh bien! seigneur, ce qui est fait est fait!

DON LOPE

Je suis venu délivrer le prisonnier et punir cet attentat.

CRESPO

Et moi je le garde en prison pour le crime commis.

DON LOPE

Savez-vous qu'il est au service du roi et que je suis son juge?

CRESPO

Savez-vous qu'il m'a enlevé ma fille?

DON LOPE

Savez-vous que je suis le maître de cette affaire?

CRESPO

Savez-vous que dans la forêt il a volé mon honneur?

DON LOPE

Savez-vous jusqu'où vont les privilèges de ma charge?

CRESPO

Savez-vous que je lui ai offert la paix à genoux et qu'il l'a refusée?

DON LOPE

Vous entreprenez sur une juridiction qui n'est pas la vôtre.

CRESPO

Il a bien entrepris sur mon honneur qui n'était pas à lui.

DON LOPE

Je saurais vous satisfaire, m'obligeant à payer.

CRESPO

Jamais je n'ai prié personne de faire pour moi ce que je pouvais faire.

DON LOPE

Il faut que j'emmène le prisonnier; je m'y suis engagé.

CRESPO

Et moi j'ai terminé la procédure.

DON LOPE

Quelle procédure?

CRESPO

Ce sont des feuilles de papier ajoutées les unes aux autres, à mesure que les déclarations des témoins sont recueillies.

DON LOPE

J'irai l'enlever dans la prison.

CRESPO

Je ne m'y oppose pas; je vous ferai seulement observer que l'ordre est donné d'arquebuser qui approchera.

DON LOPE

Je suis accoutumé à attendre les balles. (*A part.*) Mais je ne veux rien aventurer. (*Haut.*) Holà, soldat! (*Entre un soldat.*) Courez et dites à toutes les compagnies qui ont été logées ici ces jours derniers et qui sont en marche de revenir en bon ordre, formées en bataillons, les balles dans les mousquets, et les mèches allumées.

LE SOLDAT

Il n'est pas besoin d'appeler la troupe; ayant appris ce qui arrive, elle est rentrée dans le village.

DON LOPE

Eh bien! vive Dieu! nous allons voir si l'on me rend ou non le prisonnier!

CRESPO

Eh bien! vive Dieu! auparavant je ferai ce que je dois! (*Ils sortent.*)

PLACE PUBLIQUE DE ZALAMÉA. AU FOND, LA PRISON

SCÈNE XV

DON LOPE, LE GREFFIER, SOLDATS, CRESPO, *tous derrière la scène.* (*On entend un bruit de tambours.*)

DON LOPE (*au dehors.*)

Soldats, voici la prison où est enfermé le capitaine. Si on ne vous le rend à l'instant, mettez-y le feu et, si le village se met en défense, mettez le feu au village.

LE GREFFIER (*au dehors.*)

Ils peuvent incendier la prison, ils n'auront pas le prisonnier.

SOLDATS (*au dehors.*)

Mort, mort à ces vilains!

CRESPO (*au dehors.*)

A mort? Quoi? rien de plus?

DON LOPE (*au dehors.*)

Il leur est venu du secours... En avant! brisez les portes, démolissez la prison!

SCÈNE XVI

Entrent DON LOPE & les SOLDATS *d'un côté, et de l'autre* LE ROI *avec sa suite,* CRESPO *et les* LABOUREURS.

LE ROI
Qu'est ceci ? J'arrive et voilà comme je vous trouve !

DON LOPE
C'est bien, seigneur, la plus insigne témérité d'un vilain. Vive Dieu ! si Votre Majesté n'était pas arrivée si vite, elle eût trouvé ici une illumination générale.

LE ROI
Que s'est-il passé ?

DON LOPE
Un alcade a fait arrêter un capitaine ; et, bien que je sois venu le réclamer, il n'a pas voulu le rendre.

LE ROI
Quel est cet alcade ?

CRESPO
C'est moi.

LE ROI
Et quelle raison donnez-vous pour vous disculper ?

CRESPO
Cette procédure où est prouvé jusqu'à l'évidence un crime digne de mort. Il s'agit d'une jeune fille enlevée, forcée dans un bois, et que le ravisseur n'a pas voulu épouser, bien que le père ait imploré cet accord.

DON LOPE
Cet homme est à la fois alcade et père de la fille.

CRESPO
Cela ne fait rien à l'affaire. Si un étranger venait por-

ter plainte, ne devrais-je pas lui rendre justice? Oui. Eh bien! quoi d'étonnant que je fasse pour ma fille ce que je ferais pour tout autre?... Sans compter qu'ayant arrêté mon propre fils, je devais porter attention à sa sœur. La parenté est égale. Qu'on voie si la cause a été bien instruite, qu'on recherche si j'y ai mis de la partialité, si j'ai influencé quelque témoin, s'il y a autre chose que ce que j'ai dit et, si cela est, qu'on me donne la mort.

LE ROI (*après examen des pièces.*)

C'est bien jugé. Mais vous n'avez pas autorité pour exécuter la sentence; ce droit appartient à un autre tribunal; il fera justice. Remettez donc le prisonnier.

CRESPO

Sire, cela serait difficile. Comme il n'y a ici qu'un seul tribunal, quelque sentence qu'il rende, il l'exécute lui-même; ainsi, l'arrêt est exécuté.

LE ROI

Que dites-vous?

CRESPO

Sire, si vous doutez que ce soit la vérité, tournez vos regards et voyez : cet homme, c'est le capitaine. (*On ouvre une porte et l'on voit le capitaine assis et dans l'attitude d'un homme qui vient de subir le supplice du garrot.*)

LE ROI

Comment! vous avez osé?

CRESPO

Vous avez dit que la sentence était bien rendue; il n'y a donc pas eu de mal à l'exécuter.

LE ROI

Le conseil n'aurait donc pas su le faire?

CRESPO

Toute votre justice, sire, ne forme qu'un seul corps. Si ce corps a plusieurs bras, quel inconvénient y a-t-il que ma main exécute le jugement qu'une autre aurait exécuté? et qu'importe une erreur dans la forme quand le but est atteint?

LE ROI

Puisqu'il en est ainsi, pourquoi ne lui avez-vous pas fait trancher la tête comme étant capitaine et gentilhomme?

CRESPO

Puisque vous le demandez, sire, c'est que les gentilshommes de ce pays se conduisent tous bien, et que le bourreau que nous avons n'a pas appris à décapiter. D'ailleurs ceci regarde le mort. Quand il réclamera nous verrons; jusque-là personne n'a à se plaindre pour lui.

LE ROI

Don Lope, c'est fait et la mort a été justement appliquée; nous ne devons pas regarder au moindre si le principal est irréprochable. Qu'aucun soldat ne demeure ici; pressez leur marche: j'ai hâte d'arriver en Portugal! (*A Crespo.*) Vous, soyez toute votre vie alcade de ce village.

CRESPO

Sire, vous seul savez honorer la justice. (*Le Roi et sa suite s'éloignent.*)

DON LOPE

Rendez grâces à l'heureuse venue de Sa Majesté!

CRESPO

Par Dieu! quand même le roi ne serait pas venu, il n'y avait pas de remède.

DON LOPE

N'eût-il pas mieux valu vous adresser à moi ? Si vous m'aviez rendu le prisonnier, je lui aurais fait réparer l'honneur de votre fille.

CRESPO

Elle entrera dans un couvent; elle a choisi un époux qui ne regarde pas à la qualité.

DON LOPE

Eh bien ! rendez-moi les autres prisonniers !

CRESPO (*au Greffier.*)

Qu'on les fasse sortir à l'instant ! (*Le Greffier sort.*)

SCÈNE XVII

REBOLLEDO, L'ÉTINCELLE, puis JUAN, LES MÊMES

DON LOPE

Votre fils n'est pas là : il est mon soldat et ne doit pas rester en prison.

CRESPO

Je veux le punir, seigneur, de la faute qu'il a commise en blessant son capitaine. Il est vrai que son honneur offensé exigeait une vengeance, mais il devait s'y prendre autrement.

DON LOPE

Pedro Crespo, c'est bien. Faites-le venir.

CRESPO

Le voici.

JUAN (*à don Lope.*)

Permettez, seigneur, que j'embrasse vos genoux ; à jamais je suis votre esclave.

REBOLLEDO

Moi, je ne chanterai plus de la vie.

L'ÉTINCELLE

Et moi, si, chaque fois que je verrai l'instrument de tout à l'heure !...

CRESPO

Sur ce, l'auteur finit cette histoire véritable: pardonnez-lui ses fautes.

FIN DE L'ALCADE DE ZALAMÉA

ON NE BADINE PAS AVEC L'AMOUR

(NO HAY BURLAS CON EL AMOR)

PERSONNAGES

DON ALONZO DE LUNA, gentilhomme.
DON JUAN, son ami.
DON PEDRO ENRIQUEZ, père de Béatrix et de Léonor.
DON LUIS OSORIO, gentilhomme.
DON DIEGO, son ami.
BÉATRIX.
LÉONOR.
INÈS, servante de don Pedro.
MOSCATEL, valet de don Alonzo.

NOTICE

No hay burlas con el amor (On ne badine pas avec l'amour; on ne joue pas avec l'amour; il n'y a pas de tromperies avec l'amour) rentre dans la catégorie des comédies de cape et d'épée de Calderon. Elle n'appartient pas cependant à la série de celles dont l'action est sanglante et dramatique. Le sujet est galant, composé avec art, et se déroule dans un milieu calme; les ressorts ingénieux y abondent; armoires, sauts par la fenêtre, chandeliers qu'on laisse tomber et verres brisés, billets surpris, lames d'épées qui reluisent seulement pour le frisson de terreur nécessaire aux bonnes âmes, caractères étudiés, bien suivis; un père qui n'entend pas raillerie, des amoureux qui se piquent, des indifférents qui narguent l'amour et que l'amour mène; deux jeunes filles, l'une toute simple, désireuse d'épouser celui qu'elle aime, l'autre compliquée, précieuse, affectée, fréquentant les Grecs et les Latins, vaine de sa beauté, pleine de dédain et d'insensibilité, cuirassée contre l'amour; puis, triple mariage final. Voilà l'intrigue avec cette question :

La femme savante fera-t-elle une bonne ménagère?

Calderon a traité ce sujet avec une certaine complaisance. Et il met dans la bouche de don Alonzo cette piquante réflexion : « Alors c'est une comédie de Pedro Calderon; on y voit toujours un amant se cacher, ou une femme se déguiser. »

On ne badine pas avec l'amour n'a de commun que le titre avec la comédie du même nom d'Alfred de Musset; ni l'action, encore moins le dénouement, n'offrent de ressemblance. On meurt beaucoup d'amour en paroles, dans le théâtre espagnol, mais la plupart des héroïnes songent plus à se venger de leurs amants infidèles qu'à vouloir mourir pour eux. Mira de Mescua en a tiré un joli badinage, imprimé en 1653, et intitulé : *On ne badine pas avec les femmes : le mariage ou la vengeance* (1).

(1) *No hay burlas con las mujeres : casarse ó vengarse.* — Tome V de la Grande collection des Comédies.

Si Musset a ignoré la comédie de Calderon, il n'en a pas été de même de Molière qui s'est emparé de Béatrix, et l'a baptisée Armande, dans les *Femmes savantes*. Armande et Béatrix disent presque les mêmes choses. Les scènes, il est vrai, n'ont aucune analogie, mais les deux types sont absolument identiques. Toutes deux ont horreur des mots usités et naturels; leur jargon quintessencié contraste avec le bon sens et l'honnête langage d'une sœur que n'épouvante pas le mariage. Béatrix dit le plus sérieusement du monde, que l'approche de sa sœur « ternit son être purissime », qu'elle profane « le culte des autels de son honneur ». Ses gants sont des « couvre-mains ». Elle cultive les anciens. Sa suivante avoue-t-elle qu'elle ne sait pas lire, elle s'écrie : « Sotte! ignorante! ignare!... mon accointance quotidienne ne te débouchera donc jamais l'entendement? » Sa sœur est une « libidineuse », une « concupiscente. » Nous voilà tout à fait avec les *Femmes savantes*.

La collection imprimée des œuvres de Calderon renferme cent-neuf pièces; bien d'autres ont été perdues ou sont demeurées manuscrites. Quelque temps après la mort du successeur et de l'égal de Lope de Vega, don Juan de Vera Tásis y Villarvel réunit les œuvres de son ami; et elles furent réimprimées en 1660, par don Juan Fernandez de Aponte, mais ces éditions ne sont ni correctes ni élégantes. Les meilleures qui existent aujourd'hui sont celle de Leipsick, éditée en 1830 par Georges Keil, et celle qui est due aux soins intelligents du distingué poète dramatique Juan Eugenio Hartzenbusch, publiée en 1849-50 et 51 dans la collection Rivadeneyra. Elle a été généralement suivie par don Patricio de la Escosura pour l'édition nouvelle de Calderon, dont il fut chargé par l'académie espagnole.

ON NE BADINE PAS AVEC L'AMOUR

ACTE PREMIER

UN SALON CHEZ DON ALONZO

SCÈNE I

DON ALONZO, MOSCATEL (*fort triste.*)

DON ALONZO

Que le diable t'emporte! Depuis quelque temps, je ne sais quelles fantaisies passent par ta tête. Tu n'es jamais là pour me servir; tu me réponds tout de travers. Quand je t'appelle, tu t'en vas; quand je ne t'appelle pas, tu viens. M'expliqueras-tu ce que cela signifie?

MOSCATEL

Ah! misère de moi! Mon cœur soupire.

DON ALONZO

Comment! gueux, tu te permets de soupirer?

MOSCATEL

Les gueux n'ont-ils pas une âme?

DON ALONZO

Pour se plaindre, oui; pour soupirer, non.

MOSCATEL

Et qui peut m'empêcher d'éprouver de nobles passions ?

DON ALONZO

Folles idées !

MOSCATEL

Seigneur, y a-t-il plus noble passion que l'amour ?

DON ALONZO

Je pourrais te répondre que oui, mais pour ne pas discuter, je veux bien convenir que non.

MOSCATEL

Non ? Alors, si je suis amoureux, ma passion est noble.

DON ALONZO

Toi, amoureux ?

MOSCATEL

Moi-même.

DON ALONZO

Puisqu'il s'agit de folie, ta tristesse me met en joie aujourd'hui, plus que ta gaieté ne m'amusait hier.

MOSCATEL

Vous n'avez jamais su ce que c'est que d'être amoureux ; vous tenez avant tout à votre liberté ; vous raillez l'amour ; vous vous moquez des femmes ; vous riez des hommes ; je ne m'étonne pas que vous me tourniez en dérision, moi qui suis vraiment épris !

DON ALONZO

Un valet si tendre n'est pas mon affaire. Tu vas sortir de chez moi.

MOSCATEL

Mais...

DON ALONZO

Je ne veux rien entendre !

MOSCATEL

Songez...

DON ALONZO

Qu'est-ce à dire?

MOSCATEL

Dans les comédies on voit toujours un maître amoureux et un valet insensible. Les destinées sont modifiées, et comme je ne suis point coupable de ce changement, permettez qu'on voie cette nouveauté : un maître sans amour et un valet sensible.

DON ALONZO

Non, tu ne resteras plus ici un instant.

MOSCATEL

Quoi! vous ne me donnez pas le temps de chercher un autre maître?

DON ALONZO

Va-t-en, et tout de suite!

SCENE II

DON JUAN, Les Mêmes

DON JUAN

Qu'avez-vous?

DON ALONZO

C'est un pendard qui commet la plus grande impertinence, la plus basse vilenie, la plus énorme trahison que l'on puisse imaginer...

DON JUAN

Qu'est-ce donc?

DON ALONZO

Il est amoureux! Ai-je raison de le qualifier ainsi? Conçoit-on pareille sottise?

DON JUAN

L'amour inspire la vaillance, rend l'homme libéral, loyal et galant.

DON ALONZO

Allons donc! Vous avez entendu cela dans la comédie des *Miracles de l'amour*. Rien ne rend avare, lâche, misérable comme l'amour.

DON JUAN

Que dites-vous?

DON ALONSO

Écoutez-moi: je vais vous le prouver. L'homme qui est amoureux, ne pense plus qu'à sa maîtresse; il lui donne tout ce qu'il a. Il n'a plus ni amis, ni serviteurs; il oublie tout. Il me semble qu'il n'y a rien de si méprisable, de si misérable que l'homme qui se rend esclave d'un caprice.

DON JUAN

Je ne répondrai pas à votre sortie, don Alphonse, car j'aggraverais ma peine. Je suis amoureux. J'étais venu vous demander un service, mais je me tairai. Puisque vous traitez si mal un valet amoureux, je crains que votre ami ne trouve pas grâce à vos yeux.

DON ALONZO

Ce n'est pas la même chose, don Juan. Vous êtes noble, riche, spirituel, d'élégante tournure. Vous pouvez être amoureux. Mais pourquoi ces coquins là se mêlent-ils d'aimer? Au reste, pour vous montrer que je sais être badin et sérieux à la fois, je suis prêt à vous servir en tout (*A Moscatel*). Je t'ai dit de t'en aller.

DON JUAN

Permettez que Moscatel m'entende. J'ai besoin de vous et de lui.

DON ALONZO

Alors, parlez.

DON JUAN

Voici. Vous savez que j'aime avec passion la belle Léonor Enriquez, fille du noble don Pedro, qui fut le plus grand ami de mon père. Je suis digne de cette alliance. J'ai libre accès dans la maison. Je puis demander Léonor à son père ; notre naissance, notre fortune sont égales... Don Pedro m'accepterait pour gendre. Et cependant je n'ose me déclarer. En voici la raison.. Don Pedro a deux filles, et Léonor n'est que la cadette. Or il n'est pas convenable que la seconde soit établie avant l'aînée. Si je demande au père la main d'une de ses filles sans la nommer, il m'offrira sans contredit Béatrix l'aînée. Avouer que j'aime Léonor, c'est rendre suspectes mes intentions et m'exposer à perdre l'entrée de la maison. Toutes ces pensées m'agitent, me tourmentent.. La sœur de Léonor, Béatrix, est une des beautés les plus accomplies de Madrid, mais elle est pleine de caprices et de fantaisies ; elle est si entichée d'elle-même qu'elle n'a jamais regardé un homme en face ; elle ne s'imagine pas qu'un homme puisse la regarder sans être mortellement frappé au cœur ; elle a une idée si favorable de son esprit qu'elle a appris le latin, qu'elle fait des vers. Elle met dans son ajustement une affectation ridicule ; elle se déshabille quatre fois par jour et n'est jamais contente de sa parure ; il n'est pas une mode qu'elle n'essaie la première ; les *Caprices de Belise*, que Lope de Vega a portés avec tant de succès à la scène, ne sont rien à côté des siens. Et ce n'est pas tout ; elle parle avec une si ridicule afféterie qu'on aurait besoin d'un commentaire à chaque mot pour la comprendre. Les louanges et les compliments que lui décernent quelques imbéciles l'ont rendue si orgueilleuse qu'elle méprise l'amour. Enfin, on n'a jamais rien vu de si opposé que le caractère des deux sœurs. Par malheur, je ne sais si Béatrix a conçu quelque soupçon ou quelque jalousie contre Léonor, mais elle s'attache à ses pas, surveille ses actions, la suit comme une ombre. Cette nuit encore, je m'étais rendu, caché dans mon manteau, sous la fenêtre où j'ai coutume d'entretenir celle que j'aime. Léonor avait ouvert la jalousie ; nous commencions à parler quand Béatrix est arrivée derrière elle ; elle a fait un vacarme affreux ; elle l'a arrachée du balcon, en disant mille impertinences ; il m'a semblé qu'elle la menaçait d'avertir leur père. Je ne sais si elle m'a reconnu ; je crains de le savoir ; je voudrais être éclairci de tout cela, parce que la vie de ma charmante Léonor est peut-être en danger si nous sommes découverts. Je crois avoir trouvé un moyen de connaître ce qui en est, sans m'exposer à redoubler la fureur de Béatrix : c'est d'envoyer votre valet Moscatel à Inès, la suivante de Léonor, avec un billet pour sa maîtresse. Moscatel déploiera toutes les ressources de son intelligence ; d'ailleurs, n'étant pas à moi, il ne court aucun risque. Je compte, don Alonzo, que vous lui donnerez la permission et que vous m'accompagnerez dans la rue, car si j'apprends que Léonor est en danger, j'ai résolu de la délivrer, dût l'univers prendre parti contre moi. Votre bravoure m'est connue ; vous êtes mon ami, Alonzo, et je tiens pour acquis que les plaisanteries de bon goût sont les réalités de l'épée.

DON ALONZO

Prends ce billet, Moscatel ; invente un prétexte pour entrer dans la demeure de Don Pedro Enriquez et remettre le message à la suivante qu'a nommée Don Juan.

DON JUAN

Quoi ! si vite ?

DON ALONZO

Le plus tôt est le meilleur. Allons, viens avec nous.

MOSCATEL (*à part.*)

Je ne cours aucun danger. Inès est celle que j'aime. Amour, tu me protèges !

DON ALONZO

Nous t'attendons dans la rue !

DON JUAN

O mon excellent ami !

DON ALONZO

Que les amoureux sont sots ! En vérité, je suis bien heureux de n'avoir jamais cherché que des conquêtes faciles. Dès que je parle, on m'écoute, on se rend. Ma hardiesse et ma réussite ne dépendent que de l'argent que j'ai dans ma poche.

UNE RUE

SCÈNE III

DON ALONZO, DON JUAN, MOSCATEL, ensuite DON LUIS & DON DIEGO

DON JUAN

Voici la rue. Afin qu'on ne nous voie pas, nous nous tiendrons sous ce portail.

DON ALONZO

Vous avez raison. (*Entrent don Luis et don Diego; ils traversent la rue et ôtent leurs chapeaux.*) Mais qui sont ces personnages qui regardent avec tant d'attention la maison de Léonor ?

DON JUAN

L'un est un don Luis Osorio que je rencontre, tous ces temps derniers, dans la rue et dont je commence à me lasser.

DON ALONZO

Eh bien ! il n'y a qu'à le chasser.

DON JUAN

Non, ce n'est pas le moment ; éloignons-nous.

DON ALONZO

Soit, bien que ces visages ne me plaisent point.

DON JUAN (*à Moscatel.*)

Toi, choisis bien le moment pour remettre le billet à Inès.

MOSCATEL

Je crains...

DON JUAN

Tu n'as rien à craindre ; nous sommes là, à deux pas.

(*Ils s'écartent.*)

SCÈNE IV
DON LUIS, DON DIEGO

DON LUIS

Voilà donc où demeure l'incomparable beauté que j'adore, et dont l'esprit surpasse encore les charmes.

DON DIEGO
C'est avec cette femme si supérieure que vous voulez vous marier?

DON LUIS
Oui, mon ami, et ma famille doit la demander aujourd'hui.

DON DIEGO
Je ne sais que vous conseiller.

DON LUIS
En elle, je trouve la vertu, la naissance, la richesse, la beauté et l'intelligence.

DON DIEGO
C'est l'esprit que je trouve de trop. Certes, pour moi, je ne veux pas que ma femme en sache jamais plus que moi, pas même autant.

DON LUIS
Le savoir peut-il jamais être un mal?

DON DIEGO
Oui, quand il est déplacé. Il suffit qu'une femme sache filer, coudre, mettre une pièce là où il est besoin; il n'est pas besoin qu'elle étudie la grammaire et fasse des vers.

DON LUIS
Ce ne sont pas exercices coupables. Si ce sont des défauts, ils sont élevés et n'offrent pas d'inconvénients.

DON DIEGO
Pourtant, la belle vous traite avec rigueur et vous témoigne de l'éloignement.

DON LUIS
J'adore ses rigueurs même. Arrêtons-nous. Ces cavaliers se sont éloignés.

DON DIEGO

A vos ordres...

DON LUIS

O toit protecteur de l'ingrate que j'adore !

APPARTEMENT CHEZ DON PEDRO

SCÈNE V
DOÑA LÉONOR, INÈS

LÉONOR

Ma sœur est-elle habillée ?

INÈS

Elle est encore à s'ajuster. Pour ne pas m'impatienter à la voir toujours consulter son miroir, je l'ai laissée.

LÉONOR

Elle est aussi ridicule que son miroir.

INÈS

Qu'entendez-vous par là ?

LÉONOR

Je dis qu'il est ridicule de prendre sans cesse conseil d'un objet qui ne peut répondre.

INÈS

Elle réfléchit aussi.

LÉONOR

A quoi donc ?

INÈS

Vous ne pouvez comprendre. Elle s'exprime avec recherche tandis que vous parlez comme tout le monde.

LÉONOR

Je suis bien malheureuse, Inès ! Je crains que cette capricieuse n'aille apprendre à mon père ce qui s'est passé cette nuit à mon balcon...

INÈS

Monsieur votre père est sorti de si bonne heure, ce matin, qu'elle n'a pas encore pu lui parler. Cherchons quelque moyen de confondre sa malice.

LÉONOR

J'y ai songé et je n'ai rien trouvé. Elle a vu don Juan.

INÈS

On peut toujours nier avec aplomb ce qui est l'évidence.

LÉONOR

Le meilleur parti à prendre est de remettre en les mains de ma sœur mon amour, mon bonheur, pour la forcer à se taire à force de confiance. Que je suis à plaindre, Inès, de n'avoir pas d'autre ressource !

SCÈNE VI

DONA BÉATRIX, Les Mêmes

BÉATRIX (au dehors.)

Holà ! Il n'y a donc pas de servante ici ? (*Elle entre, en se regardant dans un miroir qu'elle tient à la main.*)

INÈS

Me voici ; que commandez-vous ?

BÉATRIX

Que vous abstrayez de ma dextre libérale ce morceau de cristal et que vous m'apportiez des couvre-mains.

INÈS

Qu'est-ce que c'est que des couvre-mains ?

BÉATRIX

Qu'est-ce ?... Des gants !... Quel malheur d'être contrainte à employer des termes vulgaires !

INÈS

Je retiendrai cette expression... Les voici.

BÉATRIX

Il faudra donc que sans cesse j'aie à lutter contre l'ignorance ! Holà ! Inès !

INÈS

Madame...

BÉATRIX

Va chercher dans ma bibliothèque un volume d'Ovide, non pas les *Métamorphoses*, non pas l'*Art d'aimer*, mais le *Remède de l'amour*. C'est celui que je veux consulter.

INÈS

Comment voulez-vous que je trouve ce livre — puisque c'est un livre que vous demandez ? — Je ne sais même pas lire une affiche de théâtre.

BÉATRIX

Sotte ! ignorante ! ignare !... Mon accointance quotidienne ne te débouchera donc jamais l'entendement ?

LÉONOR (*à part.*)

Mon tour va arriver. (*Haut.*) Ma sœur...

BÉATRIX

Qui m'adresse la parole ?

LÉONOR

C'est moi qui, humblement soumis, embrasse les genoux

BÉATRIX

Arrête ; n'approche pas ; tu ternirais la candeur de mon être purissime ; tu profanerais le culte des autels de mon honneur. Une femme qui profite de l'ombre obscure et glacée, qui tient le jour en discrédit pour se livrer à l'amour nocturne n'est pas digne de me regarder en face.

LÉONOR

Béatrix, tu es belle, intelligente ; tu es ma sœur...

BÉATRIX

Non, je ne puis avoir une sœur libidineuse.

LÉONOR

Comment ? Libidineuse ?...

BÉATRIX

Une sœur qui, à la tremblante lueur de l'astre qui remplace le soleil, a osé ouvrir sa fenêtre ; qui, murmurant à voix basse des mots étouffés, fait rougir les étoiles et frissonner les astres ; qui... Mais je remédierai au scandale que tu as causé ; je verserai dans le sein paternel les sacrilèges de ta conduite. Cette nuit j'ai aperçu un adorateur...

LÉONOR

Et le connais-tu ?

BÉATRIX

Non certes. Moi ! connaître un individu du genre masculin ?...

LÉONOR

Mais je voulais te confier son nom et te dire dans quelle intention il me parlait.

BÉATRIX

Quelle audace ! Et j'écouterais de si injurieuses déclarations ?

LÉONOR

Il faudra bien que tu m'entendes; je n'ai pas besoin qu'avec tes folles inventions tu t'imagines qu'une chose naturelle est répréhensible.

BÉATRIX

Une chose naturelle!

LÉONOR

Écoute...

BÉATRIX

Mon entendement ne donnera pas à ta voix une attention directe.

LÉONOR

Directe ou non, il ne m'importe, pourvu que tu écoutes!

BÉATRIX

Tu me contrains à t'entendre; alors ton secret ne sera pas inviolable. Je ne tomberai pas dans semblable erreur.

LÉONOR

Si je parle...

BÉATRIX

Je me mets dans une fausse situation. Je ne veux rien apprendre, rien... (*Elle s'en va.*)

LÉONOR

Ecoute donc... Mais qui vient ici?

INÈS

Quelqu'un qui cherche votre père.

LÉONOR

Vois qui c'est. Je vais tâcher de calmer ma sœur. (*Elle sort.*)

SCÈNE VII

MOSCATEL, INÈS

MOSCATEL (*à part.*)

Amour, amour, quel vilain tour tu me joues! Me voilà ambassadeur: pourras-tu faire respecter en ma personne le droit des gens?

INÈS

C'est toi, Moscatel? Comment es-tu assez hardi pour venir dans cette maison?

MOSCATEL

Tu ignores ce qui m'amène et tes reproches sont anticipés.

INÈS

Mais enfin ne suffit-il pas que tu aies pénétré ici?

MOSCATEL

Oui et non...

INÈS

Comment! Oui et non?

MOSCATEL

Non, puisque tu ne sais pas ce que je viens faire. Oui, puisque cela te contrarie. Non, car tu l'apprendras bientôt. Oui, car je tarderai le plus longtemps à te l'apprendre. J'aurais pu venir poussé par le désir de contempler tes charmes, ta grâce, te parler de mon amour. Mais ce n'est pas cela. J'apporte à ta maîtresse un billet de la part de don Juan. Il m'a chargé de cette mission parce qu'on ne me connaît pas pour être à lui... Celui qui n'aime pas est un mauvais messager d'amour.

INÈS

Bon, bon... Dis à don Juan que j'ai reçu la lettre et

que je la remettrai à Léonor. Va-t-en vite ; je tremble que Béatrix...

MOSCATEL

Je pars ; bien que ta vue me bouleverse, je t'obéirai et, par ma soumission, m'efforcerai de gagner ton cœur.

INÈS

Je pourrais te répondre que je ne suis pas aussi insensible que je le parais, mais j'ai tant de frayeur de te voir là que j'ajourne à plus tard ma réponse. Cours vite. Mais... grand Dieu ! mon maître monte l'escalier. Je me sauve ; il ne faut pas qu'il me trouve avec toi. (*Elle sort.*)

MOSCATEL

Entends, prends garde, écoute, aie bon espoir !...

SCÈNE VIII

DON PEDRO, MOSCATEL

DON PEDRO

Pourquoi espérer et entendre ? Pourquoi prendre garde et écouter ?

MOSCATEL (*à part.*)

Que vais-je dire ?

DON PEDRO

Que faites-vous ici ?

MOSCATEL

Ce que je fais ? Ne le voyez-vous pas ?

DON PEDRO

Parlerez-vous ?...

MOSCATEL

Je réfléchis à ce que je dois vous répondre.

DON PEDRO

Que cherchez-vous ?...

MOSCATEL

Il m'est difficile de répondre.

DON PEDRO

Pourquoi ?

MOSCATEL

Parce que j'ai si souvent cherché sans trouver...

DON PEDRO

Finissons ! Qui êtes-vous ?

MOSCATEL

Voilà une demande parfaite. Je suis un honnête valet, s'il y en a de cette espèce.

DON PEDRO

Au service de qui ?

MOSCATEL

Je ne suis pas au service, tout serviteur que je sois.

DON PEDRO

Parlerez-vous clairement ?

MOSCATEL

Mais oui, c'est mon maître qui me sert.

DON PEDRO

Assez de sottises comme cela ! Vous allez recevoir la récompense méritée...

MOSCATEL (*à part.*)

Cela va mal, vive Dieu ! (*Haut.*) Faites attention que si je suis frappé, il y a deux personnes dans la rue...

DON PEDRO

Qui es-tu ? Que demandes-tu ? Que cherches-tu ? Que viens-tu faire ici ?... Réponds ou je t'assomme !

MOSCATEL

Si vous jugez si expéditivement, je suis Moscatel, valet de don Alonzo de Luna...

SCÈNE IX

DON JUAN, DON ALONZO, Les Mêmes
DON JUAN (*à part à don Alonzo, à la porte.*)

Moscastel est ici. Don Pedro est entré derrière lui. Je n'ai plus d'espoir.

DON ALONZO

Je suis prêt à tous les événements. Je vais garder la porte. (*Il sort.*)

DON PEDRO (*à Moscatel.*)

Continue..

DON JUAN (*entrant.*)

Qu'avez-vous, seigneur ?

MOSCATEL (*à part.*)

Mon maître ici !

DON PEDRO

Voilà un coquin que je surprends... Ce qu'il vient faire ? je l'ignore...

DON JUAN

Ah ! Eh bien, ce coquin parlera ou il périra transpercé par cette épée ! (*A part à Moscatel.*) Invente quelque mensonge, Moscatel : il le faut !

ACTE I, SC. IX

MOSCATEL (à part.)

Voilà du renfort qui m'arrive ! (*Haut.*) Je cherchais quelqu'un et, ne trouvant personne pour me répondre, je suis entré et ai pénétré jusqu'ici sans rencontrer âme qui vive autre qu'une servante, qui m'a pris pour un malfaiteur, car elle s'est enfuie à ma vue. C'est à elle que je disais : « Écoute, prends garde, attends »...

DON JUAN

Il paraît dire la vérité.

DON PEDRO (à part.)

La réponse ne me satisfait point, mais je ne veux pas que don Juan sache que je soupçonne autre chose ; je vais feindre d'être convaincu, de croire à sa sincérité ; je pourrai ainsi mieux surveiller le personnage, apprendre qui il est et sortir de cette pénible anxiété. (*Haut.*) Mais si vous cherchiez quelqu'un, pourquoi vous êtes-vous troublé à ma vue?

MOSCATEL

Parce que vous aviez l'air terrible, et que je suis timide...

DON JUAN

Va-t'en !

MOSCATEL

Que Dieu vous garde !

DON JUAN (*à part à Moscatel.*)

Dis à don Alphonse qu'il peut s'éloigner.

(*Moscatel s'en va.*)

DON PEDRO

Je vais revenir ; mille pardons, il se fait tard...

DON JUAN

Où allez-vous donc ?

DON PEDRO

Chercher des papiers que j'ai égarés.

DON JUAN

Vous me permettez de vous accompagner ?

DON PEDRO (*à part.*)

Il a deviné ma préoccupation. Amusons-le ! (*Haut.*) Venez donc.

DON JUAN (*à part.*)

Tout s'est admirablement bien passé. On n'a aucun soupçon sur moi et je suis aux premières loges. (*Ils sortent.*)

SCÈNE X

INÈS, ensuite DOÑA LÉONOR

INÈS

Je suis stupéfaite de ce qui vient d'arriver. Interroger si sévèrement, manifester tant de défiance, parler si sérieusement et marcher si prestement, tout cela n'est pas clair. Je ne sais ce qui en arrivera.

(*Entre Léonor.*)

LÉONOR

C'en est trop en vérité ; tu es une sans cœur, une sans...

INÈS

Madame, qu'avez-vous ? pourquoi cette colère ?

LÉONOR

Béatrix ne m'écoute pas ; c'est une impertinente, plus orgueilleuse, plus insupportable que jamais. Elle veut tout dire à mon père.

INÈS

Quand le malheur vient, il n'est jamais seul. Cet homme qui est entré et dont vous m'avez recommandé de m'informer, vous cherchait, madame, pour vous remettre un billet. Don Juan n'a pas voulu vous envoyer son valet de peur qu'on le reconnût... L'homme venait de me donner le papier lorsque votre père est entré; il a rencontré l'individu. A ce moment est survenu don Juan qui, je ne sais comment, est intervenu. L'homme est parti; votre père a feint d'être convaincu et s'est mis à le suivre.

LÉONOR

Comme on a raison de dire que lorsqu'un malheur finit, un autre recommence! Donne, donne vite ce billet; je veux de suite répondre à don Juan, dans l'extrémité où je suis...

INÈS

Peut-être, cette lettre contient-elle un bon avertissement?...

LÉONOR

Oui, oui, je vais savoir!... (*Elle lit.*) « Je ne puis, ma chère âme, vous exprimer... »

INÈS

Votre sœur est là.

LÉONOR

C'en est fait!

SCÈNE XI

Les Mêmes, BÉATRIX

BÉATRIX

Quelle est cette missive que vous abscondez, petit chiffon?

LÉONOR

Moi ?

BÉATRIX

Oui, vous.

LÉONOR

Je ne sais ce que tu veux dire.

BÉATRIX

Par deux fois, tu t'obstines dans de vulgaires défaites. Ce papyrus souillé, sur lequel une plume d'oie a tracé de petits caractères avec une liqueur colorée puisée dans un réceptable corné, je veux le voir.

LÉONOR

Puisque tu ne veux pas m'entendre et que tu prétends apprendre par surprise ce que j'étais disposée à te raconter, je refuse de rien te remettre.

BÉATRIX

Ma tendresse fraternelle ne porte pas attention à tes paroles, mais à tes actes ; il t'est loisible de mentir, mais les gestes disent la vérité. Si je ne veux pas écouter ce que tu veux me dire, je saurai ce que tu veux me cacher.

LÉONOR

Et si je ne veux pas te le montrer ?

BÉATRIX

Alors... (*Elle saisit brusquement la main de sa sœur qui résiste.*) Donne-moi cette missive !

INÈS

C'est une copie d'évangile...

LÉONOR

Tu as beau faire, tu ne l'auras pas !

(*Don Pedro arrive au moment où les deux sœurs se bousculant ont partagé le billet en deux.*)

SCÈNE XII
DON PEDRO, Les Mêmes

DON PEDRO

Que signifie cette bataille ? Quel est ce papier ?

INÈS (*à part.*)

Que la maison s'écroule !

DON PEDRO

Donnez-moi chacune ce fragment.

LÉONOR (*à part.*)

O amour, viens à mon aide !

BÉATRIX

Le fragment que vous abstrayez de ma main débile, vous apprendra les outrages faits à votre honneur.

LÉONOR

Ce papier que voilà, mon père, j'ignore ce qu'il renferme ; puisque Béatrix le sait, sans doute il lui était destiné ; elle était occupée à le lire quand je suis arrivée...

BÉATRIX

Moi ?

DON PEDRO

Tais-toi !

LÉONOR

J'ai voulu voir ce que c'était, et elle me l'a refusé avec une telle singularité que j'ai cherché à le lui enlever ; alors, elle s'est défendue. Ne croyez pas que ce fut méchanceté de ma part. Depuis que je sais que Béatrix a commerce avec quelqu'un qui lui écrit, qui, la nuit, lui parle à sa fenêtre, je me suis crue autorisée, bien que sa cadette, à agir ainsi. Je ne voulais pas que l'on arrivât à me soupçonner de pareilles inconséquences.

INÈS (*à part.*)

Léonor prend les devants : comment cela va-t-il tourner ?

DON PEDRO

Est-il vrai, Béatrix ?

BÉATRIX

Dans ma stupéfaction, je suis incapable de répondre. De telles paroles m'ont changée en statue de feu et de glace. Toutes les fautes qu'elle accumule sur moi sont siennes dans l'espèce.

LÉONOR

Inès était là : qu'elle dise la vérité !

BÉATRIX

Inès l'a vu et elle ne mentira pas.

INÈS (*à part.*)

Moi, je n'ai rien vu, rien entendu !...

DON PEDRO (*à part.*)

Me voilà bien instruit ! Infortuné que je suis ! L'une des deux est coupable ; peut-être toutes deux le sont-elles ! Que faire dans cette incertitude ? Être certain de la faute : rien ne l'excuse ni ne l'efface ! (*Haut.*) Hors d'ici, Béatrix ! et, toi aussi, Léonor, va-t-en !...

BÉATRIX

Croyez, mon père...

DON PEDRO

Tais-toi !

LÉONOR (*à part.*)

L'amour veuille que le billet ne renferme pas l'aveu que je me suis refusé à faire ! (*Elle sort.*)

BÉATRIX

C'est toi, menteuse ! qui es cause de tout. (*Elle sort.*)

SCÈNE XIII

DON PEDRO, INÈS

DON PEDRO

Inès !

INÈS (*à part.*)

Voici mon tour.

DON PEDRO

Reste-là.

INÈS (*à part.*)

Que vais-je dire ?

DON PEDRO

Tu as vu seule comment se sont passées les choses. Qui lisait le billet ?

INÈS (*à part.*)

Allons, de l'aplomb !

DON PEDRO

Pourquoi hésites-tu ? Que crains-tu ?

INÈS (*à part.*)

Mentir est la règle des domestiques. (*Haut.*) Seigneur, je ne suis arrivée que fort peu d'instants avant vous ; elles étaient déjà en querelle, et je ne sais à qui appartient le papier. Voilà la pure vérité, foi d'honnête servante !

DON PEDRO (*à part.*)

Même cet affront de refuser de me répondre... (*Haut.*) Va-t-en, Inès !

INÈS (*à part.*)

Je m'en tire à bon compte. (*Elle sort.*)

SCÈNE XIV

DON PEDRO

Ce papier m'apprendra peut-être ce que les unes et l'autre refusent de dire. Je vais réunir les deux morceaux de ce billet. (*Il lit*) : « Je ne puis, ma chère âme, vous exprimer combien je suis inquiet que votre sœur nous ait découverts cette nuit. Si elle en avertit votre père, instruisez-m'en sur le champ afin que je pourvoie à votre sûreté. » Ce billet peut également être adressé à mes deux filles. Mon malheur est extrême : je ne puis découvrir la faute de l'une et j'ignore la vertu de l'autre. Si je savais quelque chose, ce serait une consolation, mais le ciel veut que je n'en croie aucune et que je les soupçonne toutes deux. J'ai surpris ici un valet ; il s'est troublé à ma vue. Don Juan est arrivé, et l'homme est parti ; je l'ai suivi et l'ai perdu. De retour chez moi, j'assiste à une querelle. Voilà bien des choses qui m'invitent à la prudence! Le valet s'est dit envoyé par Alonzo de Luna ; sachons quel est l'homme qui porte ce nom : veillons sur ses démarches et, jusqu'à ce que j'aie satisfaction ou que je me sois vengé, que le ciel me protège!

ACTE DEUXIÈME

LA RUE DE DON ALONZO DE LUNA

SCÈNE I
DON ALONZO, DON JUAN, MOSCATEL

DON ALONZO

Nous avons bien fait de nous en aller.

MOSCATEL

Oui, et moi j'ai bien mal fait d'entrer.

DON JUAN (*à Moscatel.*)

Tu peux t'estimer heureux que l'idée me soit venue de suivre don Pedro.

MOSCATEL

C'est pour vous-même que vous avez travaillé ; car si vous n'étiez pas arrivé, j'allais tout raconter.

DON ALONZO

Que dis-tu ?

MOSCATEL

Je dis ce que j'aurais fait.

DON ALONZO

Voyez, don Juan, comme les amoureux sont vaillants.

DON JUAN

Un homme amoureux ne peut manquer de cœur.

MOSCATEL

Mais monsieur, prenez-y garde ; mon cœur, ma vie

ne sont plus à moi ; les exposer, ce serait faire tort à la beauté à qui je les ai confiés et je ne suis pas capable d'une trahison pareille.

SCÈNE II

Les Mêmes, INÈS (*voilée.*)

INÈS

Seigneur don Juan !...

DON JUAN

Qui m'appelle ?

INÈS

C'est moi.

DON JUAN

Tu arrives bien à propos, Inès.

INÈS

J'ai couru après vous dans tout Madrid.

DON JUAN

Qu'as-tu donc de si pressé à me dire ?

MOSCATEL (*à part.*)

C'est mon Inès. Plaise au ciel que mon maître ne puisse l'entrevoir !

INÈS

Je vous apporte cette lettre et je m'en vais.

DON JUAN

Attends ; que je la lise...

(Don Juan lit; Moscatel se place entre don Alonzo et Inès.)

DON ALONZO (*Dévisageant Inès.*)

Tiens, la petite est jolie...

MOSCATEL (*à part.*)

Il l'a aperçue ; je ne donnerais pas un maravédis de mon honneur entier.

DON ALONZO (*à part, à Moscatel.*)

Moscatel !

MOSCATEL

Seigneur !

DON ALONZO

Si ta maîtresse ressemblait à cette belle enfant, je pourrais t'excuser.

MOSTATEL (*à part.*)

Là ! là !... ça commence ! (*Haut.*) Elle vous paraît donc bien ?

DON ALONZO

Elle est charmante, trop charmante même pour demeurer servante.

MOSCATEL

Je ne trouve pas ; elle a les traits durs, repoussants. Ah ! seigneur, si vous voyez celle que j'aime, vous tomberiez en péché mortel.

DON ALONZO

Tu ne sais ce que tu dis.

DON JUAN

J'ai terminé la lecture...

DON ALONZO

Que se passe-t-il ?

DON JUAN

Léonor me mande que j'aille la voir, que son père ne sait rien grâce à une ruse dont elle ne m'instruit pas. Je vous tiendrai au courant de tout. Allons, Inès.

(*Il sort.*)

DON ALONZO

Moscatel, ne la laisse point partir ; retiens-la...

MOSCATEL (*à part.*)

C'est trop souffrir !

DON ALONZO (*à Inès.*)

Charmante enfant !...

INÈS

Que désirez-vous ?

DON ALONZO

Voir de plus près votre visage, ma belle fille.

MOSCATEL (*à part.*)

La rage me dévore !

INÈS

J'ai autre chose à faire que de satisfaire votre curiosité.

DON ALONZO

Tu tâches en vain de m'échapper...

MOSCATEL (*à part.*)

Ne les perdons pas de vue !

SCÈNE III

DON LUIS, DON DIEGO, DON ALONZO, INÈS, MOSCATEL

DON DIEGO (*à part, à don Luis.*)

C'est sa servante.

DON LUIS (*à part, à don Diego.*)

Je l'ai vue sortir de la maison et l'ai suivie de loin dans l'intention de lui remettre un billet pour Béatrix.

INÈS (à part.)

Je ne comprends pas ce que Moscatel veut me dire par signes.

DON DIEGO

Elle cause avec don Alonzo de Luna.

DON LUIS

Mes soupçons se réalisent. Une servante de Béatrix qui vient chercher don Alonzo, lui-même, en compagnie d'un sien ami déambulant sous les fenêtres et le balcon de Béatrix, et qui, si la rue est solitaire, entre de suite en conversation, tout cela ressemble fort à une intrigue d'amour.

DON DIEGO

Que vas-tu faire?

DON LUIS

Je ne veux pas qu'on m'aperçoive ici; je n'ai aucun droit que je puisse faire valoir, et il est inutile de se faire moquer de soi.

DON DIEGO

C'est sagement parler... mais tes suppositions sont peut-être mal fondées. La jalousie est une vilaine conseillère.

DON LUIS

Ce n'est point une passion basse!...

DON DIEGO

Voilà une opinion neuve...

DON LUIS

Quoi de plus noble que de dire la vérité? Or, la jalousie est une passion noble. Donc il y a toujours une part de vérité dans la jalousie!...

(Don Luis et don Diego s'éloignent.)

SCÈNE IV

DON ALONZO, MOSCATEL, INÈS

INÈS

C'est bien. Adieu ; il se fait tard...

DON ALONZO

Permettez que ce valet vous accompagne ; ne vous éloignez pas seule.

INÈS

C'est parfait ; qu'il vienne avec moi !

MOSCATEL (*à part.*)

Qu'entends-je ? Que vois-je ?

DON ALONZO

Moscatel ?

MOSCATEL

Seigneur...

DON ALONZO

Écoute. Inès me donne licence que tu l'accompagnes en mon nom jusques chez elle. Va, et dis-lui en route que chaque fois qu'elle viendra chez moi, elle trouvera un cadeau préparé.

MOSCATEL

Parlez-vous sérieusement ?

DON ALONZO

Oui. Si son devoir l'oblige à suivre don Juan, il est en situation que quelqu'un lui parle en route de moi.

MOSCATEL

Comptez sur mon aide.

DON ALONZO

Tu me rapporteras fidèlement ses propos.

(*Il s'en va.*)

MOSCATEL (*à part.*)

Mon pauvre honneur, vous êtes bien malade !...

INÈS

Allons, Moscatel. Qu'attends-tu?

MOSCATEL

Partons, Inès. (*Ils s'éloignent.*)

UNE AUTRE RUE

SCÈNE V

MOSCATEL, INÈS

INÈS

Voyons, que signifie? Tu m'accompagnes avec une mine funèbre. Tu ne m'as pas encore une fois regardée.

MOSCATEL

Hélas! ma toute belle! Si tu savais combien sont grands mes ennuis!

INÈS

Et à quel sujet?

MOSCATEL

L'amour et l'honneur sont en jeu. J'aime et je sers. Pris entre ma dame et mon maître, il faut que je cesse de servir ou d'aimer.

INÈS

Je ne saisis pas tes distinctions.

MOSCATEL

Tu vas me comprendre. Don Alonzo, mon maître, t'a remarquée, et .. Plût à Dieu qu'il eût été aveugle! Il t'a vue et t'a désirée... Ce n'est pas un amour profond qui est en jeu, Inès, mais une fantaisie passagère pour un nouveau visage... Il m'a ordonné de t'accompagner, pour te dire — et ma langue est embarrassée — que si tu vas lui rendre visite, soit le matin, soit le soir, tu trouveras toujours le couvert mis.

INÈS

Grossier et discourtois personnage, tiens ta langue! Je ne sais vraiment comment tu oses parler ainsi à une femme comme moi. Dis à ton maître, malotru, que j'ai du respect pour moi-même, et qu'il ne s'occupe pas de moi. S'il me plaisait d'aller en service chez lui, je ne suis point de celles que l'on contente avec des déjeuners ou des dîners. Je ne fais que ce qui me plaît. Va lui porter cette réponse.

MOSCATEL

Tu dis?

INÈS

Je dis que tu me laisses tranquille et que tu t'éloignes.

MOSCATEL

Tu es fâchée?

INÈS

Ne me suis pas.

MOSCATEL (*à part.*)

J'obéis!.. Mais Inès me cause tant de peine que vous pouvez pleurer à l'aise, mes yeux... il n'y a pas de honte quand on souffre. (*Il s'éloigne.*)

APPARTEMENT CHEZ DON PEDRO

SCÈNE VI

DON JUAN, DOÑA LÉONOR, INÈS.

LÉONOR

Grâce à ce mensonge nous voilà tirés d'affaire.

DON JUAN

Il n'est rien de plus ingénieux.

LÉONOR

Sans cette idée nous étions perdus

DON JUAN

Les soupçons de don Pedro se partagent donc entre ses deux filles?

LÉONOR

Avec une égalité parfaite : il ne sait laquelle il doit accuser et, dans l'incertitude, il nous traite bien l'une et l'autre. Il ignore de qui vient le billet et pour qui il est écrit. Inès seule était au courant de l'aventure; elle n'a rien dévoilé et a embrouillé au contraire la question.

INÈS

Je n'ai pas dit que la lettre était pour Béatrix, de peur que son contenu ne me démentît.

DON JUAN

C'est un heureux hasard que le billet soit libellé de telle sorte qu'il ne compromet personne. Vous n'êtes pas nommée. Mais qu'a fait Béatrix?

LÉONOR

Avec le caractère qu'elle a, l'orgueil qui la domine, elle doit se lamenter en termes précieux et relevés; je prétends même, don Juan, qu'elle regrette en son for intérieur, que cet amour dont je l'accuse ne soit pas une réalité.

INÈS

Réfléchissez, seigneur, aux moyens que nous devons employer pour sortir de là.

LÉONOR

Il y aurait peut-être possibilité de faire taire Béatrix;

ce serait de la prendre par le cœur et de lui faire éprouver de tendres sentiments pour un autre ; alors elle se tairait et cesserait de me tracasser.

DON JUAN

Cette idée est excellente. J'en vais faire mon affaire ; j'amènerai ici avec moi un de mes amis qui nous en rendra bon compte... Mais, la voici qui vient !... nous reparlerons de ce stratagème.

LÉONOR

Retirez-vous ; qu'elle ne vous voie pas ; il vaut mieux encore nous cacher et ne pas dévoiler nos intentions.

DON JUAN

Au revoir, ma belle Léonor !

INÈS

Saint Jacques, protège l'Espagne... La voilà ! la voilà !

(Don Juan et Inès sortent.)

SCÈNE VII

DOÑA BÉATRIX, DOÑA LÉONOR

BÉATRIX *(à part.)*

Moi qui suis sans égale sur terre, je prétends en ce jour ratiociner sur mon extrême infortune ! Sous quels signes funestes, suis-je née ? Mon honneur qui brille avec tant d'éclat est tristement éclipsé. La lanternerie de Léonor a placé un corps opaque entre la lumière et ma vertu.

LÉONOR

Que me veux-tu, Béatrix ?

BÉATRIX

Si j'ai prononcé ton nom *in aparte*, c'est une imagination de ta part de croire que je t'ai appelée.

LÉONOR

Ta méchanceté est telle que tu t'occupes de moi, même en rêvant.

BÉATRIX

Ah! tu me provoques?... Eh bien! tu recevras le châtiment de ton mensonge? J'en prends à témoin l'amour, archer divin qui perce les cœurs! La missive n'était-elle pas à ton adresse?...

LÉONOR

Je n'en disconviens pas.

BÉATRIX

Et devant le tribunal paternel, tu as affirmé que le billet était pour moi?

LÉONOR

Je ne dis pas non.

BÉATRIX

Tu as soutenu ta menterie avec un tel aplomb qu'elle a terni la vérité et accrédité mon dévergondage?

LÉONOR

Mais oui, mais oui, Béatrix!

BÉATRIX

Alors que signifie ta lamentation hors de mise?

LÉONOR

Réfléchis au mal que tu as causé. Tout pourrait encore se réparer si tu servais mes projets. Tu es seule coupable de mon mensonge. En tête-à-tête, je reconnais ma faute, mais je ne l'avouerai à nulle autre personne. J'aime, j'adore, je meurs d'amour...

(Don Pedro entre de façon que Béatrix lui tourne le dos et que Léonor seule l'aperçoive. Don Pedro se cache.)

SCÈNE VIII

DON PEDRO, Les Mêmes

LÉONOR (*à part.*)

Ciel! Mon père!

DON PEDRO (*à part.*)

Quoi! Léonor! « Je meurs d'amour... »

LÉONOR (*à part.*)

Il faut remédier à cela (*Haut.*) « Je meurs d'amour! » Tu oses ainsi parler devant moi: « J'aime!... »

DON PEDRO (*à part.*)

J'arrive à point!

BÉATRIX

J'aime!...

DON PEDRO (*à part.*)

Ceci change de thèse.

LÉONOR

Une femme de qualité dire : « Je meurs d'amour!... » Mon père sera instruit. Puisque tu as eu l'imprudence de me l'avouer, je le lui répéterai et tout de suite.

BÉATRIX

Que dis-tu?

LÉONOR

Arrière... n'approche pas!

BÉATRIX

Léonor, mon entendement se refuse à comprendre.

LÉONOR

Tu ternis le miroir sans tache de ma pureté.

BÉATRIX

Quel changement ?...

LÉONOR

Ta langue est trop audacieuse...

DON PEDRO (*à part.*)

C'est Léonor qui est innocente!

BÉATRIX

Ouïs, ma sœur, mes paroles...

LÉONOR

Non, mille fois : je n'écoute pas une sœur libertine!
(*Elle sort.*)

SCÈNE IX

DON PEDRO, DOÑA BÉATRIX

BÉATRIX

A-t-on jamais vu rien de pareil? D'un moment à l'autre parcourir tous les extrêmes!

DON PEDRO

Oui, cela s'est vu, Béatrix, et je suis enfin fixé!

BÉATRIX

Quoi! mon père! vous étiez là?

DON PEDRO

J'étais là.

BÉATRIX

Vous avez entendu ce que disait Léonor?

DON PEDRO

Je l'ai entendu.

BÉATRIX

Alors vous avez à mon sujet tous les éclaircissements désirables...

DON PEDRO

Je suis éclairé et je sais qu'une cadette est plus vertueuse qu'une aînée.

BÉATRIX

Que voulez-vous dire ? Je suis bien infortunée, bien malheureuse !

DON PEDRO

Ma'heureuse ! Infortunée !...

BÉATRIX

Mon père...

DON PEDRO

Cela suffit !... Assez de tromperies, de mensonges, assez !... C'est ma complaisance qui est cause de tout ceci... Le billet t'était adressé par quelque étudiant, lettré peut-être, mais fort mal élevé sur ma foi !... J'ai entendu les reproches que t'adressait Léonor... Je vais porter remède à tout cela... Il n'y a plus pour vous d'études, de poésie... Je ne veux plus voir un seul livre latin dans la maison. Des *Heures* en langage ordinaire suffisent à une femme. Broder, filer, coudre, voilà ce qui te convient. Il y a assez des hommes pour apprendre... Et retiens bien ceci !.. Tu es morte, si je t'entends prononcer une phrase aux termes ampoulés.

BÉATRIX

Subordonnée à votre autorité, je vous promets de

ne plus discourir en style recherché. Je laisse à votre entendement le soin de démêler les apparences qui me condamnent ; c'est la malice qui a préparé ses filets pour me perdre ; bientôt vous aurez regret de votre injustice.

DON PEDRO

Béatrix !

BÉATRIX

Montrez-vous pitoyable...

DON PEDRO

Vas-tu recommencer...?

BÉATRIX

Ouvrez les réservoirs de votre paternelle bonté...

DON PEDRO

C'est à perdre l'esprit ! (*Ils sortent.*)

APPARTEMENT CHEZ DON ALONZO

SCÈNE X
DON ALONZO, MOSCATEL

DON ALONZO

La coquine t'a ainsi parlé ?

MOSCATEL

Offensée par votre amour, tout comme si elle était fille du fameux Prêtre Jean, Inès m'a dit : « Répétez à votre maître que ses soins sont inutiles ; je suis de trop petite naissance pour être sa femme et de trop grande vertu pour être sa maîtresse. »

DON ALONZO

Les comtesses, tant d'Amalfi, que de Mantoue ou de

Milan, disent cela aux rois de comédie, mais les filles friponnes (1) ne tiennent pas ce langage. Qu'elle aille au diable ! Comment ! Ce n'est pas un honneur, une bonne fortune de rencontrer un homme qui porte du linge fin ?

MOSCATEL

Seigneur, à chacun selon son rang.

DON ALONZO

Je me consolerai avec Doña Clara. Celle-là quémande sans cesse.

MOSCATEL (à part.)

Allons ! il oubliera vite Inès.

DON ALONZO

Il est singulier qu'alors qu'il y a tant d'hommes qui se refusent à être généreux, il y ait tant de femmes qui persistent à demander.

MOSCATEL

Elles demandent par dévotion.

DON ALONZO

Moscatel !

MOSCATEL

Maître.

DON ALONZO

Veux-tu que je te dise quelque chose ?

MOSCATEL

Si cela vous est agréable.

DON ALONZO

Eh bien ! Inèsille me plaît fort...

MOSCATEL

Pas possible !

(1) *Picardia.* — Friponnerie, coquinerie.

DON ALONZO

Et, comme je veux avoir le dernier mot, tu vas aller la trouver de nouveau.

MOSCATEL

Moi?

DON ALONZO

Oui.

MOSCATEL (*à part.*)

Je n'ai pas une goutte de sang dans les veines!

DON ALONZO

Tu lui diras....

SCÈNE XI

DON JUAN, Les Mêmes

DON JUAN

Grâce au ciel, j'ai à vous faire part de bonnes nouvelles. L'amour n'a pas que des amertumes. On a bien raison de dire que ce Dieu est un enfant qui tantôt rit, tantôt pleure. Hier, mon cher ami, j'ai fait appel à votre valeur car je croyais à un danger, et je vous remercie de votre courtoisie et de votre empressement à me venir en aide; aujourd'hui je n'ai pas moins besoin de votre adresse et de votre esprit.

DON ALONZO

Que se passe-t-il?

DON JUAN.

Léonor a rejeté sur sa sœur Béatrix tous les soupçons qui pouvaient peser sur elle. Le père, dans son anxiété, ne sait sur laquelle des deux sœurs faire retomber la faute. Afin de continuer à l'induire en erreur sur le compte de Béatrix, il faudrait qu'un amant se dévouât pour occuper Béatrix. Je compte sur vous pour ce rôle; nous vous aiderons à pénétrer dans la maison; vous verrez Béatrix, la promènerez, corromprez les servantes, la ferez suivre, lui écrirez, exciterez sa jalousie...

DON ALONZO

Arrêtez ! Comment voulez-vous que je fasse ? Je n'ai jamais su dans ma vie plaire à ce que vous appelez une maîtresse. Moi ! j'irais me camper tout un jour vis-à-vis une fenêtre, brûler d'amour pour un vase d'eau froide, suborner une servante, serrer la main à un vieil écuyer, suivre une femme sans savoir où elle va, écrire des billets où il n'y aurait pas de sens commun ! J'irais passer la nuit à attendre le moment de baiser une main qui me repousserait sous prétexte qu'elle appartient à un mari ! Une belle amante me donnerait à tout moment de sa chasteté par le visage ! Eh, vive Dieu ! je mourrais plutôt que de m'assujettir à tout cela ; j'entends faire l'amour à mon aise. Et d'ailleurs, la personne dont vous me parlez est orgueilleuse, capricieuse ; on ne peut converser avec elle sans dictionnaire. Voyez si je puis vous être bon à quelque autre chose. J'aimerais mieux me battre contre dix hommes qu'avoir affaire à une précieuse !...

DON JUAN

Mais, don Alonzo, pour obliger un ami, ne voit-on pas chaque jour un homme endormir la vigilance d'une servante ennuyeuse ?

DON ALONZO

Et l'on voit aussi chaque jour de piteuses aventures survenir.

DON JUAN

Il n'y a là-dedans rien de sérieux : c'est une simple plaisanterie...

DON ALONZO

C'est toujours compromettant. — S'amuser pourtant d'une femme si vaniteuse et si suffisante !

MOSCATEL (à part.)

Comme la raison faiblit quand une folie est en jeu !

DON ALONZO

Eh bien ! soit, passe pour un badinage et une plaisanterie ; s'il s'y mêle du sérieux le moins du monde, je me retire.

DON JUAN

C'est entendu.

DON ALONZO

Alors je suis prêt.

DON JUAN

Allons chez elle. Je vous instruirai en chemin du rôle que vous avez à remplir.

DON ALONZO

En pensant aux réponses sérieuses qu'elle va faire à mes feintes déclarations, je meurs de rire.

MOSCATEL

L'amour change parfois les rires en larmes.

DON ALONZO

Des larmes ? Imbécile ! puisque tout est simulé. Je servirai don Juan, je m'amuserai de doña Béatrix et je séduirai Inès.

MOSCATEL (à part.)

Non, non !... mille fois non !

APPARTEMENT DE BÉATRIX

SCÈNE XII

DOÑA BÉATRIX, INÈS

INÈS

Vous êtes fort triste, madame.

BÉATRIX

Comment ne le serais-je point? Me voir accusée des fautes de Léonor! Penser que j'ai écouté les paroles d'amour d'un homme, qui m'a remis un billet, que je lui ai accordé mes faveurs, que je lui ai ouvert ma fenêtre, qu'il a pénétré dans ma chambre! Je suis innocente et l'on me condamne! Aussi cette retraite obscure sera le tombeau où je vais ensevelir mes douleurs; je veux l'habiter depuis l'instant où l'on voit poindre la brillante aurore, jusqu'à l'arrivée de la froide nuit, pour dérober à la lumière l'éclipse qu'a souffert ma gloire. Pleurez, pleurez mes yeux les fautes que je n'ai point commises!... Eh bien, Inès, qu'en dis-tu? Est-ce que je ne commence pas à parler comme tout le monde? Si mon père m'entendait, il serait satisfait, je pense.

INÈS

Certes, oui, bien que certaines choses vous échappent que je ne comprends pas.

BÉATRIX

Dorénavant je surveillerai mon esprit : j'abandonnerai le cothurne tragique pour de vulgaires escarpins.

INÈS

Eh! là!... eh! là!...

BÉATRIX

Oui, tu as raison... Si tu m'entends encore parler d'une manière inintelligible au concept des femmes incultes, avertis-moi, puisqu'il le faut; tire-moi par la manche...

INÈS

Je vous promets de vous obéir! Tenez-vous donc sur vos gardes.

SCÈNE XIII

DOÑA LÉONOR, DON ALONZO, MOSCATEL
LES MÊMES

LÉONOR (*à part, à don Alonzo.*)

Béatrix est là; puisque vous êtes venu pour l'occuper, vous avez tout loisir de lui causer. Je vais veiller, en m'entretenant avec don Juan, afin qu'on ne puisse vous surprendre. (*Elle va rejoindre don Juan à la porte.*)

DON ALONZO (*à part.*)

Qui croira que bien que mon amour soit simulé, je me sens timide?

INÈS (*à Moscatel.*)

Moscatel, que veut dire cela?

MOSCATEL

Cela veut dire que le serpent est dans la place.

INÈS

Et toi, que fais-tu là?

MOSCATEL

Moi, je t'aime et je ne te laisse pas avec mon maître sans écouter.

BÉATRIX (*apercevant Alonzo.*)

Qui est-là ?

INÈS

Un homme hardi qui a osé pénétrer ici.

BÉATRIX

Un homme dans mon gynécée !... (*Inès la tire par la manche.*) Que fais-tu ?

INÈS

Je vous avertis.

BÉATRIX

Tu as raison : j'ai voulu dire dans ma chambre.

ALONZO

O belle Béatrix, n'appelez pas, ne vous effrayez pas ; prenez pitié des tourments que j'endure ! La cruauté ne doit pas être la compagne de la beauté.

BÉATRIX

Vous débutez par antonomase !

INÈS (*à part.*)

Je vous tirerai deux fois la manche.

BÉATRIX

Il suffit ! — Cavalier téméraire, comment avez-vous eu l'audace de vous introduire en un lieu, où le soleil, ce foyer du monde, ne pénètre qu'avec respect ? Quel sentiment hardi a fait mouvoir votre pied malappris ?

INÈS (*à part.*)

Ses divagations recommencent !

MOSCATEL (*à part.*)

Il va répondre sur le même mode !

ALONZO

Prodige de science, miracle de beauté, adorable

Béatrix, depuis deux ans j'aspire au bonheur de vous voir, de vous entendre ; ma fin est certaine si vous me refusez cette félicité.

INÈS (*à part.*)

Oh ! oh ! comment reconnaître désormais la vérité du mensonge si ceux qui ne sont pas amoureux parlent de cette façon ?

ALONZO

J'avais hier hasardé de vous écrire, votre père a rencontré mon valet chargé de ma lettre et, dans l'inquiétude que cet événement m'a causé, il n'y a pas eu de considération capable de m'empêcher d'arriver jusqu'à vous.

BÉATRIX

Arrêtez : je veux savoir de quelle lettre, de quel valet vous parlez.

ALONZO

Ce valet, le voilà ! Cette lettre, c'est celle que Léonor a décachetée, bien qu'elle vous fût destinée ; — mais Inès la lui remit.

INÈS

Ce n'est pas ma faute ; votre sœur me l'arracha des mains.

BÉATRIX

Ce valet est à vous ?

ALONZO

Oui, madame.

BÉATRIX

La lettre venait de vous ?

ALONZO

Parfaitement.

BÉATRIX

Elle était pour moi ?

ALONZO

Pouvez-vous en douter?

BÉATRIX

Je n'en doute pas : mais combien de chagrins votre indiscrétion m'a causés! Si vous avez compassion de moi, partez, partez vite, car si ma sœur vous voyait, elle ferait un bel esclandre.

INÈS (*à part.*)

Comme elle est crédule et accepte ses inventions!

MOSCATEL (*à part.*)

Décidément, il n'y a rien de plus aisé que de tromper une femme!

BÉATRIX

Laissez-moi et ne vous imaginez pas que mes yeux répandent pour vous des larmes : les pleurs d'une femme ne sont pas une preuve que son cœur soit touché; l'amour n'a rien à voir là-dedans.

ALONZO (*à part.*)

Je ne demande qu'à m'en aller, car je suis embarrassé pour répliquer.

BÉATRIX

Ne soyez plus une cause de scandale dans la maison. Vous êtes le premier mâle qui m'ayez tenu un langage concupiscent. (*Inès la tire par la manche.*) Tu vas m'enlever la manche... Assez!

ALONZO

Amant humble et soumis, je vous obéirai mais je vous dirai que je vous aime.

BÉATRIX

Alors adieu, je le sais.

ALONZO (à *Moscatel.*)

Cela ne commence pas trop mal.

MOSCATEL

Oui, mais cela finira mal... J'entends du monde.

INÈS (à *Béatrix.*)

Ah! madame, ne le laissez pas sortir.

BÉATRIX

Pourquoi?

INÈS

Parce que Léonor, don Juan et votre père causent sur la porte.

MOSCATEL

Ce père a le diable au corps!

BÉATRIX (à *Alonzo.*)

Hélas! ce jour est néfaste pour moi si l'on vous voit; le hasard a accumulé des circonstances qui m'accablent. Mon père pour rentrer chez lui est obligé de passer par ici; vous ne pouvez vous en aller; il faut donc vous cacher absolument.

ALONZO

Alors c'est une comédie de don Pedro Calderon : on y voit toujours un amant se cacher ou une femme se déguiser.

BÉATRIX

Mon honneur l'exige.

ALONZO

Il faut donc que je me cache?

MOSCATEL (à *part, à Inès.*)

Inès, c'est une méchante farce!

INÈS

Oh ! oui, elle est mauvaise.

BÉATRIX

Vous me devez ce sacrifice.

ALONZO (*à part.*)

L'ennui est grand et le plaisir absent !

BÉATRIX

Qu'attendez-vous ?

ALONZO

Ce que j'attends ? De savoir où je dois me cacher.

INÈS

Il n'y a rien de mieux que ce buffet.

BÉATRIX

Elle a raison.

ALONZO

Moi, me cacher dans une armoire ?

BÉATRIX

Il le faut !

ALONZO

Je vais briser la vaisselle...

INÈS (*à Moscatel.*)

Entre aussi, toi.

MOSCATEL

A la bonne heure ! (*En entrant, ils cassent des verres*).

INÈS

Eh ! attention vous cassez tous les verres !...

SCÈNE XIV

DON PEDRO, DOÑA LÉONOR, DON JUAN DOÑA BÉATRIX, INÈS

DON PEDRO

Holà ! qu'on apporte des flambeaux !

DON JUAN (à part.)

Que faire? Si don Pedro allait rencontrer Alonzo? L'appartement n'a pas d'autre sortie. Mon ami n'est venu qu'à ma sollicitation. Comment cela va-t-il finir?

LÉONOR (à part.)

Je voudrais ne pas avoir inventé ce stratagème. Cela tourne au sérieux.

DON PEDRO

Don Juan, à quelle heure avez-vous coutume de vous retirer ?

DON JUAN

Mais, de bonne heure. (A part.) C'est me donner congé. Je ne puis rester. Je laisse Alonzo en péril. Je ne m'éloignerai pas afin d'être à portée d'entrer en cas d'accident. (Haut). Bonsoir.

DON PEDRO

Bonsoir. Inès, éclaire le seigneur don Juan.
(Inès prend un flambeau et don Pedro accompagne don Juan.)

DON JUAN

Ne vous dérangez pas.

DON PEDRO

Je connais mon devoir.

LÉONOR (*à part.*)

Où donc Béatrix a-t-elle caché don Alonzo ?

BÉATRIX (*à part.*)

Que de soucis me cause un homme qui m'est inconnu !
(*Don Pedro et Inès rentrent.*)

DON PEDRO

Inès, dépose cette lumière dans mon appartement.

LÉONOR (*à part.*)

Il sera dans sa chambre !

DON PEDRO

Entrez ici, vous autres, j'ai à vous parler.
(*On entend dans l'armoire un bruit de verres cassés. Inès laisse tomber le flambeau.*)
Mais, qu'est cela ?

INÈS

Le chandelier m'a échappé.

DON PEDRO

Tu n'es jamais à ce que tu fais, Inès !

INÈS

Oh ! si, seigneur... (*Don Pedro et doña Léonor sortent*).

SCÈNE XV

DOÑA BÉATRIX, INÈS

BÉATRIX

Écoute, Inès. Puisque mon père se retire de si bonne heure, songe à ces hommes et fais-les sortir sans que Léonor les voie.

INÈS

Elle ne verra rien. Mais comment se fait-il que votre

père se soit montré si discourtois avec don Juan et ne l'ait pas accompagné, bien qu'il soit descendu pour fermer les portes ?

BÉATRIX

Fais sortir ces hommes du mieux que tu pourras. (*Elle sort*).

INÈS

J'ai combiné mon plan. (*Elle ouvre l'armoire.*) Allons, messieurs les prisonniers, vous voilà délivrés !...

SCÈNE XVI

DON ALONZO, MOSCATEL, INÈS

DON ALONZO

Ah ! coquin ! je ne sais ce qui me retient de ne pas t'assommer.

MOSCATEL

Ce n'est pas ma faute, si les verres se sont cassés, ils sont si fragiles !

INÈS

Suivez-moi.

DON ALONZO

Ah ! Inès ! si c'était pour toi, je ne me plaindrais pas.

MOSCATEL

Et ce serait fort mal ! Comment ! vous avez le cœur de plaisanter ?

DON ALONZO (*à Inès.*)

Partons... mais puisque l'occasion se présente, laisse-moi t'embrasser !

MOSCATEL (*à part.*)

On a pu voir souvent un agneau dans les bras d'Inès;

mais c'est la première fois qu'on voit un homme embrasser Inès et l'agneau regarder faire.

INÈS

Partez vite.

DON ALONZO

Je ne dis pas non.

INÈS

Mon maître a fermé les portes ; vous sortirez par ce balcon. Allons !...

DON ALONZO

Après l'armoire, le balcon ?

INÈS

Il le faut.

MOSCATEL

Dis-moi Inès, est-il bien haut ?

INÈS

Un second étage seulement.

MOSCATEL

Et si je me romps une jambe ?

DON ALONZO

Quelle sottise que l'amour ! Si les indifférents sont exposés à de pareils embarras, que doivent supporter ceux qui sont vraiment amoureux ? (*Ils sautent. Inès ferme la fenêtre*).

ACTE TROISIEME

CHEZ DON PEDRO

SCÈNE I

DOÑA BÉATRIX, INÈS

BÉATRIX

Que dis-tu ?

INÈS

Ce qui est arrivé.

BÉATRIX

Ah ! mon Dieu ! Inès, comment cela ?

INÈS

Dès que les prisonniers ont touché terre, il est survenu des hommes qui, faisant grand tapage, ont voulu savoir qui c'était. On s'est battu, et l'adresse du maître et du valet a été si grande, qu'ils se sont retirés l'un avec un coup d'épée sur la tête, l'autre avec une jambe rompue.

BÉATRIX

De qui sais-tu cela ?

INÈS

Du valet même que j'ai été voir.

BÉATRIX

Connaît-on les hommes qui ont blessé son maître ?...

INÈS

Non.

BÉATRIX

Enfin, il est sérieusement atteint?

INÈS

Oui. Cependant, il va mieux.

BÉATRIX

Demeurera-t-il claudicant?

INÈS

Est-ce que je sais ce que veut dire claudicant? Vous ne vous déferez donc pas de cette manie?

BÉATRIX

Quelle imbécilité! Cela veut dire boiteux.

INÈS

Il valait mieux vous faire comprendre de suite.

BÉATRIX

Que je suis malheureuse! Un homme pénètre dans ma chambre, déterminé à me déclarer son immense amour. C'était m'offenser. Je protestais quand survient mon père. La chose tournait au tragique; il se cache à cause de moi; il tombe et se blesse toujours à cause de moi! Quels sont les sentiments qui agitent mon cœur?

INÈS

Qu'avez-vous donc? Pourquoi cette tristesse?

BÉATRIX

Que veux-tu que j'aie?

INÈS

Ne soyez pas ainsi désolée.

BÉATRIX
Ah! Inès! Si tu étais capable de garder un secret, je t'apprendrais le mien.

INÈS
Dites, vous n'avez rien à craindre de ma fidélité!

BÉATRIX
Je voudrais récompenser ce cavalier de ce qu'il souffre pour moi ; mais je ne voudrais pas qu'il sût la part que je prends à son malheur ; je voudrais faire quelque chose pour lui, sans rien faire contre moi.

INÈS
Mais cela est possible. (*A part.*) Voilà la comédie qui commence!

BÉATRIX
Ne pourrais-tu aller le voir, comme de toi-même? Tu saurais comment il va.

INÈS
Rien de plus?...

BÉATRIX
Tu aurais une écharpe, et tu dirais que tu me l'as prise pour la lui apporter...

INÈS
C'est bon : je m'acquitterai de cette mission comme si vous l'aviez faite vous-même. Donnez-moi l'écharpe, et vous verrez si vous avez affaire à une maladroite.

BÉATRIX
Je vais la chercher, mais n'en parle jamais à Léonor.

INÈS
Je n'en parlerai jamais à Léonor.

(*Béatrix sort.*)

SCÈNE II

DOÑA LÉONOR, INÈS

INÈS

L'amour est victorieux !

LÉONOR

D'où te vient cette joie ?

INÈS

Je vous le dirai plus tard... ou plutôt je vous vendrai mon secret, car notre invention produit grand effet sur votre sœur.

LÉONOR

Voyons, que signifie ?...

INÈS

Elle m'a recommandé de me taire : c'est pourquoi je parle. Don Alonzo a touché le cœur de madame Béatrix ; il lui a tenu un tel langage, qu'elle m'envoie lui porter une écharpe. Une femme est toujours femme. Je vais remplir ma mission... Maintenant que vous êtes au courant, faites comme si vous ne saviez rien.

LÉONOR

Sois tranquille.

(Inès sort.)

SCÈNE III

DON JUAN, DOÑA LÉONOR

DON JUAN

Je m'aperçois aujourd'hui que l'amour n'est jamais certain. Hier je cherchais à le faire naître dans le cœur de Béatrix; pouvais-je m'attendre qu'il s'éteindrait dans celui de Léonor?

LÉONOR

Que voulez-vous dire, s'il vous plaît?

DON JUAN

Ce qui n'est que trop vrai, malheureusement pour moi. Songez à ce qui s'est passé cette nuit. Don Alonzo, pour vous être agréable, pénètre chez Béatrix. Il est contraint de sauter de la fenêtre dans la rue où je l'attendais avec anxiété! Deux hommes se présentent, et afin qu'ils ne me reconnaissent pas, je m'éloigne. Soudain j'entends un bruit de fers qui se croisent, j'accours; les deux hommes avaient disparu et mon ami était blessé. Qui sont-ils, ces assassins se trouvant si justement à point nommé sous vos fenêtres? A qui en veulent-ils? De qui doivent-ils percer le cœur si ce n'est le mien?

LÉONOR

N'ai-je pas une sœur qui peut-être est cause de...

DON JUAN

Non, non! Si votre sœur avait quelque inclination, vous en seriez instruite; vous ne m'auriez pas pressé de chercher à l'engager dans une passion; c'est donc à vous seule que pouvaient en vouloir les meurtriers de mon ami.

LÉONOR

Fasse le ciel...

DON JUAN

Je ne vous demande pas un serment, Léonor.

LÉONOR

Vous vous trompez étrangement sur mon compte.

DON JUAN

Permettez-moi de me retirer à jamais.

(*Il sort.*)

APPARTEMENT DE DON ALONZO

SCÈNE IV
DON ALONZO, MOSCATEL

MOSCATEL

Qu'avez-vous, mon maître ? Qu'est-ce que cela veut dire ? Vous pensif ! vous, triste ! vous rêveur, mélancolique, sérieux ! Comment un petit coup d'épée, le saut d'un balcon ont-ils eu la propriété de vous convertir ainsi du tout au tout ?

DON ALONZO

Hélas ! Je ne sais où j'en suis. J'éprouve des peines qui me font plaisir, des sentiments agréables qui me paraissent douloureux.

MOSCATEL

Ne m'avez-vous pas dit que cette beauté ne valait pas l'éloge qu'en faisait don Juan ?

DON ALONZO

C'est vrai.

MOSCATEL

N'avez-vous pas ajouté qu'on exagérait ses mérites ?

DON ALONZO

Parfaitement.

MOSCATEL

Oubliez-vous qu'on rencontre sous ses fenêtres des hommes qui donnent des coups d'épée ?

DON ALONZO

Je l'avoue ; mais cela ne change rien à mon état.

MOSCATEL

Alors c'est de la jalousie !

DON ALONZO

Je ne sais ; ce qui est certain c'est que, par complaisance pour don Juan, je me suis prêté à une comédie imaginée contre Béatrix et que maintenant c'est moi qui suis la dupe.

MOSCATEL

Un débutant, accompagné d'un ami, se présente un jour dans l'arène où l'on combat les taureaux. Il a un air résolu, jette son chapeau et met sa lance en arrêt à vingt pas du toril. Le taureau s'élance bondissant. Le cavalier est désarçonné. L'ami dégaine et plonge son épée non dans le corps de l'animal, mais dans celui de l'homme. Appliquez à votre personne cet apologue...

DON ALONZO

Tais-toi, tes histoires sont absurdes !

MOSCATEL

Quant à moi, je loue le Seigneur. On pourra désormais soupirer en paix à côté de vous.

DON ALONZO

Va voir qui frappe à la porte.

MOSCATEL

Qui est là ?

SCÈNE V

INÈS, Les Mêmes.

INÈS

Moscatel, ton maître est-il au logis ?

10.

MOSCATEL (*à part.*)

Ciel! que vois-je? quoi! c'est Inès. (*Haut, lui parlant à la porte.*) Coquine, tu viens le chercher ici!

INÈS

Que veux-tu dire? (*A part.*) Il faut lui donner un peu d'inquiétude. (*Haut.*) Oui, j'entends prouver à don Alonzo que je n'ai qu'une parole. Il y va de mon honneur.

MOSCATEL

Peste! quel honneur?

INÈS

Laisse-moi!

MOSCATEL

On n'entre pas.

INÈS

Laisse-moi, te dis-je!

DON ALONZO (*à Moscatel.*)

A qui parles-tu?

MOSCATEL

A personne.

INÈS (*entrant.*)

Tu mens!... Et moi, je ne compte pas?

DON ALONZO

Eh! c'est Inès!... Viens m'embrasser, ma chère enfant!

INÈS

Bien volontiers. (*Moscatel lui donne des tapes.*) Ah!...

DON ALONZO

Quoi donc?

INÈS

C'est la poignée de votre épée qui m'a fait mal.

DON ALONZO

Tu viens sans doute ici pour me rendre la vie; bien

que tu m'aies fort maltraité la dernière fois, tu sais
que je t'aime et tu ne seras pas toujours cruelle...

INÈS

Je ne l'ai jamais été avec vous; ne vous ai-je pas
promis au premier mot de venir vous voir ici?

DON ALONZO (à *Moscatel.*)

Ah ! scélérat ! Tu t'es moqué de moi ?

MOSCATEL

Moi, seigneur ?

DON ALONZO

Tu vas recevoir le châtiment de ta fourberie!

MOSCATEL (à *part.*)

Il va me flanquer dehors...

INÈS (à *part.*)

Si Moscatel connaissait le motif de ma visite, il serait
trop content. Amusons-nous de lui !

MOSCATEL

Quelle coquine !

INÈS

Impertinent ! Veux-tu bien être plus respectueux vis-
à-vis de ta maîtresse ! (*A don Alonzo.*) Je voudrais vous
parler en tête-à-tête...

MOSCATEL (à *part.*)

En tête-à-tête !

DON ALONZO (à *Moscatel.*)

Sors et va faire le guet devant la porte.

MOSCATEL

Moi, à la porte?... non, non!

DON ALONZO

Que marmottes-tu ?

MOSCATEL

Seigneur, j'ai de l'honneur; je ne suis pas habitué à de telles infamies. C'est une coquine, mais je ne permets rien et ne veux pas servir de chandelier.

DON ALONZO

La patience m'échappe!... Te retireras-tu, animal?

MOSCATEL

Je ne sortirai pas; votre vie est en danger.

DON ALONZO

Je ne t'ai jamais vu si plein de souci pour ma personne.

MOSCATEL

J'attendais cette occasion.

DON ALONZO

Il suffit!... (*Il chasse Moscatel à coups de pied.*)

SCÈNE VI
DON ALONZO, INÈS

DON ALONZO

Nous voilà seuls. Embrasse-moi encore, charmante Inès...

INÈS

Doucement! ce n'est pas pour mon compte que je suis ici!...

DON ALONZO

Je ne te comprends pas.

INÈS

Je vais vous l'apprendre. Madame Béatrix, ayant eu connaissance de l'accident qui vous est arrivé, vous envoie cette écharpe pour vous consoler : c'est une faveur de sa part et elle m'a bien recommandé de ne pas vous le dire. Ma mission est terminée, je me retire...

DON ALONZO

Attends, attends!... Béatrix se souvient de moi? Elle compatit à mes disgrâces? Elle m'envoie un souvenir? Voilà une étrange aventure!...

INÈS

Elle ne me paraît pas étrange ; elle a su que vous ne vouliez que feindre de l'amour auprès d'elle ; cela l'a piquée. C'est ainsi que nous sommes : l'amant qui s'échappe nous flatte bien plus que celui qui nous suit. Cela se voit chaque jour !

SCÈNE VII

MOSCATEL, Les Mêmes

MOSCATEL (à la porte.)

C'est un cruel supplice que la jalousie ! Tâchons de voir : ce qu'on voit affecte quelquefois moins que ce que l'on imagine.

DON ALONZO

Ma chère Inès, puisque Béatrix est dans des dispositions si favorables, je change de manière de voir. J'ai feint de l'aimer, eh bien ! je l'aimerai réellement. Attends un instant que je lui écrive. *(Il entre dans son cabinet.)*

MOSCATEL

Le voilà dans son cabinet ; cela me tranquillise un peu. *(Revenant, à Inès.)* Tigre, crocodile, serpent, n'ai-je pas mille fois raison de me plaindre de toi?

INÈS

Non.

MOSCATEL

Mais si les paroles me manquent, ma main se permettra de t'appliquer quelques bons soufflets.

INÈS

Tu n'auras pas cette peine. Tout cela c'est de la plaisanterie et j'ai voulu m'amuser un peu. Ce n'a été qu'un jeu.

MOSCATEL

Un jeu! quel jeu?... Alors, si j'ai gagné, embrasse-moi.

INÈS

Bien volontiers. (*Don Alonzo sort de son cabinet.*)

DON ALONZO

Qu'est cela?

INÈS

C'est chasser sur mes terres.

MOSCATEL

J'ai eu tant de joie de voir que toutes ces histoires n'étaient qu'une farce, que je n'ai pu résister à manifester mon contentement.

DON ALONZO

Tiens, Inès, prends cette lettre pour ta maîtresse et pour toi, ce diamant.

INÈS

Oh! monsieur, quelle générosité!... (*Elle sort.*)

MOSCATEL

Monsieur, donnez-moi mon compte, s'il vous plaît.

DON ALONZO

Comment?

MOSCATEL

Parce que vous êtes amoureux et que vous n'employez pas mes services.

DON ALONZO

Tu me fais payer la patience que j'ai de souffrir tes folies !

MOSCATEL

Cela doit être.

SCÈNE VIII

DON JUAN, Les Mêmes

DON JUAN

Que se passe-t-il ?

DON ALONZO

Ce vaurien veut me quitter.

DON JUAN

Pour quelle raison, Moscatel ?

MOSCATEL

Parce que mon maître a commis la plus grande folie, la plus grande extravagance, le plus grand crime...

DON JUAN

Achève.

MOSCATEL

Il est amoureux ! Voyez si j'ai raison !...

DON ALONZO

Cette folie l'a pris en me voyant jouer pour vous la comédie auprès de Béatrix.

DON JUAN

Je suis heureux de vous délivrer dès ce soir, car je me désintéresse de cette affaire.

DON ALONZO

Qu'entends-je ?

DON JUAN

De ce moment je n'ai plus d'amour.

DON ALONZO

Et Léonor ?

DON JUAN

Je n'y pense plus ! L'amour ressemble à la fortune : il aime le changement.

DON ALONZO

Vous ne venez pas là-bas avec moi ?

DON JUAN

Je ne veux la revoir, ni lui parler de la vie.

DON ALONZO

Mais moi je suis forcé de retourner près de Béatrix ; il faut bien me dégager honnêtement. C'est vous qui êtes maintenant l'équilibré et moi le déséquilibré. Venez-vous ?

DON JUAN

Non, ma blessure est trop profonde.

DON ALONZO

Alors nous changerons de rôle ?

DON JUAN

Non, non, je ne veux plus voir cette maison de près ou de loin !

DON ALONZO

Pour moi, il faut que j'y retourne. Il y va de mon honneur de savoir par qui j'ai été blessé.

DON JUAN

Nous pouvons nous en instruire, sans y aller nous-mêmes.

DON ALONZO

J'aime mieux soutenir ma réputation auprès des femmes qu'auprès des hommes. Il ne faut pas qu'une femme, aussi orgueilleuse que Béatrix, s'imagine que...

DON JUAN

Je me charge de la désabuser.

DON ALONZO

Don Juan, parlons avec franchise. Je tiens à voir moi-même Béatrix.

MOSCATEL (*à part.*)

Et c'est moi qu'on appelle menteur!

DON JUAN

Je ne vous en empêche pas... Voyez-là à votre aise !

DON ALONZO

Comment! et vous ne me rendrez pas le même service que vous avez reçu de moi ; vous ne veillerez pas, afin qu'on ne vienne pas troubler notre entretien ?

DON JUAN

Je ne veux plus voir Léonor.

DON ALONZO

Vous la verrez par complaisance...

DON JUAN

Soit!...Je ferai cela pour vous. Je verrai Léonor, mais ce sera pour la faire rougir.

DON ALONZO

Vous vous arrangerez comme il vous plaira.

MOSCATEL

Faudra-t-il recommencer la scène du balcon ?

DON ALONZO

Et après ?

MOSCATEL

Y aura-t-il des coups d'épée ?

DON ALONZO

Non, certes : pour des badinages j'ai été attaqué, mais l'amour protégera ceux qui lui ont fait leur soumission !

UNE RUE

SCÈNE IX

DON DIEGO, DON LUIS

DON DIEGO

Vous savez avec quel dévouement je vous ai toujours servi.

DON LUIS

Je le sais, mon cher ami, et j'en suis pénétré.

DON DIEGO

Alors ne vous formalisez pas d'une réprimande que j'ai à vous faire.

DON LUIS

Je vous pardonne tout.

DON DIEGO

Eh bien ! cette scène d'hier soir,.....

DON LUIS

Vous voulez me dire que c'était une folie ; vous avez raison ; c'est une extravagance que d'aller blesser un homme que je ne peux même pas accuser d'être mon rival. Il s'agit moins de la justifier que d'en prévenir les suites.

DON DIEGO

Mais que prétendez-vous faire à présent? Il n'est pas possible que don Pedro ignore ce qui s'est passé.

DON LUIS

Qu'ai-je à craindre? On annule bien des mariages quand ils ont été effectués; ne puis-je rompre le mien qui n'est encore qu'un projet?

SCÈNE X

DON PEDRO, LES MÊMES

DON PEDRO (*à part.*)

Je ne saurais résister aux inquiétudes et aux alarmes qui m'accablent. Bien qu'il soit tard, j'entends causer avec don Luis. Mieux vaut en terminer une bonne fois que continuer à me casser la tête. Don Luis s'approche... Tant mieux; je suis enchanté de le voir!...

DON DIEGO

Voilà votre beau-père.

DON LUIS

Tâchons d'éviter sa rencontre.

DON PEDRO

Seigneur don Luis, je suis instruit de l'honneur que vous me voulez faire et de vos intentions pour entrer dans ma famille; je vous cherchais pour vous témoigner avec quelle reconnaissance.....

DON LUIS

Seigneur don Pedro, les projets caressés la veille ne sont pas toujours agréables le lendemain. Je ne vous cacherai point qu'il est survenu quelques variations dans mes idées ; et je ne puis, pour le présent, changer d'état : il y a des raisons d'honneur qui me le défendent.

DON PEDRO

Des raisons d'honneur ? (*A part.*) Hélas !

DON LUIS

Oui.

DON PEDRO

Comment ? (*A part.*) Je perds la raison ! (*Haut.*) Auriez-vous sujet de vous plaindre de Béatrix ?

DON LUIS

Je ne dis pas cela...

DON PEDRO

Expliquez-vous !

DON LUIS

Le Roi, s'il faut vous l'apprendre, a décidé, dans l'intérêt de la foi catholique, de faire campagne ce printemps ; il m'a fait l'honneur de me confier le commandement d'une compagnie. Vous sentez que ce n'est pas dans un pareil moment que l'on peut s'amuser à des noces !... L'état de mari et l'état de soldat ne vont pas ensemble ; ils jurent d'être réunis. A mon retour, nous en recauserons. A cette heure, l'honneur ne me permet pas d'épouser Béatrix...

(*Don Luis et don Diégo s'éloignent.*)

SCÈNE XI

DON PEDRO

L'honneur ne lui permet pas d'épouser Béatrix ! que viens-je d'entendre ?... Malheureux que je suis ! Ma vieillesse serait-elle réservée à cet affront ? Mais la raison qu'il m'en a donnée peut cependant être vraie... Ne désespérons pas ; il est toujours temps de se désoler !...

APPARTEMENT CHEZ DON PEDRO

SCÈNE XII
BÉATRIX, INÈS

BÉATRIX

Comment as-tu osé recevoir cette lettre ?

INÈS

Mais je reçois tout ce qu'on me donne.

BÉATRIX

Sûrement, tu as dit que tu venais de ma part.

INÈS

Vous vous méfiez de moi sans sujet ; car j'ai été fort discrète, je le suis d'ailleurs toujours.

BÉATRIX

En ce cas, comment a-t-il pu te charger d'un billet pour moi ?

INÈS (*à part.*)

Diable ! elle m'embarrasse, mais je m'en tirerai. (*Haut.*) Il m'a dit de le prendre et que si je trouvais l'occasion de vous le remettre de n'y pas manquer. Je n'ai pas cru devoir refuser ; j'ai pensé que, puisque vous aviez la bonté de lui envoyer une écharpe, vous auriez bien celle de recevoir de lui une lettre.

BÉATRIX

C'est bien.

INÈS (*à part.*)

Voilà ce qui s'appelle se tirer d'affaire ! (*Haut.*) Mais voici Léonor, votre sœur...

BÉATRIX

Il ne faut pas qu'elle voie ce papier !

SCÈNE XIII

LÉONOR, Les Mêmes

LÉONOR

Je puis vous dire, à mon tour, que vos précautions sont inutiles. Quel est ce papier secret que vous faites glisser avec mystère dans votre manche ?

BÉATRIX

Moi aussi, je vous répondrai que votre demande est inutile ; si je sais cacher ce que je ne veux pas dire, à plus forte raison sais-je taire ce que je ne veux pas qu'on découvre !

(*Elle sort et se cache derrière la porte.*)

LÉONOR

Inès, qu'est-ce que cela signifie ?

INÈS

Je brûle de parler.

LÉONOR

Parle donc. Qu'est-ce que c'est que cette lettre ?

INÈS

Inutile de m'interroger ; j'ai trop envie de tout vous raconter.

BÉATRIX (*écoutant.*)

Je suis curieuse de m'instruire par moi-même de ce qu'elles vont dire.

INÈS

J'ai été le voir. La première chose que je lui ai dite, c'est que je venais de la part de Béatrix.

LÉONOR

Tu as bien fait!

BÉATRIX (à part.)

Et moi qui me fiais à la confidente de Léonor!

INÈS

Ensuite, je lui ai remis une écharpe de la part de Béatrix.

BÉATRIX (à part.)

Hélas! qu'ai-je entendu?

LÉONOR

Du bruit; on vient!...

INÈS

Sans doute c'est don Juan.

LÉONOR

Cela ne se peut. Il vient de me quitter, en jurant de ne me revoir de la vie!...

INÈS

Bon. Ne savez-vous donc pas que l'instant même où un amant jure à sa maîtresse de ne la jamais revoir, c'est celui où il brûle d'être à ses genoux?...

BÉATRIX (à part.)

Achevons de m'instruire de tout le complot, et écoutons!...

SCÈNE XIV

DON JUAN, DON ALONZO, MOSCATEL
Les Mêmes

DON JUAN

Vous croyez peut-être, madame, que c'est l'envie de vous entretenir de mes sentiments de jalousie qui me ramène ici, et que je viens vous prier de vous justifier. Ne le croyez pas, car il n'en est rien. Don Alonzo, que vous avez engagé à feindre de l'amour pour Béatrix, ayant eu un accident la première fois qu'il l'a vue, a craint qu'elle ne le mésestimât à l'occasion de ce malheur; il m'a prié de l'introduire ici pour qu'il pût la voir et la convaincre qu'il n'y a eu en aucune manière de sa faute. Je ne pouvais refuser de l'assister, puisqu'il m'avait rendu le même service.

LÉONOR

Vous étiez son obligé et ne pouviez ne pas lui marquer votre reconnaissance.

DON JUAN

Don Alonzo vient se disculper. Pour moi, afin que vous ne me soupçonniez pas de mendier une réconciliation dont mon cœur est très peu jaloux, je vais l'attendre dans la rue jusqu'à ce qu'il soit parvenu à voir Béatrix et à la désabuser. (*A don Alonzo.*) Entrez, don Alonzo, et puisque la nuit est presque venue, parlez à Béatrix et faites en sorte que don Pedro ne vous rencontre pas.

LÉONOR

Don Juan, attendez, ne vous retirez pas...

DON JUAN

Que me voulez-vous?

LÉONOR

Vous détromper.

DON JUAN

C'est inutile.

LÉONOR

Vous vous abusez!...

DON JUAN

Menteries! (*Il sort.*)

LÉONOR

Je vais le suivre!... (*A don Alonzo.*) Je reviens bientôt. Don Alonzo, excusez-moi; don Juan est jaloux: il faut que je le guérisse de sa folie! (*Elle sort.*)

DON ALONZO

Faudra-t-il donc que je me retire sans voir Béatrix?

MOSCATEL. (*à don Alonzo.*)

Vous ne direz plus : « C'est moi qui ne cours pas les aventures!... »

DON ALONZO (*appelant.*)

Inès!... Dis-moi où est Béatrix.

SCÈNE XV
BÉATRIX, Les Mêmes

BÉATRIX

Béatrix est là; elle a entendu les paroles d'une sœur méchante, d'un ami menteur, d'un amant jaloux, d'une servante infidèle et d'un coquin de valet! Qu'entre Léonor et don Juan, Inès et Moscatel il y ait entente parfaite, cela peut me consoler des misères que j'ai subies, mais j'ai le droit de me plaindre. L'honneur de notre maison, de ma personne, n'est donc rien, qu'un homme ait tenté de me tendre un piège infâme, que...

DON ALONZO

Belle Béatrix, si l'idée que vous vous formez de l'affront que j'ai pu vous faire en feignant de vous aimer excite votre colère, il m'est facile de vous apaiser.

BÉATRIX

Comment! il est facile de m'apaiser quand vous avez feint de m'aimer par pure moquerie?

ALONZO

Faites-moi la grâce de m'écouter :

Parfois, par badinage (1), quelqu'un se jette à la mer, jardin d'écume, forêt de neige, sans porter attention au danger ; en un bref moment, la forêt, le jardin l'ensevelissent. Il en est de même de l'amour : il cause plaisir et regret...
On ne badine pas avec la mer ;
On ne badine pas avec l'amour.

Parfois, par badinage (2) ou à titre d'essai, un fabricant de poudre artificielle produit un feu du ciel matériel et forge la foudre contre lui ; dans un mortel évanouissement, il périt consumé par la flamme soudaine. L'amour irrité est le tonnerre qui tue l'artificier.
On ne badine pas avec le feu ;
On ne badine pas avec l'amour.

Parfois un ami (3), mettant l'épée au clair pour jouer avec un ami, vient à le blesser ; il n'aurait pas mieux fait avec un ennemi. Son adresse est son châtiment. L'amour irrité cause plus de mal que l'épée sortie du fourreau :
On ne badine pas avec l'épée ;
On ne badine pas avec l'amour.

Parfois, Béatrix, par badinage (4), l'homme voyant un fauve domestiqué, placide, se prend à jouer avec lui. La bête entre en fureur, au moment où la plus douce elle semble. L'amour irrité est un fauve qui s'emporte sous la caresse :
On ne badine pas avec le fauve ;
On ne badine pas avec l'amour.

(1) *Tal vez por burla se atreve*
Uno al mar, sin que presuma
(Viéndole jardín de espuma,
Viéndole selva de nieve)
Que hay peligro en él ; y en breve
Selva y jardín con horror
Le anegan ; y así es el amor ;
Luego en placer y pesar,
Si no hay burlas con el mar
No hay burlas con el amor.

(2) *Tal vez por burla ó ensayo*
Polvorista artificial
Hace un rayo material,
Y forja contra sí el rayo,
Cuando con mortal desmayo
Muere á su violento ardor
Rayo es amor en rigor
Contra su artifice: luego,
Si no hay burlas con el fuego,
No hay burlas con el amor.

(3) *Tal vez desnuda un amigo*
La espada para esgrimir
Con otro, y le viene á herir
Como si fuera enemigo.
Su destreza es su castigo ;
Y así, mas della es error,
Espada amor en rigor
Es luego desenvainada,
Si no hay burlas con la espada
No hay burlas con el amor.

(4) *Tal vez por burla, mirando*
Doméstica y mansa ya
Una fiera, un hombre está
Con ella, Beatris, jugando.
Cuando más la halaga blando,
Volver suele á su furor.
Fiera es amor en rigor :
Luego sí, ya lisonjera,
No hay burlas con una fiera,
No hay burlas con el amor.

Par badinage (1), je me jetai à la mer; par badinage, j'ai allumé la foudre; par badinage, j'ai jouté avec l'épée; par badinage, j'ai joué avec le fauve : dans la mer je me suis noyé; de la foudre; j'ai éprouvé l'ardeur; de l'épée et du fauve j'ai subi la colère.

Le fauve, l'épée, la foudre et la mer tuent; de même
On ne badine pas avec l'amour !...

BÉATRIX

A ce beau raisonnement...

SCÈNE XVI

LÉONOR *émotionnée*, LES MÊMES

LÉONOR

Hélas !... Don Juan s'est retiré sans vouloir m'entendre. Et, tandis que je l'appelais, mon père est entré. Où puis-je me cacher?

BÉATRIX

Il est trop tard, Léonor !

LÉONOR

Mais don Alonzo...

BÉATRIX

Mon père doit être mis au courant de ce qui se passe et connaître tes mensonges impudents.

LÉONOR

Quels que soient tes projets, je puis te disculper et me disculper aussi; toutes deux nous sommes également exposées et nous ferions bien, Béatrix, de nous servir l'une l'autre.

(1) *Por burla al mar me entregué,*
Por burla el rayo encendi
Con blanca espada esgrimi,
Con brava fiera jugué;
Y asi, en el mar que anegué

Del rayo senti el ardor,
De acero y fiera el furor :
Luego, si saben matar
Fiera, acero, rayo y mar,
No hay burlas con el amor.

BÉATRIX

Soit Je te donnerai l'exemple des bons procédés; et je veux bien me prêter à ta combinaison.

MOSCATEL

Je demande à genoux un buffet!

ALONZO

Non, pas moi : je n'entends pas recommencer.

BÉATRIX

Réfugiez-vous aujourd'hui dans cette chambre.

MOSCATEL

Et moi aussi?

ALONZO (à part.)

Par ma foi, les aventures d'amour sont parfois bien désagréables!...

MOSCATEL

Inès, tu n'as plus qu'à avertir les gens de la rue qu'à notre sortie ils nous lavent la tête?... (*Alonzo et Moscatel se cachent.*)

SCÈNE XVII

DON PEDRO, BÉATRIX, LÉONOR, INÈS ; ALONZO, MOSCATEL, *cachés*

DON PEDRO

Si tard et point de lumière! Inès va chercher des flambeaux.

INÈS

Ils sont tout préparés.

DON PEDRO (à part.)

Un tel affront! une telle injure! Ciel pitoyable, donne-moi la force de dissimuler...

ACTE III, SC. XVII 193

BÉATRIX
Qu'avez-vous donc, mon père ?

LÉONOR
Vous êtes bouleversé !

DON PEDRO
Je suis homme d'honneur et l'on m'outrage : non, ce n'est pas moi qui suis outragé, la faute en est à ce qui se passe dans cette maison.

LÉONOR (*à part.*)
C'en est fait, il sait tout !

BÉATRIX
Mon père, ne nous apprendrez-vous pas ce qui vous cause un tel chagrin ?

DON PEDRO
Ce sont tes extravagances, malheureuse, puisqu'il faut le dire ! C'est pour toi qu'un blanc-bec ose me froisser dans mon amour-propre et porter atteinte à notre honneur...

LÉONOR (*à part.*)
Et moi, ne suis-je pas en cause ?

BÉATRIX
Moi, mon père ?...

MOSCATEL (*derrière la porte.*)
Cela va mal !

DON PEDRO
C'est à cause de toi que don Luis ne craint pas de porter atteinte à ma dignité et à notre honneur.

BÉATRIX (*à part.*)
L'affaire est moins grave que je le pensais.

LÉONOR (*à part.*)
A la bonne heure, je respire !...

SCÈNE XVIII

DON JUAN, LES MÊMES

DON JUAN (*à part.*)

On peut bien une fois se tirer d'une affaire périlleuse, mais compter deux fois sur la chance, c'est trop!... Je ne veux pas attendre qu'on ferme les portes et que don Alonzo soit encore obligé de passer par le balcon; il faut prévenir cette extrémité. (*Haut.*) Seigneur don Pedro, si votre amitié pour mon père et pour ma famille, est chose indiscutable, si...

LÉONOR (*à part.*)

Que projette don Juan?

BÉATRIX (*à part.*)

Ses paroles me donnent le frisson...

DON JUAN

Je me trouve dans une circonstance qui me force de recourir à vous. Je viens d'avoir devant votre porte une querelle avec trois hommes qui m'attendent et, s'ils m'aperçoivent seul, je crains qu'ils n'abusent de leur avantage. Je sais que, malgré votre âge, je puis faire appel à votre bras...

DON PEDRO

Il suffit! C'est un devoir pour moi de prêter appui à qui le réclame. Allons!...

DON JUAN

Vous êtes là tout entier. (*Bas à Léonor.*) J'emmène votre père, faites sortir don Alonzo.

DON ALONZO (*écoutant à la porte.*)

Ce sont les mêmes gens qui ont voulu me tuer. Que faire? je ne peux ni les suivre, ni demeurer...

DON PEDRO

Attendez ; il est nuit et je vais prendre une rondache qui est ici.

DON JUAN

Hâtez-vous !...

(*Don Pedro entre dans la chambre où est Alonzo.*)

BÉATRIX

Voilà la complication que je redoutais !

DON PEDRO (*au dedans.*)

Qui est là?

DON ALONZO (*au dedans.*)

Un homme !...

(*Don Pedro, don Alonzo et Moscatel sortent de la chambre.*)

MOSCATEL

Il dit vrai, car moi je ne compte pas.

DON PEDRO

Don Juan, puisque j'allais vous aider contre vos ennemis, votre devoir est de m'aider, car l'affaire est grave. Cet homme offense mon honneur et il faut qu'il périsse.

DON ALONZO

Don Juan, vous savez ce que vous avez à faire. Pour moi, je vais défendre ma vie et celle de ces dames...

LÉONOR

Juste ciel!

BÉATRIX

O cruelle destinée!

DON JUAN (*à part.*)

Vit-on jamais pareil imbroglio !

DON PEDRO (*à don Juan.*)

Vous hésitez ?

DON ALONZO (*à don Juan.*)

Que faites-vous ?

DON PEDRO

Je n'ai pas besoin de vous pour me venger. (*Il attaque don Alonzo qui se défend. Don Juan les sépare.*)

DON JUAN

Un moment, don Pedro ! Un moment, don Alonzo !...

DON PEDRO

Quoi ! vous vous interposez ?

DON ALONZO

C'est ainsi que vous vous conduisez ?

SCÈNE XIX

DON LUIS, DON DIEGO, Les Mêmes

DON LUIS (*au dehors.*)

On se bat dans la maison de don Pedro !

DON DIEGO (*au dehors.*)

Entrons, don Luis !

DON LUIS (*au dehors.*)

Attendez...

DON PEDRO

J'entends du monde.

DON ALONZO

Encore des incidents ! (*Don Luis et don Diego entrent.*)

ACTE III, SC, XVIII

DON LUIS
Que veut dire ceci ?

DON PEDRO
Ceci veut dire, don Luis, que je venge mon injure et la vôtre. Si vous avez cru devoir refuser la main de Béatrix, mon devoir est de venger mon honneur.

DON LUIS
Vous comprenez que je n'ai pas agi sans motif.

DON ALONZO
C'est le traître qui m'a blessé dans la rue.

DON LUIS
C'est vrai.

DON ALONZO
Cela ne se passera pas ainsi.

DON JUAN
Le ciel permet que mes soupçons soient dissipés et que Léonor reprenne sa place en mon âme. Mon devoir est de prendre sa défense.

DON PEDRO
Don Juan, nul n'a le droit dans cette maison de défendre mes filles, hormis leur époux !

DON ALONZO
Je vous prends au mot.

DON JUAN
Puisque la chose est si simple, je donne ma main à Léonor...

DON ALONZO
Et moi à Béatrix !

DON PEDRO

Je n'ai plus qu'à me taire. Le mal est fait, il n'y a qu'à oublier.

MOSCATEL

Enfin, l'homme le plus réfractaire à l'amour, pour s'être mêlé, par badinage, à une aventure galante, en revient blessé, boiteux et marié, ce qui est le plus grand des malheurs !...

INÈS

Enfin, la femme la plus hautaine, la plus arrogante, la plus dédaigneuse, à la suite d'un badinage et contrairement à ses intentions, devient amoureuse et se soumet, ce qui est pire !...

MOSCATEL

Inès, donne-moi ta main... Il le faut, oublions le passé : que les badinages d'amour deviennent enfin des réalités !

DON ALONZO

Que nul ne joue avec l'amour, sinon il en est blessé. Voyez ce qui m'advient, vous tous qui m'écoutez. Gardez-vous d'être amoureux ; et excusez les fautes de l'auteur, qui vous présente ses respects.

FIN DE ON NE BADINE PAS AVEC L'AMOUR.

LA DÉVOTION A LA CROIX

(LA DEVOCIÓN DE LA CRUZ)

PERSONNAGES

EUSEBIO.
CURCIO, vieillard.
LISARDO, fils de Curcio.
OCTAVIO, ami de Curcio.
ALBERTO, prêtre.
CELIO,
RICARDO, } brigands.
CHILINDRINA.
GIL, paysan (*gracioso*.)
BRAS,
TIRSO, } paysans.
TORIBIO,
JULIA, fille de Curcio.
ARMINDA, suivante.
MENGA, paysanne.
BANDITS.
PAYSANS.
SOLDATS.

L'ACTION SE PASSE DANS LES ENVIRONS DE SIENNE ET À SIENNE.

NOTICE

L'Allemagne s'est éprise, au xix siècle, d'un vif amour pour l'Espagne catholique de Calderon. Schlegel écrit de la *Dévotion à la Croix* : « Cette œuvre est l'une de celles qui ont fait de Calderon le grand et divin maître de l'art dramatique chrétien. » Une superbe édition de ses œuvres fut publiée à Leipsick; et, au fronton du premier volume, se trouve le portrait du poète : « Une tête grave, dit M. Philarète Chasles, magnifique par l'homogénéité et la délicatesse des contours; au front plus élevé que large, à l'œil fixe et préoccupé, à l'attitude distraite et rêveuse; une tête qui n'est pas sans rapports physionomiques avec les portraits de William Shakespeare, ni pour la forme du nez et le gracieux ovale du visage avec les bustes de Racine. Vous le prendriez pour un saint homme qui a passé sa vie entre les quatre murs d'un couvent de Tolède, absorbé par la *Fleur des saints;* à voir son costume monacal, la médaille dévote pendant à son cou par une corde, son air béatifique et paisible, et ses grands yeux vivant non sur le monde extérieur, mais comme s'ils regardaient *en dedans* et se repliaient sur l'âme, vous pourriez bien lui refuser une place au nombre des hommes de génie. Il a l'air si calme! »

On se tromperait étrangement cependant à juger ainsi Calderon. Il a eu les passions de ses contemporains; il a vécu d'une vie agitée. Sur le tard seulement il a fait pénitence. C'est l'homme de génie d'une race et d'une époque de toute puissance; la vie déborde dans ses œuvres — et la foi aussi.

La *Dévotion à la Croix*, imprimée en 1634, parut d'abord sous le nom de Lope de Vega avec ce titre : la *Cruz en la sepultura*. Mais Calderon la revendiqua aussitôt pour sienne. Il l'inscrit sur la liste de ses drames qu'il communique au duc de Veragua. Il est probable qu'elle a été conçue et écrite en

Italie à l'époque où le poète, imitant en cela Cervantès, Lope de Vega et tant d'autres, avait pris le mousquet et guerroyait pour la plus grande gloire de la monarchie espagnole. La légende d'Eusebio l'avait intéressé, et il s'est complu à développer en scènes vibrantes de réalité cette monstrueuse doctrine, que la foi peut se concilier avec tous les excès de la perversité et suffit pour les expier. Les œuvres de ce genre, qui sont des actes de foi, ne manquent pas, du reste, dans le théâtre espagnol: Tirso de Molina a écrit le *Damné pour manque de foi*, contre-partie pour ainsi dire, de la *Dévotion à la Croix*.

La *Dévotion à la Croix* est pourtant un drame et non un sermon. L'action est pathétique, émouvante, bien conduite, humaine quand elle sort du merveilleux. « Avec du mouvement et de beaux vers, vous ferez avaler au public tout ce que vous voudrez, » affirme le poète Ayala. Pour nous Français, à l'esprit frondeur, qui nous plaisons aux discours de Montaigne ou à la forte raison de Voltaire, le drame de la *Dévotion à la Croix* serait incompréhensible si nous ne faisions abstraction de notre éducation, de nos idées pour nous reporter, par la pensée, au XVIe siècle, en Espagne, et pour revivre les temps de Philippe II, de l'Inquisition régulatrice des mœurs, de l'expulsion des Juifs et de leurs frères sémites, les Mores, du départ de l'invincible *Armada* qui se propose de détruire l'hérétique Angleterre, et de tant d'autres faits historiques.

Bien que le drame se passe en Italie au XIIIe siècle, il appartient en entier au XVIe siècle, et met en scène des Espagnols. Il jette un jour éclatant sur l'état des esprits à cette époque.

LA DÉVOTION A LA CROIX

ACTE PREMIER

ROUTE DE SIENNE. UN BOSQUET D'ARBRES.

SCÈNE I

GIL, MENGA, *hors de la scène.*

MENGA

Vois donc où va l'ânesse ?

GIL

Hue ! diablesse ! hue ! coquine !

MENGA

Mais vois donc où elle se fourre ! Harry ! par ici !

GIL

Le diable t'emporte !... Ce n'est vraiment pas de chance (1).

---

(1)   *¿ No hay quién una cola tenga*
            Pudiendo tenella mil ?
Sens très obscur. Littéralement : « N'y a-t-il personne qui ait une queue, mille pouvant l'avoir ? »

MENGA

Tu as fait une belle chose, Gil...

(*Gil et Menga entrent sur la scène.*)

GIL

Tu as fait une belle chose, Menga ! car c'est ta faute : tu montais la bête et tu lui as dit à l'oreille de se mettre dans le fossé pour me faire enrager.

MENGA

Oui, c'est toi qui le lui as dit pour me voir tomber.

GIL

Comment allons-nous sortir de là ?

MENGA

Alors tu la laisses dans la boue ?

GIL

Seul, je n'ai pas assez de force.

MENGA

Je tirerai par la queue ; toi, tire par les oreilles.

GIL

Le mieux serait d'employer le moyen dont on s'est servi dernièrement à la cour (1) pour un carrosse qui s'était embourbé. Ce carrosse — que Dieu le bénisse ! — traîné par deux haridelles, avait l'air, au milieu des autres, d'un pauvre carrosse honteux. Frappé à coup sûr de la malédiction paternelle — ô sort fatal ! — il s'avançait cahin caha. Il s'embourbe dans un ruisseau. Le cavalier supplie, le cocher fouette : tous deux de gré ou de force, par caresse ou par intimidation, tâchent de sortir de là. Malgré leurs efforts, le carrosse ne bouge pas. Voyant qu'ils n'aboutiraient à rien, ils s'avisent de

---

(1) *Corte*, le lieu où réside le souverain.

placer devant l'attelage une mesure d'avoine. Les chevaux, pour manger, tirent de si belle manière qu'ils sont bientôt hors d'embarras. Nous pouvons faire de même.

MENGA

Tes histoires ne valent jamais deux oboles (1).

GIL

Menga, je souffre de voir une bête affamée, alors qu'il y a des animaux repus.

MENGA

Je vais voir sur la route s'il ne passe pas des gens de notre village, les premiers venus, afin qu'ils viennent t'aider, car tu ne te donnes pas beaucoup de mal.

GIL

Menga, tu me disputes encore ?

MENGA

Ah ! bourrique de mon âme ! (*Elle sort.*)

SCÈNE II.

GIL

Ah ! bourrique de mes entrailles ! Tu étais la plus honorable bête du village. Jamais on ne t'aperçut en mauvaise compagnie. Tu n'aimais pas à traîner les rues ; tu avais plus de plaisir à rester devant la crèche qu'à marcher quand on te menait dehors. Tu étais sérieuse et fière, et je puis jurer que jamais ânon ne te surprit à la fenêtre. Ta langue, je le sais, ne méritait pas une pareille disgrâce ; jamais pour mal parler elle ne dit : « Cette bouche est mienne. » Et encore, quand tu avais trop à manger, tu abandonnais les restes à quel-

---

(1) *Dos cuartos.* — Ancienne monnaie de cuivre de minime valeur.

que bourrique plus pauvre. (*On entend du bruit au dehors.*) Mais quel est ce bruit? Deux hommes descendent de cheval, attachent leurs montures et se dirigent de ce côté. Pourquoi sont-ils si pâles et viennent-ils de si bonne heure dans la campagne? C'est chose évidente: ils mangent de la terre ou ils sont constipés (1). Mais si c'étaient des brigands! C'est cela. Il en sera ce qui en sera, je me cache, car ils marchent, ils viennent, ils approchent... Les voilà ! (*Gil se cache.*)

SCÈNE III

LISARDO, EUSEBIO, GIL *caché*

LISARDO

N'allons pas plus avant. Voici un endroit solitaire, écarté de la route et qui convient à mon dessein. L'épée au clair, Eusebio; je veux châtier un homme de votre espèce!

EUSEBIO

M'avoir conduit en ce lieu, constitue un motif suffisant pour me battre; pourtant, je voudrais connaître quels sentiments vous guident. Dites, Lisardo, dites ce que vous avez contre moi.

LISARDO

Ma voix s'arrête, ma raison se trouble, ma douleur s'impatiente tant mes sujets de plaintes sont grands. Eusebio, je voudrais les taire, même les oublier, car en les rappelant, je renouvelle mon injure. (*Il lui montre des lettres.*) Connaissez-vous ces papiers?

---

(1) . . . *Cosas es cierta*
Que comen barro, o están
Opilados. . . . .

Allusion au goût dépravé de certaines personnes qui mangent de la terre glaise, des racines, du bois, etc.

EUSEBIO
Jetez-les à terre, je les ramasserai.

LISARDO
Les voici. Qu'avez-vous? Vous vous troublez?

EUSEBIO
Malheur, malheur mille fois à l'homme qui confie ses secrets au papier! Quand une pierre est lancée en l'air, on sait qui la jette, on ne sait pas sur qui elle tombe.

LISARDO
Reconnaissez-vous ces lettres?

EUSEBIO
Elles sont toutes de mon écriture ; je ne le nie point.

LISARDO
Eh bien! moi, je suis Lisardo, de Sienne, fils de Lisardo Curcio. Les prodigalités bien inutiles de mon père consumèrent en peu de temps le bien qu'il tenait de ses ancêtres. Il ne se rend pas compte de sa faute, celui qui, par d'excessives dépenses, laisse ses enfants dans la pauvreté; mais la nécessité, bien que constituant une tâche pour la noblesse, n'exempte pas des devoirs imposés. Julia — le ciel sait combien il m'est pénible de prononcer ce nom — ou n'a pas su observer ces devoirs, ou ne les a pas connus. Julia enfin est ma sœur. — Plût à Dieu qu'il n'en fut pas ainsi! — Sachez qu'avec les personnes de sa condition, on n'use ni de billets galants, ni de propos séducteurs, ni de messages secrets, ni d'entremetteuses corrompues. Je ne vous accuse pas en tout cela, et même je confesse que j'eusse agi comme vous, si une dame m'eût donné licence de la servir. Mais vous étiez mon ami; sur ce point vous êtes répréhensible, et votre faute rend celle de Julia plus grande. Si ma sœur vous plaisait pour épouse, — car il n'était pas

possible que vous l'ayez remarquée dans une autre intention; je ne crois même pas que vous ayez eu l'espoir de l'obtenir, car, vive Dieu! plutôt que de la voir mariée avec vous, j'aimerais mieux la voir morte par mes mains... — si vous l'aviez choisie pour femme, il était juste de faire connaître vos vœux à mon père plutôt qu'à elle. C'était agir loyalement, et mon père eut alors examiné s'il convenait de vous l'accorder. Je pense qu'il n'y eut point consenti; dans de semblables circonstances lorsqu'un gentilhomme ne peut, en égales parts, réunir le rang et la fortune, pour ne pas déconsidérer son sang, il place sa fille dans un couvent; la pauvreté est une tache. Mon père a pris une résolution formelle, et demain ma sœur Julia sera religieuse de gré ou de force. Comme il ne serait pas bien qu'une nonne conservât les gages d'un fol amour et d'une sotte inclination, je les remets entre vos mains, aveuglément résolu, non seulement à m'en défaire, mais encore à me défaire de celui qui les a donnés. Tirez votre épée, que l'un de nous meure ici : vous pour que vous cessiez vos soins, moi pour que je ne les voie point.

EUSEBIO

Baissez votre épée, Lisardo, et puisque j'ai eu la constance d'entendre vos dires méprisants, écoutez ma réponse. Bien que le récit de mes aventures soit long, et qu'il semble que j'abuse de votre patience, car, nous sommes seuls, il convient de nous battre et l'un de nous doit mourir; cependant, au cas où le ciel permettrait que je fusse vaincu, écoutez des prodiges qui étonnent, des merveilles qui stupéfient : ma mort ne doit pas les ensevelir dans un éternel silence... J'ignore qui fut mon père; mais je sais qu'au pied d'une croix se trouva mon premier berceau et qu'une pierre me servit de première couche. Ma naissance fut singulière, s'il faut s'en rapporter aux bergers qui me rencontrèrent de la sorte au bas de ces montagnes. Ils racontent que pendant trois jours ils entendirent mes cris et qu'ils ne vinrent pas dans le lieu escarpé où j'étais, par crainte des bêtes féroces. Celles-là ne me firent point de mal. Y a-t-il quelqu'un qui puisse mettre en doute qu'elles ont respecté la croix qui me protégeait? Un berger, à la recherche d'une brebis égarée dans les âpres solitudes de ces monts, me découvrit où j'étais; il me porta au village où demeurait Eusebio, lequel n'y était pas venu à cette heure sans motif. Le berger lui conta ma naissance miraculeuse, et la clémence du ciel influa sur sa décision. Eusebio donna l'ordre de me porter dans sa maison et me fit élever comme son fils. Je suis Eusebio de la Croix. Je tiens mon nom d'Eusebio, qui fut mon premier protecteur, et de la Croix, qui fut ma première garde. Je me livrai aux armes par goût et aux lettres par passe-temps. Mon étoile n'est pas moins prodigieuse que ma naissance, car tantôt ennemie elle me met en péril, tantôt protectrice elle me sauve. Enfant j'étais dans les bras de ma nourrice, quand mon naturel barbare et farouche se déclara; avec mes seules gencives, mais avec une force diabolique, je déchirai le sein où je puisais un doux aliment. Excitée par la douleur, aveuglée par la colère, ma nourrice me jeta dans un puits; personne ne le vit. On m'entendit rire, on accourut, et on me trouva, dit-on, porté par les eaux, mes tendres mains placées en croix sur mes lèvres... Un jour la maison brûlait; la flamme impitoyable fermait toute issue, tout passage. Je demeurai sain et sauf au milieu de l'incendie. Depuis j'ai observé, ne croyant pas à la clémence du feu, qu'on était au jour de la fête de la Croix... Je comptais à peine trois lustres lorsque, me rendant par mer à Rome, une affreuse tempête assaillit mon navire, qui heurta contre un récif caché,

12.

s'entr'ouvrit et se déchira en lambeaux ; embrassant un madrier, j'accostai heureusement la terre ; ce madrier présentait la forme de la Croix... Je cheminais en compagnie d'un homme par la montagne. Une croix était dressée à l'entrecroisement de deux sentiers. Je m'arrêtai pour faire une oraison, et l'homme continua sa route. M'étant pressé pour le rejoindre, je le trouvai massacré par des brigands... Un jour, dans une querelle, atteint d'un coup d'épée, je tombai à terre sans pouvoir me défendre ; tous me croyaient perdu ; l'épée avait seule laissé sa marque sur une croix suspendue à mon cou... Je chassais une fois dans cette montagne déserte ; le ciel se couvrit de sombres nuages et déclara la guerre au monde avec d'épouvantables tonnerres, projetant des lances sous forme de pluie et des balles sous forme de grêle. Les autres chasseurs cherchèrent sous les feuilles un abri contre les nuages, et convertirent en tentes les fourrés les plus cachés ; au même instant, un trait de foudre, rutilante comète dans l'espace, réduit en cendres deux des compagnons les plus rapprochés de moi. Aveuglé, surpris, troublé, je me décide à aller voir ce qui en était, et j'aperçois à mes côtés une Croix, la même, je pense, qui présida à ma naissance et qui est gravée sur ma poitrine, car le ciel m'a désigné par elle pour manifester les effets de quelque cause mystérieuse... Mais bien que j'ignore qui je suis, une telle inclination me pousse, un tel souffle m'inspire, une telle ardeur m'emporte, que je me sens l'audace de mériter Julia. La noblesse dont on hérite ne vaut pas plus que la noblesse que l'on acquiert. Voilà qui je suis. Bien que je connaisse les motifs de vos griefs, bien que je puisse donner suffisante satisfaction à vos ressentiments, vos injurieuses paroles m'ont tellement irrité, que je ne veux ni me disculper, ni accepter vos reproches. Il vous plaît d'empêcher que je sois le mari de votre sœur, sachez que ni maison, ni couvent ne la sauveront de mes poursuites. Celle qui n'aura pas été bonne pour épouse, sera bonne pour maîtresse. C'est ainsi que mon amour désespéré, ma patience poussée à bout, entendent châtier vos dédains et venger mon affront.

LISARDO

Eusebio, c'est au fer de parler, que la langue se taise. (*Ils dégaînent et se battent. Lisardo tombe; il essaie de se lever, et retombe.*) Je suis blessé!

EUSEBIO

Tu n'es pas mort?

LISARDO

Non... Il me reste dans le bras assez de force pour... Miséricorde! La terre se dérobe sous moi...

EUSEBIO

Et ta voix s'éteint avec la vie.

LISARDO

Ne permettez pas que je meure sans confession.

EUSEBIO

Meurs, infâme!

LISARDO

Ne m'achève pas, par cette Croix sur laquelle Christ est mort.

EUSEBIO

Cette parole est ton salut. Lève-toi. Il suffit que tu invoques la Croix, pour que toute rigueur manque à ma colère, toute force à mon bras... Relève-toi.

LISARDO

Je ne puis, car ma vie s'échappe avec mon sang, et je pense que si mon âme tarde à m'abandonner, c'est que parmi tant d'issues, elle ne sait laquelle choisir.

EUSEBIO

Eh bien! courage! confie-toi à mon bras. Ici près se trouve un petit ermitage de moines pénitents; tu pourras te confesser si tu arrives vivant à la porte.

LISARDO

A cause de cette pitié que tu me témoignes, je te jure que si je mérite d'être admis en la présence de Dieu, je lui demanderai de ne pas te laisser mourir sans confession. (*Eusebio emporte Lisardo.*)

GIL (*se montrant.*)

Les comptes sont réglés!... La charité est bonne!... Moi, je le remercie... Le tuer et l'emporter sur les épaules!...

SCÈNE IV

BRAS, TIRSO, MENGA, TORIBIO, GIL *se montrant*

TORIBIO (*à Menga.*)

Tu disais qu'il était resté ici?...

MENGA

Je l'ai laissé avec l'ânesse.

TIRSO

Mais vois son ahurissement.

MENGA

Gil, que regardes-tu?

GIL

Ah! Menga.

TIRSO

Que t'est-il arrivé?

GIL

Ah! Tirso.

TORIBIO

Qu'as-tu vu? Réponds.

GIL

Ah! Toribio.

BRAS

Dis, qu'as-tu, Gil? De quoi te lamentes-tu?

GIL

Ah! Bras. Ah! mes amis. Je ne le sais pas plus qu'une bête. Il l'a tué, puis l'a chargé sur son dos. Sans doute il l'emporte pour le saler.

MENGA

Qui l'a tué?

GIL

Que sais-je?

TIRSO

Qui est mort?

GIL

Je l'ignore..

TORIBIO

Qui a-t-on chargé sur les épaules?

GIL

Est-ce qu'on me l'a dit?

BRAS

Et qui l'a emporté?

GIL

Qui a voulu. Mais pour l'apprendre, venez tous.

TIRSO

Où nous conduis-tu?

GIL

Je ne sais ; venez. Tous deux se sont rendus près d'ici.

(Ils sortent tous.)

UNE CHAMBRE DANS LA MAISON DE CURCIO, A SIENNE

SCÈNE V

JULIA, ARMINDA

JULIA

Laisse-moi, Arminda, pleurer ma liberté perdue. Le terme de ma vie sera le terme de mes chagrins. N'as-tu jamais vu d'une source descendre un ruisseau tranquille qui se repose mollement dans la vallée ; puis, lorsqu'il semble à bout de force, il grossit et renverse les fleurs charmantes qu'il rencontre sur son passage ? Ainsi il en est de mes peines, de mes tourments ; contenus dans mon cœur, ils s'échappent de mes yeux en larmes abondantes. Laisse-moi pleurer la rigueur de mon père.

ARMINDA

Remarquez, Madame...

JULIA

Est-il destin plus fortuné que mourir de douleur ! Un chagrin qui triomphe de la vie devient une gloire ; il n'y a que les grandes peines qui ôtent la vie.

ARMINDA

Quel sujet avez-vous de tant vous désespérer ?

JULIA

Hélas ! ma chère Arminda, mon frère a trouvé dans mon secrétaire toutes les lettres d'Eusebio.

ARMINDA

Comment a-t-il appris qu'elles y étaient ?

JULIA

Ainsi l'a voulu ma mauvaise étoile. Quand j'ai vu mon frère soucieux, j'ai pensé qu'il avait des soupçons. Mais je ne le croyais pas si bien instruit. Il est venu à moi tout pâle, et d'un air moitié amical, moitié fâché, il m'a dit, Arminda, qu'il avait joué, qu'il avait perdu, et que je le servirais en lui prêtant un de mes bijoux, pour retourner au jeu. Si vite que j'aie voulu le lui donner, il n'a pas attendu que je le cherchasse ; il a pris la clef, a ouvert avec une colère inquiète mon secrétaire et, dans le premier tiroir, a trouvé les lettres. Il m'a regardée, il a fermé le meuble, puis, sans mot dire — ah ! Dieu ! — il s'est mis à la recherche de mon père. Tous deux — qui mettrait en doute qu'ils ne traitassent de ma mort ? — ont longuement conféré dans l'appartement paternel ; enfin ils sont sortis et ont dirigé leurs pas vers le couvent voisin, selon ce que m'a rapporté Octavio. Si mon père met à exécution le projet dont il a été parlé, c'est avec juste raison que je m'afflige. Mais que l'on ne croie pas me faire oublier Eusebio. Avant de me voir religieuse, je me serai moi-même donné la mort.

SCÈNE VI

EUSEBIO, Les Mêmes.

EUSEBIO (*à part.*)

Jamais nul homme ne fut plus audacieux, mais aussi plus désespéré, pour venir chercher asile dans la maison de celui qu'il a offensé. Avant que la belle Julia apprenne la mort de Lisardo, je voudrais lui parler et je vois encore quelque remède à mon extrême infortune, si, ignorant mon malheur, l'amour peut déterminer Julia à me suivre. Et quand elle connaîtra le sort funeste de son frère, se voyant en mon pouvoir, elle se soumettra. (*Haut.*) Belle Julia ?

JULIA

Qu'est-ce ? Vous, dans cette maison ?

EUSEBIO

La grandeur de mon infortune et votre amour m'ont jeté dans ce péril.

JULIA

Comment avez-vous pénétré ici et tenté si folle entreprise ?

EUSEBIO

Je ne crains pas la mort.

JULIA

Que prétendez-vous ainsi ?

EUSEBIO

Je veux vous rendre service, Julia, afin que votre reconnaissance accorde à mon amour une nouvelle vie, à mon désir une nouvelle gloire. J'ai appris que mes soins offensaient votre père, qu'il était informé de notre amour et qu'il se proposait de vous imposer demain un établissement de son choix, pour rendre vaines tout ensemble mon espérance et ma félicité. Si les sentiments que vous m'avez montrés sont de l'inclination, de l'amour, s'il est vrai que vous m'aimiez, s'il est certain que vous ayez pour moi quelque affection, venez avec moi. Puisque, vous le voyez, vous ne sauriez résister à votre père, quittez cette maison et soyez assurée que par la suite il y aura mille arrangements, car une fois en mon pouvoir, il faudra bien que votre père en prenne son parti et tienne l'offense à bienfait. J'ai des maisons de plaisance pour vous garder, des gens pour vous défendre, des richesses pour vous les offrir, une âme pour vous adorer. Si vous voulez que je vive, si votre amour est sincère, partons où j'expire de douleur sous vos yeux.

JULIA

Ecoutez, Eusebio.

ARMINDA

Madame, mon maître vient.

JULIA

C'en est fait !

EUSEBIO

Est-il possible qu'un destin plus cruel s'acharne après moi ?

JULIA (à *Arminda*.)

Eusebio peut-il encore s'échapper ?

ARMINDA

C'est impossible ; déjà l'on frappe à la porte.

JULIA

Funeste venue !

EUSEBIO

Terrible angoisse ! Que faire ?

JULIA

Cachez-vous !

EUSEBIO

Où ?

JULIA

Dans cette chambre.

ARMINDA

Faites vite : j'entends des pas. (*Eusebio se cache.*)

SCÈNE VII

CURCIO, JULIA, ARMINDA, EUSEBIO *caché*

CURCIO

Ma fille, si pour l'heureux état que tu souhaitais et que je te procure, tu ne te réjouis pas et tu ne me remercies pas avec transport, c'est que tu n'as aucune reconnaissance. Tout est terminé, tout est prêt. Il ne manque plus que de te parer et de te faire belle pour devenir l'épouse du Christ. Vois, quel sort fortuné ! Aujourd'hui, tu te places au-dessus de celles qu'on envie le plus, par la célébration de ces noces divines... Que dis-tu ?

JULIA (*à part.*)

Que puis-je répondre ?

EUSEBIO (*à part.*)

Je me tue ici même si elle accepte.

JULIA (*à part.*)

Je ne sais que dire. (*Haut.*) L'autorité d'un père est au-dessus de tout ; elle a pouvoir sur la vie, mais non sur la liberté ! Ne convenait-il pas de me faire part de vos intentions ? Ne convenait-il pas de me consulter sur mes goûts ?

CURCIO

Non. Juste ou injuste, tu dois t'incliner devant ma volonté seule.

JULIA

Un enfant n'est-il pas libre de se choisir un état ? C'est un acte impie que de contraindre le libre arbitre. Laissez-moi réfléchir et ne vous étonnez pas que je demande un délai ; quand il s'agit de s'engager pour la vie, on ne se détermine pas en un instant.

CURCIO

Il suffit que j'aie réfléchi et que je me sois engagé pour toi.

JULIA

Alors, si vous vivez pour moi, prenez aussi pour moi un état.

CURCIO

Tais-toi, folle ! tais-toi, rebelle ! sans quoi je ferai de tes cheveux un lacet pour ton cou ou j'arracherai avec mes mains, de ta bouche, cette langue hardie qui m'offense.

JULIA

Seigneur, contre vous je défends la liberté et non la vie. Mettez fin à ma triste existence et vous n'aurez plus de déplaisir. Je ne vous dispute pas la vie que vous m'avez donnée ; mais la liberté, que je tiens du ciel, je vous la refuse.

CURCIO

Maintenant j'arrive à croire ce que j'ai parfois soupçonné, c'est que ta mère n'a pas été une honnête femme et a taché mon honneur. Aujourd'hui, ta résistance inexcusable offense l'honneur d'un père dont le soleil n'égale en beauté et splendeur ni le sang, ni l'éclat, ni le lustre, ni la noblesse.

JULIA

Je ne vous comprends pas, et c'est pour cela que je me tais.

CURCIO

Arminda, laisse-nous ! *(Arminda sort.)*

SCÈNE VIII

CURCIO, JULIA

CURCIO

De longues années j'ai gardé le secret de ma peine extrême, mais l'ennui cruel que tu me causes oblige ma langue à dire ce que mes yeux t'ont donné à entendre. La seigneurie de Sienne, pour donner renom à mon sang, m'envoya en son nom rendre hommage au pape Urbain III. Ta mère, que l'on considérait comme une sainte et qui eût été un exemple pour les matrones romaines — je ne sais pourquoi ma langue l'outrage, mais, hélas! on éprouve à se plaindre une satisfaction qui soulage — ta mère demeura à Sienne. Je passai avec l'ambassade huit mois à Rome, parce qu'il était question à cette époque de donner cette seigneurie au Pape... mais cela importe peu ou point. Dieu fait ce qui lui plaît... Je retournai à Sienne et trouvai — ici le souffle me manque, ma langue se paralyse, la force m'abandonne — je trouvai — ah! injuste crainte — ta mère dans un état de grossesse si avancée, que pour ce triste enfantement elle comptait les jours (1). Elle m'avait déjà prévenu par lettres menteuses me disant qu'au moment de mon départ elle avait quelques pressentiments; mais moi je trouvais la certitude de mon déshonneur si nette que tu peux imaginer mon désespoir... Je ne dis point que la chose fût contraire, mais celui qui est d'un sang noble ne doit pas attendre une certitude; il suffit qu'il ait des soupçons... Et qu'im-

---

(1) *Hallé (¡ay injusto temor!)*
A tu madre tan preñada,
Que para el infeliz parto,
Cumplia las nueve faltas.

porte — ô loi tyrannique de l'honneur, ô droit barbare du monde ! — qu'un gentilhomme éprouve une semblable infortune si son ignorance l'excuse? Elles mentent, elles mentent les lois ! Celui qui n'a pas pu prévenir le mal ne saurait être atteint. Quelle loi condamne un innocent? Pourquoi l'opinion frappe-t-elle le non coupable? Je le répète, la loi est menteuse; il n'y a pas de déshonneur, il y a infortune... Est-il juste qu'en matière d'honneur on note de la même infâmie le Mercure qui le dérobe et l'Argus qui le défend?... Que fait le monde, que fait-il, s'il confond dans un même opprobre l'innocent et celui qui ferme les yeux et se tait? Hanté par de telles idées, poursuivi par de tels pensers, je cessai de manger, je cessai de dormir. Je vivais si las de moi-même que mon cœur me traitait en étranger et mon âme en tyran. Et bien que souvent la justification de ta mère me parût vraisemblable, cependant, la crainte fut chez moi si grande que, quelque convaincu que je fusse de sa chasteté, je résolus de tirer vengeance sinon de sa faute, du moins de mes soupçons... Et pour que la chose fût plus secrète, je feignis une partie de chasse, car les feintes conviennent seules à un jaloux. J'allai dans la montagne; et, tandis que les chasseurs étaient distraits, moi, avec d'amoureuses paroles — il parle bien celui qui ment, il est crédule celui qui aime — j'amenai Rosmire, ta mère, par un sentier éloigné de la route. Sans s'en apercevoir, elle arriva à un endroit caché de cette montagne; le soleil n'en connaissait point l'entrée, car la défendaient rustiquement enlacés, pour ne pas dire amoureusement, des arbres, des arbrisseaux, des plantes. En ce lieu donc, à peine eut-elle imprimé sur le sol la trace de ses pas, que, nous trouvant seuls...

SCÈNE IX

ARMINDA, Les Mêmes

ARMINDA
Si le courage qui anime votre cœur généreux, si l'expérience que vous devez à ces respectables cheveux blancs ne vous font pas défaut dans la disgrâce actuelle, vous allez être soumis à une pénible épreuve.

CURCIO
Pourquoi viens-tu ainsi m'interrompre ?

ARMINDA
Seigneur...

CURCIO
Achève ; l'incertitude me pèse.

JULIA
Pourquoi t'arrêtes-tu ? Parle.

ARMINDA
Je ne voudrais pas être la voix qui annonce mon chagrin et votre malheur.

CURCIO
Ne crains pas de le dire, puisque je ne crains pas de l'entendre.

ARMINDA
Lisardo, Seigneur...

EUSEBIO (à part.)
Il ne me manquait plus que cela !

ARMINDA
Baigné dans son sang, vient d'être apporté sur un

brancard par quatre bergers; il a été tué à coups de poignard... Ah! Dieu!... mais le voici... éloignez-vous.

CURCIO
Ciel! que de douleurs pour un infortuné!... Hélas!...

SCÈNE X

GIL, TIRSO, BRAS & TORIBIO *portant sur un brancard Lisardo mort*, **MENGA**, Les Mêmes

JULIA
Quelle puissance inhumaine a exercé sa furie contre sa poitrine! Quelle main impitoyable s'est baignée dans notre sang, irritée contre son innocence! Hélas!...

ARMINDA
Considérez, Madame...

BRAS
N'approchez pas!

CURCIO
Laissez...

TIRSO
Arrêtez, Seigneur...

CURCIO
Amis, mon âme ne peut souffrir ainsi; permettez-moi de contempler ce cadavre déjà froid, assemblage infortuné de veines glacées, ruine du temps, œuvre du sort impie, théâtre funeste de mes peines. Ah! mon fils, quelle rigueur impitoyable a fait de toi un monument tragique, construit sur le sable pour faire ensuite de mes cheveux blancs, avec mes plaintes vaines, le triste linceul de tes restes! Dites, amis, qui a tué ce fils dont la vie était ma vie?

MENGA

Gil vous le dira; il était caché derrière les arbres lorsque votre fils a été frappé.

CURCIO (*à Gil.*)

Dis, ami, dis, qui m'a ôté ma vie?

GIL

Je sais seulement qu'il se nommait Eusebio, celui qui s'est battu avec votre fils.

CURCIO

Y a-t-il plus grande infortune? Eusebio m'enlève à la fois la vie et l'honneur. (*A Julia.*) Excuse maintenant l'ambition de ses cruels désirs, dis que son amour était chaste, lorsqu'à défaut de papier il écrit avec du sang l'histoire de ses coupables ardeurs... (1).

JULIA

Mon père!...

CURCIO

Ne réplique pas comme tu le fais. Tu entreras aujourd'hui au couvent si tu ne veux voir ta beauté accompagner Lisardo au tombeau. Tous deux ma douleur vous ensevelit en ce jour; lui, mort au monde, vivant dans mon souvenir; toi, vivante au monde, morte dans ma mémoire. Et en attendant que l'on prépare les funérailles, pour t'empêcher de fuir, je fermerai cette porte. Tu demeureras avec ce cadavre; ainsi sa mort t'apprendra à mourir. (*Tous sortent.*)

---

(1) . . . . . *á falta de papeles*
Lascivos gustos con tu sangre escribe.

SCÈNE XI

JULIA, LISARDO *mort*, EUSEBIO *sortant de sa cachette*

JULIA

Cruel Eusebio, mille fois je veux te parler et mille fois mon âme hésite, le souffle me manque, ma langue est muette... Je ne sais... je ne sais comment m'exprimer, car mon cœur déborde à la fois de reproches. Je voudrais fermer les yeux devant ce sang innocent qui réclame vengeance, et je voudrais ta justification dans les larmes que tu répands, car enfin les blessures et les yeux sont des bouches qui ne mentent jamais... Poussée par l'amour, poussée par la vengeance, je voudrais à la fois te châtier et te défendre; et, dans cette aveugle confusion de pensées si puissantes, la clémence me combat et le ressentiment me pousse... C'est ainsi, Eusebio, qu'au lieu de bons procédés, c'est par des cruautés que tu prétends à ma main? Alors que, décidée en ta faveur, j'attendais le jour de mes noces, il t'a plu de changer des fêtes joyeuses en tristes funérailles! Lorsque pour toi je désobéissais à mon père, tu changeais mes vêtements de joie en vêtements de deuil! Lorsque sacrifiant ma vie je te donne mon amour, au lieu du lit nuptial, tu m'offres une tombe! Et lorsque, passant au-dessus des convenances, je t'offre ma main, tu m'offres la tienne rougie de mon propre sang! Quel bonheur trouverai-je entre tes bras, si pour donner la vie à notre amour, je me heurte contre la mort? Que dira de moi le monde s'il apprend que j'ai toujours devant les yeux, non l'outrage, mais celui qui l'a commis? Puis quand même je voudrais ensevelir l'oubli, en te voyant dans mes bras, ma mémoire se réveillerait. Ainsi en t'aimant, mon amour se changerait en haine (1) et je demanderais vengeance. Comment pourrait vivre un être agité de sentiments si divers, qui désire le châtiment et souhaite de ne pas l'obtenir ? Enfin, parce que je t'aime, c'est assez que je te pardonne, sans que tu aies jamais l'espoir de me revoir, de me parler... Cette fenêtre qui s'ouvre sur le jardin te donnera passage. Tu peux t'échapper par là. Fuis le danger; prends garde que mon père ne te trouve pas ici. Pars, Eusebio, et ne pense plus à moi. Tu me perds en ce jour, parce que tu as voulu me perdre. Pars et sois heureux; ne connais que les plaisirs, sans que le chagrin te fasse payer la rançon de ton bonheur... Pars!... Quant à moi, je ferai de ma cellule une courte prison pour ma vie ou même une tombe comme le veut mon père. Là, je pleurerai les disgrâces d'une destinée si inclémente, d'une fortune si adverse, d'une passion si puissante, d'une étoile si ennemie, d'un amour si malheureux, d'une main si perfide qui m'a ôté la vie sans me donner la mort, afin qu'entre tant de tourments divers je ne cesse de vivre, je ne cesse de mourir.

EUSEBIO

Si tes mains sont aussi impitoyables que tes paroles, tu me vois à tes pieds, venge-toi ! Mon crime m'amène à toi prisonnier; ton amour sera ma prison; mes fautes seront mes chaînes, liens que l'âme redoute; ma pensée sera mon bourreau. Si tes yeux sont mes juges et s'ils rendent un arrêt, je n'attends qu'une sentence de mort. Mais la renommée dira par ses hérauts (2) : « Celui-là

---

(1) *Yo, entonces, yo, aunque te adore,*
   Los amorosos placeres
   Trocaré en ira, pidiendo
   Venganzas......
(2) *Mas dirá entonces la fama*
   En su pregón......

est mort, parce qu'il a aimé! » car tout mon crime est dans mon amour. Je n'entends point me justifier; une faute telle que la mienne n'a point de justification. Je ne demande qu'une chose, tue-moi et venge-toi. Prends ce poignard et déchire un cœur qui t'offense, arrache une âme qui t'adore, verse un sang qui est tien... et si tu refuses de me donner la mort, si tu aimes mieux que ton père vienne se venger, je vais l'avertir que je suis dans ton appartement...

JULIA

Arrête et, pour prière suprême, si je ne dois plus te parler de la vie, fais ce que je vais te dire.

EUSEBIO

J'y consens.

JULIA

Retire-toi dans un lieu où tu puisses protéger ta vie!

EUSEBIO

Mieux vaut pour moi y renoncer, car tant que je vivrai il est impossible de cesser de t'adorer, et bien qu'enfermée dans un couvent, tu n'y seras pas en sûreté!

JULIA

Veille sur toi-même, moi je saurai me défendre.

EUSEBIO

Pourrai-je te revoir?

JULIA

Non.

EUSEBIO

N'est-il aucune espérance?

JULIA

Aucune.

EUSEBIO

Alors, tu me hais?

JULIA

Je tâcherai de te haïr.

EUSEBIO

Et tu m'oublieras ?

JULIA

Je ne sais.

EUSEBIO

Te retrouverais-je ?

JULIA

Dans l'éternité.

EUSEBIO

Quoi ! cet amour d'hier ?...

JULIA

Et ce sang d'aujourd'hui !... On ouvre la porte... Pars, Eusebio.

EUSEBIO

Je pars pour t'obéir; mais ne plus jamais te revoir ?...

JULIA

Non ! tu ne me reverras jamais !

(Bruit. — Ils sortent chacun par une issue différente. — Entrent des domestiques qui emportent le cadavre.)

ACTE DEUXIÈME

LA SIERRA

SCÈNE I

RICARDO, CELIO, EUSEBIO, *vêtus en brigands et portant chacun une arquebuse*

(On entend une détonation dans la coulisse.)

RICARDO
La balle a porté en pleine poitrine.

CELIO
Et c'est le coup le plus sanglant qui ait laissé sur une tendre fleur son empreinte tragique.

EUSEBIO
Que l'on place une croix sur sa tombe et que Dieu nous pardonne !

RICARDO
Les brigands ne manquent jamais aux dévotions.
(*Ricardo et Celio sortent.*)

EUSEBIO
Puisque ma triste destinée m'a conduit à être chef de bandits, mes crimes seront infinis comme mes peines. Mes concitoyens me poursuivent comme si j'avais donné la mort à Lisardo par traîtrise ; d'une part, leur acharnement, de l'autre mon ressentiment m'obligent à garder une vie qui en a coûté tant d'autres. On a enlevé mon

bien, on a confisqué mes domaines ; on me refuse les moyens de vivre. Soit ! que nul voyageur n'arrive au sommet de la montagne, s'il n'abandonne ses richesses ou la vie.

SCÈNE II

RICARDO, BANDITS avec ALBERTO, Les Mêmes

RICARDO

Quand je suis allé examiner la blessure, apprenez, capitaine, la plus étrange aventure.....

EUSEBIO

Je prévois un désenchantement.

RICARDO

J'ai trouvé la balle écrasée sur ce livre placé contre sa poitrine. Le voyageur n'était qu'évanoui. Le voilà sain et sauf devant vous.

EUSEBIO

Je suis surpris et rempli d'admiration. Qui es-tu, vieillard vénérable ? Le ciel, par un prodigieux miracle, fait de toi un sujet d'étonnement.

ALBERTO

Je suis, capitaine, le plus heureux des hommes ; malgré mon indignité, j'ai obtenu d'être prêtre ; pendant quarante-cinq années j'ai professé avec zèle la théologie à Bologne ; on récompense de mon labeur, Sa Sainteté m'avait donné l'évêché de Trente ; mais, effrayé d'avoir la charge d'un si grand nombre d'âmes, alors qu'à peine je pouvais garder la mienne, j'ai laissé les grandeurs, j'ai dédaigné les palmes et, fuyant les trompeuses illusions, je suis venu chercher le désabusement dans ces solitudes où est la vérité toute nue. Maintenant, j'allais à Rome demander au Pape l'autorisation de fonder un saint ordre d'ermites ; mais votre brusque attaque tranche le fil de ma destinée et de ma vie.

EUSEBIO

Quel est ce livre, dis-moi?

ALBERTO

C'est le fruit des études de ma longue carrière ?

EUSEBIO

Que contient-il?

ALBERTO

Il traite de l'origine de ce bois divin et céleste, sur lequel le Christ, sublime dans son courage, en mourant, triompha de la mort. Ce livre enfin est intitulé : *les Miracles de la Croix*.

EUSEBIO

Quel bonheur que ce plomb redoutable se soit montré plus mou que la cire! Plût à Dieu que ma main eût été consumée sur un brasier plutôt que d'avoir endommagé un tel livre! Gardez vos habits, votre argent et la vie. (*Aux brigands.*) Et vous autres, accompagnez ce vieillard et laissez-le en liberté.

ALBERTO

Je prierai Dieu qu'il vous éclaire et vous montre l'erreur où vous vivez.

EUSEBIO

Si vous me voulez du bien, demandez à Dieu qu'il ne permette pas que je meure sans confession.

ALBERTO

Je vous promets d'être son ministre en cette circonstance. Je vous donne ma parole — tant votre générosité me touche — que si vous m'appelez, en quelque lieu que je sois, je quitterai mon désert pour aller vous confesser. Je suis prêtre et mon nom est Alberto.

EUSEBIO

Vous me donnez votre parole?

ALBERTO

Voici ma main en témoignage.

EUSEBIO

Je baise de nouveau vos pieds.

(Alberto sort avec Ricardo et les brigands.)

SCÈNE III

CHILINDRINA, EUSEBIO

CHILINDRINA

J'ai traversé toute la montagne pour venir vous parler.

EUSEBIO

Qu'y a-t-il, ami?

CHILINDRINA

Des nouvelles assez mauvaises.

EUSEBIO

Je suis inquiet (1). Qu'est-ce?

CHILINDRINA

La première — je ne voudrais pas la dire — c'est qu'on a donné au père de Lisardo...

EUSEBIO

Achève, j'attends.

CHILINDRINA

Mission de vous prendre mort ou vif (2).

---

(1) *A mi temor el sentimiento igualas.*
(2) *Comision de prenderte ó matarte.*

EUSEBIO

Je crains davantage l'autre nouvelle, car il me semble que tout mon sang afflue dans ma poitrine comme si j'avais le pressentiment d'un malheur prochain. Qu'est-il arrivé ?

CHILINDRINA

Julia.....

EUSEBIO

Je n'avais pas tort de m'inquiéter de mes pressentiments alors que, pour me préparer à une catastrophe, tu commences par nommer Julia... Julia, as-tu dit ?.. le nom suffit pour m'attrister... Maudite soit l'étoile funeste (1) qui m'a poussé à l'aimer !.. Enfin, Julia... continue...

CHILINDRINA

Elle est enfermée dans un couvent.

EUSEBIO

Ma douleur est à bout. Que le ciel me châtie par de telles vengeances de tant de désirs stériles, de tant d'espérances mortes ? J'en arrive à être jaloux de ce ciel même à qui elle me sacrifie! Maintenant dévoyé (2), passant ma vie à tuer, ne la soutenant que par le vol, je ne saurais être pire que je ne le suis. Précipitons l'œuvre, puisque ma pensée a pris les devants. (*A Chilindrina.*) Appelle Celio et Ricardo. (*A part.*) Cet amour me tue.

CHILINDRINA

Je vais les chercher.

EUSEBIO

Cours et dis-leur que je les attends ici. (*Chilindrina sort.*) Je donnerai l'assaut au couvent qui la garde. Aucun châtiment, quelque grave qu'il soit, ne m'effraie.

---

(1) *Mal haya amen la rigurosa estrella...*
(2) *Mas ya tan atrevido...*

Pour devenir maître de sa beauté, un tyrannique amour m'oblige à recourir à la force, à rompre la claustration, à violer le saint asile. Mais je n'écoute que mon désespoir et l'amour ne me porterait pas à ces violences, que je les commettrais pour le seul plaisir d'accumuler tous ces crimes.

SCÈNE IV

GIL, MENGA, EUSEBIO

MENGA

Je suis née avec si peu de chance que nous pourrions bien le rencontrer.

GIL

Menga, ne suis-je pas avec toi ? N'aie pas peur de ce cruel capitaine de bandits ; sois sans crainte ; j'ai une fronde et un bâton.

MENGA

Gil, j'ai peur de ses façons brutales. Pense à Sylvia lorsqu'il l'a rencontrée ici. Elle est entrée fille dans la montagne ; elle en est sortie dame ; ce n'est pas un mince danger.

GIL

S'il allait être cruel envers moi ; moi aussi j'entre garçon et je pourrais bien m'en retourner (1)... (*Gil et Menga aperçoivent Eusebio.*)

MENGA (*à Eusebio.*)

Ah! Seigneur, prenez garde de vous égarer. Eusebio rôde par ici !

GIL

Ne prenez pas de ce côté, Seigneur.

---

(1) *Conmigo fuera cruel,*
   Que tambien entro doncel,
   Y pudiera salir dueño.

EUSEBIO (à part.)

Ils ne me connaissent pas. Je veux dissimuler.

GIL (à part.)

Veut-il que ce bandit le tue ?

EUSEBIO (à part.)

Ce sont des paysans. (*Haut.*) Comment pourrais-je vous payer cet avis ?

GIL

En fuyant ce mauvais sujet.

MENGA

S'il vous attrape, Seigneur, bien que vous n'ayez rien fait ni rien dit pour lui déplaire, il vous mettra à mort sans merci ; après avoir tué, sachez qu'en plaçant une croix sur votre corps, il s'imaginera vous avoir fait une grande faveur.

SCÈNE V

RICARDO, CELIO, Les Mêmes

RICARDO

Où l'as-tu laissé ?

CELIO

Ici.

GIL (*à Eusebio.*)

C'est un brigand, ne l'attendez pas.

RICARDO

Eusebio, que désirez-vous ?

GIL (à part.)

Ne l'appelle-t-il pas Eusebio ?

MENGA (*bas à Gil.*)

Oui.

EUSEBIO (*à Gil et à Menga.*)

Je suis Eusebio. Qu'avez-vous contre moi? Vous ne répondez pas?

MENGA (*à Gil.*)

Gil, tu avais un bâton et une fronde.

GIL (*à Menga.*)

J'ai le diable et qu'il t'emporte.

CELIO

Dans la vallée paisible où finit la montagne que garde la mer (1), j'ai vu une troupe de paysans armés qui marchent contre vous; je pense qu'ils ne sont pas loin. C'est Curcio qui les mène dans son désir de vengeance. Voyez ce que vous voulez faire. Assemblez vos gens et partons.

EUSEBIO

Il vaut mieux fuir maintenant. Cette nuit il y a autre chose à faire. (*A Ricardo et à Celio.*) Venez vous deux à qui je confie en toute assurance l'honneur et la vie.

RICARDO

Vous avez raison, par Dieu, car je me ferais tuer à vos côtés.

EUSEBIO

Paysans, je vous laisse la vie à la condition que vous portiez un message à mon ennemi. Dites à Curcio que moi avec ma brave troupe (2) je défends seulement ma vie, mais que je ne le cherche pas et qu'il n'a aucun motif de me poursuivre ainsi car je n'ai pas donné la mort à Lisardo par surprise ou par trahison; je l'ai tué corps à corps, n'ayant sur lui que je sache aucun avan-

---

(1) *Por los apacibles llanos,*
Que hace del monte la falda,
A quien guarda el mar la espalda,
Vi un escuadron de villanos...

(2) *Con tanta gente atrevida...*

tage, et avant qu'il expirât je l'ai porté dans mes bras en un lieu où il s'est confessé. De cette loyale action on devrait me savoir gré. Mais si le père veut se venger, j'ai le devoir de me défendre. (*Aux bandits, en désignant les paysans.*) Et maintenant, afin que ceux-ci ne voient pas de quel côté nous allons, attachez-les sous ces rameaux et bandez leur yeux ; ils ne pourront ainsi donner aucun avis.

RICARDO

J'ai là une corde.

CELIO

Apporte vite. (*Les paysans sont attachés.*)

GIL

On m'a mis comme un saint Sébastien.

MENGA

Et moi comme une sainte Sébastienne ; Seigneur, attachez-moi tant qu'il vous plaira, mais ne me tuez point.

GIL

Écoutez, Seigneur, ne m'attachez pas. Si je m'enfuis, que je sois damné ! (1) Menga, fais le même serment.

CELIO

Les voilà attachés.

EUSEBIO

Mon projet va être exécuté. La nuit promet d'être obscure ; elle étend ses sombres voiles. Julia, bien que le ciel te garde, je posséderai ta beauté (2). (*Tous sortent.*)

---

(1) *Y puto sea yo, si huyere.*
Jura tu, Menga, tambien
Este mismo juramento.

(2) *He de gozar tu hermosura.*

SCÈNE VI

GIL, MENGA (*attachés.*)

GIL

Menga, bien qu'il nous en coûte cher, qui pourrait nous voir et ne pas dire que ce n'est pas ici le village de Péralvillo?

MENGA

Viens donc par ici, Gil, car je ne puis remuer.

GIL

Menga, viens me délier, et je te détacherai de suite.

MENGA

Viens le premier ; tu es insupportable !..

GIL

Est-ce qu'il ne viendra personne ? A défaut d'un muletier chantant de gais refrains (1), se présentera bien un passant qui mendie, un étudiant qui mange, une quêteuse qui marmotte ; nulle part ces gens ne manquent ; mais c'est ma faute à moi.

UNE VOIX (*au dehors.*)

Il me semble que j'entends parler de ce côté; venez vite.

GIL

Seigneur, soyez le bienvenu ; vous résoudrez un doute qui m'arrête depuis un moment.

MENGA

Si par hasard, Seigneur, vous cherchez quelque corde dans la montagne, j'en ai une à votre service.

---

(1) *Las tres anades cantando.*

GIL

La mienne est meilleure et plus grosse.

MENGA

Moi, je suis femme et j'attends qu'on mette fin à mes angoisses.

GIL

Il ne s'agit pas de compliments. Déliez-moi le premier.

SCÈNE VII

CURCIO, OCTAVIO, BRAS, TIRSO, Soldats, Les Mêmes

TIRSO

J'ai entendu une voix de ce côté.

GIL

Tu brûles!

TIRSO

Gil, qu'est cela?

GIL

Le diable est malin. Détache-moi, Tirso, et je te conterai mon aventure.

CURCIO

Que vois-je là?

MENGA

Seigneur, vous arrivez à propos pour punir un traître.

CURCIO

Qui vous a mis dans cet état?

MENGA

Qui? Eusebio; il dit en effet... mais sais-je ce qu'il dit? Il nous a laissés ici dans cet état.

TIRSO

Ne pleure donc pas ; car aujourd'hui il n'a pas été peu généreux avec toi.

BRAS

Il ne t'a point fait de mal puisqu'il t'a laissé Menga.

GIL

Ah ! Tirso, moi je ne pleure pas parce qu'il n'a pas été compatissant.

TIRSO

Et alors pourquoi pleures-tu ?

GIL

Pourquoi? parce qu'il m'a laissé Menga. Il emmena la femme d'Anton et au bout de six jours de disparition, Anton la retrouva ; nous fîmes une fameuse fête pour célébrer le retour et il dépensa cent réaux.

BRAS

Bartolo n'a-t-il pas épousé Catherine qui accoucha à six mois non révolus? Il allait partout, tout joyeux, en disant : « Voyez donc, ce qu'une autre ne fait qu'en neuf mois, ma femme le fait en cinq. »

TIRSO

Avec Eusebio il n'y a pas d'honneur assuré.

CURCIO

Que moi j'entende raconter ces choses de ce scélérat ? Est-il malheur égal au mien ?

MENGA

Voyez comment vous pourrez l'anéantir ! Si vous le voulez, nous autres femmes, nous prendrons les armes contre lui.

GIL

Il est certain qu'il se tient par ici, et toute cette file de croix que vous regardez, Seigneur, recouvrent autant d'hommes qu'il a tués.

OCTAVIO

C'est ici l'endroit le plus retiré de la montagne.

CURCIO (à part.)

Et c'est ici, ô ciel, que je vis se produire un merveilleux témoignage d'innocence et de chasteté, en faveur d'une beauté que j'ai tant de fois offensée par mes soupçons, quand il n'y avait qu'à s'incliner devant un miracle si évident.

OCTAVIO

Seigneur quelles nouvelles pensées agitent encore votre esprit ?

CURCIO

Octavio, ce sont des malheurs que mon âme déplore, et comme ma langue se refuse à publier des choses qui me font peu d'honneur, mes regrets se font jour par mes yeux. Octavio, fais que ces gens-là me laissent. Je veux ici me plaindre au ciel, de moi et avec moi-même.

OCTAVIO

Allons, soldats, retirez-vous (1).

BRAS

Que dites-vous ?

TIRSO

Que prétendez-vous ?

GIL

N'avez-vous pas entendu ? Epouillez-vous. Nous allons nous épucer (2).

(Tous sortent excepté Curcio.)

(1) Ea, soldados, despejad (évacuez).
(2) Despiojad ? no lo entendeis ?
Que nos vamos á espulgar.— Jeu de mots intraduisible. — L'un dit : despejad, évacuez, l'autre reprend : despiojad, épouillez-vous.

SCÈNE VIII

CURCIO

A quel homme, accablé par l'infortune, n'est-il pas arrivé de s'entretenir seul avec lui-même pour que personne ne devine ses peines secrètes ? Moi qui suis assailli à la fois de tant de pensées que mes larmes et mes soupirs font concurrence à la mer et à l'air, compagnon de moi-même dans les solitudes muettes, je veux oublier mes malheurs avec le souvenir de mes félicités. Que ni les oiseaux ni les sources ne soient mes témoins, car les sources murmurent et les oiseaux ont une langue. Je ne veux d'autre compagnie que celle de ces saules rustiques, car qui écoute et n'apprend pas, à coup sûr ne pourrait parler. Cette montagne a été le théâtre d'un événement si étrange, que parmi les prodiges de la jalousie, l'antiquité ne pourrait en raconter un d'aussi véridique. Mais comment se croirait-il à l'abri de soupçons celui chez qui la vérité paraît mensonge ? La jalousie est la mort de l'amour; elle n'épargne personne, ne faisant pas grâce au plus humble et ne respectant pas le plus grand. C'est ici, dis-je, que Rosmire et moi..... Faut-il s'étonner qu'à ce souvenir mon âme tressaille et la voix me manque? il n'est pas une fleur qui ne me trouble, pas une feuille qui ne m'épouvante, pas une pierre qui ne m'émeuve, pas un tronc d'arbre qui ne me fasse trembler, pas un rocher qui ne m'oppresse, pas une montagne qui ne me menace. Tous ces objets sont autant de témoins de mon exploit criminel.... Je tirai enfin mon épée. Mais elle, sans se troubler, sans pâlir, car dans les tempêtes de l'honneur, jamais l'innocent n'est lâche : « Mon époux, dit-elle, arrêtez.... je ne vous dis point de ne pas me tuer, si c'est votre plaisir. Comment vous refuserais-je ma vie puisqu'elle est vôtre ? La seule chose que je vous demande, c'est de me dire pourquoi je vais mourir et de me laisser vous embrasser. » Je répondis : « Dans vos entrailles, comme la vipère, vous portez celui qui vous donne la mort. L'infâme délivrance que vous attendez est une preuve suffisante du crime. Mais vous ne verrez pas cette délivrance car auparavant, vous donnant la mort, je serai votre bourreau et celui d'un ange... » Et elle reprit : « Si par hasard vous arrivez à croire que je suis coupable, il sera juste que vous me donniez la mort. Mais, poursuivit-elle, je prends à témoin cette croix que j'embrasse et qui est devant nous : jamais je n'ai songé à vous outrager. Que cette croix seule me protège donc ! » Me repentant alors j'aurais bien voulu me jeter à ses pieds, car son innocence était peinte sur son visage. Que celui qui a conçu une mauvaise action regarde bien avant de l'entreprendre, car une fois qu'il s'est déclaré, quoiqu'il fasse pour revenir sur ses pas, il se croit forcé de passer outre afin de ne pas avouer qu'il n'avait pas de motif. Certes, non parce que je trouvais insuffisante la disculpation, mais parce que j'étais trop avancé pour reculer, je levai mon bras irrité et je frappai mille fois au hasard ; tous mes coups portèrent dans le vide. Je la laissai pour morte au pied de la croix ; et, cherchant à m'échapper, je revins à la maison.... Elle était là plus belle que l'aurore quand elle se lève et nous présente l'enfant soleil. Elle tenait dans ses bras une fille, Julia, divine image de grâce et de beauté. — Quelle joie pouvait égaler la mienne ?... Le même soir elle était accouchée au pied de la croix et, comme signe céleste du grand miracle que Dieu révélait au monde, l'enfant, qui venait de naître glorifiée par un pareil signe, portait empreinte sur la poitrine une croix de feu et de sang. Mais ce qui diminuait mon bonheur, c'est qu'une autre créature était demeurée dans la montagne, car au milieu de ses angoisses, mon épouse avait senti qu'elle avait mis deux enfants au monde..... Moi, alors...

SCÈNE IX

OCTAVIO, CURCIO

OCTAVIO

Une troupe de brigands traverse la vallée ; avant que la nuit arrive, il conviendrait de descendre à leur rencontre ; ils ont la pratique de la montagne et nous ne la connaissons pas.

CURCIO

Que nos gens réunis marchent en avant ; il n'y aura de bonheur pour moi que lorsque je serai vengé.

(*Ils sortent.*)

VUE EXTÉRIEURE D'UN COUVENT

SCÈNE X

EUSEBIO, CELIO, RICARDO *avec une échelle*

RICARDO

Approche en silence et applique l'échelle à cet endroit.

EUSEBIO

Je serai un Icare sans ailes, un Phaëton sans feu. Je prétends escalader le soleil et, si la lumière me favorise, je dépasserai le firmament. L'amour enseigne la tyrannie. (*A Ricardo et à Celio.*) Dès que je serai au sommet du mur, retirez l'échelle et attendez que je vous donne le signal. (*A part.*) Que celui qui se précipite en montant, monte aujourd'hui, qu'importe qu'il tombe ensuite, réduit en poussière. La peine de descendre n'est pas comparable à la gloire d'être monté !

RICARDO

Qu'attendez-vous ?

CELIO

Quelles craintes assaillent votre orgueil ?

EUSEBIO

Ne voyez-vous pas ce feu brillant qui me menace ?

RICARDO

Seigneur, ce sont les fantômes de la peur.

EUSEBIO

Moi, avoir peur ?

CELIO

Montez donc.

EUSEBIO

Je monte, bien qu'aveuglé par cette lumière éclatante. Je vais pénétrer à travers les flammes ; tout le feu de l'enfer ne m'arrêterait pas. (*Il monte et entre.*)

CELIO

Le voilà entré.

RICARDO

Jusqu'au jour nous devons l'attendre ici.

CELIO

Ce fut un acte audacieux que d'entrer. J'eusse mieux aimé pour ma part aller retrouver ma villageoise ; mais il y aura temps pour tout. (*Ils s'en vont.*)

CHAMBRE DE JULIA

SCÈNE XI

EUSEBIO, JULIA *au lit*

EUSEBIO

J'ai parcouru tout le couvent; personne ne m'a entendu. J'ai regardé partout; guidé par ma destinée, j'ai pénétré dans mille cellules de religieuses dont les portes étroites étaient entr'ouvertes. Je n'ai pu encore trouver Julia. Espérances incertaines, où me conduisez-vous? Quelle horreur! Quel silence! Quelle obscurité!... Il y a ici de la lumière.... c'est encore une cellule.... j'aperçois Julia. (*Il écarte un rideau et voit Julia endormie.*) Pourquoi ai-je douté? Le courage m'abandonne-t-il au point que j'hésite de lui parler? Qu'est-ce que j'attends? Qu'est-ce que je regarde? Une force irrésistible me pousse et me retient. L'humilité de ce vêtement augmente encore sa beauté, car la beauté chez la femme, c'est la pudeur même. Cette beauté merveilleuse, objet de mon immense amour, produit sur moi un étrange effet; en même temps que la beauté excite le désir, la pudeur impose le respect... Julia, ah! Julia!

JULIA

Qui m'appelle? O ciel, que vois-je? Est-ce l'ombre de mon désir ou l'ombre de ma pensée?

EUSEBIO

Me voir t'effraie donc tant?

JULIA

Ah! qui n'essaierait de te fuir?

EUSEBIO

Julia, arrête !...

JULIA

Que veux-tu, image vaine, formée de mes souvenirs, illusion de mes yeux ? Es-tu pour mon malheur une voix de l'imagination, un portrait du rêve, un corps de la fantaisie, un fantôme de la nuit froide ?

EUSEBIO

Écoute, Julia... Je suis Eusebio ; je vis, je suis à tes pieds, et si je n'étais qu'une pensée, toujours je serais avec toi.

JULIA

Je suis désabusée en entendant ta voix, et je sens que ma pudeur offensée aimerait mieux trouver en toi un Eusebio imaginaire qu'un Eusebio véritable. En ce lieu où je meurs en pleurant, où je vis en me désolant, que veux-tu ? Je tremble. Que cherches-tu ? Je meurs. Qu'entreprends-tu ? Je crains. Que prétends-tu ? Je suis accablée. Comment es-tu parvenu ici ?

EUSEBIO

L'amour ose tout, et ma douleur et ta rigueur ont enfin triomphé de moi. Jusqu'à ton entrée au couvent, j'ai souffert, soutenu par l'espérance ; mais quand j'ai vu ta beauté perdue pour moi, j'ai bravé et le respect du saint lieu et la loi du cloître. Que ce soit juste ou non, tous deux nous sommes coupables. J'obéis à ces deux tyrannies : la force et la passion. Au ciel ma prétention ne saurait déplaire. Avant de te cloîtrer, tu m'avais épousé en secret ; mariage et claustration ne sauraient aller ensemble.

JULIA

Je ne nie pas le lien amoureux qui unit deux volontés dans le bonheur ; il ne pouvait en être autrement et je t'appelai mon époux bien-aimé. Je reconnais que tout s'est passé ainsi; mais ici, en prononçant mes vœux, j'ai juré au Christ d'être son épouse et je lui ai donné ma parole et ma main. Je suis à lui. Que me veux-tu? Va-t-en; tu épouvantes le monde où tu mets à mort les hommes, où tu forces les femmes. Va, Eusebio, n'attends aucun fruit de ton fol amour; pour qu'il te fasse horreur, pense que je suis dans un asile sacré.

EUSEBIO

Plus ta résistance est énergique et plus s'exaspèrent mes désirs. J'ai franchi les murs du couvent: je t'ai vue; ce n'est plus l'amour seul qui vit en moi; c'est je ne sais quelle influence plus secrète. Réponds à mes désirs ou je dirai que tu m'as appelé, que tu m'as enfermé plusieurs jours dans ta cellule, et puisque mon malheur me réduit au désespoir, je crierai : « Sachez tous... »

JULIA

Arrête, Eusebio... songe... hélas!... j'entends des pas; on traverse le chœur. Ciel! je ne sais que faire. Entre dans cette cellule et ferme la porte sur toi. Une peur chasse une autre peur.

EUSEBIO

Que mon amour est grand!

JULIA

Que mon étoile est cruelle! (*Ils sortent.*)

VUE EXTÉRIEURE D'UN COUVENT

SCÈNE XII

RICARDO, CELIO

RICARDO

Déjà trois heures; il tarde beaucoup.

CELIO

Ricardo, celui qui, dans la nuit obscure, jouit de son bonheur ne regarde jamais le clair soleil. Je parie que le capitaine trouve que jamais le soleil ne fut si matinal et qu'aujourd'hui il a devancé sa course.

RICARDO

Il se lève toujours trop tôt pour celui qui désire et trop tard pour celui qui est satisfait.

CELIO

Ne crois pas qu'il attende que le soleil paraisse à l'orient.

RICARDO

Il y a encore deux heures.

CELIO

Eusebio n'en dit pas autant.

RICARDO

C'est vrai; car les heures dont tes désirs hâtent les lenteurs sont de son goût.

CELIO

Sais-tu l'idée qui m'est venue, Ricardo? C'est que Julia l'avait fait appeler.

RICARDO

S'il n'avait pas été appelé, se serait-il hasardé à escalader les murs d'un couvent.

CELIO

N'as-tu pas entendu du bruit de ce côté?

RICARDO

Oui.

CELIO

Alors, approche l'échelle.

SCÈNE XIII

JULIA, EUSEBIO *à une fenêtre*, RICARDO, CELIO

EUSEBIO
Femme, laisse-moi.

JULIA
Lorsque vaincue par tes désirs, touchée par tes soupirs, attendrie par tes prières, émue par tes larmes, deux fois j'offense Dieu, et comme Dieu et comme époux, tu t'enfuis de mes bras avec un dédain sans espérances et des mépris sans possession? Où vas-tu?

EUSEBIO
Que prétends-tu, femme? Laisse-moi, je fuis de tes bras parce que j'ai vu en eux je ne sais quelle divinité. Tes yeux lancent des flammes, tes soupirs sont de feu, chaque raison que tu donnes est un volcan, chaque cheveu un trait de foudre, chaque parole, ma mort, chaque caresse, un enfer, tant me cause de terreur la croix que j'ai vue sur ton sein. Ce signe est prodigieux, et les cieux ne permettent pas qu'après les avoir offensés, je perde le respect de la Croix, car si je la rends témoin des fautes que je commets, comment pourrai-je ensuite invoquer son secours? Restez en religion, Julia, je ne vous méprise point, car plus que jamais je vous adore.

JULIA
Écoute, attends, Eusebio.

EUSEBIO
Voici l'échelle.

JULIA
Arrête ou emmène-moi avec toi.

EUSEBIO

Je ne le puis. (*Il descend.*) Je vous laisse sans jouir du bonheur que si vivement je désirais. Le ciel me vienne en aide ; je tombe. (*Il tombe.*)

RICARDO

Qu'est-ce donc ?

EUSEBIO

Ne vois-tu pas l'air rempli d'ardentes foudres? Ne vois-tu pas le ciel ensanglanté s'abaisser sur moi? Où trouverai-je un appui si le ciel est irrité ? Croix divine, je vous promets et vous fais le solennel serment, en quelque lieu que je vous voie, de m'agenouiller pour réciter un *Ave Maria*. (*Il se relève ; tous trois s'en vont en laissant l'échelle appliquée contre le mur.*)

SCÈNE XIV

JULIA *à la fenêtre*

JULIA

Je suis troublée, interdite! Ingrat, voilà tes promesses! Voilà les infinités de ton amour! Tu m'as abusée par tes menaces, par tes prières, tantôt m'aimant, tantôt me dédaignant, jusqu'à ce que tu m'aies vaincue et contrainte à t'aimer. Puis, lorsque tu as pu te dire le maître de mes chagrins et de tes désirs, tu fuis avant la victoire? Qui donc, sinon toi, a triomphé en fuyant ?. Cieux compatissants, je meurs ! Pourquoi la nature a-t-elle inventé les poisons quand, pour donner la mort, elle avait le mépris ? C'est le mépris qui m'ôte la vie, car, avide de tourments nouveaux, je cherche celui qui me dédaigne. Vit-on jamais si étrange effet de l'amour? Lorsque Eusebio me suppliait avec des larmes, je ne l'écoutais pas, et maintenant, parce qu'il me délaisse, c'est moi qui le prie. C'est ainsi que nous sommes, les femmes. Contre nos propres désirs, nous refusons de rendre heureux ceux que nous désirons. Qu'on ne nous aime pas trop, si l'on s'attend à une récompense, car, aimées, nous méprisons, et, haïes, nous aimons. Je ne m'afflige pas de son dédain, je m'afflige de son abandon... C'est là qu'il est tombé, c'est là que je me précipiterai... Mais, quoi? n'est-ce point une échelle? Oui! Quelle pensée terrible! Arrête, mon imagination, ne me précipite pas... Consentir au crime, c'est presque le commettre! Eusebio n'a-t-il pas pour moi franchi les murs du couvent? Ne me suis-je pas réjouie de le voir, à cause de moi, s'exposer à tant de dangers? Alors, pourquoi hésiter? Quelle crainte me retient? Je ferai pour sortir ce qu'il a fait pour entrer. Oui, il sera fier de me voir courir de tels risques. Puisque j'ai consenti, j'ai donc commis la faute. Si le péché est grand, pourquoi le plaisir le serait-il moins? Oui, j'ai consenti. Dieu a retiré de moi sa main, mais me pardonnera-t-il une faute si grande? Qu'est-ce que j'attends? (*Elle descend les degrés de l'échelle.*) J'ai perdu le respect que je dois au monde, à l'honneur, à Dieu, puisque, les yeux bandés, je marche en aveugle. Je suis un mauvais ange qui tombe, précipité du ciel, car, ne voulant pas me repentir, je perds l'espérance de remonter. Me voilà hors du couvent, et le silence de la nuit joint à l'obscurité me remplit de crainte et d'effroi. Je chemine dans une ombre si noire que je trébuche encore dans mon péché (1). Où aller? que faire? que résoudre? Dans la muette confusion de tant d'horreurs, je crains que mon sang ne se glace, que mes cheveux se hérissent sur la tête!... Mon imagination troublée forme dans l'air des fantômes, et j'entends comme la voix d'un écho qui

---

(1) *Y aun no caigo en mi pecado.*

m'accuse. Le crime dont l'orgueil me soutenait tout à l'heure m'ôte maintenant le courage. Je puis à peine mouvoir mes pieds, la terreur les enchaîne. Mes épaules sont accablées d'un poids énorme qui m'écrase. Un manteau de glace m'enveloppe. Je ne veux pas aller plus loin; je veux rentrer au couvent; je demanderai pardon de ma faute. Je crois en la clémence divine, car il n'y a pas d'étoiles au ciel, de grains de sable sur le bord de la mer, d'atomes portés par le vent, qui, réunis tous ensemble, égalent en nombre les péchés que Dieu pardonne. J'entends marcher; je vais me cacher jusqu'à ce que les pas soient éloignés; ensuite je remonterai sans être aperçue. *(Elle s'éloigne.)*

SCÈNE XV

RICARDO, CELIO, JULIA *cachée*

RICARDO

Grâce à la terreur d'Eusebio, ici est demeurée l'échelle, et je viens la chercher, car le jour va paraître et on la verrait contre ce mur. *(Celio et Ricardo enlèvent l'échelle. Julia revient à l'endroit où était l'échelle.)*

JULIA

Ils sont partis; je pourrai remonter. Mais quoi? L'échelle n'est plus là? Il me semble qu'elle se trouvait par ici... Non, je ne la vois plus... Ciel! Comment pourrai-je sans elle remonter? Mon malheur est encore plus grand. Tout moyen de retour m'est retiré. Lorsque, touchée de repentir, je veux rentrer, je ne le puis. O ciel! puisque tu me refuses ta clémence, mes actes de femme au désespoir feront l'étonnement du ciel, l'épouvante du monde, l'admiration des temps, donneront de l'horreur au péché et de la terreur à l'enfer.

ACTE TROISIÈME

LA FORÊT

SCÈNE I

GIL, *couvert de croix, avec une plus grande sur la poitrine*

GIL.

Je vais faire du bois dans la forêt. Menga me l'a ordonné. Pour être en toute sécurité, j'ai trouvé une bonne invention. On dit qu'Eusebio est dévot à la Croix; aussi, je sors armé de croix des pieds à la tête. Chose dite, chose faite. C'est lui, par Dieu ! Je ne sais, dans ma frayeur extrême, où me mettre en sûreté. Je suis hors de moi. Cette fois, il ne m'a pas vu. Je voudrais bien me cacher par là en attendant qu'il soit passé. Ce buisson me servira d'abri. Dieu vivant, la plus petite épine est si longue ! Vive le Christ ! Plutôt qu'être piqué, il vaudrait mieux perdre un pari, ou souffrir le dédain d'une dame insolente (1), qui reçoit tout le monde, ou devenir jaloux d'un imbécile.

SCÈNE II

EUSEBIO, GIL *caché*

EUSEBIO

Je ne sais où aller. Le chagrin donne une longue vie; jamais la mort ne vient pour qui est las de vivre. Julia,

---

(1) *De una dama Fierabras.*

je me suis vu dans tes bras, et j'étais si heureux que l'amour aurait pu de tes bras former de nouveaux liens. Mais j'ai repoussé, sans en jouir, ce bonheur qui m'attendait. La cause de ce dédain n'est pas venue de moi; elle était plus secrète. Une puissance supérieure a fait que, maître de ma volonté, j'ai respecté sur ta poitrine la croix que je porte sur la mienne. Et puisque, tous deux, ô Julia, nous sommes nés avec le même signe, il y a là quelque mystère caché que Dieu seul peut expliquer.

GIL (*à part.*)

Ces épines piquent durement; je ne puis souffrir davantage.

EUSEBIO

Il y a quelqu'un derrière ces rameaux. Qui va là?

GIL

Je perds le fruit de mon stratagème.

EUSEBIO (*à part.*)

Un homme attaché à un arbre et qui porte une croix au cou?.. Il faut que j'accomplisse mon vœu, en m'agenouillant!

GIL

A qui, Eusebio, adresses-tu ton oraison? Que prétends-tu? Si tu m'adores, pourquoi m'attacher? Et si tu m'attaches, pourquoi me réciter des prières?

EUSEBIO

Qui es-tu?

GIL

Ne reconnais-tu pas Gil? Depuis que tu m'as fait la grâce de me laisser ici attaché, mes cris n'ont servi de rien, et personne — cruel destin! — n'est venu me délivrer.

EUSEBIO

Mais cet endroit n'est pas celui où je t'ai laissé.

GIL

C'est la vérité, Seigneur, mais quand j'ai vu que personne ne venait, j'ai marché d'arbre en arbre, tout attaché, jusqu'à ce que je fusse arrivé ici. Telle est la raison d'un si étrange événement.

EUSEBIO (*à part.*)

Il est simple et par lui je pourrais savoir quelque chose. (*Haut.*) Gil, je te porte de l'affection depuis le moment où l'autre jour nous avons causé ; je veux que nous soyons amis.

GIL

Vous avez raison et je voudrais, puisque nous sommes si amis, aller non de ce coté, mais de celui-là, car alors nous serions tous bandits. On dit que c'est une joyeuse vie et je ne passerais pas l'année entière à travailler.

EUSEBIO

Alors, reste avec moi.

SCÈNE III

RICARDO, Bandits, JULIA, *en costume d'homme, le visage couvert*, EUSEBIO, GIL

RICARDO

Au bas du chemin qui traverse cette montagne, nous venons de faire une capture qui, j'imagine, te fera plaisir.

EUSEBIO

C'est bien ; nous en reparlerons ; voici une nouvelle recrue.

RICARDO

Qui donc ?

GIL

Gil! Ne me vois-tu pas ?

EUSEBIO

Ce paysan, bien qu'il te paraisse simple, connaît de ce pays la montagne et la plaine ; il nous servira de guide, il ira au camp de l'ennemi et y sera mon espion perdu. Tu peux lui donner un habillement et une arquebuse.

CELIO

Les voici.

GIL (*à part.*)

Pitié ! me voilà passé bandit (1).

EUSEBIO

Quel est ce gentilhomme qui se cache le visage ?

RICARDO

Il n'a pas été possible de lui faire dire son nom ni sa patrie : il ne veut parler qu'au capitaine.

EUSEBIO

Tu peux te découvrir, te voilà en sa présence.

JULIA

Vous êtes le capitaine ?

EUSEBIO

Oui.

JULIA (*à part.*)

Ah ! Dieu !

EUSEBIO

Dis-moi qui tu es et ce qui t'amène.

JULIA

Je vous le dirai quand nous serons seuls.

EUSEBIO (*aux bandits.*)

Eloignez-vous un peu. (*Ils se retirent.*)

---

(1) *Me quedo embandolear.*

SCÈNE IV
JULIA, EUSEBIO

EUSEBIO

Maintenant que tu es seul avec moi, et qu'il n'y a que les arbres et les fleurs pour être les muets témoins de paroles, ôte le voile qui couvre ton visage et dis-moi qui tu es? Où vas-tu? Quel est ton dessein? Parle.

JULIA

Pour t'apprendre à la fois qui je suis et pour qui je suis venue, tire ton épée. (*Elle dégaîne*). Maintenant, je te dis que je suis quelqu'un qui vient te tuer.

EUSEBIO

Je me mets en défense contre ta provocation ; ta voix m'avait moins effrayé que ton action.

JULIA

Bats-toi, lâche, et tu verras que par la mort je t'enlèverai la vie et la honte.

EUSEBIO

Je me bats pour me défendre plus que pour te blesser je tiens à ta vie, car si je te tue dans ce combat, j'ignorerai pourquoi; si tu me tues, je ne saurai pas davantage pourquoi je meurs. Et maintenant, découvre-toi, si tu le veux bien.

JULIA

Tu as bien parlé, car dans les vengeances de l'honneur, l'offensé n'est satisfait qu'autant que l'offenseur connaît de qui lui vient le châtiment. (*Elle se découvre.*) Me reconnais-tu? Pourquoi cette épouvante? Pourquoi me regarder ainsi?

EUSEBIO

C'est que, accablé par la vérité et le doute, en proie à l'égarement, je suis épouvanté de ce que je vois, stupéfait de ce que je regarde.

JULIA

Tu m'as vue, à présent?

EUSEBIO

Oui, et en te voyant, mon trouble s'est accru à tel point que, si auparavant mes sens bouleversés désiraient te voir, maintenant désabusés, ils donneraient pour ne pas t'avoir vue, tout ce qu'ils auraient donné pour te voir. Toi, Julia, dans cette montagne? Toi, sous ce déguisement profane qui t'offense deux fois? Comment es-tu venue seule? Que signifie?...

JULIA

C'est la conséquence et de tes mépris et de mes illusions perdues; et pour que tu saches qu'une femme qui court où sa passion l'entraîne est une flèche lancée, une balle tirée, un trait de foudre rapide, non seulement je me suis complue dans les péchés commis jusqu'ici, mais j'éprouverai les mêmes satisfactions à les commettre de nouveau. J'ai quitté le couvent, je suis venue à la montagne, et comme un berger m'a dit que je suivais un mauvais chemin, sottement craintive, pour éviter un péril, j'ai tué ce berger avec le couteau qu'il portait à la ceinture. Avec le même couteau, ministre de la mort, je tuai un voyageur qui, me voyant fatiguée, m'avait courtoisement offert de me prendre en croupe, mais qui, à la vue d'un village, voulut y entrer. C'est ainsi que, dans un endroit écarté, j'ai payé de la mort un bienfait. Pendant trois jours et trois nuits, j'ai fait dans ce désert ma nourriture de plantes sauvages et mon lit de froids rochers. J'arrivai à une pauvre cabane dont le toit de chaume, mieux qu'un palais doré, aurait pu rendre la paix à mes sens. Une femme de la montagne m'y donna une généreuse hospitalité rivalisant de zèle pour me plaire avec le berger, son mari. J'oubliai dans leur logis la fatigue et la faim ; la table était bonne, quoique pauvre, les mets simples, mais propres. Quand je me séparai de mes hôtes, voulant éviter qu'ils pussent dire à ceux qui me cherchaient : « Nous l'avons vue ! » je tuai l'honnête berger qui était venu me montrer le chemin et je revins sur mes pas pour faire subir à la femme le même sort. Puis m'apercevant que, dans mon vêtement, je portais avec moi mon délateur, je résolus de changer de costume. Enfin, après mille incidents, avec les habits et les armes d'un chasseur dont le sommeil n'eut de réveil que dans la mort, je suis arrivée ici, surmontant les dangers, méprisant les obstacles et brusquant mes desseins.

EUSEBIO

Je t'écoute avec une telle surprise, je te regarde avec un tel effroi, que tu sembles à mes oreilles un charme, si tu es à ma vue un basilic. Julia, je ne te méprise pas, mais je crains les dangers dont le ciel me menace, c'est pourquoi je m'éloigne. Retourne à ton couvent. Pour moi, je vis dans la crainte de cette croix et, pour cela, je m'enfuis... Mais, quel est ce bruit?...

SCÈNE V

RICARDO, Bandits, Les Mêmes

RICARDO

Seigneur, mettez-vous en défense. Loin du chemin, à travers la forêt, Curcio et les siens sont à votre recherche. De tous les villages voisins, leur nombre s'est tellement accru qu'ils arrivent contre vous, vieillards, femmes et enfants. Ils disent qu'ils veulent venger dans votre sang celui d'un fils tué par vos mains et jurent de vous conduire pour votre châtiment ou la vengeance de tant de victimes, prisonnier à Sienne, mort ou vif.

EUSEBIO

Julia, nous parlerons plus tard. Couvre ton visage et viens avec moi. Il ne faut pas que tu tombes au pouvoir de ton père, mon ennemi. (*Aux brigands.*) Soldats, c'est le moment de montrer de l'ardeur et du courage. Que nul ne faiblisse. Songez qu'ils viennent résolus à vous donner la mort ou vous faire prisonniers, ce qui revient au même; et si notre vie était épargnée, nous nous serions, dans la prison publique, déshonorés et maltraités. Puisque nous connaissons le sort qui nous attend, quand la vie et l'honneur sont en jeu, qui craindrait le plus terrible danger? Qu'ils ne croient pas que nous les redoutons ; marchons à leur rencontre, toujours la fortune est du parti de l'audace.

RICARDO

Il n'y a plus qu'à marcher; ils arrivent à nous.

EUSEBIO

Prévenons-le et que nul ne soit lâche, car, vive le ciel! si j'en vois un fuir ou reculer, j'ensanglanterai le fil de cette épée dans sa poitrine avant d'atteindre celle de l'ennemi.

SCÈNE VI

CURCIO *et sa troupe au dehors*, LES MÊMES

CURCIO (*dehors.*)

J'ai vu dans l'épaisseur de la forêt le traître Eusebio;

pour se défendre, c'est qu'il veut faire de ces rochers des murailles.

VOIX (*au dehors.*)

On découvre d'ici sa troupe à travers les branches.

JULIA

Ce sont eux! (*Elle sort.*)

EUSEBIO

Arrêtez, villageois; car, vive Dieu! les champs teints de votre sang vont se changer en torrents.

RICARDO

Ces lâches villageois sont en nombre infini.

CURCIO (*au dehors.*)

Où te caches-tu, Eusebio?

EUSEBIO

Je ne me cache pas, je vais à toi.
(*Ils sortent tous et on entend des décharges d'arquebuse derrière la scène.*)

AUTRE CÔTÉ DE LA FORÊT. — AU FOND UNE CROIX

SCÈNE VII

JULIA

A peine avais-je foulé l'herbe de la forêt que j'ai cherchée, que j'entends des voix horribles, que je vois des champs de guerre. Les échos de la poudre qui détonne, l'éclat de l'acier qui brille blessent mes yeux ou troublent mon oreille... Mais que vois-je? Toute la troupe d'Eusebio vaincue, dispersée, fuit devant l'ennemi. Je veux la rallier et la ramener au combat. Si je puis leur rendre le courage, je serai l'étonnement du monde, le couteau de la Parque, le fléau cruel de leurs existences, l'épouvante par vengeance des siècles futurs et l'admiration des temps présents !

(Elle sort.)

SCÈNE VIII

GIL *en brigand*, puis MENGA, BRAS, TIRSO
Villageois

GIL

Pour me sauver épuisé, je me suis fait bandit, et déjà, parce que je suis bandit, je me vois en grand danger. Quand j'étais laboureur les laboureurs étaient les battus, et maintenant que je suis avec les ruffians(1), il en arrive de même. Sans être avare, je traîne le malheur après moi ; je suis si peu chanceux, que cent fois je m'imagine que si j'étais Juif, tous les Juifs seraient malheureux.

(Entrent Menga, Bras, Tirso et autres villageois.)

MENGA

A eux ! ils sont en fuite.

BRAS

Il ne faut pas en laisser un seul vivant.

MENGA

Un d'eux s'est caché de ce côté.

BRAS

Meure le bandit !

GIL

Regardez ! C'est moi.

(1) *Porque soy de la carda.*

MENGA

L'habit nous dit assez qu'il est de la bande des brigands.

GIL

L'habit ment comme un grand coquin qu'il est.

MENGA (à Bras.)

Frappe-le, toi !

BRAS (à Tirso.)

Bats-le, te dis-je.

GIL

Je suis assez frappé et assez battu .. Faites attention...

TIRSO

Nous n'avons pas besoin de faire attention. Tu es un brigand.

GIL

Regardez-moi, je suis Gil, voué au Christ.

MENGA

Que ne le disais-tu plutôt, Gil ?

TIRSO

Gil ? Pourquoi ne parlais-tu pas ?

GIL

Comment ! plutôt ? Mais dès le commencement je vous ai dit : c'est moi (1).

MENGA

Que fais-tu ici ?

GIL

Ne le vois-tu pas ? J'offense Dieu dans le cinquième commandement. Je tue à moi seul plus de gens qu'un médecin et un été joints ensemble.

MENGA

Quel est ce costume ?

(1) Yo soy.

GIL
C'est le diable. J'en ai tué un et j'ai mis son habit.

MENGA
Mais, comment, si tu l'as tué, l'habit n'est-il pas taché de sang ?

GIL
C'est bien simple; il est mort de peur. Voilà l'affaire.

MENGA
Viens avec nous; nous sommes vainqueurs et nous poursuivons les bandits qui ont malheureusement pris la fuite.

GIL
Plus de cet habit, quand je devrais grelotter de froid !
(*Ils sortent.*)

SCÈNE IX

EUSEBIO, CURCIO, *combattant*

CURCIO
Enfin, nous sommes seuls tous deux. Je rends grâces au ciel qui a voulu laisser la vengeance à mon bras et n'a pas remis à un autre le soin de relever mon outrage, ni à une épée étrangère, le soin de te donner la mort.

EUSEBIO
Le ciel n'a pas été, en cette occasion, irrité contre moi, en me faisant vous rencontrer, Curcio, car si votre cœur est venu blessé, il s'en retournera châtié et vaincu. Toutefois, vous m'inspirez je ne sais quel respect qui fait que je redoute moins votre courroux que votre épée; et bien que votre valeur me paraisse à craindre, quand je regarde vos cheveux blancs, eux seuls m'ôtent le courage.

CURCIO

J'avoue à mon tour, Eusebio, que tu as calmé en grande partie la colère que je ressens à te regarder, mais je ne veux pas que tu t'imagines imprudemment que mes cheveux blancs te font trembler quand ma valeur peut le faire. Recommençons le combat ; aucune étoile, aucun signe favorable ne suffiront à me faire renoncer à la vengeance que je tiens. Reprenons le combat.

EUSÉBIO

Moi avoir peur? Vous avez pensé inconsidérément que j'éprouve de la crainte quand c'est du respect. Quoi qu'il en soit, à vous dire vrai, la victoire que je désire, c'est de me voir à vos pieds solliciter mon pardon. J'y dépose cette épée qui a été l'effroi de tant d'autres.   (*Il jette l'épée.*)

CURCIO

Eusebio, tu ne dois pas croire que je veux profiter pour te tuer de l'avantage que tu me donnes. Voici mon épée. (*Il jette son épée.*) (*A part.*) J'évite ainsi l'occasion de lui donner la mort. (*Haut.*) Luttons ensemble à bras le corps.   (*Ils se prennent à bras le corps et luttent.*)

EUSEBIO

J'ignore quel effet vous produisez sur moi : repoussant vengeance et ressentiment, mon cœur s'émeut dans ma poitrine et cherche à passer en larmes dans mes yeux ; dans le trouble profond qui m'agite, je voudrais pour vous venger, me donner la mort. Vengez-vous sur moi, Seigneur, ma vie est à vos pieds.

CURCIO

Le fer d'un gentilhomme, même offensé, ne se tache jamais du sang d'un homme qui se rend. C'est perdre en grande partie sa gloire que de ternir sa victoire en versant le sang.

VOIX (*au dehors.*)

Ils sont de ce côté !

CURCIO

Ma troupe victorieuse vient me chercher pendant que la tienne fuit et cède à la peur. Je veux te donner la vie. Cache-toi. En vain je m'opposerais à la colère vindicative d'une troupe de villageois, et seul tu ne pourrais défendre ta vie.

EUSEBIO

Moi, Curcio, je ne fuis jamais devant le pouvoir d'un autre, quoique j'ai tremblé devant le vôtre. Si ma main reprend cette épée, vous verrez combien ma valeur, qui me manque contre vous, me restera contre vos gens.

SCÈNE X

OCTAVIO, GIL, BRAS *les Autres Villageois*,
LES MÊMES

OCTAVIO

Du plus profond de la vallée à la plus haute cime de la montagne, il n'en est pas resté un vivant. Eusebio seul s'est échappé, car ayant pris la fuite...

EUSEBIO

Tu mens ! Jamais Eusebio ne fût lâche.

TOUS

C'est Eusebio ! Qu'il meure !

EUSEBIO

Approchez, villageois !...

CURCIO

Arrête, Octavio, attends...

OCTAVIO

Quoi ! Seigneur, vous qui devriez nous animer, c'est vous qui nous retenez !

BRAS

Vous protégez un homme qui, dans votre sang et dans votre honneur, a porté le sang et le déshonneur !

GIL

Un homme dont l'audace a ravagé toute cette montagne, qui, dans le village n'a laissé sans y goûter, ni un melon, ni une fille ? Il a tué tant de monde ! Comment le défendez-vous ?

OCTAVIO

Que dites-vous, Seigneur ? Que prétendez-vous ?

CURCIO

Attendez ! Ecoutez ! — Triste événement ! — Ne vaut-il pas mieux le prendre et l'amener à Sienne ? Rends-toi, Eusebio. Je te promets et te donne ma foi de gentilhomme que, bien que partie, je serai ton avocat.

EUSEBIO

Je me rendrais à Curcio seul, mais à mon juge, je ne le puis ; pour lui, c'est le respect qui m'inspire, pour l'autre, ce serait la crainte.

OCTAVIO

Mort à Eusebio !

CURCIO

Fais attention !

OCTAVIO

Quoi ! vous le défendez ! Est-ce que vous trahissez la patrie ?

CURCIO

Moi, traître ?... Pour qu'ils m'insultent de la sorte, pardonne-moi, Eusebio ; mais je vais être le premier à te donner une aussi triste mort.

EUSEBIO

Retirez-vous de devant moi, Seigneur ; votre vue me trouble. En vous voyant, je ne doute pas que vos gens ne vous regardent comme mon bouclier. (*Ils l'attaquent tous en même temps et sortent.*)

CURCIO

Ils l'entourent de près ! Oh ! qui pourrait te donner la vie, Eusebio, même aux dépens de la mienne ! Criblé de blessures, il est entré dans la forêt ; il recule, il descend précipitamment vers la vallée. Je vole vers lui ; ce sang glacé qui m'appelle d'une voix faible, a quelque chose de moi. Un sang qui ne serait pas le mien, ne me ferait pas d'appel et ne serait pas entendu de moi !

(*Il sort.*)

MÊME DÉCOR QU'A LA SCÈNE DE LA PREMIÈRE JOURNÉE

SCÈNE XI

EUSEBIO, *tombant du haut d'un rocher*

EUSEBIO

Précipité du haut de la montagne, incertain de la vie, je vois que la terre me manque pour y tomber mort. Mais si je me rappelle mes fautes, ce n'est pas de perdre la vie que mon âme se tourmente, mais de voir comment avec une seule vie on peut satisfaire à tant de crimes. Cette troupe ennemie se met de nouveau à ma poursuite ; je ne puis lui échapper vivant ; il faut que je tue ou que je meure. Il serait mieux peut-être d'aller dans un lieu où je pourrai demander pardon au ciel ; mais que la croix arrête mes pas ; ainsi ils me donneront un instant, et elle, une vie éternelle. (*Il s'adresse à la croix.*) Arbre, auquel le ciel accorda le fruit véritable pour guérir la plaie du péché, ancienne fleur du nouveau paradis, arc de lumière dont le message sur une mer sans bornes annonça la paix au monde, plante magnifique, vigne fertile, harpe du nouveau David, table d'un second Moïse, je suis un pécheur qui réclame tes faveurs comme une justice, puisque Dieu n'a souffert sur ton bois sacré que pour les pécheurs. C'est à moi que tu dois les honneurs qui te sont rendus, puisque Dieu serait mort pour moi seul, quand il n'y aurait eu personne au monde ! C'est donc pour moi que tu existes, ô croix, car Dieu ne serait pas mort sur toi, si je n'eusse été un pécheur. Ma dévotion innée en moi, ô croix sainte, vous a toujours invoquée avec confiance pour que vous ne permissiez pas que je meure sans confession. Je ne serai point le premier malfaiteur qui, attaché à vos bras, se soit confessé à Dieu ; et, puisque nous sommes déjà deux et que je ne saurais le nier, je réclame aussi ma part dans la rédemption qui, une fois déjà, s'acheva sur vous. Lisardo, lorsque, offensé par toi, je pouvais te tuer, je t'emportai dans mes bras et te mis en mesure de te confesser avant qu'achevassent de se dénouer, en de courts instants, les derniers liens de ta vie. Et maintenant je me souviens aussi de ce vieillard qui, sans doute, est mort. Je réclame votre compassion à tous deux... Songe, Lisardo, que je meurs ; songe, Alberto, que je t'appelle !

SCÈNE XII

CURCIO, EUSEBIO

CURCIO

Il doit être de ce côté.

EUSEBIO

Si vous venez pour me tuer, vous aurez peu de peine de m'ôter une vie que je n'ai déjà plus.

CURCIO

Quel cœur de bronze ne serait touché de voir tant de sang répandu! Eusebio, rends ton épée.

EUSEBIO

A qui?

CURCIO

A Curcio.

EUSEBIO

La voici. (*Il la lui donne.*) Et moi-même, à vos pieds, je demande pardon de cette injure passée. Je ne puis parler. Une profonde blessure m'enlève le souffle et la vie, et répand sur mon âme l'horreur et l'épouvante.

CURCIO

Je suis tout ému. Y aurait-il encore quelque moyen de te porter remède?

EUSEBIO

Je crois que le meilleur médecin pour l'âme est le divin médecin du ciel.

CURCIO

Où est la blessure?

EUSEBIO

A la poitrine.

CURCIO

Laisse-moi y porter la main pour voir si le souffle résiste encore. Ah! malheureux que je suis! (*Il examine la blessure et découvre la croix.*) Quelle est cette belle et divine empreinte? En la reconnaissant toute mon âme s'est troublée.

EUSEBIO

Ce sont les armes que me donna la croix au pied de laquelle je naquis. Je ne sais pas autre chose de ma naissance. Mon père, que je n'ai point connu, me refusa un berceau. Sans doute il pressentait combien je devais être méchant. Je suis né ici.

CURCIO

Et c'est ici que ma douleur égale mon contentement, que ma joie égale mon regret. Effet d'une destinée à la fois douce et cruelle! Ah! mon fils, j'éprouve à te voir autant de bonheur que de peine! Tu es, Eusebio, mon fils, si j'en juge par tant de signes, et c'est justement que je m'afflige, puisque je ne te retrouve que pour te voir mourir. Mais je recueille de tes paroles ce que mon cœur avait deviné. Ta mère te déposa ici même où je te retrouve... Le ciel m'a puni où j'ai commis ce crime. Ce lieu est témoin de mon égarement. Mais quel plus grand indice que cette croix si semblable à celle de Julia! Ce n'est pas sans un mystérieux dessein que le ciel vous marqua tous deux pour un prodige offert à la terre!

EUSEBIO

Je ne puis parler, ô mon père! Adieu! un voile funèbre couvre mes yeux et la mort me refuse, dans son rapide passage, la voix pour te répondre, la vie pour te connaître, l'âme pour t'obéir. Déjà je sens le coup terrible, déjà arrive le moment fatal! Alberto!...

CURCIO

Il me faut pleurer mort celui que j'ai détesté vivant !

EUSEBIO (*appelant.*)

Alberto ! Alberto !

CURCIO

O moment terrible ! Poursuite injuste !

EUSEBIO

Alberto ! Alberto ! (*Il meurt.*)

CURCIO

Déjà d'une secousse plus violente, il a rendu le dernier souffle. Ah ! que mes cheveux blancs me paient une douleur si grande ! (*Il s'arrache les cheveux.*)

SCÈNE XIII

BRAS, ensuite OCTAVIO, CURCIO, EUSEBIO
mort

BRAS

Vos plaintes sont inutiles ! Quand la fortune inconstante a-t-elle mit votre courage à une telle épreuve ?

CURCIO

En aucune circonstance, sa rigueur n'est arrivée à ce point ! Que mes douleurs embrasent cette forêt puisque les flammes qui coulent de mes yeux sont du feu. Ah ! triste étoile ! ô sort impitoyable ! ô douleur insupportable !... (*Entre Octavio.*)

OCTAVIO

La forturne, Curcio, entasse les maux sur tous autant qu'un infortuné en peut supporter. Le ciel est témoin combien je regrette de vous dire...

CURCIO

Qu'y a-t-il encore?

OCTAVIO

Julia n'est plus dans son couvent.

CURCIO

La pensée même, dis-moi, pourrait-elle par la réflexion inventer une peine aussi cruelle? Ah! mon malheur est affreux, plus affreux encore en réalité qu'on pourrait l'imaginer. Ce cadavre glacé, ce cadavre que tu vois, Octavio, est celui de mon fils. Vois, si, dans une affliction si grande, une seule de ces douleurs, ne suffit pas à faire désirer la mort. O ciel, donnez-moi la patience, ou enlevez-moi une vie accablée par de si cruelles angoisses!

SCÈNE XIV

GIL, TIRSO, Des Paysans, Les Mêmes

GIL

Seigneur!

CURCIO

Y a-t-il une douleur plus cruelle?

GIL

Les bandits, qui ont pris la fuite sous nos coups, reviennent pour vous chercher, encouragés par un démon à face d'homme qui leur cache son visage et son nom.

CURCIO

Les coups qui m'on frappé sont si terribles, que les plus grands maux me sont presque doux. Qu'on enlève le corps d'Eusebio jusqu'à ce que je donne, dans ma douleur, une sépulture honorable à ses cendres!

TIRSO

Comment songez-vous à lui donner la sépulture en lieu saint, quand vous savez qu'il est mort excommunié?

BRAS

Qui est mort de la sorte, ne mérite pour sépulture que le désert.

CURCIO

Oh! vengeance sauvage! L'offense a-t-elle donc tant de pouvoir sur toi, qu'elle persiste au delà du seuil de la mort ? *(Il sort en pleurant.)*

BRAS

Qu'il ait pour tombeau, châtiment exemplaire, le corps des bêtes féroces et des oiseaux de proie !

UN PAYSAN

Qu'il soit précipité de la montagne et, pour plus grande punition, qu'il tombe déchiré en pièces !

TIRSO

Il vaut mieux pour le moment lui donner une sépulture rustique sous ces branchages. *(Ils placent au milieu des rameaux le corp d'Eusebio.)* Voici la nuit qui arrive enveloppée dans son ténébreux linceul. Gil, reste ici, près de lui, dans la forêt, et que ta voix nous avertisse si quelques-uns des fuyards revenaient.

(Ils s'en vont.)

GIL

Ils sont joliment tranquilles! Ils enterrent Eusebio par là et me laissent seul ici. « Seigneur Eusebio, rappelez-vous, s'il vous plaît, que j'ai été un moment votre ami ». Mais qu'est cela? Ou mon désir me trompe, ou je vois beaucoup de monde de ce côté?...

SCÈNE XV

ALBERTO, GIL, EUSEBIO *mort*

ALBERTO

Je reviens de Rome; avec l'arrivée silencieuse de la nuit, je me suis une fois de plus perdu dans la forêt. C'est ici l'endroit où Eusebio me fit grâce de la vie; et je crains de ses compagnons quelque mauvais parti.

EUSEBIO

Alberto!

ALBERTO

Quel est ce souffle d'une voix affaiblie qui, prononçant mon nom, est parvenu à mes oreilles?

EUSEBIO

Alberto!

ALBERTO

J'entends encore prononcer mon nom; il me semble que c'est de ce côté; allons voir!

GIL

Dieu saint! C'est Eusebio! Ma frayeur redouble!

EUSEBIO

Alberto!

ALBERTO

Mais la voix est proche! O voix qui te perds dans le vent et prononce mon nom, qui es-tu?

EUSEBIO

Je suis Eusebio. Approche, Alberto, de ce côté où je suis enseveli et soulève ces branchages. Ne crains rien.

ALBERTO

Je n'ai pas peur.

GIL

Moi, oui ! (*Alberto découvre Eusebio.*)

ALBERTO

Te voilà à découvert. Dis-moi, au nom de Dieu, ce que tu désires.

EUSEBIO

Au nom de Dieu, Alberto, ma foi t'appelle, afin qu'avant de mourir, tu entendes ma confession. Il y a quelques instants que je serais mort ; mais mon cadavre est resté indépendant de mon âme, et la mort, en la frappant, ne lui en a retiré que l'usage, mais ne l'en a pas séparée. (*Il se lève.*) Viens, Alberto, que je puisse confesser mes péchés. Ils sont plus nombreux que les sables de la mer, que les atomes que fait briller le soleil. La dévotion à la croix a ce pouvoir sur le ciel.

ALBERTO

Toutes les pénitences que j'ai faites jusqu'à ce jour, je te les abandonne afin qu'elles te soient comptées pour tes fautes. (*Eusebio et Alberto s'éloignent.*)

GIL

Grand Dieu ! il marche sur ses pieds et pour le mieux voir le soleil découvre ses rayons. Je vais le dire à tous.

SCÈNE XVI

JULIA, quelques BANDITS, puis CURCIO
PAYSANS, GIL

JULIA

Maintenant que la victoire les laisse sans défiance dans les bras du sommeil, profitons de l'occasion favorable.

UN BANDIT

Si vous voulez les surprendre au passage, prenez par ici car ils viennent de ce côté. (*Entrent Curcio et les paysans.*)

CURCIO

Je dois être immortel, puisque la douleur ne me tue pas au milieu des maux qui m'accablent.

GIL

Il y a du monde de tous les côtés ! Apprenez de ma bouche l'événement le plus étonnant que vit jamais le monde. Eusebio s'est relevé du lieu où il avait été enterré, appelant à grands cris un prêtre : mais pourquoi vous raconter ce que tous vous pouvez voir ? Regardez avec quelle dévotion il est agenouillé !

CURCIO

C'est mon fils ! Dieu puissant ! Quelles merveilles !

JULIA

Qui a jamais vu pareil prodige !

CURCIO

Alors que le saint vieillard a achevé la formule de l'absoudre, pour la seconde fois Eusebio est tombé mort à ses pieds.

SCÈNE XVII

ALBERTO, Les Mêmes

ALBERTO

Parmi toutes ces merveilles, que le monde célèbre la plus grande attestée par ma voix ! Après la mort d'Eusebio, le ciel a laissé son âme en dépôt dans son cadavre jusqu'à ce qu'il se soit confessé. Tant a de puissance auprès de Dieu la dévotion à la croix.

CURCIO

Hélas ! fils de mes entrailles ! Il n'est pas malheureux celui qui, dans une mort tragique, a mérité de si glorieuses faveurs. Puisse Julia se repentir de ses fautes !

JULIA

Dieu me protège ! Qu'ai-je entendu ? Quel est ce prodige ? Je suis celle qui était fiancée à Eusebio et je suis sa sœur ! Que Curcio, mon père, que le monde entier, que tous aujourd'hui apprennent mes fautes criminelles ; moi-même, épouvantée par tant d'horreurs, je parlerai haut. Que tous les vivants sachent que je suis Julia, au nom impie, et des perverses la pire ! Mais puisque mon péché a été public, ma pénitence sera aujourd'hui publique ; et je demande un humble pardon au monde de mes mauvais exemples et à Dieu de ma vie mauvaise.

CURCIO

Oh ! prodige de méchanceté ! Je te tuerai de mes mains pour qu'horribles soient ta vie et ta mort.

JULIA

Protégez-moi, croix divine, et je vous fais serment de retourner au couvent et de faire pénitence de mes égarements.

(Au moment où Curcio va la frapper, elle embrasse la croix qui était sur la tombe d'Eusebio et disparaît.)

ALBERTO

Grand miracle !

CURCIO

Avec ce dénouement admirable, l'auteur achève heureusement *la Dévotion à la Croix !*

FIN DE LA DÉVOTION A LA CROIX

LE TISSERAND DE SÉGOVIE

(EL TEJEDOR DE SEGOVIA)

PERSONNAGES

LE ROI DON ALPHONSE.
DON FERNAND RAMIREZ.
BERTRAND RAMIREZ, son père.
LE MARQUIS SUERO PELAEZ.
LE COMTE JULIEN, son fils.
BERMUDO, serviteur,
DON GARCERAN DE MOLINA.
DOÑA ANNA RAMIREZ, sœur de don Fernand.
DOÑA MARIA LUJAN.
LÉONOR,
MENCIA,   } suivantes.
THÉODORA,
UN JUGE.
EPHRAIM,
MUSAF,   } mores.
PEDRO ALONSO, vieillard.
UN DOMESTIQUE.
UNE SERVANTE.
GARDES DU ROI (monteros de Espinosa).

HALLEBARDIERS, SOLDATS, MAÇONS, DOMESTIQUES, TISSERANDS
(Hommes et Femmes)

XIVe SIÈCLE

NOTICE

La facilité d'inventions est la marque caractéristique de Lope de Vega. L'imitation orientale dans l'image, l'extraordinaire dans les situations sont le propre de Calderon. Moins fécond, moins prolixe, Alarcon s'attache à l'action; il est plus précis, ne s'attarde qu'accidentellement aux métaphores audacieuses, se laisse emporter par la loi du hasard, et mêle à ses fictions des jeux de scène coupés de réflexions philosophiques. « Pendant son vivant, dit un Espagnol, on ne craignait pas de s'attribuer ses œuvres après sa mort, personne ne se rappelle son nom, si ce n'est quelques gens de lettres. »

Le *Tisserand de Ségovie* semble se rapporter à une tradition commune aux familles Vargas et Pelaez. Cervantès s'occupe de la famille noble de Vargas dans la première partie de son *Don Quichotte* (1). Quant aux traîtres Pelaez, ils jouent un mauvais rôle dans les romances relatifs au Cid.

Le *Tisserand de Ségovie* comporte deux drames; et tous deux, de passion et d'action, sont peints à fresque. Ils frappent les sens; ils émotionnent. Le second, appartient à Alarcon. La paternité du premier lui est refusée par nombre de critiques qui ne manquent pas de bonnes raisons à l'appui de leur thèse. Don Eugenio Hartzenbusch a serré la question de près. Il s'appuie sur la différence des noms, des personnages dans les deux parties; la disparité des caractères, du style, le changement des faits, les contradictions dans l'action, etc... Cependant, ces deux pièces offrent un si puissant intérêt que nous n'avons pas cru pouvoir présenter la seconde en la séparant de la première.

Notre avis est que, sur l'argument des aventures de Don Fernand Ramirez Vargas, une comédie avait été anciennement écrite. De cette version Alarcon tira son drame, de même que l'inconnu qui composa la première partie du *Tisserand de*

---

(1) Diego Pérez de Vargas était surnommé *Machuca*. — V. Ch. VIII, p. 126 trad. L. Viardot. (Librairie Paulin, Paris, 1836.)

Ségovie. Cette partie, qui est une pièce complète, comporte de belles situations, des traits magnifiques, gâtés seulement par quelque cultisme : les octaves de la bataille et aussi un langage peu châtié.

M. Hippolyte Lucas a écrit, en vers, une imitation du *Tisserand de Ségovie*, jouée avec grand succès par l'acteur Ligier. M. Hippolyte Lucas, tout comme M. Alphonse Royer, qui a traduit quelques pièces d'Alarcon et de Tirso de Molina s'était pris d'une vive affection pour le théâtre espagnol. Il est regrettable qu'il n'ait pas eu des imitateurs et des continuateurs. Le théâtre espagnol est une mine riche et féconde. On y peut puiser largement. Il n'y faut pas chercher le poli et le fini, selon notre goût, mais des idées et des situations.

Les auteurs du xviie siècle tendaient avant tout à amuser et à distraire le public. Le théâtre était très suivi et l'une des principales raisons en était la modicité du prix des places. Le hollandais Aarsen, qui voyageait à cette époque en Espagne, écrit : « Pour comédies ordinaires, nous avons ici deux théâtres où l'on joue tous les jours. Les comédiens ne prennent pour eux qu'un sol et demi environ par personne; autant en donne-t-on pour l'hospital; et après, pour monter aux bancs, on donne environ deux sols, qui sont pour la ville à qui appartiennent les théâtres; pour s'associer, il en coûte sept sols de France, tellement qu'en tout, la comédie coûte près de quinze sols. »

LE TISSERAND DE SÉGOVIE

PREMIÈRE PARTIE

ACTE PREMIER

GRANDE SALLE DANS LE PALAIS DU ROI

SCÈNE I

LE ROI, BERTRAND RAMIREZ *au dedans*, puis EPHRAIM, MUSAF GARDES DU ROI

LE ROI (*au dedans.*)

Ciel ! Je suis mort !

BERTRAND (*au dedans.*)

Tuez-les !

EPHRAIM (*au dedans.*)

Fuyons !

BERTRAND (*au dedans.*)

Gardes, poursuivez-les !

(Ephraïm et Musaf vêtus comme des chrétiens entrent en courant.)

MUSAF

Ephraïm, il faut mourir et se taire, puisque notre dessein a mal tourné !..

PREMIER GARDE (*au dedans.*)

Ah ! traîtres !

EPHRAIM

Pour notre salut, Musaf, laisse tomber le poignard et les lettres.

(Ephraïm et Musaf sortent. Les gardes, l'épée nue, se précipitent.)

DEUXIÈME GARDE

Suivons leurs traces ! Par ici (1).

(Les gardes s'éloignent.)

SCÈNE II
BERTRAND RAMIREZ

Des traîtres parmi de loyaux Castillans ! Qu'est-ce à dire ? Oh ! mon bras, en cette occurrence, tu montres combien j'ai vieilli ! Qu'on les poursuive, qu'on sache quels sont ceux qui ont porté une main criminelle sur la poitrine royale, qui ont osé se servir d'un fer déloyal... Mais ici le poignard perfide leur a échappé, je vois des papiers... témoins sacrilèges du crime... (*Il ramasse le poignard et les lettres.* — *Il lit :*) « Au marquis Suero « Pelaez et en son absence — je frémis ! — au comte « Julien, son fils notre ami. »... Ceux qui accomplirent une telle infamie, un crime si odieux étaient porteurs de lettres pour le Marquis ou pour le Comte ? C'est là qu'est le mystère !... Voyons qui a écrit... La signature d'Ayataf, roi de Tolède !... Dieu me soit en aide !... Des gentilshommes bons chrétiens correspondre avec les Mores !... Ah ! les pervers, les félons !... Ils sont complices !... Ils s'entendent avec les infidèles !... J'en perds l'esprit... Ah ! chevaliers ingrats envers le meilleur, le

(1) *Nos os ha de valer el viento.* — Mot à mot : Il nous faut valoir le vent.

plus juste des rois que le bronze rendra immortel et le marbre éternel... Mais une si horrible action, un crime si monstrueux, inexcusables même envers un Denis ou un Maxence, peuvent-ils être imputés au Comte, au Marquis ?... Non. C'est impossible !.. Je me refuse à le croire... Le Marquis se dirige de ce côté... Je garderai la lettre, la déchirerai... Mais puisque un cœur noble peut être le jouet d'une trop vive imagination, je la lui montrerai... je ne saurais croire à la trahison du Marquis... ce serait trouver des taches au soleil.

SCÈNE III

LE MARQUIS, BERTRAND

LE MARQUIS (*à part.*)

Mon projet va être découvert. Les assassins, dans la crainte de la mort, vont dévoiler mes traités, mes conventions avec Abenyataf... Voici le gouverneur... Feignons d'ignorer l'événement...(*Haut.*) Que se passe-t-il, Seigneur gouverneur ?

BERTRAND

Marquis, ceci vous regarde. (*Il lui remet les lettres.*) Ces papiers vous sont adressés... Je ne comprends rien à cela... Interrogez-vous et répondez à vous-même.

LE MARQUIS (*lisant la suscription.*)

« Au marquis Suero Pelaez et en son absence, au Comte...» (*A part.*) Oh ! ciel !

BERTRAND

Regardez maintenant le cachet.

LE MARQUIS

« Ayataf, roi de Tolède. » (*A part.*) Je suis perdu !

BERTRAND

Les deux traîtres se sont enfuis; ils ont laissé tomber ces lettres et ce poignard... pour s'alléger!... Je les ai ramassés. J'ai vu que ces papiers vous étaient destinés, et je les remets entre vos mains. Vous les examinerez, et vous apprécierez en mon absence, et mon amitié et mon silence.

LE MARQUIS

Considérez, Bertrand Ramirez, qu'abandonner entre mes mains ces preuves de trahison, c'est dire que je suis coupable.

BERTRAND

A Dieu ne plaise que je vous attribue de si atroces desseins! Vous êtes un modèle d'honnêteté et de droiture (1). Je crois plutôt au fait de quelque vil paysan asturien d'Oviedo qui chausse des sandales et manie l'épieu.

LE MARQUIS (*montrant les papiers.*)

Ceci est l'œuvre d'ennemis cachés, jaloux de mon avancement. Pour les envieux, la faveur est une injure. On veut me perdre auprès du Roi, obscurcir de sombres taches l'éclat de ma loyauté. Le soleil qui se lève de sa couche de neige, de pourpre et d'or, n'est pas plus resplendissant, plus magnifique que la droiture de mon âme. A moi, des lettres du More?... Moi, traiter avec lui?... Ah! féroces serpents qui, vous cachant parmi les fleurs de la louange, distillez les poisons de l'envie, vous empoisonnez l'honneur! Je veux garder cette enveloppe, sa vue abaissera ma fierté et mon orgueil : « Ceci, dirai-je, est ta punition, ô envie! ceci est ton frein, ô faveur! » Bertrand, puisque le ciel vous a fait aussi par-

---

(1) ..... *que sois espejo*
De lealtades y virtudes.
Littéralement : — Vous êtes un miroir de loyauté et de vertu.

fait, aussi grand en vertus héroïques qu'en sage entendement, comprenez bien que tout ceci n'est que le fait de l'envie ; je suis à votre merci, défendez-moi. Gardez ce vil poignard et ces papiers préparés comme la robe de Déjanire pour triompher de la vertu. Quand les Grecs représentaient Hercule dévoré par les flammes, ils rendaient tangibles les actes de ce genre. Que ces objets soient détruits par vous ! Ainsi ma loyauté s'augmentera par votre discrétion.

BERTRAND

Marquis, je promets de faire pour vous tout ce qui est en mon pouvoir. Agissez de même pour qu'il y ait entier accord entre nous. Comme moi, vous êtes loyal et vaillant ; vous regardez Alphonse comme l'image de Dieu et le centre où convergent toutes les vertus ; vous le tenez pour un Roi juste, bon, équitable. Tous deux nous ne saurions avoir de mauvaises pensées (1). S'il n'en était pas ainsi, Marquis, notre entente serait une monstruosité !

(Il sort.)

SCÈNE IV

LE MARQUIS, *seul*

Que grande est ma confusion ! Ma trahis n est découverte. Que dois-je faire ? Je suis perdu. O papier qui dérange tous mes projets, qui met fin à mes espérances ! Je veux te détruire par morceaux. *(Il mange l'enveloppe.)* Pourquoi chacune de ces lignes, chacune de ces

---

(1) *Y de esta suerte los dos*   Litt.— Et de cette sorte les deux
Un angel engendraremos ;   Un ange nous engendrerons ;
Porque de no ser asi,   Parce que de ne pas être ainsi,
Podra de nuestro concierto,   Il pourrait de notre concert,
Marques, engendrarse un monstruo Marquis, s'engendrer un monstre
De dos caras y dos cuerpos.   A deux faces et à deux corps.

lettres ne sont-elles pas un poison? Je ne sais que combiner, je ne sais quel parti prendre! Et si Bertrand Ramirez allait ne pas garder le secret? Il n'y a plus d'Ephestion et je ne suis pas Alexandre. Il faut que je garde la vie, la faveur, l'honneur! Mon nom doit être éternellement illustre en Castille... Enfin, je ne puis pas faire moins que poursuivre mes machinations. Je n'ai pas d'autre ressource!...

SCÈNE V

LE ROI, LE COMTE, GARDES, LE MARQUIS

PREMIER GARDE

Le peuple vengeur, dans sa colère terrible, ne nous a permis d'amener vivant aucun des deux assassins.

LE ROI

J'aurais voulu savoir celui qui conçut un dessein aussi sacrilège.

DEUXIÈME GARDE

La chose est terrifiante!... En un instant, les deux hommes ont été réduits en miettes, tant était grande la foule qui s'est précipitée sur eux. C'étaient deux Mores déguisés, et qui se croyaient en sûreté sous leurs vêtements.

LE ROI

C'étaient des Mores?

PREMIER GARDE

Pendant leur supplice barbare, ils ont crié qu'ils

étaient Mores ; mais ils se sont tus sur les motifs qui les avaient guidés (1).

LE MARQUIS (*à part.*)

Que le gouverneur me pardonne, si tout ceci tourne à mon profit! (*Haut.*) Sire?

LE ROI

Ami Marquis, vous n'avez pas été témoin de cet événement? J'étais dans ma chambre et je croyais que la loyauté castillane et la vaillance de cette ville suffisaient à garder ma porte, quand j'ai vu sur ma poitrine reluire deux poignards. — O trahison inattendue, à laquelle j'ai peine à croire! — Je pousse un cri... Et, aussi courageux que fidèles, mes gardes accourent. Les assassins prennent peur ; ils tentent de se sauver et ne me font aucun mal. Ils fuient ; on court après eux ; le peuple les saisit et les met en pièces. Marquis, voyez si cet attentat méritait ce châtiment!

LE MARQUIS

Qu'est-ce qui vous préoccupe?

LE ROI

C'est de ne rien savoir.

LE MARQUIS

Si vous permettez?...

LE ROI

Parlez.

LE MARQUIS

Si vous me permettez d'éclaircir le fait... Mais il s'agit de choses bien graves!

---

(1) *Que eran Moros dijeron*
Y en declarar su intento piedras fueron

Littéralement — Qu'ils étaient Mores ils dirent
Et à déclarer leur motif, de pierres ils furent.

LE ROI

Cela veut dire, Marquis, que vous êtes au courant de certaines choses, et que vous voulez me les cacher. Parlez, sans quoi je penserai que vous êtes un traître.

LE MARQUIS

La raison de ce vil attentat, le gouverneur vous la dira, dès qu'on aura vu ce qu'il a sur la poitrine.

LE ROI

Que signifie ?

LE MARQUIS

Bertrand Ramirez est mon ami. Mais, puisqu'il s'agit de votre personne, les lois de l'amitié n'existent plus. La vie d'un roi est au-dessus de tout!

LE ROI

Bertrand Ramirez a tramé cette conspiration?...

LE MARQUIS

En usant de diligence, on aura la preuve de cet acte déloyal.

LE ROI

Dieu me garde ! Qu'on le conduise devant moi !

LE COMTE (*à part au Marquis.*)

Seigneur, qu'allez-vous faire ?

LE MARQUIS (*au Comte.*)

Je veux nous sauver, c'est l'essentiel.

LE ROI

Est-il possible que le gouverneur soit un traître? Moi qui lui confiais la garde de ma personne? Cela ne saurait être; et, pourtant, l'ambition grandit avec la faveur !

SCÈNE VI

BERTRAND RAMIREZ, Les Mêmes

BERTRAND
Sur moi des mains audacieuses ?

PREMIER GARDE
Son Altesse...

BERTRAND
Il suffit...

DEUXIÈME GARDE
Seigneur...

BERTRAND
Rustres, assez de grossièretés.

LE ROI
Moins de colère, Bertrand, contre mes gardes; c'est ainsi qu'on commence à perdre le respect et les égards qu'on doit au Souverain. Qui s'attaque à eux s'attaque à moi.

BERTRAND
Moi, Sire?

LE ROI (*aux gardes.*)
Qu'on fouille sa poitrine !

BERTRAND (*à part.*)
Je soupçonne le crime et la trahison. Le Marquis a voulu me convaincre de son infamie, mais la vérité divine est une source de lumière qui éclaire le soleil; même, quand des nuages la voilent, elle se dégage de l'horizon enflamboyé et emplit le ciel. (*On le fouille et on trouve deux lettres et un poignard.*)

PREMIER GARDE
Il a deux lettres sur la poitrine.

DEUXIÈME GARDE
Et à la ceinture un poignard sans fourreau.

BERTRAND
Les traîtres rendent toujours le mal pour le bien.

LE ROI
Je commence à douter. Donnez-moi ces lettres.

BERTRAND
Ainsi ferai-je ; mais que le Marquis vous remette leur enveloppe. Bien que ces lettres soient sur une poitrine, sans tache comme le soleil, l'adresse fera connaître à qui elles ont été écrites ; elles sont les enfants trouvés de qui conçut la trahison et la convoitise et les abandonna à ma porte ! Un cœur généreux, incapable de telles machinations les remit, mais ces fils étrangers, se dressent en serpents contre lui, audacieux, sanguinaires. Ils menacent son honneur. N'importe ! leur père est bien connu...

LE ROI
Montrez-les !

BERTRAND
Elles n'ont pas d'adresse, Sire ; elles sont écrites à deux traîtres, par un More sans foi, sans honneur.

LE MARQUIS
Gouverneur, sans preuves tu cherches à convaincre Son Altesse ; et, en déguisant la vérité, tu veux cacher tes projets. La persuasion est inutile alors que les deux lettres trouvées sur toi, à ta honte, suffisent pour te démentir. Elles diront elles-mêmes, malgré tes belles paroles, qu'elles sont destinées à deux traîtres : à Bertrand et à Fernand.

BERTRAND
Marquis, vous êtes mieux que personne au courant.

LE MARQUIS

La vérité seule me guide ! Vous êtes père, et vous avez un fils...

BERTRAND

Ainsi, nous sommes deux contre deux.

LE MARQUIS

Je vous abandonne les lettres que vous cachiez !

BERTRAND

Pour ne pas me trouver dans cette situation, j'aurais pu manger ces lettres comme quelqu'un a mangé l'enveloppe.

LE ROI

Assez ! Ma raison et ma patience se révoltent... Ne suffit-il pas d'avoir trahi sans invoquer la trahison des autres pour se défendre ?...

BERTRAND

Je suis loyal, je suis...

LE ROI

Assez !

BERTRAND

Non, ce n'est pas assez ! L'honneur est en jeu ; un traître me brave et me tient tête...

LE ROI

Vit-on jamais plus grande audace !

LE MARQUIS

Est traître qui l'est.

BERTRAND

Le Marquis parle fort bien.

LE MARQUIS (*à part.*)

Mon projet réussit à souhait !...

LE ROI (*lisant.*)

« Ami et allié, que le Grand Prophète vous élève ! Je vous adresse deux officiers, choisis dans mon royaume pour l'exécution de ce qui est convenu. Ils trouveront l'occasion que nous souhaitons, parce qu'ils sont sans crainte ; le tyran mort, je conquerrai, avec votre aide, le royaume de Castille. Notre pouvoir vient de Dieu. Qu'Allah vous garde ! — *Tolède, le second jour de la lune de mars.* » (*Le Roi lit la seconde lettre.*) « Fils d'un illustre père, qu'Allah réalise tes désirs ! Les officiers te remettront cette missive. L'armée est prévenue et Mahomet t'assure ce r yaume ! — *Tolède, dans la demi-lune de mars.* — AYATAF, *roi de Tolède* ». — Marquis, je ne puis croire à tant de perversité, malgré ce que je viens de lire. Mais, puisque j'en ai la preuve, je ne n'ai plus rien à voir ! La trahison chez un noble, un chrétien !... S'obliger doublement au crime ! Vendre sa patrie, assassiner son Roi !... Non, c'est impossible !... Et, pourtant, la raison a manqué à un ingrat, infidèle à la faveur que je lui prodiguai. Révolté contre moi, il tente d'être un autre Lucifer ; dans son orgueil, sa folie, il veut, cet arrogant, ce traître, défaire celui qui l'a fait, oubliant qu'il est sa créature !... Lorsque cette trahison sera châtiée, il y aura, dans ma justice, un archange Michel qui lui dira : « Qui peut égaler le Roi ? » Il verra, pour son malheur, celui qui, sans loyauté, sans honneur et sans foi, croyait remplacer son bienfaiteur ; que si un geste l'a élevé, un autre geste l'a anéanti (1). Qu'on le conduise à la tour du palais !...

BERTRAND

Sire...

---

(1) *Que si un pié le hizo hechura*   Litt. — Que si un pied le fit créature
Le deshizo un pantapié...   Le défit un coup de pied.

LE ROI
Tais-toi ! Ta bouche est une caverne de perversité...
BERTRAND
Mon innocence, ma loyauté triompheront...
LE ROI
Comment, misérable ! tu essaies de te disculper et les cautions que tu présentes sont les preuves de ton crime ?...
BERTRAND
Je marche innocent à la mort ! Vos paroles sont inspirées par le Marquis ; c'est à lui que je réponds. Il est seul coupable ; et par une épouvantable fatalité, vous le disculpez, et c'est moi que vous châtiez (1).

(Les gardes l'emmènent.)

SCÈNE VII

LE ROI, LE MARQUIS, LE COMTE, Gardes

LE MARQUIS
C'est assez ! Il voudrait se décharger sur moi de sa trahison...
LE ROI
Marquis, vous vivez en ma faveur quand un fou va mourir !... Aujourd'hui, votre vertu se revêt de la majesté castillane. Comme le Phénix que vous faites

---

(1) *Eco de su acento soy,*   Litt. — L'écho de son accent je suis,
    Solo en responderte peco,   Seulement de te répondre je pêche,
    Viendo el rigor de este trueco ;   Voyant la rigueur de cet échange ;
    Y así, en el rigor atroz   Et ainsi dans la rigueur atroce,
    En él disculpas la voz   En lui tu disculpes la voix
    Y en mi castigas el eco.   Et en moi tu châties l'écho.

oublier et qui renaît plus brillant le matin, vous entrez dans l'éternité avec des ornements d'or et de pourpre.

LE MARQUIS

Sire, que de bonté !

LE ROI

Le comte avec mes gardes, va se rendre à la maison de ce misérable qui répondait ainsi à mon affection ; il m'apportera de suite ses papiers, ses lettres les plus intimes, tout ce qui peut montrer les menées de sa trahison. Qu'on n'oublie pas de fouiller les coffres les plus cachés ! Que ses biens soient confisqués... que sa fille, ses serviteurs soient emprisonnés, afin que je sois entièrement éclairé !...

LE COMTE

J'exécuterai, Sire, tout ce que, dans sa justice, m'ordonne Votre Altesse.

LE ROI

Agissez avec discrétion.

LE MARQUIS

Nous sommes à vos pieds.

LE ROI

Marquis, je vous dois la vie ! Bertrand me doit sa tête...

(*Le Roi sort.*)

SCÈNE VIII

LE MARQUIS, LE COMTE, Gardes

LE COMTE

Le Roi s'éloigne bien disposé.

LE MARQUIS

Et maintenant, il importe que les preuves de la trahison soient augmentées pendant que le gouverneur, en prison, voit ternir son honneur. On ignore notre accord avec le More. Nous perdrons Bertrand avec d'autres lettres!...

LE COMTE

On peut les montrer d'autant mieux que, pour plus de sûreté, nous avons eu soin que le More, en écrivant, ne nommât ni Comte, ni Marquis.

LE MARQUIS

Ces lettres rendront la chose vraie; emporte-les pour que, réunies là-bas, on les remette au Roi et on fortifie sa colère!...

LE COMTE

Tout artifice est adresse.

LE MARQUIS

Si nos efforts réussissent, ce qui est aujourd'hui pour toi, Seigneurie, demain deviendra Grandesse!

(Ils sortent.)

CHAMBRE DANS LA MAISON DE BERTRAND RAMIREZ

SCÈNE IX

BERMUDO *en soldat*, LÉONOR, puis ANNA,
puis MENCIA

BERMUDO

Nous nous verrons plus à l'aise. J'ai maintenant à parler à notre maîtresse.

LÉONOR

Tu arrives à propos, Bermudo! Mon amour ressent une vive joie...

BERMUDO

J'en suis heureux pour toi (1). — Où est Madame?

LÉONOR

Elle s'habille. — Mais elle t'a entendu.

ANNA (*entrant.*)

Ce serait rigueur injuste de ne pas venir te voir.

BERMUDO

Donnez-moi votre main, Madame.

ANNA

Mon frère enfin arrive-t-il, Bermudo?

BERMUDO

Victorieux, superbe, vaillant! avec cent mores et moresques qui vous serviront de tapis... Vous ignorez donc ses succès?

---

(1) *Muestren tus brazos el gusto.* — Mot à mot : Tes bras montrent du goût.

ANNA

Et quand fait-il son entrée à Madrid?

BERMUDO

Demain matin.

LÉONOR

Ce sera un grand jour.

BERMUDO

C'est avec le même apparat que le Cid avait coutume d'entrer à Burgos. La cour admirera les dépouilles des barbares...

ANNA

Tant de regards le rendront orgueilleux (1).

BERMUDO

Demain matin aura lieu le triomphe. Avec mon maître viendra don Garceran de Molina, gentilhomme de ses amis que le roi d'Aragon envoya à la bataille pour commander ses soldats.

ANNA

Léonor, suis-je bien coiffée?

LÉONOR

Si bien qu'on dirait le soleil.

BERMUDO

Et le gouverneur, mon Seigneur?

ANNA

Il vient rarement du palais à sa maison; c'est la preuve de la faveur et de la privauté dont il jouit.

BERMUDO

C'est ainsi qu'en s'élevant on se fait rare; mais la

(1) *Pavon le haran tantos ojos.* — Mot à mot: Paon le feront tant d'yeux.

privauté la meilleure est de se priver des privautés de la faveur.

ANNA

C'est bien parler! (*A Léonor.*) Approche ce miroir. Je voudrais que mon père prît sa retraite; il est bien vieux pour se donner tant de souci.

BERMUDO

Laissez la Castille s'honorer d'un favori si généreux ; celui qui ne sait pas donner est abattu ou humilié.

(*Grand bruit au dehors. Entre Mencia.*)

ANNA

D'où vient, Mencia, ce bruit épouvantable et cette rumeur insolite ?

MENCIA

Je n'ose vous dire ce qui advient.

ANNA

Explique-toi.

MENCIA

Ah! grand Dieu!

ANNA

Qu'as-tu ?

MENCIA

La grande allée, les deux cours et le vestibule de la maison sont remplis de gens armés; ils ont repoussé les domestiques et osent monter jusqu'ici. (*Elle sort.*)

ANNA

Des hommes armés dans ma demeure? Du bruit ici? Ici des soldats? Qu'on me donne l'épieu!

(*Bermudo lui remet l'épieu.*)

SCÈNE X

LE COMTE, MENCIA, Gardes & Serviteurs
au dehors, Les Mêmes

LE COMTE (*au dehors.*)
Brisez ces portes et entrez.

MENCIA (*au dehors.*)
Seigneur, considérez...

LE COMTE (*au dehors.*)
Éloignez-vous... Faites sauter la porte. (*La porte est enfoncée. — Entrent le Comte, les gardes, les domestiques et Mencia.*)

LÉONOR
Qui donc à Madrid ose offenser Bertrand Ramirez?

LE COMTE
Oui, qu'on entre.

ANNA
Arrêtez ; il y a ici une Majesté qui le défend.

LE COMTE
Qui êtes-vous, prodige de beauté? Êtes-vous Junon ou l'ingrate Léda se jouant du puissant Jupiter métamorphosé en cygne argenté? Êtes-vous Diane maniant l'épieu dans le taillis? Illusion vivante, êtes-vous par hasard la mort (1)? Mais votre aspect résolu me fait comprendre que vous êtes l'archange gardien de ce paradis.

---

(1) *O disfrazada en la viad,* — Mot à mot: Ou déguisée dans la vie,
  Eres por dietra la muerte?   Es-tu par hasard la mort?

ANNA

Je ne suis ni Junon, ni Pallas, ni Diane, ni Vénus, ni Léda ; je suis Anna Ramirez de Vargas dont les actions généreuses, les vertus immenses peuvent être mises en parallèle avec le renom et la gloire de celles que vous avez nommées. C'est pourquoi, Seigneur Comte, faites que ces gens se retirent, ou je leur montrerai quel respect on doit à cette maison. Vous, avec cette troupe ? Vous, avec ces armes ? Vous, avec cet air impérieux ? Vous, manquer de respect à ces murs ? Vous, enfoncer ces portes ? Savez-vous que demeure ici, riche de ses hauts faits, le gouverneur, gardien suprême de Madrid ? Savez-vous que son nom est comme celui d'un Dieu ; que ces marbres, ces bronzes représentent son autorité vénérée ? Retirez-vous et ne permettez-pas que cette foule audacieuse et désordonnée soit contrainte d'obéir à mon épieu !

LE COMTE

Poursuivez ; votre beauté grandit avec votre colère ; la fureur répand sur l'albâtre de votre teint un déluge de roses ; vos regards jettent des rayons qui foudroient les âmes ; votre splendeur, se surpassant elle-même, éclate avec l'indignation...

ANNA

Seigneur Comte, en voilà assez ! Ce n'est pas le moment des vaines louanges ; prévenez avec sagesse et prudence ceux qui sont venus avec vous qu'ils se montrent réservés ici et reviennent sur leurs pas, ou, vive Dieu ! cet épieu les fera sortir avec si grande prestesse que roulant les uns sur les autres, ils pourront à peine franchir la brève distance qui sépare le vestibule de la porte !

LE COMTE

Il suffit ; ceux qui m'accompagnent ont été contraints

de venir sinon pour s'assurer d'une trahison, du moins pour avoir la preuve de ce qu'on soupçonne.

ANNA

C'est ici un centre de loyauté. Il suffit qu'un Vargas en soit garant par sa noblesse.

LE COMTE

Maintenant un Vargas est chose morte ; son arrogance est perdue ; son orgueil est humilié ; comme traître il est emprisonné.

ANNA

Qui le dit ou le pense en impose.

LE COMTE

Son Altesse est celui qui le pense ; et Son Altesse, par ce mandat, m'ordonne d'arrêter sur-le-champ tous vos serviteurs ; vous-même, vous êtes prisonnière ! Je ne manquerai ni d'égards ni d'attentions. Il faudra donc que vous méritiez l'amour de celui dont vous dédaignez la tendresse.

ANNA

Mon père prisonnier ?

LE COMTE

Et prisonnier comme traître.

ANNA

Retiens ta langue ! Tu veux obscurcir le soleil : il a honte de t'entendre. Bertrand Ramirez de Vargas traître ? Vargas soupçonné de trahison ? Chez un Vargas de la déloyauté ? Mensonge, mensonge ! Ils mentent ceux qui accusent !...

LE COMTE

Que ce soit mensonge ou vérité, votre père est en prison. Ainsi veuillez m'excuser ; ici, avec votre permission, je dois enregistrer tout ce qui est visible dans votre maison et tout ce qui est caché, sans en excepter le moindre billet doux que renferment ces riches secrétaires. Allez !...

ANNA

Je vous le permets.

UN DOMESTIQUE (*au Comte.*)

La belle femme !

LE COMTE

J'en abuserai puisque l'occasion se présente (1).

UN DOMESTIQUE (*au Comte.*)

Et vous la laissez pleurer ? (*Le Comte, les gardes et les serviteurs sortent.*)

SCÈNE XI

DOÑA ANNA, BERMUDO, LÉONOR, MENCIA

ANNA

Dans une si grande affliction, s'il est permis de se plaindre, mes larmes amères implorent la mort par mes yeux ; chacune de ces larmes emporte un morceau de mon cœur ; que la Castille voie qu'en cette douleur immense, mes larmes sont les âmes de la douleur. Mon père prisonnier ! prisonnier pour traîtrise et déloyauté ! Alphonse ayant sujet de se plaindre de lui ! Un si honteux soupçon pesant sur un cœur si loyal ! Je deviens folle, je perds la raison. Ah ! Bermudo ! ah ! mes amies ! Traître, Bertrand Ramirez !

---

(1) . . . . *Gozaréla,* — Mot à mot : . . . . j'en jouirai,
Pues la ofrece à mi apetito   Puisque l'offre à mon appétit
La ocasion.   L'occasion.

BERMUDO
Ne poursuivez pas ; le soleil n'est pas plus pur !

ANNA
Je perds mon père, l'honneur même, je perds mon appui. Peux-tu, Bermudo, prévenir mon frère ?

BERMUDO
Je tromperai le geôlier et m'évaderai à travers les soldats.

LÉONOR
J'en doute.

BERMUDO
L'adresse peut beaucoup.

ANNA
Ah ! jour néfaste ! J'avais le pressentiment d'un malheur.

SCÈNE XII

LE COMTE, Gardes, Serviteurs, *avec deux coffrets pleins de papiers*, Les Mêmes

LE COMTE
Qu'on l'emmène dans cette chambre !

UN DOMESTIQUE
Le Comte vous assigne cette prison.

ANNA
Elle sera mon tombeau.

LE COMTE (*à part.*)
Je serai Jupiter puisque Daphné est belle.

ANNA
O sort funeste !

LE COMTE (*à part.*)

Parmi ces papiers j'ai glissé les lettres du More.

UN DOMESTIQUE (*à doña Anna.*)

Entrez.

ANNA

Sans mes servantes ?

LE COMTE

Vos femmes seront emprisonnées à part.

ANNA

O ciel, donne-moi la résignation.

LE COMTE

Toute résistance serait vaine.

ANNA

Vous cherchez l'impossible. Je serai une Vargas dans l'adversité ou dans le triomphe.

LE COMTE

Je vous reverrai bientôt. (*Aux soldats.*) Retournons au palais.

BERMUDO

Allons, au palais. (*A part.*) J'ai l'espoir de gagner la rue avec les soldats ou les gardes.

UNE SALLE DANS LE PALAIS DU ROI

SCÈNE XIII

LE ROI, LE MARQUIS, Un Juge

UN JUGE

Les décharges sont insensées, elles contredisent et aggravent la principale accusation.

LE MARQUIS
Les lettres sont des preuves suffisantes.

LE ROI
Que dit-il dans ses aveux?

UN JUGE
Qu'il est vrai que Votre Altesse a vu les lettres et le poignard, preuves de la plus vile action, mais que lui est noble et loyal.

LE ROI
Il montre bien sa noblesse.

UN JUGE
Il dit que les seuls traîtres sont le Comte et le Marquis, et il demande qu'on lui donne quelque délai pour le prouver.

LE MARQUIS
Si Votre Altesse, qui est souveraine en Castille, a l'égal amour de la justice et de la vérité, qu'elle porte attention à tant de mauvaise foi et ne permette pas qu'un traître offense la noblesse du royaume!

LE ROI
Marquis, je tiens en haute estime votre loyauté et votre dévouement.

LE MARQUIS (*s'agenouillant.*)
Sire...

LE ROI
Relevez-vous.

UN JUGE
Les lettres et le poignard sont des témoignages certains.

SCÈNE XIV

LE COMTE, Deux Domestiques *apportant deux coffrets pleins de lettres recouverts d'une étoffe de soie*, Les Mêmes

LE COMTE

Sire, j'ai rempli la mission dont vous m'aviez chargé, j'ai fouillé partout, j'ai confisqué ce que j'ai trouvé. Doña Anna est prisonnière. Voici des lettres et des papiers.

LE ROI (*prenant une lettre.*)

Marquis, la première pièce qui me tombe sous la main est une lettre du Roi More.

UN JUGE (*lisant.*)

« Avec ton aide augmenteront ma grandeur et ma puissance. » En voilà une autre du Roi More.

LE MARQUIS

Y a-t-il une preuve plus claire ?

LE ROI (*lisant.*)

« Benalud et Abderraman »... (*Autre lettre.*) « Si vous ne saisissez pas l'occasion... » Ainsi ces pièces étaient cachées !

UN JUGE (*lisant.*)

« Qui s'offre d'avoir renom... »

LE ROI

Quelle perversité !

UN JUGE

Je suis abasourdi.

LE MARQUIS

Sire, que tout cela ne vous préoccupe point.

UN JUGE

Toutes les lettres sont d'Ayataf, Roi de Tolède.

LE ROI

Au nom des Vargas s'accolera l'épithète de traîtres !

SCÈNE XV

Un Serviteur, Les Mêmes

Sire, le vaillant Fernand Ramirez arrive à la tête des troupes victorieuses.

LE ROI

Ah ! traître ! viens donc ! Je veux qu'on l'arrête dans le palais après l'avoir écouté avec sévérité.

LE MARQUIS

Mon injure doit être vengée de suite.

LE ROI

La mienne prime tout ; que le Comte aille le recevoir afin que nul ne lui apprenne ce qui est advenu à son père.

LE MARQUIS

Peu de personnes connaissent l'arrestation de Bertrand Ramirez.

LE ROI

Dieu humilie ce triomphateur. Que pensez-vous de ceci ?

UN JUGE

Sire, on ne croirait pas à tant de perversité.

LE ROI

Et voilà sa loyauté ? Voilà son affection ? Qu'il soit mis à mort ! (1).   *(Tous sortent.)*

(1) *No vive mas el leal* — Mot à mot : Ne vive pas davantage le loyal
    De lo que quiere el traidor.   Que ne le veut le traître.

CAMPAGNE, MURS ET PORTES DE MADRID

(Le jour tombe.)

SCÈNE XVI

Les tambours battent. DON FERNAND *tenant son bâton de commandement,* GARCERAN, Soldats

DON FERNAND

Enfin, Garceran, nous approchons du moment de la récompense. Ces tours que nous apercevons et qui par leur élévation obscurcissent la clarté du soleil ont inscrite, en lettres de diamant, la majesté qu'elles reçoivent de l'astre du jour. Voici le palais ; au milieu des rayons d'une faible lumière, il brille, couronne de cette colline, comme une topaze ; grâce à lui, le frais Manzanarès jouit de l'autorité d'un fleuve.

GARCERAN

De ce côté, la vue de Madrid est superbe.

FERNAND

Une troupe de gens viennent à notre rencontre.

GARCERAN

On vient nous apporter des félicitations.

FERNAND

Ne penses-tu pas aux faveurs dont le Roi va honorer nos victoires ? Il me semble me voir devant lui. Le glorieux Alphonse me reçoit avec grandeur et bienveillance. Mon père plein de joie m'aperçoit ; il m'embrasse ; il me loue ; il ouvre ses bras avec tendresse. Heureuses fatigues, celles qui procurent tant de reconnaissance et de contentement !

SCÈNE XVII

BERMUDO, puis LE COMTE *accompagné*,
Les Mêmes

BERMUDO (*à part.*)

Si on lui cache l'aventure, il va tomber entre les mains d'un Roi injuste. Je veux le prévenir. Mais voici le Comte.

LE COMTE (*arrivant, à part.*)

Il faut que je l'embrasse (*Haut.*) Moi, Fernand, je veux être le premier, à prendre part à votre gloire et à vous féliciter de vos succès et de votre heureuse fortune.

FERNAND

Toujours Votre Seigneurie s'est empressée à m'honorer.

BERMUDO

Seigneur.....

LE COMTE

Et j'en suis heureux.

FERNAND (*à Bermudo.*)

Assez, imbécile !

LE COMTE

Seigneur, je me félicite et m'honore d'être tout à vous.

FERNAND (*désignant Garceran.*)

Je vous présente le Baron, la terreur du More.

LE COMTE

Je sais que nous devons beaucoup à l'Aragon.

BERMUDO (*à part.*)

Je le préviens par signes et il ne veut pas m'entendre !

FERNAND (*à Bermudo.*)

Deviens-tu fou ?

BERMUDO (*à part.*)

Tu l'es bien davantage, toi qui te précipites dans l'abîme et marches à ta perte (1). Je lui parle de la main.

FERNAND

Tu perds l'esprit.

BERMUDO

Non certes.

FERNAND

Va-t'en, vilain !

LE COMTE

Je reçois toujours de vous des courtoisies et des amabilités.

FERNAND

Je suis votre protégé. Baron, vous voyez un de mes plus grands amis.

LE COMTE (*à part.*)

S'il savait !

GARCERAN

Je vous prie de me croire votre serviteur.

LE COMTE

Disposez de moi.

BERMUDO (*à part.*)

Je n'ai trouvé aucun moyen de le prévenir. O ciel ! je n'ai pu lui donner aucun avis. Il va entrer au palais et je crains qu'on ne l'arrête.

LE COMTE (*à part.*)

Notre stratagème aura un heureux effet.

---

(1) *Tú, que al mar te despeñ₁.* — Mot à mot : Toi, qui à la mer te précipites
E inadvertido vas, no lo estás poco   Et vas, étourdi tu ne l'es pas peu.

LA FOULE (*au dehors.*)

Place !

FERNAND

Garceran, le Roi arrive.

SCÈNE XVIII

LE ROI, LE MARQUIS, Hallebardiers, Les Mêmes

FERNAND (*au Roi.*)

A vos pieds Souverain, je mets ces dépouilles d'une armée détruite et vaincue par ce bras qui est vôtre.

LE ROI

Fernand, tu es le bien venu. (*Il se dispose à s'éloigner.*)

FERNAND

Vous vous retirez sans m'entendre ?

LE ROI

Je sais tout ce que tu peux me dire.

FERNAND

Apprenez, Sire, mon triomphe ; une si grande victoire ne doit pas être cachée ; et si mon récit est long, excusez-moi de vous retenir.

LE ROI

Je t'écoute.

FERNAND

J'arrivai avec Garceran que voici aux lieux où l'Espagne, grâce au Tage aux ondes transparentes, sépare l'Estramadure du Portugal. L'Orient était de pourpre et le soleil faisait ressortir l'incarnat et la blancheur des nuages ; l'aurore allait former des armées, et la troupe audacieuse des Mores l'imiter. De l'ombre les carquois et les casques projetaient leurs couleurs ; ils paraissaient de beaux printemps ou des avrils noyés parmi les fleurs. Sur les turbans, livrés au vent, implorant les splendeurs du soleil, golfes d'argent et océan d'écume, le ciel ressemblait à un paon au riche plumage. Enfin nous découvrons à demi éveillées les troupes ennemies, qui répandaient sur la montagne des lys et des roses et ressemblaient à un jardin couronnant la cité de Minho. Nos trompettes qui concertaient avec leurs douces flûtes s'arrêtent, car la journée se réduit à un combat singulier, le More me conviant à la bataille. J'accepte le défi, je m'élance à la lutte et j'attends, monté sur mon Andalou prompt comme la foudre, ardent comme le feu ; tantôt c'est un dard, tantôt un nuage ; le camp aveuglé croit voir un hippogrife et le soleil une comète prête à s'éclipser ; tantôt léger, tantôt pesant, il jouit contre le vent des privilèges de l'oiseau. Sa peau était celle d'un tigre ; il ressemblait au taureau furieux parmi les fleurs d'avril ; il montrait des raies d'argent qui s'entrecroisaient, parsemées de points dorés. La queue s'agitait comme un serpent, pompe du soleil, honneur de ses rayons ; elle paraissait un golfe de tournesols ; sa crinière avait des reflets d'argent, son poitrail était une montagne ; sa tête si courte, si bien tournée, que la nature voulut réduire à un diamant, semblait en tout à une perle. Se cabrant dans sa légèreté, fier, superbe, il se joue du vent tellement que pour lui ressembler, le vent ne voudrait pas être vent, mais cheval. Enfin le More arrive bondissant au son du bruit militaire, suivant les mouvements cadencés d'une jument de Grèce, albâtre, avec âme et sentiment ; on eût dit un cygne naviguant vers le soleil à travers les nuages qu'il dédaigne ; l'animal veut, parmi les nuées, que l'on s'imagine apercevoir des étoiles autant que des plumes. La jument était un jasmin, puissante de queue et de crinière, au cou court et bref, large de poitrine, rebondie de hanches, ressemblant au soleil, à un mont de neige ; ses yeux sont des flammes ; sa belle tête boit des étoiles parmi des ondes de marbre ; en la voyant se mouvoir, les regards l'admirent comme une perle. On donne le signal du combat ; comme des fauves, les deux animaux se regardent, se cabrant sous l'action des mains expertes et légères ; leur poitrail est baigné d'écume. Pendant ce temps les lances éclatantes, pliant comme des joncs au soleil, sont brisées sans merci et loyalement ; elles éclatent en atomes dans les airs. Les deux fers ont traversé les targes. Saisissant nos épées de diamant, sans nous arrêter, Sire, à de plus longs discours, nous étions là comme de terribles cyclopes. « Je suis, dit-il, Alcatar. » — « Et moi, je suis Vargas, » répondis-je superbe. Et nous nous attaquons si légers et si passionnés, que nous sommes deux phaëtons sur les chevaux. Je cherche le More à terre, je l'attaque, je le tue avec tant de furie, que la mort a pensé que sa mort était mensonge, bien que le voyant mort et sanglant. Le bruit se répand, la troupe s'étonne ; quand elle est assurée que son général lui manque, baignée de confusion, de tristes regrets, elle attaque la nôtre sans ensemble. On la reçoit avec joie et allégresse ; plus son deuil est grand, plus la victoire augmente la force dans mon cœur. Garceran, qui commandait à mon côté, a illustré la grandeur de ses armes. Enfin le More s'est soumis et je me présente à vos yeux avec dépouilles et trophées. Cacérés est à vous, Trujillo est à vous, Alcantara, Corin et Calistée vous appartiennent sans que le More garde le moindre château, la moindre marque de domination.

LE ROI

Si vous travaillez bien, vous savez encore mieux le dire.

FERNAND

Je fais plus que je ne dis.

LE ROI

Je le crois, mais arrêtez-vous pour voir un miroir unique et rare ; mirez-vous en lui, bien qu'il ne soit pas bien clair.

(Un rideau se lève; on voit Bertrand Ramirez décapité. Le Roi se retire; tous le suivent.)

FERNAND

Grand Dieu ! (*Il a une défaillance.*)

GARCERAN

Fernand défaille ! Son malheur m'émotionne...

FERNAND (*revenant à lui.*)

Et le ciel permet de telles calamités !

GARCERAN

Considère que le soleil a honte de tes larmes.

FERNAND

Mon affection l'emporte ; dans un deuil si profond, vous pouvez bien pleurer, mes yeux, sans qu'il en rejaillisse de la honte ! Miroir pur et loyal, laissez-moi me contempler en vous et vous admirer davantage en voyant une telle chute ! O cristal généreux, qui vous a traité ainsi pour le châtiment de nous deux ? Mais, grand Dieu ! le Roi qui se mirait en vous, vous a brisé par envie pour que je ne me contemple plus en vous ! Cristal de mon cœur, est-ce ainsi que tu me reçois ? Qui vous fit un si sanglant collier de rubis ? Bravoure et semblable attachement n'ont pu être trahison ! La cruauté a été implacable ; c'est l'œuvre de l'envie. La loyauté est toujours en péril dans le palais des rois.

SCÈNE XIX

BERMUDO, FERNAND, GARCERAN, puis LE MARQUIS, LE COMTE, Gardes

BERMUDO

Fuyez, Seigneur ; une troupe nombreuse vient vous arrêter.

FERNAND

Insensé ! puisque l'honneur vaut si peu, sa récompense est dans la mort ! (*Entrent le Marquis, le Comte, gardes.*)

LE COMTE

Emparez-vous de lui !

FERNAND

C'est ainsi, misérables, que je me laisse prendre ! (*Il dégaîne.*) Garceran ?

GARCERAN

Je suis avec toi.

LE MARQUIS

Quelle invincible résistance !

FERNAND

L'innocence combat en moi ; c'est elle qui doit me défendre ! (*Il met les gardes en fuite.*)

ACTE DEUXIÈME

VUE EXTÉRIEURE DE L'ÉGLISE ET DE LA TOUR DE SAINT-MARTIN A MADRID

SCÈNE I

FERNAND, GARCERAN, BERMUDO *au sommet de la tour; au bas*, LE COMTE, LE MARQUIS, GARDES *avec échelles*, MAÇONS

LE MARQUIS

Démolissez la tour !

FERNAND

Ton unique désir, Marquis, est de me jeter à bas; ta volonté ne s'accomplira pas.

LE COMTE

Tu verras bientôt.

FERNAND

Traître, viens donc me tuer.

LE MARQUIS

Renversez la tour pierre par pierre.

FERNAND

Tous vos efforts sont inutiles(1), car saint Martin qui me protège me donne pour me défendre la moitié d'une tour en brique et en pierre. (*Il lance des pierres.*)

---

(1) *Todo el mundo se excuse de irritarme.* — Mot à mot : Tout le monde s'écoute pour m'irriter.

LE COMTE
Venez avec des pioches.

BERMUDO (*jetant des pierres.*)
Voici les divines reliques du saint.

LE COMTE
Il est impossible qu'il échappe.

FERNAND
En attendant, reçois cette brique.

LE COMTE
On ne peut le réduire.

FERNAND
Bermudo, des matériaux.

LE COMTE
Je m'étonne de sa résistance.

BERMUDO
Voilà des pavés, chiens !

FERNAND
Cette pierre est-elle ou non invisible ? Des munitions, Bermudo !

BERMUDO
Chiens, il y a là de la brique et du moellon dur (1).

LE COMTE
Cet homme doit être de bronze, car depuis trois jours que tant de gens l'assiègent, il n'a rien perdu de son courage.

FERNAND
Voudrais-tu vaincre le palais du soleil, clair et brillant ? Des briques, Bermudo !...

(1) *Ripio*, débris de matériaux de maçonnerie ; en patois : *riplou*.

BERMUDO

Belles bagatelles !

FERNAND

Garceran ?

BERMUDO

Sur la porte, il se montre un Cid vaillant.

LE MARQUIS

Mettez-le feu à la tour ; que les soldats l'assaillent par les toits !

LE COMTE

Trois jours sans manger !... Chose extraordinaire !

LE MARQUIS

C'est impossible ; quelqu'un leur porte secours.

LE COMTE

Comment ! il est cerné et personne ne peut lui parler à quarante pas de la tour ?

LE MARQUIS

Tu es cerné ; tu auras une fin misérable ; il faudra que tu meures enragé.

BERMUDO

Il souffle un bon vent et il sera caméléon (1).

FERNAND

Parmi ces lierres, je mangerai des briques, je mangerai des pierres !..

LE COMTE (*au Marquis.*)

Seigneur, il me semble qu'en feignant un peu de négligence, ce vilain se fera prendre. Ordonnez que tout ce tapage soit suspendu ; il se croira délivré ; en

---

(1) ... *Buen viento corre,* — Traduction libre : L'air est pur ; il vivra d'air.
Sera cameleon... On croyait généralement que le caméléon vivait d'air.

voyant ce changement, il est évident qu'il faudra peu de monde pour le prendre puisqu'il meurt de faim ; quand il sera réduit à cette extrémité, il sera aisé de s'en emparer.

LE MARQUIS

Ton idée me paraît excellente.

LE COMTE

Faites éloigner les juges et ces manants.

FERNAND

Persévère en ta méchanceté ; poursuis ton dessein...

LE MARQUIS

Le Roi châtiera ta folie.

BERMUDO

Ici tu jureras ; Saint-Martin nous fait porter par le vent, dans des corbeilles d'or et des vases de cristal, du pain et du vin pur. En voici un quarteron, vois s'il es dur. (*Il lance une pierre.*)

LE MARQUIS

Traître, tu es entouré et tu mourras enragé. Que tous ces gens s'éloignent et que ce peuple ameuté se calme et retourne à ses occupations. Que les sentinelles seules demeurent. Je le tiens assiégé dans Saint-Martin à sang et à feu. Il faudra bien qu'il se laisse capturer par famine.

FERNAND

Je mangerai la mort et je ne mourrai pas.

LE MARQUIS

Elle est dure et cruelle.

FERNAND

Plus dure et plus cruelle, Marquis, est la trahison qui t'anime.

LE COMTE

Tu es déshonoré !

FERNAND

Sans tache et pure, la gloire renaîtra pour effacer mon affront.

LE MARQUIS

Celle de ton père est là qui te contredit.

FERNAND

Je ferai que dans le tombeau elle resplendisse.

LE MARQUIS

Proclamez une autre fois, que, sous peine de vie, personne ne lui donne à boire ou à manger !

(Il s'éloigne.)

CRYPTE DE L'ÉGLISE

SCÈNE II

On entend des coups dans l'intérieur; bientôt pénètre par une brèche PEDRO ALONZO *tenant un pic à la main et ayant un mouchoir attaché autour de la tête; vient ensuite* THÉODORA *portant une corbeille renfermant des mets couverts de fleurs;* DOÑA MARIA *avec une torche allumée ferme la marche*

MARIA (*au dedans.*)

Agrandis l'ouverture.

PEDRO ALONZO (*sortant de la brèche faite dans le mur.*)

Vous pouvez entrer, nous sommes dans la cave de la sacristie. (*Entrent doña Maria et Théodora.*)

MARIA

Les murailles ne cèdent pas.

PEDRO ALONZO

Notable résolution! Vous avez été le cancer du souterrain; vous avez percé toute une rue.

MARIA

La généreuse compassion que m'inspire ce noble gentilhomme m'a déterminé à agir ainsi.

PEDRO ALONZO

S'il est besoin, cette galerie peut se continuer jusques à la terrasse du palais tant est excellent ce pic, pour qui il n'est pas de résistance. Admirable trempe!

MARIA

Forgé dans le feu, à Venise il se moquerait de l'eau; et ainsi, dans sa grande agitation, les enfants qu'il engendre sont des étincelles qui se changent en rayons de soleil.

PEDRO ALONZO

Enfin, que prétendez-vous faire?

MARIA

Ami, une action espagnole: donner par ici la liberté à don Fernand.

PEDRO ALONZO

Et la vie?

MARIA

Pedro Alonzo, elle sera bien perdue pour qui m'a perdue!

PEDRO ALONZO

Que dites-vous?

MARIA

Que j'aime la valeur et la courageuse résistance de don Fernand qui a le rang d'Excellence parmi les Grandesses de l'amour.

PEDRO ALONZO

Et l'honneur des Lujan?

MARIA

Avec un tel acte il s'augmente et s'illustre; c'est une action blâmable qui seule imprime l'affront; dans un si généreux cas, l'honneur au contraire s'accroît.

PEDRO ALONZO

Si don Fernand est traître au Roi, le secourir est une trahison; bien que je ne sois qu'un écuyer, j'ai du sang de Ségovie.

MARIA

Pedro Alonzo, il suffit! Je suis résolue à le délivrer.

PEDRO ALONZO

Et moi à vous servir.

MARIA

Tu verras la récompense.

PEDRO ALONZO

Vous êtes dans l'église.

MARIA

Prépare cette pierre tumulaire avec laquelle on recouvrira l'ouverture pratiquée.

PEDRO ALONZO

L'avis est bon; aidez-moi, Théodora; c'est un fameux expédient. (*Ils portent à eux deux une dalle.*)

MARIA

Le Marquis a ordonné de boucher les portes et les fenêtres, et de ne pas laisser célébrer le souverain sacrifice qu'on doit à Dieu. L'église est dans l'obscurité.

PEDRO ALONZO

Arrêtez, il y a du bruit.

MARIA

Je crois que ce sont des gens.

PEDRO ALONZO

Il faut vous cacher dans le souterrain jusqu'à ce que nous sachions si ce sont gens de paix ou gens de guerre.

MARIA

La tombe va me recevoir vivante; plus tard elle me recevra morte.

THEODORA

Soulevez la dalle; entrons.

PEDRO ALONZO

Entrez toutes deux; je vais vous suivre.

MARIA

Venez mourir avec moi jusqu'à ce que nous ressuscitions.

(*Ils écartent la dalle et se cachent.*)

SCÈNE III

GARCERAN *prêt à défaillir;* DON FERNAND *le soutenant dans ses bras;* BERMUDO *se traînant;* — *ils ont les épées nues*

GARCERAN

Je ne puis plus résister à la souffrance.

FERNAND

Appuie-toi, Garceran, meurs dans mes bras; et, puisque j'ai perdu tes années, regarde, je m'ouvrirai la poitrine pour que nous vivions ensemble de la vie que les cieux réservent à de si grands malheurs: ainsi je vaincrai la mort!

GARCERAN

Hélas! ami!

FERNAND

Ah ! infortuné chevalier ! Et toi, Bermudo, courage !

BERMUDO

Je parle à peine pour ne pas tenter mon estomac ; car dès que je remue les lèvres, il croit que je dis : « à ta santé ! » et il me répond : « accepté ! » Je tenais la soif pour bête quand elle me portait à boire à grands coups, mais la faim est bien plus bête, elle qui me tue à grands coups. Que saint Antoine m'évite, car, s'il est dans quelque niche, je le laisserai sans cochon ; que saint Nicolas cache dans son plat sa perdrix, car je la mangerais d'une bouchée ; mon appétit ne regarde point si les perdreaux sont en bois. Divin Martin qui partagez votre manteau avec le pauvre, partagez avec moi un gros pain !.. (Cette dalle a remué)? Dieu me soit en aide ! Saint Gilles, saint Come, saint Braulio, saint Pantaléon, saint Lesmes, saint Agapit, saint Fabius !... La peur est le grand remède contre la faim !.. je suis rassasié !... Ai-je dit rassasié ? C'est peu. J'ai une indigestion !..

FERNAND

Qu'as-tu ?

BERMUDO

Je sens une mauvaise odeur...

FERNAND

Qu'as-tu vu ?

BERMUDO

J'ai vu sur ce cercueil parler mille âmes du purgatoire. Et puisqu'en un si petit espace elles sont contenues, ce sont des serviteurs qui murmurent contre leurs maîtres.

FERNAND

Tout cela c'est la faim !

BERMUDO

Ce sont, vous dis-je, des âmes ou peut-être des rats ecclésiastiques.

GARCERAN

La dalle a remué! Bermudo a raison...

BERMUDO

Dieu vienne à mon secours !

FERNAND

Tais-toi, poltron !

BERMUDO

Je me tais.

FERNAND

Garceran, attends !..

BERMUDO

Approchez-vous.

FERNAND

S'il y avait plus d'enchantements que n'en inventa Circé je les dissiperais. Si ce sont des âmes, j'ai une âme. Si ce sont les odieux ministres du Roi, je suis don Fernand. Si ce sont des diables, je suis un diable. Je vais d'un coup de pied renverser cette dalle. (*Il donne un coup de pied; la dalle tombe.*)

BERMUDO

Je frémis !..

SCÈNE IV

DOÑA MARIA *paraît, la tête couverte d'un voile,*
Les Mêmes

FERNAND

Dieu tout-puissant !

GARCERAN

Que vois-je ?

BERMUDO

Je suis une âme.

FERNAND

Qui s'approche de nous à pas si graves? Arrêtez! j'ai dans la main une épée nue : c'est un trait de foudre quand je m'irrite.

BERMUDO

Avec les âmes du purgatoire il n'y a que le rosaire qui peut quelque chose; épée et vaillantise ne servent à rien.

GARCERAN

Attaquons!

FERNAND

Moi seul suffis. Qui es-tu, toi qui t'avances?

MARIA

Je suis une âme que tu as mise en peine (1).

FERNAND

Alors mon cœur est ton purgatoire?

MARIA

Bien que je souffre par lui, j'y trouve paix et repos.

FERNAND

Que tu sois âme ou corps, arrête! Je te mettrais en pièces, vive Dieu!

MARIA

Je m'arrête, généreux Fernand.

FERNAND

Qui es-tu?

MARIA

Vous le verrez tout à l'heure. De la lumière!

---

(1) *Alma soy, que estoy penando,* — Mot à mot : Je suis une âme qui suis peinant
    En tu pecho...   Dans ton cœur...

PEDRO ALONZO (*dehors.*)

Je l'apporte.

SCÈNE V

PEDRO ALONZO *avec la lumière*, THÉODORA *avec la corbeille*, Les Mêmes

FERNAND
Oh ! ciel !

MARIA
Ne sois pas surpris, brave et illustre jeune homme, que les effets de ta valeur nous aient entraînés dans cette entreprise.

FERNAND
Dites-moi ce que vous voulez et qui vous êtes.

MARIA
Vous regardez qui nous sommes. Nous voulons vous être agréables sans offense pour notre honneur qui se fie à votre discrétion et à votre respect. Pour que vous sachiez qui nous sommes et ce que nous cherchons, écoutez.

FERNAND
Bien que vous parliez sous l'obscurité d'un voile, poursuivez; en vous écoutant, nous serons tous de marbre.

MARIA
Don Fernand Ramirez, je suis fille d'un noble de cette ville dont les maisons sur leurs façades et dans leurs cours portent gravés dans l'albâtre et le porphyre des écussons qui attestent sa noblesse et doivent triompher des siècles à venir. Bien que je parle de mes armoiries je tais mon nom. Quand il veut rendre un service, celui

qui est noble doit se cacher; dire qui on est en cette occasion, c'est obliger le pauvre à la reconnaissance et le riche à un paiement. Donc moi, qui ne veux que vous rendre service, je passerai mon nom sous silence. Bref, d'un mirador de ma demeure qui n'est séparée de cette église que par quatre maisons, j'ai vu la rigueur inouïe de ce peuple inconstant et versatile et votre défense au sommet le plus élevé de la tour d'où vous les faisiez tous trembler, d'où, par votre courage en triomphant de la fortune, vous triomphiez de l'amour. Les effets de l'amour sont souvent pareils aux événements; il y a des flèches dans le malheur, des harpons dans l'adversité. C'est ainsi qu'aimable dans vos peines son arc envoie contre mon cœur des pointes qui flèchent ma vie, pénètrent mes années; enfin, attendrie par vos douleurs j'ai tenté pour vous délivrer, une chose qui, parce que glorieuse, rare, mémorable, permet de réclamer un blason de témérité. Donc, en silence et en secret, confiant mon héroïque action à ceux que vous voyez, je suis parvenue, à force de bras, à creuser un chemin depuis une cave de ma maison jusqu'à la crypte par laquelle j'ai pénétré dans l'église. Comme à Madrid les caves se communiquent entre elles, j'ai pu éxécuter mon dessein. Pour vous donner la vie et la liberté, je vous ai ouvert un passage. Profitez de l'heureuse occasion, puisque le passage est libre. Triomphez du sort rigoureux, triomphez du Roi qui, sanguinaire et sévère, veut, dans votre jeunesse, opprimer ses vassaux. L'envie et l'ingratitude ont voulu s'attaquer à votre loyauté. Il faut aussi à l'Espagne ses Bélisaires. Mon amour vous offre cette occasion. En voyant que je vous défends, que je vous protège, vous comprendrez que je vous chéris et vous aime. Je prétends maintenant vous délivrer. Mon amour est si élevé, si chaste, qu'il sollicite en vous perdant la gloire de vous acquérir. Recevez avec plaisir ce que je vous apporte dans cette corbeille, car je suis certaine que depuis trois jours vous n'avez rien mangé. Mangez donc. J'aurais voulu vous servir dans des vases d'Égypte, l'orgueil de l'Orient, aux reflets changeants de nacre. Maintenant que mon amour est satisfait en lui-même, il ne souhaite pas, en adoucissant votre sort, d'autre récompense que de vous voir libres. Recevez mes adieux, car j'ai honneur, noblesse, un frère, et aussi des ennemis, c'est dire mes domestiques. Que Dieu vous donne, don Fernand, le bonheur d'Alexandre, la confiance de César, la grandeur de Darius! Et du nuage qui vous tient, en ce moment éclipsé, sortez comme le soleil gouvernant le monde par ses rayons; que le Roi vous apprécie, que la fortune vous récompense, que les traîtres disparaissent, que vos ennemis soient dispersés! Voir reconnaître des mérites si grands, c'est la récompense qu'ambitionne celle qui vous consacre sa vie...

BERMUDO

Ne restons pas dans l'obscurité; maintenant que nous demeurons avec la corbeille, elle m'incendie. (*Il prend un bout de chandelle et l'allume.*)

MARIA

Amour, je te charge du secret! (*Maria, Pedro et Théodora s'en vont.*)

SCÈNE VI

DON FERNAND, GARCERAN, BERMUDO

BERMUDO

Adieu, Habacuc béni, qui laisse la corbeille dans la fosse aux lions.

GARCERAN

Femme incomparable !

FERNAND

Les Romains envieraient une si noble femme, et les holocaustes d'Artémise sont distancés.

GARCERAN

Tu lui dois de l'amour.

FERNAND

Je lui paierai en reconnaissance la liberté recouvrée.

BERMUDO

Vive Dieu ! je défaille.

FERNAND

Vois ce qu'il y a.

BERMUDO

Sainte corbeille. (*Il sort de la corbeille les objets qu'il énumère.*) Des serviettes plus blanches que ses mains.

FERNAND

Ce n'est pas assez dire, ses mains étaient du cristal.

BERMUDO

C'est vrai ; je vais mettre la table et sortir les mets. Tout est couvert de fleurs ; c'est une corbeille de mai.

FERNAND

Y a-t-il des oranges ?

BERMUDO

Voici un chandelier ; en lui je place la chandelle ; si ces chandeliers sont de trop, qu'il soit un ivrogne celui qui les cherche en argent !

FERNAND

Range et tais-toi.

BERMUDO

Je me tais et je range : voici six petits pains trempés, voilà une bouteille; ce sera le vin de Saint-Martin, puisque nous sommes dans son église; à votre santé, généreux Seigneur! (*Il boit.*) Je porte la santé à vous deux. Mais, vive Dieu! c'est la mère des grenouilles et des canards. O traîtresse! tu arrives en flacon? Je me méfie, si tu viens de l'aqueduc de Leganitos. Oh! chienne! Dans ta cristalline limpidité, tu es l'opilatrice du monde.

GARCERAN

Range et tais-toi.

BERMUDO

Je me tais et je range; voici de petits radis, tendres et vermeils qui piquent; ils sont sans doute d'Olmedo.

FERNAND

Qu'est ceci?

BERMUDO

Un chapon au poivre et au sel.

FERNAND

C'est le meilleur plat dans un dîner. Il est tendre.

BERMUDO

Donnez à Garceran cette poitrine qui semble d'albâtre.

FERNAND

Et cette cuisse... Allons, ami!

GARCERAN

C'est à peine si le pain peut passer.

BERMUDO

Un coup de vin ; à votre santé ! Êtes-vous fiancé?

GARCERAN

Don Fernand, don Fernand ! est ce que je m'attendris ? voici que j'ai des regrets, des larmes ?

FERNAND

Si le repos est dans la mort, pourquoi des infortunés mangeraient-ils ? (*Il se lève.*) Non, je suis sans noblesse, sans honneur ! Destin cruel ! Hélas ! esprit glorieux qui foules aujourd'hui les parvis étoilés d'un palais de lumière, pardonne-moi si ma vaillance ne t'a pas vengé !..

BERMUDO

Seigneur, que voulez-vous dire ?

FERNAND

Il nous faut de l'honneur ! Suivez-moi...

GARCERAN

Que veux-tu faire ?

FERNAND

Racheter tant d'outrages et reconnaître tant d'amour ! Ma sœur est au pouvoir du Comte, ce cruel ennemi ; je veux me venger d'elle puisque j'en ai l'occasion ; qu'elle meure de mes mains ! Ainsi seront rachetés par la mort un malheur et un outrage si évidents. Quelle divinité eût été Lucrèce si elle se fût donné la mort avant que Tarquin l'ait possédée (1). Bermudo, tu m'as dit que ce misérable l'avait menacée. Ce souvenir baigne mes yeux de larmes. Bien que l'honneur résiste souvent à la force, sa résistance peut être de durée variable. On ne saurait se hasarder aux chances de l'aventure. Il n'est pas sage de mettre à l'épreuve le verre, l'épée et la femme. Suivez-moi !..

GARCERAN

C'est une noble résolution.

(1) *Que Tarquino la gozard.*

FERNAND

Je veux être romain avec la valeur chrétienne si le malheur l'exige. Je veux éviter à sa prudence l'occasion de l'outrage.

GARCERAN

Barbare et cruelle sentence !

BERMUDO

Pourquoi doña Anna doit-elle mourir ?

GARCERAN

Réfléchis.

BERMUDO

Prenez garde.

FERNAND

Vive Dieu ! j'anéantirai, je tuerai qui prétend la défendre. Vous vous dites mon ami ? Vous ?... Vous ?...

GARCERAN

C'est parce que nous sommes amis que je vous donne un sage conseil.

FERNAND

Mais si, en cette circonstance, je la laisse aux mains du Comte, il brisera le cadre comme il a brisé le miroir.

GARCERAN

Tuons le Comte.

FERNAND

C'est impossible ! Garceran, nul ne se garde comme un lâche qui se fait invisible au vent.

GARCERAN

Mais dans un acte si terrible je veux te donner un moyen de la tuer, aussi sûr et moins cruel.

FERNAND

Comment ?

GARCERAN

En lui donnant du poison.

FERNAND

Bien dit.

GARCERAN

Je sais le préparer.

FERNAND

Et il produit la mort de suite.

GARCERAN

Cette terrible boisson est aussi agréable que certaine.

FERNAND

Alors, vite, ami, mets-toi à l'œuvre.

GARCERAN

Je vais préparer le breuvage.

FERNAND

Je suis maintenant ton ami.

GARCERAN (*à part.*)

A peine si je résiste à ma douleur; bien que je n'ai jamais vu sa sœur, je suis ému, anéanti.

FERNAND

Mon honneur court à chaque instant perdu un danger.

GARCERAN

La nuit prochaine elle mourra si le ciel ne secourt l'Innocence.

FERNAND

Moi, je monte à la tour.

GARCERAN

Pour exécuter ton arrêt rigoureux je descends à la cave de ton amour.

BERMUDO

Injuste arrêt !

FERNAND

O ma sœur, c'est ton honneur qui cause ta mort : il est si terrible, l'honneur !

(L'un va par le souterrain ; les deux autres sortent par la porte de la tour.)

SALLE DU PALAIS DU ROI

SCÈNE VII

LE COMTE, SERVITEURS

PREMIER SERVITEUR

Il sera impossible de la dompter ; elle est arrogante et terrible.

LE COMTE

La rigueur vient à bout de tout. J'aplanirai l'impossible en elle. Je suis décidé cette nuit à en triompher (1) ou à la tuer, et je voudrais hâter la marche du soleil.

PREMIER SERVITEUR

La nuit cache tout.

LE COMTE

Pourtant je suis préoccupé ; je suis un démon qui ne peut éloigner de lui la crainte. Le Roi va à Ségovie et je demeure maître de Madrid. Il n'y a personne que je redoute. Son frère est enfermé dans Saint-Martin ; il y mourra.

(1) *Resuelto esta noche estoy*
    En gozarla.....

DEUXIÈME SERVITEUR

Le ciel a enfin abaissé son arrogance.

LE COMTE

Ce corps (1) semé d'œillets et de jasmins, sur les lèvres de qui l'amour prétend être une abeille, je le flétrirai fleur par fleur.

DEUXIÈME SERVITEUR

Votre père vient.

SCÈNE VIII

LE MARQUIS, LES MÊMES

LE MARQUIS (*à part.*)

Cela s'appelle être cruel, ingrat et traître. (*Haut.*) Comte ?

LE COMTE

Seigneur ?

LE MARQUIS

Qu'as-tu appris de don Fernand ?

LE COMTE

Il est enfermé ; mais il n'est pas mort.

LE MARQUIS

Le ciel vienne à son aide puisqu'il résiste si longtemps. Holà ! laissez-nous. (*Les domestiques s'éloignent.*) Maintenant, Comte, tous deux nous sommes rois ; agissons avec prudence car aux yeux de Dieu aucune pensée n'est cachée. Il n'est pas de secret humain qu'un décret d'en haut ne puisse faire sortir de l'abîme.

---

(1) *Este sol cubierto*　　　Mot à mot : Le sol couvert
　De clavel y de jasmin　　　D'œillet et de jasmin
　He de burlar flor à flor.　　Je le tromperai fleur par fleur.

LE COMTE

Votre Excellence est prudente et sage ; qu'elle décide en cette occurrence ce que nous devons faire.

LE MARQUIS

Entretenir la trahison avec le More jusqu'à ce que la possession du royaume nous soit assurée.

LE COMTE

Déjà Votre Excellence fait transporter la cour à Ségovie.

LE MARQUIS

Le Roi est si satisfait de mes paroles qu'il remet tout à mes soins et à mon bon plaisir. Je suis l'âme de tout sous son joug et sous sa loi. Je suis si aimé du royaume que je semble le Roi quand je vais à la cour, car je suis affable, bienveillant, courtois envers tous. Le favori qui est sévère est le but des propos du vulgaire grossier. Ainsi j'ai pu enlever la cour de Madrid dont les murs isolés, mal défendus, sont exposés au cimeterre sanglant d'Almuzaf, celui qui a ravi sa foudre à Jupiter. Le croissant victorieux, je le verrai, couronné et vainqueur, naître dans sa rouge aurore.

SCÈNE IX

LE ROI, Les Mêmes

LE ROI

Marquis, mon départ est-il préparé ?

LE MARQUIS

Sire, on vous attend.

LE ROI

L'empressement que vous mettez à m'être agréable est une preuve évidente de loyauté et d'affection.

LE MARQUIS

Je vis pour exécuter votre volonté : vous pouvez partir de suite.

LE ROI

Pour la seconde fois, faites proclamer mon départ et venez faire route avec moi.

LE MARQUIS

Et le Comte ?

LE ROI

Demeurez à Madrid, Comte ; poursuivez, anéantissez notre implacable ennemi ; vous amènerez sa sœur prisonnière à Ségovie, ainsi vous me satisferez et rendrez service.

LE COMTE

Sire, vous ne me verrez pas à Ségovie avant que le traître ne soit capturé ou mort. (*Il s'incline.*)

LE ROI

Relevez-vous, Comte ; vous êtes gouverneur de Madrid.

LE MARQUIS

Vous illustrez son humilité.

LE ROI

Venez, mon Grand Chancelier.

LE MARQUIS

Oh ! Sire. (*Il s'incline.*)

LE ROI

Relevez-vous ! Venez... (*Le Roi met la main sur l'épaule du Marquis et sort. Le Comte suit.*)

COUR DE LA MAISON DE DOÑA MARIA

SCÈNE X

DON FERNAND, GARCERAN, DOÑA MARIA, BERMUDO

MARIA

O mon Fernand, vous emportez ma vie ; rendez-la moi.

DON FERNAND

Me la confiez-vous ?

MARIA

Je vous la confie.

FERNAND

Qui pourrait offenser une vie si belle sans m'offenser moi-même ? Dites plutôt que vous l'avez assurée, car un malheureux est toujours immortel. En moi la vie vous lasserait ; faites qu'elle demeure en vous.

MARIA

Soyez prudent en sortant de la ville.

FERNAND

Pour l'instant je ne songe qu'à être à vous dans le souterrain.

MARIA

Quoi ? Vous ne partez pas ?

FERNAND

Non, Madame, pas avant d'avoir bu les pleurs de l'aurore ; trois morts vont ressusciter sous les trois manteaux dont vous les avez couverts.

MARIA

Ces manteaux sont à mon frère et je vous les donne en remerciement du plaisir que j'éprouve.

FERNAND

Retirez-vous.

MARIA

Jusqu'au jour je veux être comme les étoiles et demeurer éveillée.

BERMUDO (à Fernand.)

Savez-vous chez qui vous êtes?

FERNAND

Dans la maison de doña Maria.

MARIA

La porte sera ouverte jusqu'à l'aube.

FERNAND

Vous présente, ce sera toujours la porte de l'aube.

MARIA

Songez à ma vie ; bien que perdue pour vous, elle est bien perdue.

FERNAND

Je triompherai de ses rigueurs.

MARIA

Dieu vous délivre, Fernand, des traîtres !

(Elle sort.)

SCÈNE XI

Les Mêmes, moins DOÑA MARIA

GARCERAN

Ami, tu dois beaucoup à cette femme héroïque.

BERMUDO

C'est une sainte.

FERNAND

Quand je renaîtrai comme le phénix (1), tu me verras récompenser tant de dévouement.

GARCERAN

Triste nuit !

FERNAND

La nuit s'étonne de me voir si changé, car un malheureux offense maintenant la nuit.

GARCERAN

Elle frémit plutôt de te voir aller exécuter une mort si cruelle.

FERNAND

Ah ! misérable point d'honneur ! Tu sembles chrétien et tu es païen.

(Ils sortent.)

UNE RUE

SCÈNE XII

DON FERNAND, GARCERAN, BERMUDO

BERMUDO

Nous sommes déjà arrivés devant notre maison.

---

(1) *Cuando en brazos del fénix me renueve.*

GARCERAN

C'est ici ta demeure ?

FERNAND

Oui et tu vas m'attendre ici, ami, jusqu'à ce que nous sortions ; tu surveilleras si le Comte vient, car je vais me servir de son nom pour appeler et tromper les gardes.

GARCERAN

Appelle ; saisis l'occasion ; tu sais d'ailleurs que je suis ton ami.

FERNAND (à *Bermudo*.)

Frappe du pied. Quand on répondra, je dirai que je vais tuer ma vie.

SCÈNE XIII

Deux Hallebardiers *sortant de la maison*, Les Mêmes

PREMIER HALLEBARDIER

Qui êtes-vous ?

FERNAND (à *part*.)

Folle entreprise !

BERMUDO

Ne reconnaissez-vous pas le Comte ?

DEUXIÈME HALLEBARDIER

Seigneur...

FERNAND

Vous êtes excusés.

GARCERAN (à *part*.)

Que Dieu secoure l'innocence !

FERNAND

Fermez la porte et donnez-moi la clef. (*Il rentre avec Bermudo.*)

PREMIER HALLEBARDIER

Cette nuit, les choses iront mal (1).

DEUXIÈME HALLEBARDIER

Pauvre dame !

PREMIER HALLEBARDIER

Honneur en péril.

DEUXIÈME HALLEBARDIER

Taisons-nous, la chose est grave. (*Ils rentrent.*)

GARCERAN (*seul dans la rue.*)

O malheureux ami ! Je voudrais disculper une si rigoureuse action, œuvre de païen, inspirée par le malheur. Parfois Dieu place la pitié dans le poison. Je garderai ce coin de rue et le ciel verra que Garceran est aussi terrible que Molina.

CHAMBRE DANS LA MAISON DE FERNAND RAMIREZ

SCÈNE XIV

DON FERNAND, BERMUDO

FERNAND

Je crois, Bermudo, que je suis dans le pays du sommeil ; je n'ai jamais vu si grande quiétude, entendu si grand calme. Dans les cours et les couloirs les gardes reposent, et dans leurs chambres les domestiques en font

---

(1) *Esta noche es el rigor.*

autant. Tout est pâle léthargie, tout est profond silence; dans un sommeil si rigoureux mon honneur ne saurait être atteint.

BERMUDO

Ce qui m'étonne le plus, Seigneur, c'est que les duègnes dorment aussi ; ce sont des démons vêtus de blanc et de noir. Mais nous voilà dans la chambre de ma maîtresse.

FERNAND

Je frémis de ma cruauté ! L'innocence conserve un pouvoir souverain... Que fait-elle ?

BERMUDO

Elle doit dormir.

FERNAND

Quand l'honneur est prudent, il ne dort pas en si graves circonstances. Je deviens Argus pour son malheur.

BERMUDO

La porte est ouverte.

FERNAND

C'est de mauvaise augure.

BERMUDO

Les augures sont barbares quand il s'agit de la vertu de votre sœur. Entrez.

FERNAND (*trébuchant.*)

J'ai trébuché sur ce tapis. Honneur, je m'avance en chancelant. Je suis prêt à tomber par vous, puisque pour vous je trébuche.

BERMUDO

Il y a de la lumière dans l'alcôve.

FERNAND

Écarte le rideau.

SCÈNE XV

On découvre un lit, un tabouret, une petite table avec ce qu'il faut pour écrire, deux bougies et DOÑA ANNA *dormant,* LES MÊMES

BERMUDO
Quel charmant et divin tableau !

FERNAND
Refermons. Je suis assuré qu'une si parfaite beauté ne peut consentir une défection. Les corps sont des vases de cristal, et la beauté des corps indique la pureté des âmes ; ainsi, en une si rare beauté, il y a une âme parfaite. Mais moi, qui suis venu doutant de son honneur, je l'absous, je la défends. Je sais bien que doña Anna est un soleil candide et pur, mais j'ai peur qu'un nuage ne le voile, obscurcissant ses rayons.

BERMUDO
Elle écrivait.

FERNAND
Montre-moi le papier.

BERMUDO
Vous pouvez le lire à genoux.

FERNAND
Hélas ! Bermudo, c'est debout que je vois mon malheur. (*Il lit :*) « Frère, puisque le destin et le malheur
« nous ont séparés comme les tourterelles sont séparées
« du nid par des chasseurs sanguinaires, puisque par
« un horrible attentat contre notre glorieux père on
« nous a enlevé la vie, ne permets pas que dans leur
« orgueil nos ennemis s'attaquent à notre honneur ;

« considère que bien que je le défende, je ne suis qu'une
« femme ; c'est assez dire »...

BERMUDO

Continuez.

FERNAND

Je ne puis, car bien que l'honneur m'irrite, l'amour m'attendrit. Qui s'est vu en égale infortune ? Qui s'est vu en pareille angoisse ? Faut-il que le sacrifice d'un ange me rende l'honneur? Je ne veux pas de cet honneur ! Que le Comte triomphe d'elle !... Viens, Bermudo.

ANNA (s'éveillant.)

Ah ! mon Dieu ! qu'est cela ? Qui, dans mon alcôve même, ose me manquer de respect ?

FERNAND

Ce sont gens de paix ; rassurez-vous !...

ANNA

Grand Dieu ! C'est impossible. Fernand, mon frère, honneur, secours d'une sœur affligée, unique et dernière consolation qui me reste au monde, recevez-moi sur votre cœur, défendez-moi dans vos bras ! Comment êtes-vous ? Venez-vous en bonne santé ?

FERNAND

Je vais mal par ce que j'ai vu ; je vais bien car je te vois.

ANNA

Embrassez-moi encore, mon frère ! Je m'exprime mal, mon père, car le ciel, d'un frère a fait un père, puisque je n'ai plus d'autre père. Comment vous êtes-vous hasardé à pénétrer ici? C'est vous mettre entre les mains du malheur, c'est vous rendre prisonnier; le Comte est toujours ici avec cent hommes de garde.

FERNAND

Je suis résolu à mourir et à tuer; si je rencontre ce misérable, ses gardes lui seront inutiles.

ANNA

Hélas! mon frère, ainsi je vous perds! Je ne vois d'autre succès assuré que celui de vous perdre.

FERNAND

C'est certain; si vous voulez m'avoir vous me perdez, car en me perdant vous m'avez! et si vous ne me perdez pas, tous deux nous perdons l'honneur.

ANNA

Alors pour gagner, que faut-il perdre? Ne soyez pas hésitant. Que faut-il perdre?

FERNAND

Vous, la vie, moi, la raison.

ANNA

La vie?

FERNAND

La vie, ma sœur, tant notre honneur a de prix.

ANNA

Et qui me l'enlèvera?

FERNAND

Moi.

ANNA

Vous?

FERNAND

Moi qui ai pouvoir dans une cause personnelle, qui ai la récompense de cette sentence.

ANNA

Et tu es venu pour me mettre à mort de suite?

FERNAND

Dis que je viens me tuer.

ANNA

Quelle est ma faute?

FERNAND

La sévérité de cette sentence n'a rien d'ordinaire.

ANNA

Comment?

FERNAND

Ne le comprends-tu pas ?

ANNA

Je ne comprends pas.

FERNAND

Tu dois mourir pour ne pas te voir coupable : coupable, en effet, la douleur serait inutile. Tu meurs innocente et, dans un si cruel sacrifice, la douleur ne peut être plus grande et la rigueur ne peut être moindre. Ma sœur, le Roi persuadé par le Marquis et par le Comte emploie son pouvoir à nous perdre et à nous offenser. Il a fait un traître de notre père en flétrissant sa loyauté et en arrachant sa tête à son noble cou. Et moi, il me tient enfermé dans Saint-Martin, avec le dessein d'en faire de même ; pour infâmer, pour tacher notre honneur, il t'a confiée au Comte dont je soupçonne et les vils desseins et les grossières témérités. J'ai appris, ma sœur, — combien triste ! — que cette nuit il a résolu d'abuser de toi par force ; il veut déprécier notre honneur si élevé. Et ainsi pour qu'il n'accomplisse pas des désirs audacieux, des souhaits téméraires, je veux que tu offres ta poitrine plutôt à la cruauté de mon poignard qu'à ses bras lascifs. Il faut donc vite, vite, choisir l'épée ou le poison !..

ANNA

Si c'est pour cela que ta générosité t'a amené ici, tu pouvais t'en dispenser, ô mon frère, car tu sais qui je suis. Tu peux fort bien t'en retourner sans m'offrir poignard ou poison. Mon honneur glorieux me servira de poignard ou de poison pour me défendre. Mais puisque tu arrives armé de tant de rigueur, tu t'en retourneras consolé et rassuré ; ce poison que tu apportes, sans hésiter et sans craindre je le choisis pour l'illustrer; que s'il t'en a coûté beaucoup pour me l'offrir, à moi il m'en coûte moins pour le prendre. Je me condamne à sa rigueur. Donne-moi ce flacon d'or ; je suis un contre-poison et le poison a peur de moi. Je condamne cette prévention ; dans la plus claire tu pouvais l'apporter ; il n'était pas nécessaire pour que je le busse qu'il se déguisât en or. (*Fernand lui remet le flacon: elle boit.*) J'ai tout bu.

BERMUDO (*à part.*)

Pour Dieu, elle a tout bu!

ANNA

Ainsi résolue, j'ai voulu triompher du poison. J'ai vaincu la rigueur du Roi et je triomphe de la brutalité du Comte. Par un acte honteux et vil je finis comme une païenne et je meurs comme une barbare. (*Elle tombe sur l'oreiller.*)

BERMUDO

Elle est morte!

FERNAND

Événement inouï! Je m'explique à peine comment cela s'est passé. Je suis anéanti autant que confondu par un acte si mal inspiré. Je confesse mon ingratitude devant un si pâle visage. Bermudo, je ne suis pas espagnol; je suis un monstre, un tigre cruel. Hélas!

qui aurait pensé que le soleil pût s'éteindre. Donne-moi le flacon ; j'achèverai mes forces par ses vapeurs mortelles, mais si la douleur est un poison, je mourrai de ses effets. Le Comte m'a donné la mort. Du monde, des soldats !

SCÈNE XVI

HALLEBARDIERS *entrant*, Les Mêmes

PREMIER HALLEBARDIER

Qu'est-ce ?

DEUXIÈME HALLEBARDIER

Qui est assez hardi pour nous appeler ?

FERNAND

Vilains, je suis ici désolé parce que le soleil s'est éteint. Le soleil s'est éteint qui baignait les mondes de sa beauté lumineuse. Elle a pâli, la rose, qui donnait son parfum au jasmin ; le printemps qui couronnait de l'infini de ses odeurs le front de l'amour même, vous le voyez obscurci. Et ainsi vous direz au Comte ce que valait mon honneur. Dites-lui que cette lumière pure est devenue le déclin du jour, afin que lorsqu'il arrivera insensé, il se trouve dans les ténèbres. Bien que la force de mes raisons vous paraisse folle, dites-lui qu'il modère ses actes, s'il est espagnol, car les trahisons se châtient quand le soleil disparaît. En avant, Bermudo !

PREMIER HALLEBARDIER

Saisissez-le !..

FERNAND

Le premier qui bouge est mort ! Le soleil n'est plus : mon épée nue emprunte un de ses rayons...

BERMUDO

Je suis le bouclier de votre épée.

FERNAND

Prends cette clef et laisse la porte ouverte, afin que ce déloyal voie comment je suis sorti, comment je suis entré et comment ma sœur est morte. Sortons !.. Appelle au dehors Garceran...

SCÈNE XVII

LE COMTE, Soldats *attaquant* GARCERAN,
Les Mêmes

FERNAND

Mais qu'est cela ?

GARCERAN

Ici ils pourront m'entourer et me tuer ; mais me réduire, jamais !

BERMUDO

Ils l'entourent, ne voyez-vous pas ?

FERNAND

Je suis un démon.

LE COMTE

Ami, je suis à ton côté... Je suis le Comte !

FERNAND

Je te cherche ; moi, je suis don Fernand.

LE COMTE

Que dis-tu ?...

FERNAND

Que je suis à toi !

(*Ils se battent.*)

ACTE TROISIÈME

INTÉRIEUR DE LA MAISON
(Même décor.)

SCÈNE I

LE COMTE, GARDES

LE COMTE

Que me dis-tu là ?

PREMIER GARDE

Je vous dis que doña Anna...

LE COMTE

Avec tes explications embrouillées, ne me donne pas la mort à petit coup, tue-moi d'une seule fois, imbécile !

PREMIER GARDE

Je répète que vous trouverez doña Anna morte.

LE COMTE

Morte ?

DEUXIÈME GARDE

Cette nuit, son frère dénaturé lui a donné la mort afin que vous n'en abusiez pas (1) ; il a pénétré chez elle le visage couvert, usurpant votre autorité et votre nom.

LE COMTE

Par le ciel, l'infâme, le téméraire...

PREMIER GARDE

Seigneur, vous vous emportez ?...

(1) ... *porque no la goces.*

LE COMTE

Qu'il meure, qu'on le tue, qu'on le poursuive !..

DEUXIÈME GARDE

Il vaudrait mieux vous modérer. (*Il sort.*)

LE COMTE

Que je me modère !.. Ah! misérables, laissez-moi ! Ma douleur assombrit le ciel car il y a quelqu'un qui meurt d'amour. (*Les gardes sortent.*) Mais, hélas ! je me livre à de folles exclamations... Au soleil qui sommeille, vais-je donner la vie par mes cris? Je veux tirer le rideau. Terre, ciel, mers, montagnes, pleurez avec moi, pleurez : que le soleil tire le rideau !..

SCÈNE II

LE COMTE *tire le rideau. On voit* DOÑA ANNA *comme morte sur un siège*

LE COMTE

Grand Dieu ! Tant de cruauté peut-elle envahir un cœur d'homme ! Un frère aux entrailles féroces, aux sentiments féroces a tenté d'éteindre de si divines splendeurs ! O mon aurore, qui vous a fait soir ? O mon jour, qui vous a fait nuit? Quel barbare du Gange, étranger à toute pitié, quel tyran des rives de l'Oronte vous ont ainsi traitée ? Je vous ai laissée ciel et je vous retrouve statue, dédaignant les adorations de Phidias, car le jeune Athénien est en vous. Donnez-moi morte celle que vous me confiâtes vivante ; alors vous étiez Daphné et je vous vois laurier qui ne sent, ni n'entend. Donnez-moi, laurier, vos rameaux et que je m'en couronne om me Apollon !..

ANNA (*revenant à elle.*)

Ah ! Dieu !

LE COMTE

Que vois-je ?

ANNA

Ah !

LE COMTE

O terribles illusions ! Gardes, serviteurs !...

SCÈNE III

GARDES, SERVITEURS, LE COMTE, DOÑA ANNA

DEUXIÈME SERVITEUR

Seigneur, qu'ordonnez-vous ?

LE COMTE

Je ne sais.

ANNA

Hélas !

LE COMTE

Est-ce la morte ?

PREMIER GARDE

Oui, Seigneur.

LE COMTE

Mais n'as-tu pas dit que son frère lui avait donné la mort ?

DEUXIÈME GARDE

Son frère éclipsa l'aurore ; elle a été morte jusques à ce moment.

ANNA

La rigueur du sort a vaincu la perversité du poison, mais je déplore cette résistance, poison de mon infortune, puisque mon malheur n'a pas pris fin !..

LE COMTE
Elle est vivante.

PREMIER SERVITEUR
La préparation produit ce miracle.

DEUXIÈME GARDE
Elle a été morte douze heures ; car il est dix heures maintenant et son frère est venu à dix heures pour lui donner la mort.

ANNA
Que puis-je espérer vivante ?

LE COMTE
Le bonheur que j'ai de vous revoir.

ANNA
Que Dieu me vienne en aide ! (*Elle se lève.*)

LE COMTE
En mes bras que vous abhorrez tant, vous trouverez ce poison, puisque leur lien est du poison. En eux vous trouverez la mort, puisque vous cherchez la mort. Ils vous sollicitent d'aimer et vous les avez en horreur. Regardez si vous me devez de l'amour ; quand un frère est homicide de votre vie, mes bras vous rendent la vie. La mort vous a donné sa rigueur et l'amour, qui est dans mon cœur, vous a donné la vie, Madame. Voyez si c'est un miracle de l'amour. Pâle, froide, trépassée je vous ai vue ; puis vous vivez, vous naissez dans mes bras. L'amour dit que vous êtes mienne. Votre renom est mort, brisé en mille pièces ; puisque vous naissez en mes bras, laissez-moi être votre renom. Pouvant être votre tyran, avec la loyauté et la puissance, je veux être votre père et aussi votre frère. Ainsi cruel et compatissant je vous préviens qu'ici vous serez par force ma dame, sans honneur et renommée, ou de votre plein gré,

ma femme. En présence de tous ces témoins, je vous donne ma foi et ma parole ; je serai votre ennemi si je ne suis votre ami ! (*Il s'agenouille.*) L'amour me place à vos pieds et il vous faut ici me donner, avec vos bras, le oui ou, avec votre épaule, le non.

ANNA

Avant que je vous réponde, Comte généreux, laissez-moi me ranimer (1) ; laissez de ma poitrine la plainte sortir en golfes ; dans une si grande rigueur, le courage est peu de chose. Je ne pleure pas de vous aimer, je pleure mes infortunes qui sont telles, Comte, qu'elles m'épouvantent. Je suis celle qui, hier, en ses dédains paraissant une déesse, ai démenti ma dignité ; je suis celle qui encensais le soleil avec des vases d'or ; il fut tout vanité, majesté de plumes, le superbe paon qui, en sa pompe folle, regardant à terre, démentit sa beauté. Le puissant Alphonse me fit respecter soit dans ses bras élevés, soit sur les marches du trône. De cette voix mon père fut le seul souffle ; il fut la vie dans le conseil l'âme dans les affaires. Il créa des flatteurs, les fit puissants ; depuis ils ont été les monstres de sa grandeur, ils calomnièrent ses faits glorieux. Il fut la lumière qu'ils éteignirent du premier souffle. De celui qui se vit si élevé, dédaigneux du trône, le supplice humilia sa valeur héroïque. On donna à un monstre infâme ce qui fut déité sur ses épaules, gloire, déjà réduit en poussière. Il mourut comme traître. Comment puis-je me contenir quand, sur sa renommée, je vois de tels opprobres ? Je tombai comme un lys que, dans les vertes campagnes, les uns estiment, les autres déprécient. Je reportai sur mon frère mes espérances (2), mais elles

---

(1) *Dejad que les dé Almas á mis ojos.*
(2) *Colegí en mi hermano Lisonjeros gozos.*

Mot à mot : Laissez que je leur donne
Des âmes à mes yeux.
Litt. — Je portai sur mon frère
Mes flatteuses jouissances.

durèrent peu. Puisqu'il est mort avec de rauques roucoulements, je suis comme la tourterelle sur les ormes géants. Je désire la solitude, je suis dans le malheur; dans semblable infortune, je suis toute à mes ennuis. Et je suis si seule qu'en moi je ne sens pas même la liberté; tout me manque. Je cherche la pitié, et j'entends les rigueurs; avec les malheureux tous se font sourds. En de si grands dommages, je choisis le moindre et la mort me parut le mal le plus rapide. Je me déterminai pour le poison, je bus une préparation, mais cruelle avec moi, elle voulut être compatissante. Les maux que j'endure veulent que je sois immortelle, car jusque dans la mort, je trouve mille obstacles. Elle se tait, si je l'appelle; elle se cache, si je cours. Qui jamais a vu en elle des pieds de plomb! Enfin, infortunée en tout ce que je propose, je suis une barbare dépouille de la fortune. Tout me manque à la fois, tout me fuit; seule la vie est de trop et je suis de trop au monde. Puisque dans une telle angoisse, vous vous montrez pitoyable, puisque je suis sans protection, je vous nomme mon protecteur. Déjà le destin rigoureux me montre un visage favorable, puisqu'avec un si puissant Seigneur, je recouvre ce que j'ai perdu. En vous appelant mon père je me précipite à vos pieds; un si digne époux me tiendra lieu de père. Ainsi la foi, la main et le oui que je vous donne seront le doux témoignage du lien qui nous unira. Je suis votre esclave; en preuve de ma tendresse (1), disposez d'une âme dont vous êtes le maître.

LE COMTE

Relevez-vous; j'envie la terre puisque vous lui donnez l'autorité du ciel. En des nœuds réciproques, l'amour deviendra phénix.

(1) *Y en fe que os adoro.*

ANNA

Je suis à vous.

LE COMTE

Et moi je suis vôtre avec l'âme : je vous montre cette vérité que vous êtes mon bien. Heureux l'homme qui s'opiniâtre en amour. Donnez-moi cette belle main, comète de cristal ou limpide étoile.

ANNA

Avec ma main je vous donne mon âme.

LE COMTE

Je pose à vos pieds mes lauriers.

ANNA

Je vous donne la main d'une épouse ; agissez avec noblesse.

LE COMTE

Quand j'obtiens une si divine beauté, pouvez-vous douter de mes nobles sentiments ?

ANNA

La noblesse aplanissant l'impossible est parfois vile et méprisable.

LE COMTE

Je prends à témoin le ciel et ceux que vous voyez de la vérité que je dis. Puisse votre frère me demander cette main et, bien que la chose soit impossible, me tuer de ses mains !

ANNA

Ne poursuivez pas ; ce serait me tuer que de me rendre cause de votre mort. Puisque, dès aujourd'hui, vous êtes maître de ma vie, quand se feront les noces ?

LE COMTE

Il faut écarter les malheurs. Le Roi irrité a ordonné

que je vous conduise à Ségovie; jusqu'à ce qu'il soit apaisé, il faut l'amuser et le tromper en lui disant que vous êtes partie. Ainsi, changeant de nom et d'habits, vous serez, dans un village, reine de l'âme qui désire adorer une si divine beauté.

ANNA

Où vous l'ordonnerez, je serai en sûreté ! (*A part.*) Oh ! rigoureuse étoile qui me conduit à un traître !

LE COMTE

Belle aimée, venez où mes serviteurs célébreront mon bonheur.

DOÑA ANNA (*à part.*)

Ce n'est pas l'amour qui est victorieux mais le malheur où je suis tombée.

LE COMTE

Je dois tout au poison.

DOÑA ANNA

Par lui je renouvelle avec vous ma jeunesse.

LE COMTE

Tout me réussit... Heureux l'homme persévérant en amour !

CRYPTE DE SAINT-MARTIN

SCÈNE IV

DON FERNAND, BERMUDO

BERMUDO

Je pense qu'ils veulent démolir les murs.

FERNAND

Je voudrais que tout fut renversé. Ainsi je serais en

Castille un nouveau Samson dans le temple ; je mourrais et je frapperais à mort ce barbare, ce traître, cause que je contemple pâli ce beau lys aux cieux transporté qui, baigné de lumière, est déjà une lumineuse étoile.

BERMUDO

Notable idolâtrie que la vôtre !

FERNAND

L'amour est païen et la rigueur vient de lui.

BERMUDO

Ne célébrez-vous pas l'action de la divine Amalthée ?

FERNAND

Une telle femme surpasse toute louange. Il est bien qu'elle soit divinité. Mais que je sache si tu as vu cette noble Maria Lujan et mon ami Garceran. Je me soutiens à peine quand je pense qu'il s'est trouvé pour moi cette nuit en un tel péril.

BERMUDO

En effet, il n'est pas venu ici.

FERNAND

Je l'ai perdu dans la foule ; aussi je suis en souci de savoir s'il est prisonnier ou mort.

BERMUDO

Il est plus probable qu'il est libre.

FERNAND

Va t'en informer.

BERMUDO

J'y cours ! (*Il sort.*)

SCÈNE V

DON FERNAND

Don Fernand, il est temps que nous abandonnions ce cloître et qu'en cette occurrence nous prenions une résolution glorieuse. Que notre cœur héroïque délaisse un lieu si étroit; il connaît la gloire et les hauts faits; qu'il reprenne sa liberté; plus longtemps opprimé, il briserait la poitrine qui le renferme. O mon cœur, l'honneur me conseille bien; vite, sortez pour être le feu, la foudre, la furie dans la rigueur; comme un traître, un perfide, vous êtes retiré ici : ainsi juge le monde ! Dans un si profond péril, allez dire au monde, ô mon cœur, que vous êtes en moi; dites que par de grandes actions, vous avez soutenu, souverain, immortel et loyal, la mémoire des Vargas et sur les targes des Mores gravez une seconde fois ce blason : un cœur. Où irai-je si d'un côté l'envie, de l'autre la trahison m'importunent? En Aragon? Non; le Roi est cousin d'Alphonse, mon Roi; il exécutera la sentence que l'indigne Alphonse a rendue. En Portugal? C'est encore un ami du Roi dont la puissance s'étend partout. Chez le More? ce serait me rabaisser. Au ciel? Je le vois irrité. Eh bien ! mon cœur où irons-nous? A la vengeance. Où et comment s'accomplira-t-elle? Que nous importe, mon cœur ? J'irai à la cour (1), avec le fer qui t'a donné l'honneur, qui t'a fait ce que tu es. Si le pouvoir est grand, l'adresse atteint partout. C'est bien dit : gardons l'espérance. Fernand, venge-toi ! O mon cœur, puisque tu m'animes, à la vengeance !...

(1) *En la corte, con el corte*
Que te ha dado honor y ser.

SCÈNE VI

DOÑA MARIA, *avec un cierge allumé entre par la brèche;* DON FERNAND

DOÑA MARIA

Fernand ?

FERNAND

Madame, vous obscurcissez la lumière et le flambeau que vous apportez éclaire faiblement près de cette aurore. Voyez qu'à votre aspect se dédore cette larme que le jour, à peine topaze, lui envie ; mais quand ce flambeau serait le soleil même, en vos mains il semblerait un cierge.

DOÑA MARIA

Seigneur, si le ciel renie la lumière que je suis, c'est parce que je suis si aveugle que jusqu'en moi la lumière disparaît (1). Celle que je tiens arrive à se voir en votre mauvaise fortune et me donne des ennuis pour rayons. Il en serait de même du soleil s'il voulait, dans son orgueil, éblouir vos regards. Mais bien que cette lumière soit faible, avec elle je viens vous éclairer pour que vous puissiez échapper aux rigueurs qui vous menacent. Quant à ce qui me concerne, pour que le dessein ait son effet, je vous promets de tout disposer. Voyez si vous pouvez échapper. Vous avez chez moi, Fernand, des joyaux, de l'argent et le secret.

FERNAND

Puisque vous m'avez donné la lumière par vos divins rayons, puisque la lumière de la raison vient m'aviser, posez, Madame, la lumière dans la crypte ; que je vous

---

(1) *Es porque tan ciega estoy,*
 Que hasta en mi la lus se ciega.

dise les projets de mon amour; chez un malheureux tout est projet.

DOÑA MARIA

La lumière est dans le souterrain et, à votre voix, je prépare vénération et silence (*Elle pose le flambeau.*)

FERNAND

Et moi, à votre cœur, je confie des secrets que connaît à peine l'âme qui vous les sacrifie. En faisant des discours variés dans un péril si notoire, je préviens malheureux et je crains abhorré. En voyant mon père mort comme traître, bien qu'il fût plus pur que la clarté de cette lumière, en voyant ma sœur innocente baignée en lys violet, quand elle était lys, rose, jasmin et narcisse; en voyant que de tels outrages exigent une réparation impérieuse, en voyant que je resterais en une éternelle infamie, si la vérité ne se découvrait pas, je choisis un moyen impossible pour y parvenir puisque je choisis la cour où me menacent la flatterie et le supplice. Enfin, Madame, je suis résolu à traverser les froids géants que le Guadarrama, dans son orgueil menaçant, élève jusqu'au ciel, brisant les verres des étoiles. Dans Ségovie déguisé, je demeurerai quelque temps inconnu, attendant l'occasion, l'aventure. Nous savons par les sermons, les livres, qu'avec le temps beaucoup ont trouvé l'occasion, l'aventure. Je sais bien que je vais à la mort, je sais bien que je vais au couteau, mais entre le couteau et la mort, je m'éternise par la vengeance. J'ai pensé cela, je le tente et je veux l'exécuter. Donnez-moi, Madame, le conseil que je vous demande en un tel embarras.

DOÑA MARIA

Comme vous me donnez la foi et la main d'un époux, vous verrez en toute certitude une foi heureuse à vos desseins.

FERNAND

Je dis de même, puisque je me mets sous de si généreux auspices ; ainsi par la foi et la main je confirme cette vengeance, assuré que par vous je me verrai puissant et glorieux.

DOÑA MARIA

Suis-je à vous ?

FERNAND

Faites, Madame, que les saints témoins qui sont ici donnent leur consentement muet à ce lien divin. Si je m'acquitte avec la main, ceux qui ont vu les bienfaits que je vous dois verront que si ces bienfaits ne sont pas bien payés, ils sont du moins bien appréciés. Bien qu'à la pureté des Lujan, j'enlève le lustre, par votre main j'ennoblis mes outrages.

DOÑA MARIA

Avec le nom de Vargas, vous me donnez gloire, car les siècles célébrant votre loyauté vous disculperont de ce crime. Puisque je suis votre épouse, je m'oblige à vous maintenir à Ségovie sous votre déguisement passager. Cet écuyer, qui me sert depuis trois ans, est un homme de sens et discret, bien que les vieux soient des enfants. Il a été tisserand dans Ségovie, puissant, riche et honoré, car la fortune aussi étend son empire sur les serviteurs. Il fut ruiné et se mit en service... mais non, il vint pour nous protéger, car nous obtiendrons un grand résultat de ses services. J'espère lui donner le change en lui disant qu'en ma course errante je suis un soleil qui a son orient à la cour, que je cours après lui déguisée ; je rendrai l'amour responsable de ces folies. Je lui donnerai mille écus pour acheter des métiers à tisser, honneur de son premier état. Il aura ainsi un capital suffisant pour nous cacher ; je serai sa bru, vous serez son fils. Afin que notre secret soit seulement écrit dans nos âmes sans le voir répandu dans d'autres, je partirai seule, avec lui, changeant de nom et de vêtements. Dès ce jour, don Fernand, je suis une humble tisserande. Je préparerai une demeure modeste dans le quartier des tisserands. Vous pourrez donc bientôt, sous le costume que vous choisirez, de pèlerin ou de soldat, costume perdu dans la foule, venir demander Pedro Alonso qui sera votre père ou votre oncle. Quand vous serez établi dans la maison, quand on vous y aura vu avec moi, je ferai que vous y demeuriez.

FERNAND

Je serais reconnu de suite, mais je médite un nouveau stratagème pour tromper les yeux ; en me voyan libre et vivant, on me considérera comme un vivant portrait de moi-même.

MARIA

Comment allez-vous faire ?

FERNAND

Ce n'est pas le moment de vous le dire : par la suite vous le saurez. Mais comment dois-je m'appeler ?

MARIA

Pedro Alonso.

FERNAND

Dès aujourd'hui je me fie à ce nom. Et que ferai-je à Ségovie ?

MARIA

Vous tisserez le chanvre en attendant de tisser la vengeance (1).

FERNAND

Si je me venge (2) en tissant et non en combattant,

---

(1) *Tejer, hasta ver el hilo*
   De la venganza...
(2) . . . . . . *Si en ella*
   De estos fieros la consigo.

je me décide à changer la lame pour la navette (1)
Et comment t'appelleras-tu ?

MARIA

A cause du double sens on m'appellera Théodora, ou elle t'adora (2), car je t'estime et je t'aime. Bien que je sois Théodora, je me dis celle qui t'adore.

FERNAND

C'est une finesse de ton esprit.

MARIA

C'est à toi que je la dois. Je vais parler à l'écuyer.

FERNAND

Que notre amour te conduise! Laisse-moi la lumière.

MARIA

Adieu, mon Pedro Alonso chéri.

FERNAND

Adieu, ma Théodora aimée.

MARIA

Je suis celle qui t'adore (*Elle sort.*

FERNAND

Ah ! femme divine et belle !

SCÈNE VII

BERMUDO, FERNAND

BERMUDO

Le souper est prêt.

---

(1) *Las lanzas por lanzaderas.*
(2) *Teodora ó te adora...*

FERNAND (*à part.*)

Puisque l'occasion m'y invite, je la prends aux cheveux.

BERMUDO

Il y a une belle salade qui dit : « Mange-moi! »

FERNAND (*à part.*)

Celui qui s'effraie, qui a peur, se complaît dans son malheur.

BERMUDO

Il y a un gigot qui a été l'encensoir d'un autel.

FERNAND (*à part.*)

Je veux tirer un mort d'un caveau et l'habillant comme je suis, je persuaderai que j'ai été tué en trahison.

BERMUDO

Il y a un jambon et un chapon qui peut être ecclésiastique. (*A part.*) Il est distrait. (*Haut.*) Seigneur, venez ; le souper refroidit.

FERNAND

Oh! Bermudo tu viens à propos.

BERMUDO

L'odeur du gigot vous réveille.

FERNAND

N'as-tu pas des nouvelles de Garceran ?

BERMUDO

Non, Seigneur.

FERNAND

Il est mort et c'est moi qui en suis cause. Prends ce flambeau.

BERMUDO

Ainsi ferai-je ; venez souper, Seigneur.

FERNAND

Avant je veux lever cette dalle.

BERMUDO

Pourquoi faire ?

FERNAND

Pour visiter un mort ami.

BERMUDO

Que dites-vous ?

FERNAND

Je dis que je veux parler à un mort ami. (*Il soulève la dalle.*)

BERMUDO

Le caveau est ouvert ; entrez donc.

FERNAND

Passe devant avec la lumière.

BERMUDO

Moi ?

FERNAND

Oui.

BERMUDO

Moi ?

FERNAND

Toi.

BERMUDO

Que Belzébuth entre lui-même et avec lui un ignorant, un homme marié, un présomptueux, un don récemment baptisé, un étourdi, un heureux qui s'est toujours amusé.

FERNAND

Finis donc.

BERMUDO

C'est ordonner, Seigneur, que je me finisse, car jamais ici personne n'est entré sans que tout fut fini pour lui.

FERNAND

Entre, poltron !

BERMUDO

Je ne puis ; il y a là certain mort à qui j'ai donné jadis des coups de bâton et qui se vengerait. Je n'ai pas peur, vive Dieu ! mais je crains le mort qui fut un traître. Et s'il me voit là-dedans, je sais qu'il va dire : « Ici meurs par les morts. »

FERNAND

Faut-il que je me fâche ?

BERMUDO

Je viens, mais j'ai la colique (1) et je joue gros jeu.
(Il sort.)

SCÈNE VIII

FERNAND

Attends. Pour qu'il me laissât seul, je l'ai traité de la sorte. C'est bien, je vais pénétrer dans ce caveau et tirer dehors le premier mort que je trouve et le plus récent enseveli. Que ce caveau sent mauvais ! Ce sont les parfums de la mort. Pour pouvoir résister je veux boire mon souffle ; mais celui qui méprise la vie, méprise les difficultés. *(Il entre.)* Je suis dedans. O destinée ! il y a six cercueils ; ce sont les trésors de ce lieu que le temps convertit en charbon. Je tire celui-ci ; son corps a quelque ressemblance avec le mien ; c'est le plus frais de tous ; il prendra part à mes malheurs. *(Il monte avec le mort et le laisse tomber.)* O Dieu ! je suis mort ; mais sortir sans que je meure est un miracle qui peut être attribué à mon courage. Je veux le placer dans le souterrain et lui mettre mes habits, laissant dans ses

---

(1) *Que un flux en las tripas tengo.*

poches mes lettres, mes papiers, mon rosaire, mes clefs et cette bague qui a mes armes gravées sur une émeraude aux verts reflets. Afin que le visage comme il est n'ait pas son premier aspect, je vais lui donner trois ou quatre coups de poignard qui montreront le sang qu'il a fallu répandre. Son aspect paraîtra plus horrible et ma mort s'en accréditera davantage. Je vais remettre le marbre en place. La fortune m'a traité de telle façon qu'elle me contraint à me servir des morts ; quand les vivants terribles et cruels m'abandonnent, les morts me secourent. Grâce à ce stratagème je pourrai plus librement me cacher à Ségovie. Tisserand des outrages qui offensent l'âme, tissant les larges espérances qui assureront mon triomphe, je ferai en sorte que les lames se changent en navettes. (*Il emporte le mort dans la crypte.*)

UNE RUE

SCÈNE IX

DOÑA MARIA *pauvrement vêtue*

La crainte et la frayeur que mon frère s'éveille, me contraignent à m'éloigner sans voir don Fernand. Quelles entreprises et quelles choses impossibles ne tentent pas les femmes ! Un sage a dit fort justement qu'elles sont ce qu'il y a de plus faible et de plus fort. Je vais être tisserande. L'amour ourdit et l'amour tisse, —Pénélope est mon excuse ! — l'audace et la prudence. Plus de trois mille écus en or et en joyaux me garantiront contre l'imprévu.

SCÈNE X

PEDRO ALONSO *en tisserand*, DOÑA MARIA

PEDRO ALONSO
Eh bien ! Madame, partons ; le jour pointe.

MARIA
Je m'appelle Théodora, père ; ici la dame est morte.

PEDRO ALONSO
Allons à la rivière, Théodora ; les mules attendent sur le pont.

MARIA
J'y vais, mais....

PEDRO ALONSO
Hâtons-nous, si vous craignez votre frère.

MARIA
Je suis votre fille, mon père.

PEDRO ALONSO
Tu ne le montres pas, car tu n'obéis pas.

MARIA
Allons. (*A part.*) O Fernand, jusqu'à ce que je te revoie, les heures rapides me semblent des enfers et des éternités !

(*Ils s'en vont.*)

SCÈNE XI

DON FERNAND *moitié nu, l'épée à la main, tirant le mort vêtu de ses habits*, puis BERMUDO

FERNAND
Ici finissent mes persécutions et commence ma ven-

geance! (*Il regarde le mort.*) Il me ressemble et contredit la vérité, puisque je suis lui et qu'il paraît moi-même. Je le laisse sur la porte de l'église. Mais quelqu'un vient. Fuir, c'est vaillantise...

BERMUDO (*entrant.*)

Maintenant que le monde dort, Fernand doit dormir aussi. Je veux entrer!...

FERNAND (*à part.*)

C'est Bermudo.

BERMUDO

Mais je tombe sur un mort.

FERNAND (*à part.*)

Ici commence mon stratagème.

BERMUDO

Et le mort, c'est don Fernand, mon maître. Ainsi périssent les traîtres à leur roi!

FERNAND (*le frappant.*)

Et toi, de la même façon, tu vas mourir.

BERMUDO

Je suis mort!... Confession! confession!...

FERNAND

Traître, ne crie pas.

BERMUDO

Je veux crier; puisque vous préméditez de me tuer, je n'entends pas vous être agréable. Je meurs en criant.

FERNAND

Misérable, meurs donc!

BERMUDO

Homicide, assassin, permets que je me confesse car je suis en péché! (*Il tombe.*)

FERNAND

Montagnes qui, par vos couronnes de neige, faites Reines les cimes du Guadarrama, parmi vous je vais me voir pauvre, affligé, nu; si les montagnes s'attendrissent, qu'elles m'engloutissent dans leurs précipices ou me permettent de me venger! *(Il s'en va.)*

SCÈNE XII

GARCERAN, BERMUDO *à terre*

GARCERAN

Cette nuit je n'ai pu gagner Saint-Martin à cause des gens qui m'ont poursuivi.

BERMUDO *(à part.)*

L'assassin revient sans doute pour me tuer ; je vais feindre d'être mort.

GARCERAN

Quand Fernand s'éveillera, il se réjouira, car il doit être inquiet. Comme les gardes dorment! Mais, hélas! ils sont morts!... Celui-ci paraît être Fernand, celui-là Bermudo!... Malheur!...

BERMUDO *(à part.)*

Tu peux, Bermudo, ressusciter, car c'est Garceran.

GARCERAN

Murailles, ciel, aurore qui fais évanouir le crépuscule!... Dites-moi si ce sont eux...

BERMUDO

Oui, ce sont eux.

GARCERAN

Ah! grand Dieu!...

BERMUDO

Arrêtez! Fernand est seul mort.

GARCERAN

Fernand?

BERMUDO

Oui, venez le voir. Je voulais me tuer avec les ombres de sa mort!

GARCERAN

C'est lui!... Ah! mon ami!...

BERMUDO

Les amis morts sentent fort et celui-là sent beaucoup.

GARCERAN

Quel barbare, vil, impitoyable enleva la vie au cœur le plus généreux, le plus loyal, le plus noble, le plus vaillant? Qui s'est attaqué à l'honneur même? Hélas! don Fernand!... hélas! ami!... Si tu es le phénix des loyautés, comme le phénix renais, car la loyauté meurt avec toi.

BERMUDO

Fernand et moi étant sortis pour te chercher et te défendre, cent hommes formant un vaillant escadron nous ont assailli; j'en ai tué dix, blessé douze; mon maître en a tué cent treize...

GARCERAN

Mais toi, tu es demeuré en vie. (*Il s'avance.*) Misérable, tu ne t'es pas battu! Va-t-en, que je ne te revoie jamais!...

BERMUDO

Je jure par Dieu de ne jamais revoir ni vous, ni le Roi. Je ne veux pas être châtié en bastille. Il me faut changer d'habits pour ne pas avoir le sort de Fernand... (*Il s'en va.*)

GARCERAN

Ainsi est récompensé la vertu!... Dire que des traîtres

se sont conduits de la sorte et qu'un Roi les y a autorisés ! Je veux aller à Ségovie défendre éternellement cette innocence, cet outrage jusqu'à ce que le Roi reconnaisse que l'envie et la traîtrise ont écrasé trois innocents.

(Il sort.)

SCÈNE XIII

LE COMTE, DOÑA ANNA, UNE SERVANTE, DOMESTIQUES

LE COMTE

Holà ! voyez qui appelle ! (*A dona Anna.*) Il est bien que se montrent ensemble au monde deux soleils répandant des splendeurs différentes ; cependant, le costume te cache...

ANNA

Il nous préserve ainsi du Roi. Quand vous verrai-je au village ?...

LE COMTE

Avant que vous ne soyez arrivée, Madame, il pourrait se faire que je vous retrouvasse. Mais au village, ne m'oublierez-vous pas ?

ANNA

Hélas ! si en vous je laisse mon âme, vous ne serez pas absent. Comment pourrais-je vous oublier ?

UNE SERVANTE

Le soleil se lève ; on pourrait vous reconnaître.

ANNA

Holà ! que le carrosse s'approche. Adieu. (*Elle sort.*)

UNE SERVANTE

Tant d'amour m'attendrit. (*Elle sort.*)

1ᵉʳ DOMESTIQUE

Que Votre Seigneurie me récompense ; son ennemi est mort.

LE COMTE

Comment ?

2ᵉ DOMESTIQUE

A coups d'épée. Venez le voir. (*La foule s'approche du cadavre. Les domestiques fouillent les poches du mort.*)

LE COMTE

Ecartez cette foule. Ainsi finit toujours l'orgueil.

2ᵉ DOMESTIQUE

Dans cette poche se trouve un rosaire.

1ᵉʳ DOMESTIQUE

Dans celle-ci des clefs et un diurnal.

2ᵉ DOMESTIQUE

Voici des lettres, des papiers sur sa poitrine.

1ᵉʳ DOMESTIQUE

Voilà au doigt une émeraude gravée à ses armes.

LE COMTE

Montrez. Je veux porter au Roi ces dépouilles d'un rebelle. Qu'on fasse approcher ma chaise de poste et qu'on ensevelisse ce misérable monstre. (*Il s'en va.*)

2ᵉ DOMESTIQUE

Tout Madrid sera ému ! (*On emporte le mort.*)

AQUEDUC DE SÉGOVIE. — PLACE. — ÉGLISE

SCÈNE XIV

DON FERNAND, *pauvrement vêtu, portant l'épée*

Les gens du Guadarrama et leur curé ont été pitoyables ; ils ont vu ma misère et m'ont donné ce pauvre vêtement ; c'est l'acte que Dieu préfère. J'ai dit que les voleurs m'avaient dépouillé. Tous se sont empressés et ma demande a été aussitôt accordée. Ma barbe et mes cheveux coupés, je suis déjà un tisserand si rustre que je me reconnais à peine, quand je me regarde. Je suis à Ségovie ; voici le quartier de l'Aqueduc où Pedro Alonso doit demeurer. Mais celle que tu vois, don Fernand, n'est-elle pas ton aurore ?

SCÈNE XV

DOÑA MARIA, *sortant de sa maison*, DON FERNAND puis TISSERANDS, HOMMES & FEMMES

MARIA
Qui cherchez-vous, brave homme ?

FERNAND
Théodora.

MARIA
C'est mon nom. Je suis celle qui t'adore. Amis, sortez, voici mon époux Pedro Alonso.

FERNAND
Est-il un homme plus fortuné ?

MARIA

Est-il une femme plus heureuse? Voisines, amis!...

UNE FEMME

Voisine, toute la rue se réjouit d'entendre votre appel.

1ᵉʳ TISSERAND

Et les tisserands laissent leurs métiers.

2ᵉ TISSERAND

Et les cardeurs leurs peignes.

1ᵉʳ TISSERAND

Pedro Alonso, que ce quartier soit pour vous un abri, un refuge, un lieu protecteur.

MARIA

Amis, mon Pedro Alonso n'a-t-il pas bonne tournure?

1ᵉʳ TISSERAND

Il a la prestance d'un noble cavalier.

FERNAND

Il suffit, amis, qu'il ait les bras d'un tisserand ; c'est là toute ma noblesse. Vos sympathies me comblent (1).

SCÈNE XVI

PEDRO ALONSO, BERMUDO, Les Mêmes

PEDRO ALONSO

Que signifie ?

MARIA

Pedro, viens vers ton père.

FERNAND

Mon père ?

---

(1) *Vuesas mercedes me abracen.*

ACTE III, SC. XVI

PEDRO ALONSO

Mon fils ? (*à part.*) Quelle fantaisie ! Mais dissimulons, je n'ai qu'à y gagner. (*Haut.*) Comme tu viens en fâcheux état !

FERNAND

C'est ainsi, père, que j'ai échappé de la guerre.

MARIA

C'est à moi de te rendre la vie, et j'en suis heureuse.

FERNAND

Père, je lui dois la vie.

PEDRO ALONSO

Allons, tout le monde se réjouit.

FERNAND

Père, buvons un coup et qu'on célèbre cette fête ! (*On entend le son des instruments.*) Mais qu'est cela ?

PEDRO ALONSO

C'est le Roi qui revient au palais.

FERNAND

Il faut le voir. Ouvrez les portes, puisque Dieu le conduit à nos portes.

BERMUDO

Le Roi est-il comme nous autres ?

PEDRO ALONSO

S'il était comme nous, il serait tisserand.

FERNAND

Taisez-vous, le cortège arrive !

SCÈNE XVII

LE ROI, LE MARQUIS, Suite, Les Mêmes puis LE COMTE, Serviteurs

LE ROI

Marquis, le cloître est beau, mais l'église est petite et le Maître Suprême veut que je l'agrandisse.

LE MARQUIS

Ce sera l'acte d'un cœur héroïque.

UN DOMESTIQUE

Une chaise de poste est là.

LE MARQUIS

Sire, celui qui en descend, c'est mon fils, le Comte.

LE COMTE (*entrant.*)

Sire, permettez...

LE ROI

Relevez-vous. Qu'est devenu le traître ?

LE COMTE

Il est mort.

FERNAND (*à part.*)

Mensonge ! Dieu a sauvé l'innocent.

LE COMTE

Ces lettres, ces papiers, ces clefs, cet anneau sont la preuve de son châtiment.

LE ROI

Montrez... Comment est-il mort ?

LE COMTE

A coups d'épée !

LE ROI

Dieu a châtié son orgueil. Et sa sœur, où est-elle?

LE COMTE

Je l'ai laissée prisonnière à Madrid, afin de vous apporter ces nouvelles.

LE ROI

Comte, pour ces nouvelles, Villacastin est à vous.

LE COMTE

Donnez-moi votre main.

LE ROI

Venez avec moi.

BERMUDO

Par Dieu, le Roi a l'air d'un roi !

FERNAND

Puisque, dans cette comédie, je n'ai pu me venger, Dieu me donne la vengeance dans la pièce qui va suivre : je changerai la navette pour une épée!

PERSONNAGES

Le Roi ALPHONSE.
Don Fernand RAMIREZ — (Pedro Alonso).
Don GARCERAN de MOLINA.
Le Comte JULIEN.
Le Marquis Suero PELAEZ.
CHICHON, apprenti de Pedro Alonso.
FINEO, serviteur du Comte.
THÉODORA, femme de Pedro Alonso.
Doña Anna RAMIREZ.
FLORINDA, servante.
DON JUAN, ami de Garceran.
CORNEJO,
XARAMILLO, } bandits.
CAMACHO,
Un GUICHETIER.
Un PASSANT.
Un ALGUAZIL.
Un PAYSAN.
Deux BRIGANDS.
Un AUBERGISTE.
Un PAGE.
PRISONNIERS, BANDITS, PAYSANS, DOMESTIQUES.

DEUXIÈME PARTIE

ACTE PREMIER

UNE RUE. — IL FAIT NUIT.

SCÈNE I
LE COMTE, FINEO, Domestiques

FINEO

Seigneur, c'est la maison que vous regardez...

LE COMTE

Humble chaumière pour la beauté que j'aime (1).

FINEO

Puisque vous êtes disposé à l'honorer, vous élèverez son humilité jusqu'aux étoiles...

LE COMTE

Appelle.

FINEO

Êtes-vous bien décidé à entrer pour la voir?

LE COMTE

Oui, Fineo. Elle ne souffre plus de retard cette amoureuse passion qui m'embrase de désirs.

FINEO

Réfléchissez à ce que vous allez faire. Votre père est

(1) *Para hermosura que goza*
Los despojos de mi amor.

le favori du Roi et, avec un extrême soin, on note tous vos actes.

LE COMTE

Tu me donnes d'inutiles conseils. Je suis si aveuglé d'amour que, si l'âme sonne au feu, les sens s'occupent seulement de se délivrer de la flamme qui dévore mon cœur sans regarder au profit, à la raison ou à la renommée. Je sais bien quel rang j'occupe et quels devoirs me sont imposés, mais quand même le Roi aurait connaissance de cette aventure, il sait aussi que je suis jeune. Le gouvernement seul importe à mon père. Les choses étant ainsi, et puisque je ne suis pas ministre, cette action n'est ni si coupable, ni si folle. Je suis aveuglé d'amour, Fineo, et pour ne pas donner prétexte à des murmures, tâche d'apporter un soulagement à un tel feu.

FINEO

D'un regard vous êtes aveuglé?

LE COMTE

Si fort, que si tant de gens n'avaient pas été présents à l'audience quand elle a parlé à mon père, ma folie aurait commis ces excès où tu me vois; agenouillé à ses pieds, j'aurais adoré sa beauté. N'ayant pas d'amour-propre, j'ai emprisonné mon désir, Fineo, et ai mis ma confiance en toi et en ton zèle. Par mon ordre tu as suivi ses pas et tu m'as informé que bien que noble, elle demeure ici en pauvre état et sans compagnie. Puisqu'il en est ainsi, mon désir n'a rien d'excessif, ma faveur ni mon pouvoir n'ont rien à craindre.

FINEO

Il me paraîtrait préférable de s'arranger pour qu'elle vienne vous voir.

LE COMTE

Qu'il sait peu de l'amour celui qui conseille de cette

sorte les anxiétés de passion ! Écoute : en commençant à aimer, on commence à se méfier, car en amour tout est trahison. Dans cette maison, Fineo, je vois déjà un palais. La femme qui l'habite est la reine de mon désir. A peine j'ai commencé à l'aimer que j'ai commencé à craindre que ma puissance fût trop humble pour arriver à l'obtenir. Vois, Fineo, s'il m'est possible de montrer du dédain à l'aimer alors qu'en venant la chercher le désir me remplit de crainte. Appelle.

FINEO

J'obéis. (*Il appelle.*)

LE COMTE

Fineo, voilà qui est servir !... Un serviteur peut avertir, mais il n'a pas à conseiller.

(*Fineo heurte à la porte de Théodora.*)

SCÈNE II

THÉODORA *à une fenêtre*, LES MÊMES

THÉODORA

Qui est là ?

LE COMTE

Un homme qui veut vous parler, belle Théodora.

THÉODORA

De quelle part ?

LE COMTE

De la mienne.

THÉODORA

Il ne me convient pas de vous entendre. Et puis, je ne sais pas qui vous êtes.

LE COMTE

Théodora, descendez, ouvrez-moi et vous verrez qui je suis.

THÉODORA

Vous voudrez bien m'excuser ; cela m'est impossible, maintenant.

SCÈNE III

Les Mêmes, moins THÉODORA

LE COMTE

Vois ; elle ferme à la fois les fenêtres et les oreilles. Il faut que mon désir soit satisfait, ou je perds la raison.

FINEO

Mais, Seigneur, on ne peut concilier la sagesse et la folie. Entrons par force.

LE COMTE

Essaie. Il me semble qu'on ouvre la porte.

FINEO

Un homme sans manteau sort de la maison.

LE COMTE

Il faut, Fineo, savoir qui il est.

FINEO

La crainte ou l'intérêt lui feront dire la vérité. Eh ! gentilhomme !...

SCÈNE IV

CHICHON *portant un pot*, Les Mêmes

CHICHON (*à part.*)

Hélas ! La justice était là ! (*Haut.*) Que voulez-vous ?

FINEO

N'aie pas crainte. Approche...

LE COMTE

Où vas-tu ?

CHICHON

Moi, Seigneur ? Comme vous le voyez, je vais chercher du vin pour mon maître.

LE COMTE

Comment s'appelle-t-il ?

CHICON

Pedro Alonso, le tisserand. Je suis son apprenti.

LE COMTE

Est-ce le galant de cette femme ?

CHICHON

Ou il l'est, ou il veut l'être.

LE COMTE (*à part.*)

Suis-je malheureux ! (*Haut.*) Tu te nommes ?

CHICHON

Je me nomme Chichon.

LE COMTE

Va en paix.

CHICHON (*à part.*)

Je crois que le souper fera aujourd'hui peu de profit à mon maître.

SCÈNE V

Les Mêmes, moins CHICHON

FINEO

Que décidez-vous, Seigneur ?

LE COMTE

Tu vas appeler ; tu feindras d'être l'apprenti ; tu entreras et feras en sorte que le tisserand s'en aille; alors tu le tueras.

FINEO

Oh! ciel! considérez...

LE COMTE

J'enrage!... Si je suis fou d'amour que sera-ce quand l'amour et la jalousie seront unis? Un homme de vile condition peut-il entrer en compte avec mon affection?

FINEO

Pour ce motif même, il convient de changer d'avis. Un homme entendu a dit que la femme ne peut aimer bien si elle n'est pas amoureuse de son mari. Pensez à ce tisserand barbu qui maintenant est en possession de Théodora et vous perdrez l'amour.

LE COMTE

Considère donc l'abîme où m'entraînent mon ardeur et mon aveuglement, et tu verras comme ma passion s'augmente par elle-même. Appelle. Finissons-en!... Mon cœur s'allume d'une folle rage.

SCÈNE VI

THÉODORA *à la fenêtre*, LE COMTE, FINEO,
Serviteurs, puis DON FERNAND

THÉODORA

Qui est là?

FINEO

Chichon. (*Théodora se retire de la fenêtre.*) C'est fait.

LE COMTE

Je me couvrirai le visage. Dispose tout sans que je me fasse connaître.

FINEO

Il est prudent de ne pas se montrer.

THÉODORA (*ouvrant la porte.*)

Entrez donc. (*Elle se présente avec une lampe allumée.*) Au secours !... Qui donc êtes-vous?...

FINEO

Ne vous effrayez pas; ceux que vous voyez sont vos amis.

FERNAND (*en justaucorps, portant une épée.*)

Que veulent à pareille heure ces gentilhommes alors que cette maison a un maître?

LE COMTE (*à part.*)

La colère m'étouffe.

FINEO

Nous voulons que tu laisses seule Théodora.

FERNAND

Par Dieu! mes maîtres, vous venez bien mal informés de moi; si vous êtes gens d'honneur, voyez le peu de raison que vous montrez; quand même je me fusse trouvé ici par hasard, le devoir m'obligerait, ayant de la barbe au menton, portant une épée au côté, à ne pas faire acte de lâcheté. Et si cette femme est mienne, si elle doit être mon épouse, comment pourrai-je l'abandonner sans mourir moi, le premier?

FINEO

Et celui qui s'est déterminé à tenter une entreprise, comment remplira-t-il son obligation en se désistant?

FERNAND

En se soumettant à la voix de la raison (1); le plus grand exploit est de se vaincre soi-même.

(1) . . . . . *Rindiendo el cuello*
Al yugo de la razón.

LE COMTE (à *Finéo*.)

Pourquoi argumenter et raisonner alors que je meurs d'amour? Oblige-le à s'en aller sans répliquer davantage.

FINEO

Pedro Alonso, il doit en être ainsi.

FERNAND

Et cela ne sera pas.

FINEO

Seul un Seigneur peut répondre ainsi ; mais un pauvre tisserand...

FERNAND

Ce que vous tentez contre la raison et le droit, seul pourrait le faire un roi tyran ou un homme ayant perdu toute honte.

LE COMTE (*se découvrant*.)

Rustre!

THÉODORA

Ah! arrêtez, au nom du ciel, écoutez...

FERNAND

Vive Dieu!

LE COMTE (à *part*.)

Mon autorité est nécessaire. (*Haut*.) Pedro Alonso, arrêtez, c'est moi qui suis ici!

FERNAND

Vous êtes le Comte?

LE COMTE

Je suis le Comte.

FERNAND

Une action odieuse répond-elle aux hauts faits de votre race?

LE COMTE

Il suffit, téméraire! Qu'est cela? C'est à moi que vous parlez avec emportement? Quelle confiance vous abuse! Éloignez-vous de suite.

FERNAND

Seigneur...

LE COMTE

Allez, rustre, taisez-vous!

FERNAND

Soyez plus courtois; considérez que, bien que tisserand, je suis un homme...

LE COMTE

Quelle audace! Toi, me parler ainsi? (*Il le soufflette.*) Qu'on le tue...

THÉODORA

O ciel!

FERNAND (*tirant l'épée.*)

Ma patience est à bout.

THÉODORA

Est-il femme plus infortunée?

LE COMTE

Qu'il meure!

FERNAND

Vous allez bientôt voir que ce n'est pas la puissance qui gouverne, mais la force et l'épée. (*Il les fait tous reculer et sort.*)

UN SERVITEUR (*au dehors.*)

Je suis mort.

THÉODORA (*seule.*)

Malheureuse! Que vais-je faire?

SCÈNE VII

CHICHON *portant une cruche de vin*, THÉODORA

CHICHON

Madame, quel est ce bruit, ce tumulte ?

THÉODORA

Ah ! Chichon, ma malheureuse destinée est cause de tout. Emmène-moi vite d'ici ; il y a un grand malheur.

CHICHON

Je l'ai compris de suite ; mais je n'y puis rien. Où vous conduirais-je ?

THÉODORA

Dans une maison amie où je sois à l'abri de la colère et du châtiment du Comte.

CHICHON

Je ne sais où vous mener ; c'est chose périlleuse que de mettre une dame en autre pouvoir que celui du mari. En voyant votre beauté, j'éprouve mille incertitudes. Une fois seul avec vous, il n'y a pas d'amitié qui tienne. Les roseaux deviennent des lances. Mais me voilà ambassadeur.

THÉODORA

C'est bien parler.

CHICHON

Une fois en sûreté, vous attendrez la bonne ou mauvaise fortune de mon maître.

THÉODORA

Allons...

CHICHON

Qu'il en soit ainsi ! Que soient bénis les premiers

inventeurs de maisons d'ambassadeurs pour les coquins qui ne les ont pas!

INTÉRIEUR DE PRISON

SCÈNE VIII

GARCERAN *prisonnier*, DON JUAN

DON JUAN

A mon avis, je crois que le véritable motif n'est pas celui que l'on donne à entendre pour vous retenir en cette prison; il y a une raison supérieure, et pour la déguiser, Garceran, on prend un détour.

GARCERAN

Hélas! je le comprends bien. Je sais — combien triste! — que Clariane est la cause souveraine du mal que je souffre. Je sais qu'en me retenant ici, on a l'intention de me tuer. Étant ce que je suis, me donner la geôle publique pour prison! Il ne m'échappe pas que la dureté, la rage, la vengeance sont liguées pour mon malheur.

DON JUAN

La faveur de son père donne au Comte une telle audace. Il veut venger par des persécutions ses ennuis jaloux.

GARCERAN

J'ai trouvé sortilèges sur les lèvres, j'ai trouvé rayons dans les yeux de cette belle villageoise, qui fait injure au soleil; elle a volé mon âme, don Juan. Le Comte m'a vu lui parler; il a dissimulé son amour, sa jalousie; mais aussitôt j'ai vu son cœur sous la pâleur mortelle de son visage. Il veut avec ma vie mettre fin à sa jalousie. Ma vie aura été bien employée si je la perds pour toi, belle Clariane!...

DON JUAN

Garceran, cette pureté de sentiments est celle d'un chevalier errant. Le nécessaire, l'important, c'est de sauver votre tête.

GARCERAN

Comment?

DON JUAN

En cherchant quelque moyen d'éviter cette bourrasque, car enfin en vivant, on triomphe de tout, on obtient tout. (*Il parle bas à Garceran.*)

SCÈNE IX

DON FERNAND *avec fers et menottes*, CHICHON, Les Mêmes

FERNAND (*à Chichon.*)

Théodora est-elle fort affligée?

CHICHON

Elle est si affligée que si ses larmes étaient du vin, elles donneraient soif à tous les prisonniers. Elle donne à entendre qu'elle veut parler pour vous au Comte.

FERNAND

Elle a dit cela? Veut-elle en m'offensant acheter la grâce de mon ennemi? Par le ciel, je la frapperai de mille coups de poignard si j'ai la certitude qu'elle prononce encore le nom du Comte!

CHICHON

Avez-vous votre raison? Quand vous portez les menottes aux mains, les fers aux pieds, vous menacez? Qu'allez-vous faire?

FERNAND

Penses-tu, par hasard, que je serai prisonnier demain?

CHICHON

Avant, Seigneur, j'imagine que vous sortirez libre pour faire la nique à tous vos ennemis (1), mais menacer avec la langue, autant en emporte le vent.

FERNAND

Tais-toi, imbécile! Apporte-moi deux cordes et un marteau, car dans la maison de l'ambassadeur, j'entends me réveiller avec toi.

CHICHON

Comment?

FERNAND

Ne demande pas comment. Fais de suite ce que je te dis, Chichon, et ne réplique point.

CHICHON

J'y vais et je ne réplique pas. (*Il s'en va.*)

GARCERAN (*à don Juan.*)

Cela est important.

DON JUAN

Je risquerai ma vie pour vous servir, puisque l'on dit que la prison est la pierre de touche des amis. (*Il sort.*)

---

(1) *Que saldrás libre á dar higas*
A todos tus enemigos;
Mas dardslás con la lengua,
Hecho en el aire racimo.

Mot à mot : Que tu sortiras libre pour faire des pieds de nez
À tous tes ennemis ;
Mais les donner avec la langue
C'est grappe faite en l'air.

SCÈNE X

FERNAND, GARCERAN

FERNAND

Seigneur Garceran?

GARCERAN

Qu'est cela? Pedro Alonso, quel délit si grave avez-vous commis pour être ici avec fers et menottes?

FERNAND

Le bruit public ne vous a rien appris?

GARCERAN

Non.

FERNAND

Donc hier soir, certain seigneur m'a fait injure; il avait sur moi l'avantage d'être accompagné de trois serviteurs; mais ma bonne fortune a voulu qu'en donnant la mort à deux domestiques, j'aie commencé leur châtiment. Si la justice met du retard, je châtierai de même les deux autres coupables. Aussitôt il a plu sur moi, plus de police que le vent du Nord ne précipite de grêle par un été embrasé. On m'a pris; on a enseveli mes pieds en des fers doubles. Des prisonniers fanfarons m'ont demandé la bienvenue dans leur style accoutumé — c'est le privilège des anciens — mais moi, avec le souvenir de mon droit passé, j'ai frotté avec un rondin la tête à quatre ou cinq. Les guichetiers sont accourus au bruit et, me mettant ces menottes, mes folies ont pris fin.

GARCERAN

Étrange événement!

FERNAND

Ne vous étonnez pas. Un honnête homme offensé est

semblable au taureau dans l'arène, qui, dans son ardeur vindicative, tourne sa rage contre les capes, ne pouvant atteindre ses maîtres. Mais, seigneur Garceran, êtes-vous en péril? Le mal qui vous a traîné dans ce tombeau des vivants est-il mortel?

GARCERAN

Ma destinée, tant mes malheurs sont grands, me conserve la vie pour que je meure plusieurs fois.

FERNAND

Mais ne vous affligez pas; si vous le voulez, moi je m'engage à vous mettre en liberté avant que l'aube ne baigne les champs de sa blanche rosée.

GARCERAN

Que dites-vous?

FERNAND

Ce que je dis, je l'accomplirai. Faites-moi connaître votre volonté et laissez le reste à mes soins.

GARCERAN

Vous donneriez la liberté à un captif, la vie à un mort?

FERNAND

Taisez-vous! Maintenant que vous êtes averti, vous m'attendrez à l'infirmerie.

GARCERAN

Je suis à vous; ma vie est à vous si, comme vous le dites, je la reçois de vous. Vous pouvez croire que j'agirais de même avec vous, car, depuis que je vous ai vu, vous me devez amitié. Sur votre visage, je retrouve les traits, la physionomie d'un ami perdu; vous êtes le portrait vivant du malheureux Fernand Ramirez. Tous deux nous fûmes les amis les plus unis qu'ont célébré les siècles.

FERNAND (*à part.*)

Qui aurait pu lui apprendre des secrets si cachés ! (*Haut.*) N'est-ce pas celui qu'on trouva à Madrid tué à coups de poignard ? N'est-ce pas le fils de l'infortuné Bertrand Ramirez qui, gouverneur de Madrid, tendit, dans son supplice, le cou au bourreau ?

GARCERAN

Celui-là même.

FERNAND

Que Dieu fasse éclater la vérité ! car la renommée a toujours dit que les envieux et non les fautes ont causé la mort du gouverneur.

GARCERAN

Je m'engage à donner ma vie pour défendre son innocence.

FERNAND

Vous êtes noble. Croyez que si le destin me favorise et si vous me voulez pour ami, vous ne regretterez pas la perte de Fernand.

GARCERAN

De cela je vous donne main et parole.

FERNAND

Et moi, comme je le dois, j'en fais cas.

SCÈNE XI

CORNEJO, CAMACHO, XARAMILLO, Les Mêmes

CAMACHO

Puisque Pedro Alonso le dit, puisque sa valeur est reconnue, il sortira par le moyen qu'il veut employer.

CORNEJO

Camacho, je dis comme toi.

XARAMILLO

Mieux vaut un saut périlleux qu'implorer ces gardiens d'enfer. Il est là.

CAMACHO

Parlons-lui. Ami Pedro?...

FERNAND

Oh! Camacho...

CAMACHO

J'ai déjà parlé de vos projets à Cornejo et à Xaramillo, par qui se gouvernent tous les braves. Plus de vingt sont disposés à vous suivre et à vous aider.

FERNAND

Alors soyons libres, camarades! La fortune aide les audacieux : rachetons le péril par le péril. Tant d'hommes ne sauraient dépendre des pointillés d'une plume qui, coupant le vent, s'essaie à trancher des existences comme la Parque tranche les fils.

CORNEJO

Tous nous disons de même.

FERNAND

Il me faut seulement vous avertir que ceux qui, cette nuit, veulent me suivre, cherchent le moyen de se trouver à l'infirmerie.

CAMACHO

Pour les anciens prisonniers, cela n'est pas difficile, parce qu'ils connaissent les employés.

CORNEJO

Les autres, sous le prétexte de veiller Alonso Pinto, qui est à la mort, peuvent obtenir la permission.

FERNAND

Que chacun s'arrange! Quant à moi, je crois qu'il n'est pas possible, à cause du crime dont on me charge que les geôliers me laissent hors du cachot, s'il n'y a pas un empêchement spécial. J'ai décidé de faire naître cet empêchement d'une façon très imprévue. Quelqu'un de vous a-t-il un couteau?

XARAMILLO

J'en ai un ; le voici !...

FERNAND

Alors, ami, donne-moi un coup à la tête. En simulant d'être tombé de cet escalier, mon intention, grâce à ce moyen, est qu'on me conduise aussitôt à l'infirmerie.

CORNEJO

Le moyen est excellent, bien que cruel.

FERNAND

Il est surtout charitable, si j'évite ainsi le supplice inhumain d'un cruel bourreau. Allons, j'attends le coup !...

CAMACHO

Pour éviter un plus grand mal, je vais exercer sur vous l'office de chirurgien. (*Il le frappe à la tête.*)

FERNAND (*tombant.*)

Au secours !...

UNE VOIX (*au dehors.*)

Qu'y a-t-il ?

SCÈNE XII

UN GEOLIER *entrant*, LES MÊMES

CORNEJO

C'est Pedro Alonso qui est tombé de cet escalier. Maudits soient fers et menottes !...

XARAMILLO
Il vaudrait mieux tuer un homme !

CAMACHO
Il a la tête brisée.

UN GEOLIER
Qu'on le porte à l'infirmerie.

GARCERAN (*à part.*)
Pedro Alonso tient caché plus de courage qu'on ne saurait en attendre d'un homme de basse naissance. Et si, de mes yeux, je n'avais vu Fernand mort, j'affirmerais que c'est lui-même.

CORNEJO (*à part.*)
Le tisserand est un démon !

CAMACHO (*à part.*)
Le geôlier a avalé celle-là.

SALLE DANS LA MAISON DU MARQUIS

SCÈNE XIII
LE COMTE, FINEO

LE COMTE
Cet événement a causé grand scandale à Ségovie.

FINEO
Et sans doute l'emprisonnement du tisserand vous a fait tort?

LE COMTE
Je ne puis l'empêcher sans me faire connaître, et la jalousie n'est pas assez chevaleresque pour pardonner. En outre il est si hardi, si arrogant, si valeureux, que libre et offensé par moi il pourrait me donner souci.

A tout prendre, il est mieux là où il paie sa folie. Si le peuple murmure après moi, comme le Roi ne sait rien, peu m'importe ! Sa Majesté, comme tu sais, ne donne audience à personne sans ma présence. L'affection et la bienveillance qu'elle me témoigne, m'assurent contre ceux qui l'entourent. D'ailleurs seuls lui plaisent ceux qui sont dans mes intérêts. Aussi le tisserand qui connaît mon pouvoir doit bien se tenir et craindre la sévérité de la justice. S'il déclare qu'il a osé se battre avec moi, cela le dommagera plus que s'il eût commis un meurtre.

FINEO

La chose est claire.

LE COMTE

Comment va Claudio ?

FINEO

La blessure a ouvert la porte à la vie, si le chirurgien ne se trompe pas.

LE COMTE

Pauvre malheureux !

FINEO

Et aussi pauvre Ernesto, qui a payé sans confession la peine qu'il ne méritait pas. Mais dites-moi, Seigneur, cette aventure a-t-elle apaisé l'ardeur de votre désir extrême pour Théodora.

LE COMTE

Non, Fineo ; mon amour n'est pas aussi sage. Il faut que je la possède (1) ou je me noierai dans les larmes, tant j'ai de peine. La flèche était empoisonnée, puisqu'une seule blessure a causé tant de mal.

FINEO

Et Clariane, que dirait-elle, si elle savait cela ?

(1) *Yo he de gozarla...*

LE COMTE

La douleur d'amour exclut la raison; la possession refroidit l'amour. Je m'embrase pour une nouvelle action. Il n'est pas d'amour satisfait qui ne change le bien qu'il a pour celui qu'il désire.

FINEO

Mais s'il vous est égal de la perdre, pourquoi, Seigneur, vous venger sur Garceran avec tant de rigueur de l'avoir trouvé causant avec elle?

LE COMTE

C'est l'obligation de l'amant, du moins de l'homme d'honneur. En aimant celle que j'ai aimée, on offense ma considération. Clariane était alors toute ma joie. Je n'avais pas encore vu la lumière souveraine de Théodora... Mais mon père vient ici. Va-t'en de suite et informe-toi avec soin de cette ingrate maîtresse à laquelle j'ai donné mon âme. Ne reviens pas avant de savoir où je cache le bien pour qui je meurs.

FINEO

Seigneur, j'espère la trouver, serait-elle cachée au centre de la terre ! *(Il sort.)*

SCÈNE XIV

LE MARQUIS, LE COMTE

LE MARQUIS

Comte !

LE COMTE

Seigneur !

LE MARQUIS

Savez-vous que vous êtes gentilhomme ?

LE COMTE

Je sais au moins que vous l'êtes et que je suis votre fils, votre héritier.

LE MARQUIS

Non, ce n'est pas par héritage, c'est par les actes qu'on est gentilhomme ; des œuvres seules résulte l'estime ou le mépris. Les gentilshommes sont des juges, et les juges sont nés pour réparer les griefs et non pour les provoquer. Que pensez-vous de vos folies? Qu'attendez-vous de vos excès? Tous, avec juste raison, perdront le respect envers vous. Pour une femme qui aime un homme au-dessous de vous vous risquez la réputation et la vie ? Là-bas à l'heure mauvaise, là-bas devant le More de Tolède qui peut franchir les sommets neigeux pour assiéger Ségovie, montrez votre énergique vigueur. Celui qui a un cœur noble ne prend l'éclatante épée que pour Dieu, pour l'honneur, pour le Roi. Savez-vous que la haute fonction que je vous ai donnée, celle que je remplis auprès du Roi, sont l'objet de l'envie et de l'ambition ? Savez-vous encore qu'il suffit à la faveur d'un cheveu pour trébucher (1) ? Savez-vous qu'en trébuchant on est assuré de tomber ? car le favori est un un arbre : quand il est droit, les branches qui le garnissent (2) sont de beaux ornements ; quand il commence à tomber, ces branches qui étaient sa pompe, constituent un poids qui aide plus vite à sa chute. Mille faits, mille exemples ne vous le disent-ils pas très haut? N'avez-vous pas vu Bertrand Ramirez gouverner le royaume et puis, par l'envie, les rayons de sa faveur ne se sont-ils pas évanouis en fumée sur un échafaud néfaste ? Alors quelle confiance insensée vous donne la folle audace d'exciter par vos outrages les justes ven-

---

(1) *Para tropezar.*
(2) ... *que le rotean* (l'entourent).

geances du peuple? Un homme est avec sa femme et vous, courroucé, orgueilleux, vous prétendez le contraindre à l'abandonner? Plût au ciel que de même qu'il a vengé son affront immérité sur deux de vos serviteurs, il eût donné à votre vie ce sévère châtiment!

LE COMTE

Seigneur...

LE MARQUIS

Ne vous excusez pas ; amendez vos excès, ou par la vie du Roi, si vous continuez, je vous enferme dans un château d'où vous ne sortirez qu'après que le temps couvrant de neige votre front aura apaisé l'ardeur de votre sang!   *(Il sort.)*

LE COMTE

Les menaces et les conseils sont inutiles avec un fou. Toi seule, belle Théodora, peux me rendre la raison.

(Il sort.)

INFIRMERIE DE LA PRISON

SCÈNE XV

DON FERNAND *avec fers et menottes*, GARCERAN, CAMACHO, CORNEJO, XARAMILLO, AUTRES PRISONNIERS *avec lumière, cordes et un marteau*

FERNAND

Maintenant, camarades, que la nuit tient nos ennemis en un profond sommeil, notre valeur éveillera nos projets. Y a-t-il quelqu'un qui puisse rompre ces menottes? Cornejo, Camacho, montrez vos forces! *(Camacho essaie de briser les menottes.)*

CAMACHO

Briser le fer trempé par la force des mains est une tentative inutile, Pedro Alonso.

FERNAND

Et dire que le geôlier me voyant malade et blessé n'a pas voulu me soulager de mes fers !

XARAMILLO

Même mort, vous lui inspirerez crainte.

CORNEJO (*essayant.*)

Autant vaudrait abattre un mur d'acier avec des balles de cire.

CAMACHO

Et chercher à les briser à coups de marteau, c'est faire échouer notre dessein. Au bruit, il est certain que les geôliers s'éveilleront.

FERNAND

Réfléchissons! Mais si j'ai des dents, pourquoi chercher un autre moyen? Deux doigts doivent-ils empêcher la délivrance du corps en entier? (*Il se mord les doigts, arrache les menottes et enveloppe les mains d'une toile.*)

CAMACHO

Qu'avez-vous fait ?

XARAMILLO

Il s'est arraché les deux phalanges des pouces.

GARCERAN

Je contemple en vous un autre Scévola... mais les fers?...

FERNAND

Aux pieds, il m'importe peu d'être empêché. Puisque je puis me servir des mains, je ne suis plus prisonnier. Donnez-moi un couteau !...

CAMACHO

Tenez. (*Il lui présente un couteau.*)

FERNAND

Que celui qui se désisterait de l'entreprise que je tente soit convaincu qu'il mourra de ma main.

CORNEJO

Tous nous voulons vous aider, vous suivre, vous obéir.

FERNAND

Alors, amis, enlevez les malades des lits. En plaçant les lits les uns sur les autres, nous arriverons au toit. Rompant une planche avec ce marteau, nous pratiquerons une porte par laquelle tous, libres de la prison, nous jouirons du ciel. Et puis ces cordes seront les échelles du vent pour descendre dans la rue.

CORNEJO

Alors, ami, commençons.

FERNAND

Il ne faut pas laisser de malade qui puisse faire relation de notre entreprise.

GARCERAN

Qu'il sorte vivant ou mort, celui qui refuse de nous suivre!

CAMACHO

Allons...

FERNAND

O nuit, que ton silence aide contre d'injustes tyrannies de si justes audaces!

(*Ils entassent les lits et démolissent le plafond.*)

UNE RUE. — COUR D'UNE MAISON D'UN AMBASSADEUR

SCÈNE XVI

FINEO, CHICHON

FINEO

Ceux qui sont attentifs à leur profit doivent plaire au ouvoir. Vive celui qui triomphe ! c'est un refrain. Ami, e Comte, mon maître, perd la raison à cause de Théodora ; tu le sais, c'est pourquoi je te parle sans détour. Hier nous avons mis des espions dans la prison ; ils t'ont vu avec Pedro Alonso ; ils ont suivi tes pas quand tu es allé au domicile de l'ambassadeur ; ils ont découvert que cette maison cache le soleil qui embrase d'amour le Comte. Aide mon maître à conquérir le cœur de Théodora. Et parce que la claire aurore commence à donner la lumière au monde, si tu le veux bien, appelle Théodora. Je veux lui parler, Chichon, le premier avant que personne ait pu la voir. Pour commencer à t'obliger, je te donne cette chaîne, gage d'affection et de confiance; le Comte te l'offre.

CHICHON

Certes, tu prêches si bien que je m'imagine que si Calvin t'entendait, il eût renoncé à son hérésie. Sur un taureau, sur un tigre l'épilogue produit son effet. Avec une clef d'or le discours est fermé. Je me fie à ta parole, à la valeur, à la puissance de ton maître pour me déterminer à être déloyal envers mon Seigneur ; puisqu'aujourd'hui il doit mourir, moi pour ne pas le suivre, je me sépare de lui et je commence à servir le Comte.

FINEO

Et moi, en son nom, Chichon, j'accepte tes services : j'ai des pouvoirs si étendus que ce que je fais, il l'approuve.

CHICHON

Appelons donc à cet appartement que tu vois : c'est là que Théodora songe aux malheureuses aventures du Tisserand. *(Il appelle.)*

SCÈNE XVII

THÉODORA *à demi vêtue*, LES MÊMES

THÉODORA

Qui est là ?

CHICHON

Ce sont deux serviteurs du Comte, mon Seigneur.

THÉODORA

C'est toi, Chichon ?

CHICHON

Je ne réponds plus au nom de Chichon; depuis que je sers le Comte, je suis don Chichon.

THÉODORA

Tu es au service du Comte ?

CHICHON

Oui, Théodora, et c'est à vous que je dois cette bonne fortune. Votre beauté est la cause de vos larmes. Pedro Alonso va aujourd'hui être livré au bourreau (1).

---

(1) *Pedro Alonso ha de ser hoy
Despojo vil de un verdugo.*

SCÈNE XVIII

DON FERNAND, GARCERAN, CORNEJO, XARAMILLO, Autres

FERNAND

Grâces soient rendues à Dieu qui a bien voulu nous délivrer !

CHICHON (*à part.*)

Je suis perdu. C'est Pedro ; s'il m'a entendu il me tue ; pauvre Chichon, il me faut ici perdre le Don et revenir à mon humble état !

THÉODORA

Est-il possible que je te revoie libre !

FERNAND

Oui, Théodora.

FINEO

Je cours grand risque ici.

THÉODORA

J'en crois à peine mes yeux.

CHICHON (*à Fineo.*)

Va-t'en ou nous sommes perdus.

FINEO

Mets-toi devant moi. (*Il s'en va.*)

CHICHON

Ce qui est dit est dit : Adieu !

SCÈNE XIX

Les Mêmes, moins FINEO

FERNAND

Amis, puisque dans sa généreuse pitié, le ciel a voulu que l'effet correspondît à l'intention, il convient que nous nous consultions et que nous décidions maintenant le moyen de conserver notre précieuse liberté. Bien qu'il nous paraisse que nous sommes ici en sûreté, car les maisons des ambassadeurs jouissent d'immunités notoires, il est d'usage pour raison d'état, quand le repos public l'exige, qu'elles permettent elles-mêmes qu'on suspende leurs privilèges. Aussi les favoris du Roi étant mes ennemis, l'ambassadeur leur fera les plus grandes flatteries. Cela étant, et ce lieu d'asile n'étant qu'une espèce de prison incommode, puisqu'il restreint notre liberté, il est bon que nous sortions tous ensemble de Ségovie et que nous allions en un lieu où nos hauts faits fournissent des matériaux à l'histoire. Nous sommes nombreux ; plus nombreux encore sont ceux qui, craignant leurs fautes, se disposent à nous suivre. Des lieux voisins ou par force ou par ruse nous sortirons les délinquants qui sont emprisonnés. De tous nous formerons une armée qui inspirera la crainte à nos ennemis et la sécurité à nous-mêmes. En occupant les sommets rocheux de ces montagnes, ces crêtes inexpugnables nous serviront de tours et de murailles. Nous dépouillerons les voyageurs et, aux populations d'alentour, nous enlèverons l'argent, les provisions et les habits. Nous les offensés, nous pourrons nous venger. C'est chose certaine que le temps nous donnera des occasions et la supériorité du nombre des succès.

CAMACHO

Je suis de cet avis.

CORNEJO

Y a-t-il quelqu'un qui ne veuille pas nous suivre ?

XARAMILLO

Tous nous approuvons.

CHICHON (*à part.*)

C'est bon. Vive Dieu ! ils jettent le manche après la cognée (1). Chichon, par là ils vont à la potence.

FERNAND

Et vous, seigneur Garceran, que dites-vous ?

GARCERAN

Je dis qu'il me convient de poursuivre d'autres desseins, car je ne suis pas encore maître de ma liberté ; je vis prisonnier dans la belle chaîne d'une femme de mon goût et votre cœur n'ignore pas le dur empire de l'amour. C'est une raison pour reconnaître que cette cause est suffisante. Mais bien que ma personne ne vous suive pas, croyez que l'âme, qui confesse vous devoir la vie, vous sera éternellement reconnaissante de cette obligation. S'il m'est possible, quelque jour je vous le prouverai par des actes.

FERNAND

Je me fie à votre parole.

GARCERAN

Vos mains généreuses atteindront autant de bonheur qu'elles ont montré de courage.   (*Il sort.*)

---

(1) *Echar la soga tras el caldero.*

SCÈNE XX

Les Mêmes, moins GARCERAN

CHICHON

Moi, Seigneur, qui n'ai tué personne, qui me trouve bien à Ségovie et qui suis entré à votre service pour apprendre de vos mains de tisserand à lancer la navette et non des épieux, je veux maintenant établir mon compte. Vous m'avez donné trois ducats qui représentent les trois mois que je vous ai servi. Je vous ai cassé un pot, deux plats et un vase de nuit (1) ; pour cela je vous ai acheté les cordes et le marteau.

FERNAND

Traître !

CHICHON

Ne vous emportez pas. (*Il fuit vers la porte.*)

CAMACHO

Il s'enfuit.

CHICHON

Vous êtes trop nombreux là-dedans ; si vous voulez vous battre seul à seul, je vous attends sous la potence.
(*Il s'en va.*)

CAMACHO

Insolent ! tu vas voir...

SCÈNE XXI

Les Mêmes, moins CHICHON

FERNAND

Occupons-nous de nos affaires. Il est d'absolu besoin

(1) *Un orinal.*

que nous élisions un chef reconnu par tous; sans une tête il n'y a pas d'ordre, et sans ordre la confusion et la ruine sont inévitables; l'histoire le démontre.

CAMACHO

Si ce n'est vous, qui pourrait être notre chef?

CORNEJO

Qui peut vous égaler?

XARAMILLO

Tous nous vous nommons notre capitaine.

FERNAND

Alors que tous, sur cette croix, (*Il met ses doigts en croix*) placent leur main droite et jurent, sous peine d'une mort terrible, de m'être obéissants et fidèles.

TOUS (*étendant la main.*)

Nous le jurons!

FERNAND

Il faut encore que nous cherchions des épées, des boucliers, des côtes d'armes; que chacun se procure des armes comme il pourra. Théodora, que dis-tu de tout cela?

THÉODORA

Qu'à ton côté, j'irai dans les régions les plus lointaines, j'affronterai les périls les plus grands, je supporterai les fatigues les plus grandes, effaçant la renommée des Amazones.

FERNAND

Oh! superbe exemple de fidélité et de dévouement! Puisque ta beauté m'accompagne, je serai victorieux du monde entier. Amis, je vous préviens que l'aurore ne doit pas luire une autre fois sans que nous foulions les roches de Guadarrama.

TOUS

Allons, allons !...

FERNAND

Je ferai bientôt connaître à toi, Comte ennemi, et au monde entier, la valeur du Tisserand de Ségovie (1).

(1).......... *q'ten es*
  El Tejedor de Segovia.

ACTE DEUXIÈME

MONTAGNES DE GUADARRAMA.

SCÈNE I

DON FERNAND, CAMACHO, CORNEJO, XARAMILLO, *en bandits*, THÉODORA *en homm*

CAMACHO

Les hommes vaillants et armés, illustre capitaine, qui obéissent à ta forte main, sont au nombre de quatre-vingts. Ta compagnie va devenir une brillante armée ; elle s'augmente chaque jour. Il n'est pas de bandit, de mécontent, de malfaiteur qui ne songe à te servir. Il y en aura encore davantage quand se répandra le renom de ta valeur.

FERNAND

Si tous ceux qui ont fauté me choisissent pour capitaine, mes troupes surpasseront en nombre celles de Cyrus. Mais, amis, sachez qu'à la guerre la discipline remporte plus de victoires que le courage, et la prudence que la force. Il est certain que si la renommée publie que tant de bandits occupent les gorges de Guadarrama, le Roi enverra pour nous prendre des troupes en si grand nombre que nous ne pourrons résister à sa vaillante armée. Il convient donc que vous occupiez toute la sierra, divisés en escouades formées de cinq à six individus, éloignés les uns des autres de telle façon que vous puissiez communiquer et vous porter secours, si besoin est. En sorte qu'en chaque affaire paraîtront seulement ceux qui suffisent à l'entreprise. En outre, il est important que ne demeure ni sentier, ni chemin de traverse par où puisse s'échapper un voyageur. Tant que l'on croira que les nôtres sont en petit nombre, on n'en fera pas cas et on n'aura pas souci de nous faire prisonniers.

CAMACHO

C'est bien combiné.

FERNAND

En plus de cela, dans la montagne nous choisirons un poste de personne fréquenté, où vous formerez des abris contre la neige et contre le vent; en cet asile commun vous vous réunirez tous la nuit. Les femmes ainsi cachées s'occuperont de préparer le repas et là encore se tiendront, comme il convient, les conseils.

CAMACHO

Regardez, voici un voyageur qui vient par ici.

FERNAND

Alors, Camacho, que deux hommes sortent avec vous et l'amènent.

CAMACHO

En avant, nous trois!
(Camacho, Cornejo et Xamarillo sortent.)

SCÈNE II

FERNAND, THÉODORA

FERNAND

Vous autres, retirez-vous! (*Les bandits se retirent.*) Et toi, Théodora, comment te trouves-tu de ce métier d'aventures? (1) Tu as l'accoutumance de vols de plus de valeur. On peut le demander à tes yeux auxquels l'amour donne pour dépouilles des âmes et des vies.

THÉODORA

Mon bien, tu fais injure à ma foi inébranlable par une semblable demande; le malheur ne peut rien sur moi tant que je suis à ton côté. (*Ils mettent les masques.*)

SCÈNE III

Les Mêmes, CAMACHO, CORNEJO, XARAMILLO
conduisant un Alguazil

L'ALGUAZIL

Si vous êtes humains, prenez mon argent et non ma vie; souvenez-vous que la cruauté avilit la vaillantise.

CAMACHO

Marche et tais-toi !

FERNAND

Qui es-tu? Parle...

L'ALGUAZIL

Un alguazil pour mon malheur.

CAMACHO (*à part.*)

Puisque tes mains me firent prisonnier, il serait mieux de dire pour le mien. Mais, vive Dieu! ta visite est enfin venue.

FERNAND

Qu'y a-t-il de nouveau à Ségovie?

L'ALGUAZIL

On ne parle que du tisserand Pedro Alonso.

---

(1) *¡ Halldste bien salteadora !*

FERNAND

Qu'en dit-on ?

L'ALGUAZIL

Mille menteries qui, enveloppées dans une vérité, sont accréditées par la renommée.

FERNAND

C'est un grand coupable.

L'ALGUAZIL

Ni dans les temps passés, ni dans les temps présents on n'a vu en Castille plus grand coquin.

CAMACHO (à part.)

Sa langue même édifie le bûcher où il va brûler.

FERNAND

S'occupe-t-on de le prendre ? La justice fait-elle quelque diligence ?

L'ALGUAZIL

On promet deux mille ducats à qui le livrera vivant !

FERNAND

C'est un vain dessein. J'ai eu la nouvelle que pour se mettre sous la protection des Maures, il est passé en Andalousie. Si on ne se presse davantage, il a la vie assurée.

L'ALGUAZIL

Les bandes berbères, que l'on aperçoit de Tolède et qui viennent guerroyer en Castille, donnent encore plus de souci.

FERNAND

Et toi, où vas-tu et pour quelle affaire voyages-tu ?

L'ALGUAZIL

Le comte Julien m'envoie pour que je m'informe en secret si Garceran de Molina est caché à Madrid.

FERNAND

Quel argent portes-tu?

L'ALGUAZIL

Fort peu.

FERNAND

Alors tu n'as pas volé, ces jours-ci?

L'ALGUAZIL

L'office va fort médiocrement; la cour ne vaut plus rien; seuls les pauvres sont délinquants; les gens riches ne fautent pas, — ce n'est pas par vertu mais par avarice qu'ils se retiennent et s'abstiennent! Pour ne pas risquer d'argent, un homme insulté ne se bat point. Dans les procès, on compose; s'il s'agit de femme, on en change et si, pour son malheur, nous trouvons quelqu'un avec une dame, pour ne pas encourir de peine, il meurt plutôt que de résister. Jamais on ne jouit d'une dîme; si quelqu'un est forcé de s'exécuter, il y a aussitôt prières, arrangements, entremises. Enfin, les plus simples oiseaux vivent avec tant de malice que ce sont ceux que les oiseaux de rapine chassent le moins!...

FERNAND

Donc je dois gagner des pardons en te débarrassant de ce que tu enlèves! Ne me cache pas un seul réal, il t'en coûterait la vie.

L'ALGUAZIL (*remettant une bourse.*)

Dans cette petite bourse, il y a un bel anneau. Je vous donne tout ce que j'ai.

CAMACHO

Donne vite la cape et le pourpoint.

L'ALGUAZIL

De fort bonne grâce...

CAMACHO

Et puis la vie. (*Il lui donne un coup de couteau.*)

FERNAND

Ne le tue pas.

CAMACHO

Il a causé mon malheur ! C'est lui qui m'arrêta...

FERNAND

S'il a exercé son office au nom de la justice et s'il ne l'a pas outragé en t'arrêtant, tu le châties sans raison.

CAMACHO

Ne suffit-il pas qu'il soit alguazil ?

FERNAND

Cela ne suffit pas ; ceux qui ont en haine les alguazils à cause de leur office me déplaisent. Pour le bon ordre ne faut-il pas qu'il y en ait ? Ne sont-ils pas des hommes ? Voudriez-vous par hasard qu'il n'y eût personne pour arrêter les criminels ? S'il suffit pour les maltraiter qu'ils remplissent leur office, quelle preuve plus évidente de leur utilité ?... Va avec Dieu !

CAMACHO

Je demande seulement que tu me permettes de lui couper une oreille.

FERNAND

Pas même un cheveu ! Celui qui marche en ma compagnie doit employer sa valeur en de plus hauts faits.

CAMACHO

Qu'il s'en aille votre protégé (1) !

L'ALGUAZIL

Vivez les années du phénix ; mais puisque vous exercez si noblement la pitié, donnez-moi de quoi manger d'ici à Madrid.

(1) *Válgale vuestro sagrado.*

CAMACHO

Puisque nous te laissons la vie, pars vite sans rien demander de plus. (*Il lui remet sa baguette.*) Cette baguette de vertu pourvoira à tes besoins, car à qui on laisse une marque d'autorité, ne manque jamais la nourriture. (*L'Alguazil s'en va.*)

SCÈNE IV

UN PAYSAN *chantant*, Les Mêmes

UN PAYSAN (*chantant au dehors.*)

> La femme maigre et laide
> Avec beaucoup d'os
> Est un jeu de quilles
> Dans un long sac.

XARAMILLO

Arrête-toi, paysan.

LE PAYSAN

Oui, je m'arrête, mais je n'ai rien.

FERNAND

Tu seras ainsi plus en sûreté. D'où viens-tu ?

LE PAYSAN

Je viens de voir une sœur nouvellement mariée à Guadarrama, et je retourne à mon hameau.

FERNAND

D'où es-tu ?

LE PAYSAN

De Villar, hameau qui est à deux lieues de Ségovie, au pied de cette montagne.

FERNAND

Y a-t-il dans ton village quelqu'un qui passe pour riche (1)?

UN PAYSAN

Pour bourrique, Seigneur, il n'y en a pas qu'on estime davantage que celle de Blas Chaparron ; c'est un fameux étalon.

FERNAND

Je parle d'un homme riche.

LE PAYSAN

Un homme riche! Dans un hameau quelle richesse peut-il y avoir? Il y a seulement une femme à laquelle tout beau jeune homme fait la cour à cause de ses charmes et de son élégance. On dit qu'elle a beaucoup d'argent et de bijoux.

CAMACHO

Et cette paysanne est mariée?

LE PAYSAN

Seigneur, elle dit à tous qu'elle est demoiselle.

CAMACHO

Comment s'appelle-t-elle?

LE PAYSAN

Cloriane.

CAMACHO

Avec qui demeure-t-elle?

LE PAYSAN

Une seule servante lui tient compagnie.

---

(1) *¿ Hay quien estimado sea*
Por rico ?
Vill. — *Señor, no sé*
Que estimen ningun borrico... — Jeu de mots.

CAMACHO (*à part.*)

C'est une proie faite pour me réjouir. (*Haut.*) Capitaine, enlevons cette femme !

FERNAND

En es-tu déjà amoureux ?

CAMACHO

Où manquent les femmes, quelle joie peut-il y avoir ?

FERNAND

Tu as raison.

CAMACHO

Ce paysan pourra nous servir de guide.

FERNAND

Déjà l'auteur du jour cache dans l'humide océan son char lumineux et superbe. En partant de suite, nous arriverons à temps, et nous serons assurés du silence de la nuit.

CAMACHO

Allons, paysan, mène-nous à ton village.

LE PAYSAN (*à part.*)

Cette fois, Cloriane, ta virginité va être vérifiée (1).

(*Ils sortent.*)

SALLE DANS LA MAISON DU COMTE A SÉGOVIE

SCÈNE V

LE COMTE, FINEO

LE COMTE

C'est ainsi, Fineo, que j'ai arrêté le remède de mon mal.

---

(1) ... *tu doncelles*
   Tiene de decir verdad.

FINEO

Ce désir insensé vous tourmente avec une étrange rigueur!

LE COMTE

Je ne sais quel sortilège j'ai bu par les yeux; il est si violent qu'au même instant j'ai tout oublié pour ne songer qu'à elle. Je suis enfin si désespéré que j'arrive à croire qu'il n'est plus de milieu pour moi : ou la posséder ou mourir (1).

FINEO

Alors que ce que vous ordonnerez s'accomplisse!

LE COMTE

Fais entrer Chichon, et puisque je n'ai pas ce que je désire, je vais essayer de tromper ma peine en espérant. *(Fineo sort.)*

SCÈNE VI

CHICHON, LE COMTE

CHICHON

Je viens jurer de vous servir avec une telle présomption, que je crois que ce Chichon va crever d'enflure (2).

LE COMTE

Voir que tu m'es affectionné, m'oblige à te recevoir. D'où es-tu?

CHICHON

Moi, Seigneur, je suis naturel de Barriga (3).

---

(1) *Que entre gosarla y morir,*
Es imposible hallar medio.

(2) . . . . . *que este chichon*   Mot à mot : . . . . . que cette bosse à la tête
Ha de reventar de hinchado.   va crever d'enflure.

(3) *Barriga* (ventre.)

LE COMTE

Y a-t-il un pays qui porte ce nom?

CHICHON

Je m'étonne que vous ignoriez cela. Le ventre est la première patrie de l'homme. De là mon nom tire son étymologie. Il advint que Mencia — elle n'est plus — étant chaste demoiselle, broncha, et la chûte fut telle, que bien que tombant sur un matelas, il lui demeura un pinçon dans le ventre. L'enflure augmenta par la suite, et à ceux qui l'interrogeaient, Mencia répondait que c'était une bosse (*un chichon*). En effet, elle m'enfanta; et les voisins, voyant qu'elle était si vite guérie et que la bosse c'était moi, avec rires et murmures disaient en me montrant : « Voilà la bosse de Mencia ! » Et le nom de Chichon m'est resté.

LE COMTE

Tu es d'humeur joyeuse...

CHICHON

Seigneur, je commence à être heureux puisque je cesse d'être apprenti, et apprenti de tisserand. Je suis las d'aller, pour bien peu de gages, toujours avec les pieds et les mains pirouetter près de terre (1).

LE COMTE

Puisque tu es disposé à me servir, tu sais à quoi tu t'obliges?

CHICHON

A des fatigues mal récompensées, à des gages mal payés, à me montrer pendant un mois actif et zélé, après deux mois à imiter vos autres serviteurs en disant beaucoup de mal de vous.

---

(1) *Siempre con manos y piés*
Bailando la rastreada.

LE COMTE

Je sais que tu ne le feras pas, car tu vas jouir de ma faveur.

CHICHON

Quelles raisons m'élèvent au rang que vous m'accordez?

LE COMTE

Mon affection suffit.

CHICHON (*à part.*)

Favori sans le mériter? Seigneur, on me tient des pieds à la tête pour un entremetteur (1). (*Haut.*) Mais Théodora s'est envolée.

LE COMTE

Ce fut un fâcheux caprice dont le souvenir me cause ennui et souci. Aujourd'hui ton esprit doit me venir en aide dans un cas plus grave.

CHICHON

Ordonnez donc.

LE COMTE

Il faut t'emparer du Tisserand et de Théodora.

CHICHON

Gare à mes os (2) !

LE COMTE

Dans la montagne, avec d'autres compagnons, ils forment une troupe de bandits fameux et épouvantent la contrée.

CHICHON

Et je dois m'emparer?...

LE COMTE

Ségovie donne deux mille ducats, et par moi le Roi

---

(1) . . . . . . *del pié al cabello*
    Me tengan por alcahuete.
(2) *Guarda la gamba.*

te donnera une verge d'alguazil. Ainsi, Chichon, tu rendras grand service à Sa Majesté ; le royaume te devra un grand soulagement, et à moi tu feras grand plaisir.

CHICHON

Si par hasard la renommée vous a informé que j'étais brave, par Dieu ! la renommée a menti. Je suis fort prudent. Qui irait se battre ayant un gosier, un cœur, quatre membres, toutes choses si délicates qu'en voyant sur chacune d'elles le plus petit trou, la vie par la blessure laisserait à une heure indue le triste corps vide! Pour l'instant la maille de la peau est bonne ! Mais je suis tout intimidé, sachant qu'avec un navet le plus piètre personnage peut la trouer.

LE COMTE

Chichon, tu dois remplir ta mission par la ruse et non par la force. Cette considération m'a déterminé à faire choix de ta personne. Tu as été son domestique ; il aura confiance en toi. C'est sur ce point que repose la tromperie.

CHICHON

Si ma mission est basée là-dessus, fiez-vous à mon ingéniosité et à ma droiture.

UN PAGE (*entrant.*)

Comte, Sa Majesté attend Votre Seigneurie.

LE COMTE (*à Chichon.*)

Attends-moi ici ; je t'expliquerai bientôt les choses plus à loisir. (*Le Comte et le page s'éloignent.*)

SCÈNE VII

CHICHON

A peine sur le seuil du palais, je suis pris dans le tourbillon des intrigues. Ma folle ambition m'entraîne dans une trahison contre le maître que j'ai servi. Mais est-ce une trahison? Chacun n'est-il pas tenu d'obéir au Roi? Et le Comte, qui est maintenant mon maître, n'a-t-il pas le droit de me commander? Le Tisserand peut bien me pardonner; il s'agit pour moi de deux mille ducats et d'une verge d'alguazil. Pour beaucoup moins, Judas vendit le Christ. *(Il sort.)*

INTÉRIEUR DE LA MAISON DE DOÑA ANNA A VILLAR

SCÈNE VIII

DOÑA ANNA RAMIREZ *en paysanne, sous le nom de Cloriane;* FLORINDE, *domestique, en paysanne, portant une lumière*

ANNA

Florinde, je suis arrivée à un tel point, que la souffrance me manque.

FLORINDE

Dans une si juste douleur, je ne puis vous donner aucun conseil.

ANNA

Après tant de constance, un changement si soudain? Après tant d'espérance, une si dédaigneuse tiédeur? Est-il possible qu'un homme en passe de bien aimer se refroidisse ainsi? Qu'elle fait mal la femme qui se fie à un homme!

SCÈNE IX

Les Mêmes, GARCERAN *en paysan*

GARCERAN

Maintenant, ô ma gloire, que pour arriver à vous voir, le jour fortuné a amené la nuit, je ne crains pas la mort et je mourrai ici plutôt que de vous perdre.

ANNA

Qui est là? Est-ce Garceran?

GARCERAN

C'est celui qui ne regarde la vie bien employée qu'à votre service. Il la consacre à votre beauté, source de mon malheur et de mon bonheur.

ANNA

Garceran, un amour partagé a une suffisante excuse pour se montrer entreprenant; mais quand on a l'assurance de ne jamais être récompensé, avoir un tel mépris du danger est un acte téméraire, insensé.

GARCERAN

C'est pourquoi l'amour est fou. Qui risque peu n'aime pas.

ANNA

Ce sont des compliments inutiles. Je ne vous veux pas pour galant, et vous ne pouvez être l'époux d'une paysanne.

GARCERAN

De mon amour véritable... (*Bruit au dehors.*)

FLORINDE

J'entends des pas, Madame!...

ANNA (*à part.*)

Hélas! Si c'est celui que mon cœur adore, malheu-

reuse, je suis perdue!... (*Haut.*) Songez à ma réputation
et à votre vie. Entrez dans cette chambre obscure ; une
porte ouvre sur le jardin.

GARCERAN

Je consens pour votre réputation à sortir ainsi (1).

ANNA

Vite !...

GARCERAN (*à part.*)

Sort cruel, pourquoi prolonges-tu une vie dont tu
abrèges le bonheur? (*Il se cache derrière une tenture.*)

SCÈNE X

Les Mêmes, DON FERNAND, CAMACHO, CORNEJO,
XARAMILLO, *masqués*

ANNA

Qui est là? Ah ! malheureuse !

FERNAND

Retiens tes cris, ou cette épée inflexible les renfoncera dans ta poitrine.

ANNA

Qui êtes-vous? Que voulez-vous?

FERNAND

Es-tu Cloriane?

ANNA

Oui.

FERNAND

Donne la clef de tes bijoux.

ANNA

Florinde, remets les clefs de suite. (*Florinde sort avec
Camacho.*)

---

(1) *Por tu opinión consiento*
  Que saque piés de aquí mi atrevimiento.

GARCERAN (*à part.*)

Infâmes voleurs! Mais que dois-je faire? S'ils respectent sa beauté, elle ne perdra pas sa réputation parce qu'elle abandonne son argent!.. il est nécessaire qu'elle la perde si on sait qu'à une telle heure je suis avec elle!

FERNAND (*à part.*)

Que vois-je? O ciel! si ma sœur était vivante, je dirais que c'est elle qui est devant mes yeux! Mais cela ne peut-être; sous mes yeux elle a rendu à la mort ses pâles dépouilles. (*Camacho revient avec Florinde portant un coffret.*)

CAMACHO

Voici l'argent et les bijoux.

FERNAND

Toutes deux suivez-nous sans remuer les lèvres, ou vous verrez de la mort le sinistre visage!

GARCERAN (*l'épée nue sort de sa cachette.*)

Vous faites offense à une femme? Vous manquez de respect à un ange terrestre?... (*Les trois bandits dégainent. Fernand les arrête.*)

FERNAND

Arrêtez, amis!... Est-ce Garceran?

GARCERAN

Lui-même.

FERNAND

Alors la main que je vous donnai par amitié ne vous offensera jamais. Remettez au fourreau les épées.

GARCERAN

Qui donc use avec moi de tant de générosité?

FERNAND

Votre ami. (*Il se démasque.*) Me reconnaissez-vous?

GARCERAN

Oui, Pedro. Celui qui a noble cœur n'oublie pas qui lui a donné liberté et vie.

FERNAND

Mais dites-moi, Garceran, est-ce par hasard Cloriane qui cause vos peines ? Est-ce la beauté d'où sont venus des maux si étranges ?

GARCERAN

L'événement montre bien que Cloriane est le feu qui me dévore.

FERNAND

Alors, soyez avisé que le Comte n'épargne ni soins, ni diligence dans la recherche de votre personne. J'ai rencontré ces jours derniers dans la montagne divers espions dépêchés contre vous aux pays voisins et aux pays éloignés. Pour jouir de la lumière éclatante, le papillon se laisse brûler, de même l'amour aveugle de Cloriane vous retient ici, exposé au même péril, au même feu ; fuyez la prison et le supplice et emportez avec vous la chaîne. Enlevons Cloriane. J'ai déjà près de cent hommes déterminés, obéissant à mon commandement. Si d'eux et de moi vous voulez vous servir, il est aisé dans la montagne de vous défendre contre le Comte injuste et même contre le monde entier.

GARCERAN

Votre conseil m'agrée et, si la belle Cloriane veut s'y soumettre, il n'est pas de plus heureuse destinée. Ami Pedro, son désir est la loi de ma volonté, le Nord que je suis.

FERNAND

Vous aime-t-elle ?

GARCERAN

Si elle payait de retour mon affection, répandrait-elle des larmes (1) ?

---

(1) ¿ Qué desdichas lloraré ?

FERNAND

En châtiment de son injuste rigueur, que la force obtienne ce que refuse la bonne volonté ! Proposez-lui mon intention et revenez à la vie ou au tourment.

GARCERAN (*à Anna.*)

Ma belle adorée, excusez si un amour qui désespère de vaincre votre indifférence conquiert votre beauté par des moyens rigoureux; avec moi je vais vous emmener.

ANNA

Que dites-vous, Garceran ?

GARCERAN

Je dis que je meurs et que je désespère de vous plaire; ne vous étonnez point et n'inculpez pas ma foi si j'emploie pour vivre des moyens grossiers.

ANNA

Vous me verrez divisée en mille morceaux plutôt que dans vos bras.

FERNAND

Cela doit se terminer ainsi, belle Cloriane !

ANNA

Vous m'aimez, Garceran et vous êtes noble ? De quel chêne rustique avez-vous les entrailles ? Quel être grossier offense le maître même qu'il prétend soumettre ? Quelle victoire, quelle récompense apporte l'amour injuste, sans goût de consentement, âme sans volonté, cœur sans âme ? Et si vous avez de l'honneur, comme je le crois en songeant à votre sang illustre, pourquoi voulez-vous m'enlever l'honneur par une si infâme action ? M'offenser est-ce m'aimer ?

FERNAND

Ta résistance est vaine! Quel honneur peut avoir une

paysanne qui ne soit pas illustrée en ayant pour galant un tel chevalier ?

ANNA

Si par hasard l'habit vous a trompé, sachez que j'égale Garceran en noblesse. Ainsi j'espère que, prenant pitié de moi, vous prêterez à mon malheur des oreilles compatissantes.

FERNAND (*à part.*)

Grand Dieu ! Je lutte avec mille soupçons. (*Haut.*) Parle, je t'écoute et je suis disposé à t'appuyer si tu le mérites, plus par ce que tu caches que par ce que tu laisses voir.

ANNA

Alors je romps les verrous du silence (1). Pour échapper à ce danger, je n'ai qu'à me faire connaître. Écoutez donc : j'espère si vous n'avez pas des entrailles d'acier que vous vous montrerez miséricordieux sinon à mon sang, du moins à mes infortunes. — Cette grossière apparence, ce rude vêtement sont les nuages du soleil et la sertissure de l'or. Ce n'est pas la première fois que de cruels revers de fortune obligent à de secrets déguisements. Mon nom est doña Anna Ramirez ; mon père Bertrand Ramirez fut gouverneur de Madrid. Il est inutile que je raconte sa malheureuse histoire, car la renommée lui assure des âges éternels. Écoutez la mienne, car seule elle suffit pour émouvoir jusqu'aux larmes les rochers les plus durs. Le comte Julien, seigneur puissant, aux brillantes qualités, me sollicita d'amour, mais ma résistance, bien que je l'aimasse, ne démentit en rien mon rang. Alors, avec sa signature, il s'engagea à se marier avec moi, pour me trouver plus facile à ses prières. La roue variable, de celle qui en aveugle répartit ses dons, changea de route.

(1) *Rompo pues las aldabas del silencio.*

Mon père innocent mourut dans le supplice, effet lamentable de l'infâme envie. Mon frère Fernand (2), dont les cœurs purs pleurent douloureusement la fin misérable, ayant nouvelle que le Comte était mon amant, craignit un odieux outrage. Afin qu'en aucun temps, il ne put abuser de moi, il prépara du poison pour mettre fin à ma vie. Celui qui s'était fait le secret ministre de cette cruauté m'avisa dans sa pitié et prépara de forts antidotes pour atténuer la force du poison; mon frère apporta la liqueur mortelle, médecine imbécile des misères. Je la bus et, feignant de quitter la vie dans des angoisses mortelles, je pus me sauver. En même temps mon frère me laisse et va en Castille chercher la mort que l'on sait. Moi avec les terreurs de telles infortunes et avec les affronts de mon sang illustre, je vois mes malheurs se continuer. Pour me cacher je quitte Madrid; je change de nom, d'habits. Mais tant de peines cruelles, tant d'affreux événements ne suffirent pas pour m'empêcher d'aimer le Comte. Au contraire, l'adversité augmente mon amour et je cherche en sa possession un remède à mes maux. Abattue, désolée, sans honneur, sans famille, je choisis mon amant pour unique asile. J'avoue mes sentiments quand, pleurant ma mort, il poussait des cris lamentables. Avec de nouveaux serments, il me renouvelle ses engagements. Enfin son pouvoir, mon amour, mes malheurs l'ont institué gouverneur de mon honneur, de mon âme. La cour se changea à Ségovie : moi, en costume de paysanne, je suivis mon amant adoré. Et lui, pour pouvoir plus librement me posséder, il a voulu que j'habitasse en ce hameau. Souventes fois, prétextant d'aller se récréer dans les solitudes, il vient ici; et mes bras et

---

(2) *De quien los diamantes*
Tiernamente lloran
El fin miserable.

les siens font envie à Vénus et rendent Mars jaloux. Telles sont mes aventures, mon état et ma naissance. Si de telles infortunes vous émeuvent de pitié, protégez-moi, mortels compatissants ou tuez-moi, impitoyables, car la mort est le port de toutes les douleurs!...

FERNAND

Et tu serais doña Anna ?...

ANNA

Mes malheurs le disent!

GARCERAN

Les siècles n'ont pas vu de plus surprenantes aventures...

FERNAND

Ainsi tu as livré ton honneur au Comte astucieux ?

ANNA

C'est le malheur qui l'a fait et non l'inconséquence.

FERNAND (*à part.*)

Quelles machinations tu prépares, quel mal tu me causes, vile fortune, constante seulement dans la volonté de me poursuivre! Je sortirai le sang de ma poitrine... mais il vaut mieux, avant de châtier, que je cherche le moyen de porter remède à son honneur. (*Haut.*) Garceran, pardonnez-moi, mais je suis forcé de protéger doña Anna.

GARCERAN

J'ai la même prétention, car j'ai obligation à son frère et à son père : je leur dois des amitiés si grandes que, bien que mon amour soit extrême, je mourrai plutôt que d'en enfreindre les lois.

FERNAND

Ce sont des similitudes de sentiments entre gens

nobles (1). Toi, belle doña Anna, écoute-moi à part. (*Tous deux parlent à l'écart.*) Tes adversités m'ont ému comme quelqu'un qui te touche par le sang. Je suis obligé maintenant de te cacher qui je suis. Je pense qu'il suffit de défendre ton honneur pour prouver ce que je dis et pour que tu te rappelles de me payer ce bienfait avec un autre.

ANNA

Je vous dois la vie et il n'est pas de difficultés que pour vous je ne surmonte.

FERNAND (*à part.*)

Il ne faut pas lui déclarer mon intention, car elle adore le Comte, bien qu'il l'ait offensée, et une amante ne garde pas un secret. Ayons recours à l'adresse. (*Haut.*) Doña Anna, je prétends demander protection au Comte pour qu'il obtienne du Roi le pardon de mes fautes graves, qui m'ont poussé à cet infâme métier. Pour cet effet je veux que tu te charges de me faire prévenir quand il viendra te voir. Je ne doute pas, jeté à ses yeux, s'il sait que je te fis respecter comme son bien, qu'il n'acquitte cette obligation comme un noble seigneur.

ANNA

C'est une petite récompense pour une grâce si marquante ; mais, dites-moi, en quel lieu vous ferai-je prévenir ?

FERNAND

Que celui qui portera le message me cherche ou m'attende à la Croix qui divise la cime de la montagne. Qu'il ait à la main ce gant comme signe de reconnaissance. J'aurai toujours une sentinelle placée pour le voir. (*Il lui remet un gant.*)

---

(1) *Son correspondencias*
A quien sois iguales.

####### ANNA

Partez confiant en ma reconnaissance.

####### FERNAND

Rendez les bijoux.

####### ANNA

Le ciel vous garde ! Et vous, Garceran, puisque vous savez mon histoire, excusez ma rigueur ; si je ne suis pas votre amante, je demeure remplie de gratitude...

####### GARCERAN

Je prie Dieu qu'il vous accorde la fin que vous vous proposez. Le temps variable n'a point effacé la dette contractée envers votre sang. (*Doña Anna et Florinde se retirent.*)

####### FERNAND

Si tu veux les acquitter et te délivrer des combats qui assaillent ta vie, fuis les périls et viens commander ma vaillante troupe.

####### GARCERAN

Puisque mon ardent amour n'est pas satisfait, il faut que je cherche asile près de toi et des tiens.

####### FERNAND

Viens donc ; si la valeur et l'habileté servent, j'espère te donner bientôt des preuves certaines de ma fidèle amitié.

####### CAMACHO (*à Cornejo.*)

Par Dieu ! voilà une belle entreprise !

ASILE DE BANDITS DANS LE GUADARRAMA

SCÈNE XI

CHICHON & DEUX HOMMES en costumes de bandits

CHICHON
Dans cette âpre solitude, nous devons le rencontrer.

PREMIER HOMME
Je crois que tu vas te troubler.

CHICHON
Tu connais mal la subtilité d'esprit de Chichon ; en mensonges et en tromperies, le grec astucieux Sinon ne peut lui rendre des points (1). Qu'on ne m'ordonne pas de me battre. Sauf cela, je sais tout faire.

DEUXIÈME HOMME
Il t'appartient de disposer les choses ; nous autres nous agissons.

CHICHON
J'ai préparé le piège, en sorte que Pedro Alonso me croie, même s'il était prévenu de notre dessein. Mais voyez ; j'ai entendu du bruit parmi ces rochers...

SCÈNE XII

Les Mêmes, CAMACHO, CORNEJO, XARAMILLO, les couchant en joue

CAMACHO
Hidalgos, rendez les armes !

---

(1) *Partas no puede rendir*
    El griego astuto Sinon.

CHICHON

Attendez ; je suis Chichon. Si parmi vous se trouve un Pedro Alonso, mon maître, nous sommes tous de carde et tout chrétien est voleur. Il peut découvrir son visage. Le bruit de sa renommée m'engage à augmenter de trois le nombre de ses adhérents.

CAMACHO

Découvrons-nous ! (*Ils quittent leurs masques.*)

CHICHON

Est-ce Camacho ?

CAMACHO

Oui, c'est moi.

CHICHON

Mais c'est Cornejo ?

XARAMILLO

Et Xaramillo.

CHICHON

Et mon maître ?

CAMACHO

Il est là parmi ces rochers avec sa chère Théodora ; mais tous deux s'avancent.

SCÈNE XIII

Les Mêmes, DON FERNAND, THÉODORA

CAMACHO

Capitaine, nous avons trois soldats de plus.

FERNAND

Chichon, tu es tombé en mes mains.

CHICHON

Oui, mais c'est pour faire de vos mains un bouclier solide contre la persécution qui, pour être resté fidèle, menaçait ma tête. Recevez en amitié et appréciez ces deux hommes.

PREMIER HOMME

Fuyant la mauvaise fortune, je viens me placer sous votre protection pour faire trembler l'enfer, même avec un tel capitaine.

CHICHON

L'ami n'a pas plus de six meurtres.

FERNAND

Six ?

CHICHON

Deux corps à corps sur le terrain ; les quatre autres à la sourdine.

DEUXIÈME HOMME

Le crédit et non la valeur d'un puissant que j'offensai m'obligent à chercher défense dans votre bataillon redouté.

CHICHON

Celui que vous voyez a, par un soufflet, laissé la bouche d'un possesseur de majorat, accommodée comme Orihuela, c'est-à-dire entièrement dépeuplée.

FERNAND

Avec de si vaillants soldats je me crois vainqueur de tous les royaumes que visite l'éclatante lumière du soleil.

CHICHON

Est-ce, par bonheur, ma maîtresse que je vois ?

THÉODORA

Oui, Chichon.

CHICHON

Qui pourrait se défendre contre un si beau saltéador ?

SCÈNE XIV

Les Mêmes, UN VOYAGEUR

UN VOYAGEUR (*chantant au dehors.*)

Ils sont sortis de Ségovie
Quatre de la vie irritée.
L'un était Alonso Pedro,
Camacho l'autre se nommait.
Le troisième est Xaramillo
Et Cornejo celui qui manque.
Tous quatre sont des Fier-à-bras,
Des Rodomont de la Fortune.
Ils surmontèrent les obstacles,
Rompirent leurs fers et leurs liens
Et, faisant la nique aux gardiens,
S'échappèrent de leur prison.
Réfugiés en lieu d'asile,
Ils eurent recours à la ruse.
Maintenant ils sont éperviers
Dans les monts de Guadarrama.
Les villages sont dépeuplés,
Les jeunes filles les désertent.
Mais les bandits sont poursuivis;
Ils sont tristes et sans abris.
Les plumes se sont échauffées
Et les verges impatientées.
Les unes fouillent les cavernes,
Les autres instruisent les causes.
Malheur à ceux qu'attraperont
Les pêcheurs aux longues baguettes!
Au son d'une corde tendue
Ils feront en l'air des grimaces.

CHICHON (*chantant.*)

Qu'avant te voient aveuglés
Les auditeurs de ta chanson!

FERNAND

Celui-là n'a pas peur de nous; il traverse la montagne en chantant librement.

CHICHON. (*chantant.*)

Il ne doit pas avoir un blanc !...

FERNAND

Tous trois portez-vous sur son passage et amenez-le ici. La chanson me plaît et je désire entendre ce qui manque. De plus, il me paraît que c'est un courrier à pied et je veux voir ses lettres qui peut-être sont importantes pour nous.

CAMACHO

Allons.

CHICHON

Il vous a senti et ses pieds ont des ailes.

FERNAND

Suivez-le et ne l'abandonnez pas, dussiez-vous arriver aux rives que le Guadarrama fertilise de ses ondes pures. Puisqu'il fuit avec tant de légèreté et s'éloigne avec tant de crainte, il doit porter des choses de valeur.

(*Camacho, Cornejo et Xaramillo sortent.*)

SCÈNE XV

FERNAND, THÉODORA, CHICHON & LES DEUX FAUX BANDITS

CHICHON

Homme ! es-tu lièvre ? es-tu chèvre ? es-tu une balle légère (1) ? En volant il franchit les rochers ; et du coup qu'il donne sur l'un, il retombe si légèrement sur l'autre, que ses pieds sont de liège ou les rochers de laine.

FERNAND

Ceux qui lui donnent la chasse sont les fils du vent même ; il essaie en vain d'échapper.

(1) ¿ *Eres pelota de viento ?*

CHICHON
Déjà la vue ne peut l'atteindre.

FERNAND
En attendant qu'ils reviennent avec leur prise, laisse, ma bienaimée, celui qui t'adore reposer sur ton sein (1).

THÉODORA
Asseyons-nous et repose-toi un peu de tes grandes fatigues et de tes longues veilles. (*Théodora s'assoit et Fernand, posant son arquebuse, place sa tête sur ses genoux.*)

CHICHON (*à part, aux deux bandits.*)
Amis, c'est une fameuse occasion ; ses camarades sont si loin, qu'ils ne peuvent le secourir ; moi je lui jetterai sur la figure ce petit manteau ; vous lui enlèverez les armes. Quant à Théodora, on lui fermera la bouche et on la menacera de mort si elle crie.

PREMIER HOMME
C'est bien parlé ; approche ; finis.

CHICHON
Allons, courage ; je tremble des cheveux à la plante des pieds. (*A part.*) Que ne peux-tu, vil intérêt, sur le cœur de l'homme ! (*Il s'approche de don Fernand, étendant un manteau comme pour le préserver du soleil.*)

FERNAND
Chichon, qu'est cela ?

CHICHON
Seigneur, je remarque que c'est un dur lit celui que vous fournit cette roche, et je prétends que vos épaules fassent de ce manteau un coussin sinon un matelas.

---

(1) *Concede, prenda del alma.*
    Tu regazo à quien te adora.

FERNAND

Il n'en est pas besoin ; les rochers me connaissent ; d'ailleurs les pierres sont tendres comparées aux travaux que j'endure.

CHICHON

Quels travaux ? Avez-vous enfanté (1) ? Corps de Dieu, vous m'épouvantez !

PREMIER HOMME (*bas à Chichon.*)

Chichon, que signifie ? Manques-tu de résolution ?

CHICHON (*bas au faux bandit.*)

Ne vous étonnez pas ; il m'a fait des yeux qui suffiraient à inspirer de la crainte à l'enfer même. Mais cette fois l'exploit va se terminer. (*Il s'avance de nouveau.*)

FERNAND

Tu insistes encore, Chichon ?

CHICHON

Seigneur, les rayons du soleil donnent sur votre visage et j'essayais de faire de l'ombre.

FERNAND

Que tu es attentionné ! Depuis quand, Chichon, me traites-tu avec tant de soin ?

CHICHON

Maintenant, il y a un motif spécial : votre vie est votre santé m'importent beaucoup.

FERNAND

Ne t'occupe pas de moi.

CHICHON

Je ne puis vous obéir.

---

(1) ¿ Que trabajos ? ¿ hae pari-lo ?

PREMIER HOMME (*à Chichon.*)

Veux-tu que je t'aide, Chichon ? Au moment de finir, tu recules ?

CHICHON

Oui, camarade ; la mort a fort vilain visage.

DEUXIÈME HOMME (*même jeu.*)

Tous deux nous allons le saisir ; occupe-toi de Théodora.

CHICHON

Entendu ; avec elle je me hasarde en combat singulier.

(Les deux hommes jettent le manteau sur la tête de Fernand et attachent les mains du capitaine. Chichon fait de même avec Théodora.)

FERNAND

Ah ! traîtres !

THÉODORA

Que signifie ?

FERNAND

A moi ! à l'aide !

CHICHON

Ne résiste pas, sinon c'est la mort (1).

PREMIER HOMME

Attache-le solidement... Vite ! (*Avec la corde de l'arquebuse, on le lie*).

DEUXIÈME HOMME

Pedro Alonso, c'est la fin de qui va en tels chemins.

CHICHON

Excusez. Le Roi l'ordonne.

DEUXIÈME HOMME

Serre bien.

PREMIER HOMME

Ses mains, liées avec la corde de l'arquebuse, seront

(1) ... *si no quiere*
    Que le abramos puerta al a'ma.

plus puissantes que celles d'Hercule s'il se détache ou romp l'entrave.

DEUXIÈME HOMME

Allons, commence à marcher!...

PREMIER HOMME

Cette dague servira d'éperon, s'il se montre paresseux.

CHICHON

Mauvaise affaire! Comme il brame! Patience!... Pedro, car enfin qui se conduit mal, mal finit!

(*Ils s'en vont.*)

ACTE TROISIÈME

SALLE D'AUBERGE

SCÈNE I

UN VOYAGEUR, UN AUBERGISTE, *avec un flambeau*

UN VOYAGEUR (*entrant.*)

Holà ! hôtelier !

L'AUBERGISTE (*entrant.*)

Imbécile, je sais bien mon nom. (*Il pose le flambeau sur la table.*)

UN VOYAGEUR

Nous sommes tous ici.

L'AUBERGISTE

Cet autre qui entrait dans la galère pour ramer, disait la même chose.

UN VOYAGEUR

Nous avons la pépie !

L'AUBERGISTE

L'aient tous ceux qui en ont après moi (1).

UN VOYAGEUR

Y a-t-il de quoi souper ?

L'AUBERGISTE

J'aurai une rouelle de congre.

UN VOYAGEUR

Des railleries à moi ? ô purgatoire des voyageurs !

(1) ..... *En quien me maldice.*

L'AUBERGISTE

Le congre a des arêtes et non des railleries.

UN VOYAGEUR

Quelle sainte naïveté ! C'est pour cela qu'on vous tient pour sot.

L'AUBERGISTE

Le métier l'exige ; mais vous qui parlez si malicieusement, qui êtes-vous ?

UN VOYAGEUR

Je suis tailleur.

L'AUBERGISTE

Et moi aubergiste ; ménageons-nous (1). D'où venez-vous ?

LE VOYAGEUR

De ce somptueux palais auquel les flocons de neige, changés en onde pure, forment un brillant miroir.

L'AUBERGISTE

Cette belle habitation appartient à Pedro de los Cobos.

LE VOYAGEUR

Là s'est retiré, soucieux et mélancolique, le comte Julien ; les uns disent que c'est par hypocondrie, les autres que son père châtie ainsi des fautes de jeunesse. Je suis venu l'entretenir de certaine affaire.

SCÈNE II

LES MÊMES, CHICHON & LES DEUX FAUX BANDITS
conduisant prisonniers FERNAND & THÉODORA

CHICHON

Cette auberge est à deux lieues de Ségovie ; arrêtons-

---

(1) ..... *vamos horros.*

nous y un instant et donnons quelque allégement à la faim.

PREMIER HOMME

Puisque nous sommes en sûreté, c'est bien parlé.

CHICHON

Hôtelier, *buon giorno* (1) !

L'AUBERGISTE

Si le vent d'Est soufflait ici, il ferait moins chaud dans la montagne.

CHICHON

Oste (2).

L'AUBERGISTE

Est-ce que je vous brûle ?

CHICHON

Y a-t-il quelque chose à manger ?

L'AUBERGISTE

L'huile a la propriété de tacher.

CHICHON

N'entends-tu pas, aubergiste de mes yeux, que je te cause en italien.

L'AUBERGISTE

Mais faites attention qu'il est dangereux de me parler et de me requérir en italien. Qui conduisez-vous les mains liées ?

---

(1) CHICHON. — *Huespedes, bon giorno*
  L'AUBERGISTE. — *Si aqui hay bochorno, en la sierra*
        No estard tan caluroso.
  CHICHON. — *Oeste.*
  L'AUBERGISTE. — ¿ *Os quemo ?*
  CHICHON. —   ¿ *Hay cualque cosa*
        Que mangiar ?
  L'AUBERGISTE. —   *Aceite es proprio*
        Para manchar.
  Chichon parle en italien et l'aubergiste répond par des quiproquos.
(2) *Oste*, hôte. L'aubergiste entend *toste*, du verbe *tostar*, brûler.

CHICHON

C'est un démon, le Tisserand de Ségovie.

L'AUBERGISTE

Ah! par la male heure! Comment! vous ne me demandez pas une récompense? Je suis fou de contentement. (*Il danse et il chante.*) Ah! vaillant Pedro Alonso, te voilà prisonnier. Ces gens-là t'ont pris comme un renard (1).

CHICHON

Le vieux est fou.

L'AUBERGISTE

Ce n'est rien; il y a beau temps que je ne mange plus; pas un seul homme ne se présente dans mon auberge tant la terreur est grande.

PREMIER HOMME

Donne-nous à manger pour étrennes.

L'AUBERGISTE

Je vous donnerai le dos d'un mouton, tendre comme un portugais et gras comme un moine. Quelle figure a ce coquin! Dis-moi, brigand, quel diable te possédait?

CHICHON

N'attends pas qu'il te réponde; c'est un tronc d'arbre; depuis qu'il est pris, il a baissé la visière, fermé la bouche (2) et n'a pas dit une parole.

L'AUBERGISTE

Et quel est l'autre?

CHICHON

C'est un sien camarade.

---

(1) *Que estos alfileres vivos*
 Le prendieron hecho un zorro.
Que ces épingles vivantes
Le prirent devenu renard.

(2) *Que en prendiendole, caló*
 La visera, y bajó el morro.
En le prenant il ferma
La visière et baissa le museau.
(*Morro* en patois *mourre*.)

####### L'AUBERGISTE

Triste de lui! il est joli garçon (1). Que dis-je?... Gardez-vous de lui parler italien ! (*Il sort.*)

####### DEUXIÈME HOMME

Pendant que je vais presser le souper, restez de garde, vous autres. (*Il sort.*)

SCÈNE III

FERNAND, THÉODORA, *attachés;* CHICHON, PREMIER HOMME, LE VOYAGEUR

####### LE VOYAGEUR

Me direz-vous comment vous avez pu le capturer?

####### PREMIER HOMME

Par l'habileté, l'homme arrive à tout. Écoutez... (*Le premier Homme, Chichon et le Voyageur se mettent à causer.*)

####### FERNAND (*à part.*)

Ciel saint, viens à mon aide! Pendant qu'ils parlent, je veux que la flamme de cette lampe me donne un remède secourable, bien qu'elle dévore mes mains. Si, mes liens une fois réduits en cendres, je dégage mes mains du feu qui les aura brûlées elles engendreront la foudre et mon ardente rage frappera mes ennemis. (*Il tourne le dos à la table sur laquelle brûle la lampe.*) Puissant élément, augmente ton action dévorante. Toi qui convertis en poussière les troncs humides, les aciers, les diamants, ah ! songe à ton activité! Je brûle tout entier et mes liens ne se rompent pas. Feu ennemi, mes mains te donnent-elles un aliment plus savoureux que ces

---

(1) ... *que es como un oro.*
    (qu'il est comme un or.)

étoupes qui d'habitude sont ton propre aliment?... Enfin, je suis libre... Ah! (*Il se détache.*) Maintenant, tous les monstres qui boivent les eaux d'Égypte et paissent les rives d'Hircanie peuvent s'opposer à ma fureur, je les mettrai tous en pièces.

LE VOYAGEUR

Ce fut une heureuse fortune que ses camarades le laissassent seul pour vous permettre de le prendre.

PREMIER HOMME

Ce fut l'œuvre de Dieu qui, dans sa pitié, ordonna qu'un si grand coquin payât tant de vols et tant de crimes.

FERNAND

C'est maintenant à mon tour, chiens! (*Il enlève l'épée au voyageur.*)

CHICHON (*à part.*)

Misère de moi! Nous sommes perdus!

PREMIER HOMME

Ici les gens du Roi!

CHICHON (*se plaçant aux côtés de Fernand.*)

Ah! poules!... Vous vous attaquez à mon maître Pedro Alonso? A eux!... Je suis à vos côtés...

THÉODORA

Au secours!

FERNAND

Ah! traître... (*Il frappe Chichon.*)

CHICHON

C'est ainsi que vous me récompensez quand je suis à votre côté? Je suis mort!...

PREMIER HOMME

Ciel! Que faire?...

L'AUBERGISTE (*entrant et fuyant.*)

Bartolo, sonne la hermandad (1).

(*Fernand les poursuit l'épée à la main.*)

VUE EXTÉRIEURE DE LA MAISON DE CAMPAGNE DE PEDRO DE LOS COBOS.

(Au fond, mur et grille avec porte ; d'un côté, une façade avec portes et fenêtres.)

SCÈNE IV

LE COMTE, FINEO
en habits de campagne, en dedans de la grille

FINEO

Nuit superbe!

LE COMTE

Si je n'étais si triste, je trouverais la nuit belle, mais les luminaires du firmament ne me donnent aucune joie.

FINEO

C'est une fort jolie habitation que celle-ci!

LE COMTE

Elle serait belle si un moment ma peine faisait trêve avec mon cœur.

FINEO

Achetez cette campagne, si elle vous plaît ; elle est digne d'un roi.

LE COMTE

Quand mon âme est abattue, qu'est-ce qui pourrait me plaire ?

FINEO

Voulez-vous, Seigneur, que vos serviteurs vous diver-

(1) *Toca á la hermandad, Bartolo.*

tissent par des jeux, qu'illuminant ces prairies, ils vous distraient avec des feux, des fusées?

LE COMTE

Non, Fineo. Je suis venu dans la campagne pour donner un plus libre cours au désir qui me tue.

FINEO

On eût bien fait d'amener Cloriane du village.

LE COMTE

Que celui qui ne veut pas perdre ma faveur et ma confiance ne la nomme pas. Tout autre souvenir que celui de Théodora augmente ma douleur dans l'enfer où je suis.

FINEO

Seigneur, on dit que les Mores tiennent Madrid assiégé.

LE COMTE

Leurs flèches ne me donnent pas tant de soucis que celles de l'amour.

FINEO

Le bruit public dit encore que les Mores ont le même projet contre Ségovie et qu'ils sont en marche vers le Guadarrama.

LE COMTE

Je suis mort aux mains de l'Amour et ne crains pas Mars.

FINEO

On ajoute encore que le Roi occupera demain les défilés de Guadarrama pour empêcher le passage des barbares ennemis.

LE COMTE

Ah! Théodora, si tu pouvais juger de l'immensité de mon amour...

FINEO (*à part.*)

C'est une vaine tentative de parler de quoi que ce soit pour détourner cette passion extrême. (*Haut.*) Mais quelles sont ces lueurs qui brillent dans la vallée et paraissent des feux follets sinon des étoiles?

UN PAYSAN (*au dehors.*)

Au jardin!

DEUXIÈME PAYSAN (*au dehors.*)

Dans la vallée!

TROISIÈME PAYSAN (*au dehors.*)

Cernez la prairie!...

SCÈNE V

FERNAND, *l'épée brisée, entre en courant,*
LE COMTE, FINEO

FERNAND (*à part.*)

O ciel! Où irai-je? Comment pourrai-je me sauver, entouré de tant de gens? Il est impossible de résister, car il me manque une épée pour espérer et du souffle pour fuir. (*Il franchit la grille.*) Si la pitié est en vous, si un noble sang vous anime, si le mal d'un autre vous touche, protégez un malheureux!

LE COMTE

Qui êtes-vous?

FERNAND

Si vous avez du courage, il suffit que je sois poursuivi par de nombreux ennemis; je vous demande protection contre leur fureur. Si vous devez me secourir, considérez que ces ennemis audacieux et téméraires sont proches.

LE COMTE

Entrez dans cette habitation.

FERNAND

J'ai foi en votre aide. Sans vous connaître, je me fie à vous, et je crois en votre parole, car vous êtes ma dernière ressource. *(Il entre.)*

SCÈNE VI

LE COMTE, FINEO

Entrent L'AUBERGISTE, sa Suite *portant des armes, des torches de paille et conduisant* THÉODORA *attachée*

L'AUBERGISTE

Ou la terre l'a englouti, ou il se cache dans cette maison.

LE COMTE

Arrêtez!

L'AUBERGISTE

Qui est là?

FINEO

Le Comte.

FERNAND *(à une fenêtre.)*

Malheureux! Je me suis mis entre les mains du Comte.

LE COMTE

C'est Célio?

PREMIER HOMME

Seigneur, je suis Célio qui poursuis avec tout ce monde le Tisserand de Ségovie. Je le conduisais prisonnier ainsi que Théodora, mais il a brisé dans l'hôtellerie des entraves qu'Alcide n'eût pas brisées; il a arraché une épée à un voyageur et, frappant et tuant, il a pris la fuite. S'il n'est pas dans la maison, il est certain qu'il s'est échappé.

LE COMTE

Et Théodora ?

DEUXIÈME HOMME

La voici.

FERNAND (*à part.*)

L'enfer entier brûle en moi !

LE COMTE (*à part.*)

Puisque j'ai donné ma parole au Tisserand de Ségovie, je la tiendrai, car je suis noble. Puisque mon espérance a obtenu Théodora, ni ma rigueur, ni mon amour ne veulent lui infliger un plus grand châtiment. (*Haut.*) Sans que je l'aie aperçu, il n'a pu entrer ici. Laissez-moi avec Théodora et poursuivez vos recherches.

PREMIER HOMME

Allons.

L'AUBERGISTE

Foi d'hôtelier, avant de le retrouver je ne donnerai à aucun voyageur une goutte de vin pur ! (*Théodora est déliée. Tous sortent.*)

SCÈNE VII

LE COMTE, THÉODORA, FINEO, FERNAND
à la fenêtre

LE COMTE

Approche, Théodora ; je me suis offensé que ces entraves retinssent des bras dont je suis prisonnier.

FERNAND (*à part.*)

Que ferai-je sans armes, torturé par la jalousie et au pouvoir de mon ennemi ? Il s'est montré avec moi, noble, humain et compatissant ; en me cachant à ceux qui me poursuivaient, il a tenu sa parole. Maintenant il va tirer vengeance de ma vie et punir Théodora de mes outrages.

LE COMTE

Remue tes belles lèvres ; ne te montre pas offensée que je t'adore. Considère que ton amant est en mon pouvoir. Si tu t'obstines à me résister, je puis t'obliger par sa mort à l'oublier et à être à moi. Enfin, pour vaincre, la force peut me servir et je l'emploierai. Finéo, va chercher le Tisserand.

FINEO

De suite. (*Il sort.*)

SCÈNE VIII

LE COMTE, THÉODORA

THÉODORA (*à part.*)

Ah ! mon amour ! Ce serait folie de ne pas te délivrer du péril où je te vois. Sauve-toi, puis je mourrai en résistant. (*Haut.*) Ne pense pas, Comte, que j'offense, par mon silence, l'estime due à ton amour et à ton rang. En voyant mon humble origine, je suis honteuse et confuse de n'avoir pas répondu plutôt à tes sentiments et de t'avoir délaissé pour un pauvre tisserand. La crainte de te parler me retenait (1).

LE COMTE

Si j'ai le mérite de t'adoucir, je suis heureux et satisfait de ta résistance, car la gloire du triomphe en est augmentée.

THÉODORA

N'en doute pas, je suis à toi.

---

(1) *Negaba á la boca el pecho*. — Niait le cœur à la bouche.

SCÈNE IX

Les Mêmes, FERNAND *conduit par* FINEO *et d'autres domestiques*

FERNAND

Et j'entends cela! Ah! femme vile! inconstante! sans foi!

LE COMTE

Ne l'injurie pas si tu ne veux pas perdre la vie. J'ai promis de te délivrer des gens qui te poursuivaient ; j'ai tenu parole. Si maintenant tu offenses Théodora ou si tu m'offenses, je suis en droit, sans manquer à mon serment, de te châtier.

FINEO (*aux domestiques.*)

Tenez-vous sur vos gardes! Le Tisserand est un démon...

FERNAND

Quelle noblesse, quelle grandeur de m'avoir délivré de mes ennemis, si tu avilis cette pitié et si ta cruauté exerce sur moi une hideuse vengeance? Quel remerciement veux-tu de ta parole gardée puisqu'en me donnant la vie, en échange tu m'enlèves l'âme?

THÉODORA (*à part.*)

Je crains que ses injures ne lui coûtent la vie. (*Haut.*) Insensé, dis, quelle certitude t'ai-je jamais donnée de ne pas répondre à la légitime espérance du Comte et de garder une foi constante à un bandit? Suis-je assez aveuglée par ton amour pour qu'à un seigneur, qui semblable à Atlas, supporte dignement le poids de la couronne, je préfère la misérable personne d'un criminel? Regarde-toi, orgueilleux, présomptueux ; rentre en toi-même. Je t'ai suivi jusqu'à ce moment non par amour, mais par force. Ainsi la fureur qui t'anime est seule cause de ton malheur. Sois donc désabusé ; maintenant je me considère comme le bien du Comte, si tu continues à m'injurier, vive le ciel ! je tacherai la terre de ton sang infâme.

FERNAND

Qu'entends-je ?

LE COMTE

Eh quoi ? Ai-je mérité si grande faveur de vos lèvres ?

FERNAND

De si terribles offenses me font abhorrer la vie. Cruelle, tue-moi, car je recommence à t'injurier et j'attends avec joie la mort. Que je meure en t'outrageant, femme vile, infâme !...

LE COMTE

La patience m'échappe ; qu'il meure ! (*Les serviteurs tirent leurs épées.*)

THÉODORA

Comte, arrête : ce dessein ne correspond pas à ta grandeur. Souiller ton épée sur un bandit, n'est pas honorable et, pour que sa peine soit plus grande, moi-même je le tuerai. Donnez-moi cette épée. (*Elle prend une épée.*)

FERNAND

Ah ! traîtresse !... Ciel saint ! pour qui gardez-vous vos foudres ? (*Théodora se dirige vers Fernand l'épée haute et la lui remet.*)

THÉODORA

Mon bien, prends et pour que le Comte ne suive point mes pas craintifs, défends la porte tant que la nuit me cachera dans son ténébreux manteau ! (*Elle s'enfuit.*)

LE COMTE

Ah ! perfide !

FERNAND

Honneur des femmes !

LE COMTE

A mort ! à mort ! qu'on la suive !

FERNAND

Si ma valeur n'était pas ce qu'elle a coutume d'être, vous pourriez la suivre ; mais vous ne sortirez pas avant de m'avoir tué.

FINEO

C'est une furie de l'enfer.

FERNAND

Ici, vous êtes mes prisonniers ! *(Ils se battent.)*

LA MONTAGNE. — IL FAIT NUIT

SCÈNE X

GARCERAN, CAMACHO, CORNEJO, XARAMILLO, Bandits

GARCERAN

Soldats, marchez vite. Maintenant, amis, que vos actes témoignent de votre reconnaissance. Votre capitaine est prisonnier ; c'est à sa valeur que vous devez la vie et la liberté dont vous jouissez. C'est à nous de nous sacrifier. Pressons le pas ; avant qu'il arrive à Ségovie, j'espère le délivrer.

CORNEJO

Vive Dieu ! si le sort rigoureux nous empêche de l'atteindre, nous pénétrerons dans la prison, même si la ville prend les armes !

GARCERAN

Dans l'obscurité, quelqu'un foule le sol de la montagne.

CAMACHO

C'est un homme seul et à pied.

XARAMILLO

Appelons-le ; il importe de nous informer si par hasard il vient de Ségovie.

SCÈNE XI

Les Mêmes, THÉODORA

THÉODORA

Malheur ! Je suis perdue.

GARCERAN

Homme, ne fuis pas ; bannis toute frayeur, toute crainte, et dis-nous si tu as rencontré et où se trouvent maintenant les gens qui ont fait prisonnier le Tisserand de Ségovie.

THÉODORA (*à part.*)

La fortune me sourierait-elle ! (*Haut.*) Est-ce vous Garceran ?

GARCERAN

Vous êtes Théodora ?

THÉODORA

Elle-même.

GARCERAN

Que signifie ? Vous êtes seule ? Et Pedro ?

THÉODORA

Je me suis sauvée de la maison qui est au pied de la montagne. Cheminons, Pedro a besoin de votre aide et, en route, je vous raconterai ce qui s'est passé.

####### GARCERAN

Allons vite ! Mais est-il libre ?

####### FERNAND (*au dehors.*)

Théodora !

####### THÉODORA

Ciel ! j'entends sa voix...

####### FERNAND (*au dehors.*)

Théodora !

####### THÉODORA

Sort heureux ! Il est libre... Pedro !

####### GARCERAN

Appelez encore. Il reconnaîtra votre voix et suivra l'écho.

####### THÉODORA

Pedro !

####### XARAMILLO

Il prend la route à travers les rochers...

####### GARCERAN

Arrivez ! Votre troupe entière vous attend ici

SCÈNE XII

Les Mêmes, FERNAND

####### FERNAND (*entre.*)

Garceran !

####### GARCERAN

Et tous vos hommes.

####### FERNAND

Théodora !

####### THÉODORA

Dans mes bras (1), mon amour !...

(1) *Dame los brazos, mi bien.*

GARCERAN

Nous apprîmes d'un passant qu'on vous conduisait tous deux prisonniers à Ségovie ; aussitôt réunis, vos hommes sont partis vous délivrer.

FERNAND

Ma vaillance m'a donné la victoire sur ces traîtres infâmes qui, par une méprisable ruse, s'emparaient de moi. Depuis, Théodora, honneur de ses ancêtres, rivale des Amazones, m'a donné la vie. J'ai laissé le Comte et ses serviteurs enfermés dans leur habitation. Amis, si vous avez souvenir des services que je vous ai rendus, en cette occurence importante, que votre reconnaissance se montre effective.

XARAMILLO

En douter serait une offense !

CAMACHO

Personne parmi nous ne reculerait devant la mort.

CORNEJO

Tous, avec vous, nous attaquerions l'enfer même.

GARCERAN

Mets à l'épreuve ta vaillante troupe.

FERNAND

Alors, suivez-moi.

GARCERAN

Où allons-nous ?

FERNAND

A Villar, chercher Cloriano.

GARCERAN

Déjà l'aurore, enveloppée de pourpre, luit sur la neige des monts.

FERNAND

Nous arriverons à temps. Aujourd'hui, Comte sans foi, je te ferai connaître qui est le *Tisserand de Ségovie !*...

CHAMBRE DANS LA VILLA DU COMTE JULIEN

SCÈNE XIII

LE COMTE, *s'habillant*, FINEO ; Domestiques *le saluant*

LE COMTE

Quand on est tourmenté, on dort mal ; quand on est offensé, on repose mal. Le souci d'être humilié et joué n'a pas permis à mes yeux de se fermer. O ciel ! qu'un homme de rien triomphe ainsi ! Je rougis d'être vivant.

FINEO

Seigneur, vous avez passé la nuit entière sans sommeil.

LE COMTE

Plût au ciel que la douleur eût mis fin à ma vie ! Une femme me tromper ! Un homme vil l'emporter ! Et cette femme, je l'ai eue en mon pouvoir et je n'ai pas profité de l'occasion ! O ciel, que je meure, que je meure ! (*A Fineo.*) Fais préparer les chevaux ; nous allons retourner à Ségovie, puisque je suis contraint d'accompagner le Roi, qui part aujourd'hui. (*Fineo sort.*) Quels exploits ferai-je à la guerre ? Quels Mores peut exterminer un homme qui, ayant tout l'avantage de son côté, ne peut être victorieux d'un humble tisserand ? Chichon ?...

SCÈNE XIV

LE COMTE, CHICHON, *la tête enveloppée de linges*

CHICHON

Le sanglant cadavre de votre serviteur baise vos pieds. Ah! qui m'a vu et qui me voit! Mais je suis à vos ordres!

LE COMTE

Une bosse (1).

CHICHON

Vous pouvez du singulier passer au pluriel. Appelez-moi, Seigneur, grosse bosse (2). Théodora était prise; le Tisserand était pris, mais il se détacha par magie (3), et il commença à tuer en si grande hâte les puces, que l'aubergiste, du sang de mes côtes, pût faire des boudins pour les pauvres voyageurs.

SCÈNE XV

FINEO, Les Mêmes

FINEO

Seigneur, nous sommes perdus! Une forte troupe de gens masqués et armés environne l'habitation; des gardes sont placés aux portes, et des hommes paraissant très excités ont envahi les appartements.

LE COMTE

Que crains-tu? Pourquoi trembler? Qui s'attaquerait à moi?

---

(1) *Chichon.*
(2) *Chichones*
(3) *Por ensalmo.*

SCÈNE XVI

Les Mêmes, FERNAND, CAMACHO, DOÑA ANNA
& Bandits, *tous masqués*

CHICHON (*à part.*)

Ciel! Encore le Tisserand! Où me cacher? C'est la mort, Chichon; tôt ou tard à la trahison répond le châtiment. (*Il se cache.*)

LE COMTE

Qui êtes-vous? Que voulez-vous? Une folle hardiesse vous fait-elle perdre le respect et la courtoisie dus à ma grandeur?

FERNAND

Ne vous étonnez pas de ma hardiesse : je ne suis pour vous que l'instrument de la justice de Dieu. Bien que le nom que vous donne le monde paraisse grand, il advient, s'il est indigne, qu'un seigneur ne soit qu'un homme. Connaissez-vous cette paysanne?

LE COMTE

Je la connais.

FERNAND

Savez-vous que cette femme que vous voyez sous cet humble habit est Anna Ramirez, dont la naissance est égale à la vôtre, sinon plus élevée. Votre amour l'a contrainte à revêtir ce costume, et vous avez donné à son honneur perdu pour vous des espérances trompeuses et des promesses non remplies.

LE COMTE

Moi, j'ai fait une promesse à doña Anna?

FERNAND

Je n'attends pas ici votre confession, car je suis entièrement informé, pour sortir l'épée du fourreau. Ma sentence est sans appel et, sans que vous vous expliquiez, je vous notifie votre faute et ne demande aucune excuse. Donnez donc vite votre main à doña Anna ; vous la lui devez, sinon, vive Dieu ! cette chambre sera le théâtre de votre supplice.

FINEO (*au Comte.*)

Sans doute c'est le Tisserand, je le reconnais à la voix ; puisqu'il n'est pas de résistance possible, donnez votre main, Seigneur : sauvez votre vie du grand péril où elle est, le mariage étant basé sur la violence, il vous sera facile de le rompre.

LE COMTE (*à Fineo.*)

Bien dit. (*Haut.*) Venez, doña Anna, que ma main s'unisse heureusement à la vôtre et que votre si légitime espérance soit réalisée.

DOÑA ANNA

Comte et Seigneur, vous savez bien que, lors même votre parole et votre promesse ne vous obligeraient pas, mon amour suffirait pour vous mériter.

LE COMTE

A votre affection est due une juste réciprocité. (*A part.*) Ah ! tu me paieras de ta vie cette violence !... (*Il lui donne la main.*) Voici ma main, je suis votre époux.

DOÑA ANNA

Dans mon bonheur, je donne la main d'une épouse à qui je donne la vie et l'âme.

FERNAND

Laissez-nous seuls maintenant, j'ai à parler au Comte.

FINEO (*à part.*)

Y a-t-il encore quelque chose à régler ?

LE COMTE (*à part.*)

C'est pour toi, Théodora, que je me trouve en cette extrémité.

DOÑA ANNA (*à part.*)

Sans doute il veut lui demander de l'appuyer auprès du Roi pour obtenir son pardon. Mais si telle était son intention, pourquoi l'offenser? Mon cœur est plein d'angoisse!... (*Tous sortent.*)

SCÈNE XVII

DON FERNAND, LE COMTE

LE COMTE (*à part.*)

Qu'il n'attende pas un sort meilleur, celui que ne retient aucun frein ! Le Tisserand ferme en dedans les portes. Mon orgueil a irrité le ciel, puisqu'il se sert d'un si bas instrument pour ruiner ma grandeur.

FERNAND (*se démasquant.*)

Me reconnais-tu, Comte ?

LE COMTE

Oui ; avant que vous ayiez quitté le masque, à votre audacieuse hardiesse je vous ai reconnu.

FERNAND

Qui suis-je ?

LE COMTE

Vous êtes le Tisserand de Ségovie ; je ne vous oublie point.

FERNAND

Vous ne m'avez pas encore reconnu, Comte ; regardez mieux.

LE COMTE

D'après vos paroles, je penserais, si cela se pouvait,

que vous êtes Fernand Ramirez; vous êtes sa vivante image (1).

FERNAND

Et c'est moi, Fernand Ramirez!...

LE COMTE

Dieu me soit en aide! Si le ciel, offensé par moi, a permis que, du sépulcre qui cache votre cadavre glacé, que moi-même je vis enterrer, vous vous leviez pour venger votre sœur, j'ai payé ma dette : elle a recouvré son honneur avec la main que je lui ai donné. Que voulez-vous de plus de moi?

FERNAND

Je ne veux pas que vous diminuiez ce que je vaux, en attribuant à un miracle les exploits de ma main. C'est justice que le ciel permette que je vous châtie. Je ne suis pas mort, Comte, je suis vivant et ma main sera l'instrument de votre supplice.

LE COMTE

Est-il possible? J'ai vu qu'on vous descendait dans l'abîme du tombeau.

FERNAND

Ce fut une tromperie et non la vérité. Pour que vous n'enleviez pas la gloire due à ma vaillance, écoutez :

— Il y a six ans que la dent venimeuse de l'infernale envie, qui déchaîne sa rage immortelle et son poison néfaste contre la valeur, la vertu, la noblesse et le renom, s'éleva contre mon père; heureux, il fut un papillon à la flamme brillante de la faveur du Roi; mais cette flamme fut la cause de sa perte et le perdit. —

(1) *Por lo que decis, pensará* — Mot à mot : Par ce que tu dis, je penserais,
Si pudiera ser mirando   Si cela pouvait être, en regardant
El retrato de Fernando   Le portrait de Fernand
Ramirez en vuestra cara,   Ramirez sur ton visage,
Que erades él.   Que tu es lui.

L'ambition, l'inimitié, la crainte qu'un favori inspire à ses adversaires (jamais mon père ne fut déloyal et je ne peux manquer à mon sang) accusèrent mon père d'avoir des intelligences coupables avec le more Zeilan, roi de Tolède. La méchanceté put vaincre le bouclier puissant de la vérité! — Le loyal gouverneur tendit son cou innocent au supplice et le ciel permit qu'en voulant, sur les mêmes indices, tacher la terre de mon sang non coupable, la crainte me donnât des ailes pour échapper au jugement capital, et le temple saint du divin Martin me prêtât un asile, car encore se perpétuent les bienfaits de son manteau. — Mais apprenant là, que la beauté de ma sœur était de votre goût, afin que votre puissance, Comte, ou sa faiblesse ne l'obligeassent pas au déshonneur, je voulus l'empoisonner. La pitié ou l'adresse de celui qui prépara le poison préservèrent doña Anna, en sorte que, feignant de mourir, elle évita la mort. — Il restait donc de me soustraire à la menace et au coup terrible du sort cruel; la nécessité me fournit un moyen aussi horrible qu'assuré et quand, dans un profond sommeil, la nuit obscure enlace les mortel vivants, mon courage me donnant de l'audace, je mis à exécution mon projet. — J'arrivai à un caveau où le temple saint cachait les dépouilles de la mort. J'emploie la force et je soulève la froide dalle, porte d'un profond sépulcre. Je pénètre dans le sombre caveau qui diffère peu du royaume de l'épouvante, et je tire du cercueil un corps glacé inhumé de la même nuit. — Au cadavre raidi, j'enlève le linceul; je le revêts de mes propres vêtements, et pour que ma tromperie ne soit pas découverte, je défigure son visage par des blessures. Alors je porte le mort du lieu de sa sépulture à la rue et mon pied foule le sol avec un linceul pour tout vêtement. — Alors le peuple trouva un corps froid avec mes habits, mes clefs, mes papiers; ces témoignages fidèles furent tenus pour vrais et montrèrent que c'était bien mon cadavre. Le bruit se répandit et cette fin désastreuse attendrit les cœurs les plus durs. En donnant à ce corps refuge dans la terre, l'opinion de ma mort ne fit qu'accroître. — Moi, fugitif, en accélérant ma course, je cheminai vers le Guaduarrama. Je feignis d'avoir été dévalisé par des brigands et me recommandai à la pitié chrétienne d'un curé de hameau qui, ému de mon infortune et de mon dénuement, demanda l'aumône à ses ouailles et m'acheta des habits avec lesquels, reconnaissant, je partis pour Ségovie. — Avant de pénétrer dans la ville, je défigurai mon visage en me débarrassant de la barbe ; aussi bien la peine et le souci me donnèrent un aspect nouveau. Je pris le nom de Pedro Alonso ; contraint par la nécessité, j'ai échappé à mes malheurs en servant un tisserand, dont j'ai appris le métier. — La fortune se lassa de mon bonheur et de ma tranquillité et prit pour instrument la beauté de Théodora, douce tempête en laquelle je navigue : j'ai conquis ses charmes et, avec une foi pure, elle paie l'amour qui me fait l'adorer. Elle est noble, belle, constante, et je suis heureux de la parole que je lui donnai d'époux. — J'en étais là lorsque le ciel a conduit à Ségovie la foule des courtisans, pour que votre tyrannique pouvoir donnât à mes inquiétudes une occasion cruelle. A ma rage jalouse et à l'injure féroce de votre main s'ajouta l'outrage à ma sœur. Donc, pour chaque offense, votre vie est ma seule récompense.

LE COMTE

Puisque vous êtes Fernand, le frère de mon épouse, nous tuer est de la folie.

FERNAND

Ma sœur avec votre main a recouvré son honneur. Moi, par votre mort, je recouvre le mien.

LE COMTE

Le ressentiment de votre affront est vain, car ma coléreuse vigueur n'a pas outragé Fernand Ramirez, mais un homme tisserand par métier et répondant au nom de Pedro.

FERNAND

C'est le même visage sur qui l'affront de votre main est marqué. Si vous avez outragé le Tisserand, prenez note que c'est le Tisserand et non don Fernand qui vous tue. C'est encore le même que votre amour a tenté d'offenser dans la personne de ma femme.

LE COMTE

Si dans son ingratitude elle a résisté à mon affection, en quoi vous ai-je offensé ?

FERNAND

La tentative offense le mari. (*Fernand dégaîne. Le Comte aussi. Après un court combat, le Comte tombe.*)

LE COMTE

Ciel ! je suis mort ! Le châtiment de mes fautes est juste. Ecoute, maintenant que je meurs. Je témoignai contre toi et contre ton père. Fernand, mon témoignage fut menteur et non véridique. Ce fut l'ordre de mon père, tant fut grand l'excès de l'envie : pardonne-moi, tu es chrétien et noble. (*Il meurt.*)

FERNAND

Meurs pardonné. (*Il s'en va.*)

SCÈNE XVIII

CHICHON *sortant de sa cachette*

La tempête est apaisée si je m'en rapporte au silence. Le Tisserand, un chevalier ! J'ai appris de belles choses !

Que le diable emporte Pedro ! C'était Fernand Ramirez ? Par Dieu ! j'ai souvent dit que le Tisserand cachait quelque secret. Ah ! le Comte est étendu à terre sans mouvement (1). Et l'appartement est en dehors fermé à clef ! Tous cheminent vers la montagne. J'ai peur. Des draps de lit du Comte, je vais faire une échelle.

ASILE DE BANDITS AU GUADARRAMA

SCÈNE XIX

DON FERNAND, GARCERAN, CAMACHO, CORNEJO, Bandits

FERNAND

Amis, voici l'occasion que le ciel nous offre pour racheter, par une fin honorable, toutes les erreurs passées. Le More victorieux va de l'avant et les nôtres se retirent sans ordre. Nous sommes cent mais nous en valons mille dans la montagne que nous connaissons et dont nous avons l'habitude. Mettons-nous en ordre et chargeons avec la furie castillane. En avant, pour la patrie, pour le Roi, pour le ciel ! Nous l'avons offensé dans notre vie, rendons-lui service en mourant.

GARCERAN

Avec un chef si vaillant, mû par un sentiment si louable, chaque bras sera une foudre et chaque poitrine un rocher.

CAMACHO

Attaquez, capitaine, tous nous suivrons.

---

(1) *El conde como un atrin*
  Está tendido en el suelo.

Litt. — Le comte, comme un thon, Est étendu à terre.

CORNEJO

Réparons ce qui est perdu.

XARAMILLO

Attaquons!

FERNAND

En avant! (*Tous mettent les masques et se précipitent. Tambours.*)

SCÈNE XX

LE ROI, LE MARQUIS armés, *les épées nues*

LE MARQUIS

Sire, prenez un cheval et sauvez-vous.

LE ROI

Ciel! défendez ma cause, car je défends la vôtre.

FERNAND (*au dehors.*)

Retournez, retournez, Castillans ; ce ne sont pas les Mores, c'est la peur qui vous a vaincus. Santiago, en avant !

LE ROI

Marquis, quel est ce bataillon qui, le visage masqué, assaille les troupes sarrazines ?

LE MARQUIS

Vous avez demandé au ciel un secours et le ciel vous l'envoie.

LE ROI

Soldats, ralliez-vous. Que vos héroïques poitrines recouvrent l'honneur perdu !

LE MARQUIS

Le More fuit à travers les rochers.

LE ROI

Marquis, attaquez ; pour mon honneur et pour le vôtre, retournez au combat ; pour vous et pour votre fils qui, dans cette extrémité périlleuse s'est caché, allez à la bataille.

LE MARQUIS

Le ciel sait que je suis si navré de l'avoir engendré que je souhaite mourir pour ne pas le voir vivant, ou vivre pour le voir mort.

SCÈNE XXI

CHICHON, *l'épée nue*

Maintenant que les Mores fuient à travers la montagne, je puis me montrer en toute sûreté. J'entends participer à la gloire des bandits. (*Haut.*) Chiens, vous voilà transformés en lièvres ? Voyez... A tous Chichon veut faire des bosses !

SCÈNE XXII

CHICHON, LE MARQUIS *blessé*, FERNAND *l'attaquant;* puis LE ROI, *écoutant*

LE MARQUIS

Qui es-tu, homme ? Qu'est-cela ? Après avoir vaincu les Mores, tu tournes ton épée redoutable contre les chrétiens ?

FERNAND

Je ne m'attaque qu'à toi seul. Je suis Fernand Ramirez.

LE ROI (*écoutant.*)

Qu'entends-je.

FERNAND

Le ciel m'a conservé la vie pour que je puisse montrer la loyauté de mon cœur, donner au Roi la victoire et à toi le sanglant châtiment des injustes offenses faites à moi et à mon père.

LE ROI

Quel mystère ! Je ne veux pas m'opposer au ciel !

CHICHON (*à part.*)

Le Tisserand donne au Marquis du fil à retordre (1).

FERNAND

Que ta vie paie la vie que ta traîtrise enleva à mon père !

LE MARQUIS

Je suis mort ! J'avoue... (*Il tombe.*)

LE ROI

Assez, Fernand ; retenez votre épée, il avoue.

FERNAND

Votre Majesté a entendu. Je suis satisfait. D'ailleurs le Comte, son fils, a avoué de même.

CHICHON

Je suis témoin de cela ; caché sous le lit, j'ai entendu le mourant confesser ce que rapporte don Fernand.

FERNAND

Sire, je lui ai donné la mort pour les outrages qu'il me fit. Son injuste persécution m'obligea à être bandit. Par lui et par son père, le funeste échafaud fut taché du sang de mon père. Moi, grâce à une adroite tromperie, j'ai sauvé ma vie. J'habillai de mes vêtements un

---

(1) *Le está dando pan de perros.* — Lui donne du pain de chien.

cadavre et on crut à ma mort. Le Comte ravit l'honneur à ma sœur, puis, recherchant ma femme, il imprima les cinq doigts sur mon visage. Humble, je mets ma tête à vos pieds, si je mérite un châtiment alors qu'étant noble je me venge si justement.

LE ROI

Fernand, c'est à votre courage, à votre sang que je dois la victoire remportée. Lors même que vos fautes ne seraient pas de justes vengeances, je leur donnerais une récompense pour vos exploits valeureux. Je vous rends la faveur que vous enleva l'envie. Que vos soldats arrivent ; j'entends les connaître et les récompenser.

SCÈNE XXIII

Les Mêmes, GARCERAN, CORNEJO
autres Bandits

GARCERAN

Sire, nous mettons tous à vos pieds ces existences qui loyalement vous ont servi.

LE ROI

Vous serez tous récompensés de votre conduite héroïque. Mais dites-moi, Fernand, votre sœur vit-elle encore ?

FERNAND

Elle est cachée dans ce village sous des habits de paysanne. Mais, dans le contentement de la victoire, les villageois s'avancent ; avec eux ma sœur et ma femme viennent se mettre à vos pieds.

SCÈNE XXIV

Les Mêmes, THÉODORA, DOÑA ANNA,
Villageois, Soldats

DOÑA ANNA

Nous venons embrasser les genoux du Roi.

FERNAND

Avance, chère femme, le ciel met fin à nos malheurs et récompense tes vertus. Et toi, ma sœur, pour la grâce que nous accorde le Roi, baise les pieds de Son Altesse.

THÉODORA

Que ces lèvres humbles baisent le sol que vous foulez.

LE ROI

Relevez-vous ; je veux honorer la femme et la sœur de Fernand.

FERNAND

Sire, recevez nos remerciements. Vous, Garceran, sachez que le clair miroir de mon honneur et de celui de ma sœur est restauré. Le Comte a épousé doña Anna ; je vous donne sa main si toutefois vous me croyez digne d'être votre beau-frère.

GARCERAN

Si doña Anna veut récompenser mes vœux, mon bonheur sera comblé ; car j'acquiers en même temps l'ami le plus vrai et le plus valeureux parent.

DOÑA ANNA

Tant d'amour mérite bien ma main et mon âme.

CHICHON

Et moi je supplie don Fernand de me pardonner mes fautes.

FERNAND

Je les pardonne pour grandes qu'elles soient, afin de voir si je puis ainsi obtenir de cette assemblée le pardon des nôtres.

FIN DU TISSERAND DE SÉGOVIE

LA CRUAUTÉ POUR L'HONNEUR

(LA CRUELDAD POR EL HONOR)

PERSONNAGES

PEDRO RUIZ DE AZAGRA, seigneur de Estela
SANCHE AULAGA.
DON RAMON (le Comte).
LE SEIGNEUR DE MONTPELLIER, fils de Bermude.
BÉRENGER, fils du comte d'Urgel.
LE PRINCE DON ALPHONSE, enfant.
LE COMTE D'URGEL, vieillard.
BERMUDE, vieillard.
NUÑO AULAGA, vieillard, père de Sanche Aulaga.
ZARATAN, bouffon.
LA REINE PÉTRONILLE, mère d'Alphonse.
DOÑA THÉODORA, mère de Sanche Aulaga.
THÉRÈSE, fille de Bermude.
INÈS, suivante de Thérèse.
MOLINA, bravache.
VERA, bravache.
UN TROMPETTE.
UN SECRÉTAIRE.
SUITE.
SOLDATS.

L'ACTION SE PASSE A SARAGOSSE ET AUTRES LIEUX

NOTICE

L'action de la *Cruauté pour l'honneur*, se passe en Aragon, au xiie siècle. Elle se résume en ces quelques lignes : « Un certain imposteur se mit à la tête des mécontents et se donna pour le roi don Alphonse, lequel avait été tué vingt-huit ans auparavant, en Palestine, à la bataille de Fraga. Il affirmait que, dégoûté des choses de ce monde, il s'était tout ce temps caché en Asie. Son âge et sa ressemblance avec le feu Roi lui donnèrent du crédit. Le vulgaire, ami des fables, ajoutait encore à ce récit, car le gouvernement de la reine était alors méprisé de beaucoup de gens. Il en serait arrivé de grands maux si l'imposteur n'eût été pris et mis à mort à Saragosse. Telle fut la récompense de cette fourberie et la fin de cette tragédie mal combinée (1). »

Sur cette donnée très succinte, Alarcon a écrit son drame, d'une vigueur qui rappelle la grandeur caldéronienne. Sous ce titre : *El Crisol de la lealtad* (Le creuset de la loyauté), le duc de Rivas a modifié les caractères des personnages et refait le drame d'Alarcon. Mais l'auteur de *Don Alvar* a échoué dans sa tentative, montrant une fois de plus combien il est téméraire et périlleux de toucher aux œuvres des maîtres anciens.

Ruiz de Alarcon y Mendoza, court de taille, bossu, laid de visage, occupe une place marquante parmi les auteurs espagnols. Les poètes du xviie siècle ne se ménageaient pas entre eux et les contemporains d'Alarcon lui témoignèrent peu d'indulgence. Voici leur ton, d'après la traduction d'une seguedille

---

(1) Père Mariana. — *Histoire d'Espagne*, Liv. XI, ch. IX.

manuscrite de la bibliothèque de Madrid, que nous empruntons à M. Alphonse Royer. C'est Lope de Vega qui est censé parler :

> Juan Ruiz, roi des bossus,
> Si je n'ai ta promesse,
> De n'écrire plus pièce,
> Bas la culotte ! Sus !
> Levez-lui la chemise !
>   Soit bon gré,
>   Soit surprise,
> Va, je te fouetterai.

D'autres couplets de la même seguedille surenchérissent :

> Un ami me rencontre
> Et dit, m'apercevant,
> Je ne sais s'il me montre
> Le dos ou le devant
> . . . .
> Je suis un grand nageur,
> Qui jamais ne se lasse.
> Ma double calebasse
> Soutient ma pesanteur.

Une *letrilla*, de Quevedo, va plus loin : elle lui reproche d'avoir la *poitrine levée comme un faux témoignage, un estomac en forme d'occiput*, de ressembler, *vêtu à un peigne à chanvre et nu, à une aiguille*; elle le traite de *poupée en haillons, d'écrevisse titrée, de fragment de poète, haut comme le sixième d'une vara*.

Alarcon ne répondit jamais aux épigrammes dont on le criblait. Son principal mérite est d'avoir créé la comédie de caractère, qui permit à Corneille d'écrire le *Menteur*. Singulier caprice de la destinée ! Le *Menteur*, de Corneille, fut traduit du français en espagnol et représenté, en deux actes, sur toutes les scènes castillanes, aux applaudissements de la foule qui ignorait la *Verdad sospechosa*.

Les littérateurs modernes espagnols ont rendu une tardive justice à leur compatriote : « Toutes les comédies d'Alarcon, dit Mesonero Romanos, respirent une intention morale (chose si rare chez nos anciens dramatiques), toutes se distinguent par une admirable économie et par la simplicité de l'action, sans laisser pourtant d'être pleines d'intérêt, et toutes sont si purement écrites, qu'aucun autre poète ne pourrait en cela l'égaler ». Qu'ajouter à ce jugement ?

On lit, ces brefs détails, dans le *Semanario erudito*, à la date du 9 août 1639 : « Est mort don Juan de Alarcon, poète renommé par ses comédies et par ses bosses, et rapporteur au conseil des Indes. » Le registre de la paroisse de Saint-Sébastien, de Madrid, contient l'acte mortuaire du poète (4 août 1639). Il appert de cet acte qu'Alarcon reçut les Saints Sacrements et qu'il testa en présence de Luca del Pozo ; qu'il laissa une somme pour dire cinquante messes aux âmes, et qu'il désigna pour exécuteurs testamentaires le licencié Antonio de Leon, rapporteur au dit conseil, et le capitaine Reinoso. Il léguait en outre aux pauvres de la paroisse cinquante réaux.

LA CRUAUTÉ POUR L'HONNEUR

ACTE PREMIER

MONTAGNES

SCÈNE I

ZARATAN, *boitant, en costume de chasse*

Aïe! Au diable la chasse et qui l'inventa!... Aïe! Je pouvais demeurer commodément à Saragosse, ne pas risquer un cheval et ne pas me rompre un genou! Qu'il faut qu'un homme soit peu soucieux de son repos pour partir en guerre, en pleine montagne et contre qui? contre un lapereau! Et que m'ont fait lièvres et lapins? Le chasseur ressemble à la femme qui va entendre la messe à l'église la plus éloignée. Et si la chasse est l'image de la guerre, n'est-ce pas une raison pour la condamner? Et d'ailleurs l'homme, qui se fatigue à poursuivre un animal effarouché, ne m'inspire aucune confiance à la guerre; qui s'habitue à vaincre un ennemi couard, peut fort bien s'étonner de rencontrer un ennemi qui ne prend pas la fuite. Quelqu'un dira: « Cette raison n'existe pas dans la chasse à l'ours, animal vaillant qui ne recule pas et tue d'un coup de patte ». Je maintiens que c'est folie de risquer ses os par plaisir. Si pour m'instruire je risque la mort, mieux vaut partir en guerre conscrit...

SCÈNE II

NUÑO *en pèlerin de bon aspect*, ZARATAN

NUÑO

Pour l'amour de Dieu, Seigneur, donnez à un pèlerin.

ZARATAN

Il est certes flatteur de ne pas être pris pour un simple écuyer. Mais, dites-moi, ne reconnaissez-vous pas à l'odeur que vous vous adressez à un pauvre? Si vous voulez que je partage avec vous le mal que je ressens à ma jambe, par suite d'une chute violente sur un roc, je puis me montrer assez généreux pour vous laisser éternellement boiteux. Et vous me rendrez service, brave pèlerin, qui sans doute allez visiter le patron de Galice. Le grand Saint accueille avec la même faveur l'homme infirme et l'homme valide.

NUÑO

Plût au ciel qu'il me fût possible de réaliser vos désirs! La douleur serait moindre si elle était divisée! Mais, si vous ne me faites pas l'aumône, cela est sans importance. Je ne demande pas par besoin, je mendie parce que j'en ai fait vœu.

ZARATAN

Vive Dieu! Je vois enfin un mendiant qui n'insiste pas.

NUÑO

Non seulement je ne suis pas importun, mais je suis prêt à partager mon bien avec vous si cela peut vous être agréable.

ZARATAN

De quel pays vient en Aragon un si libéral pèlerin?

NUÑO

J'arrive de la Terre Sainte pour honorer le patron de l'Espagne.

ZARATAN

Êtes-vous espagnol?

NUÑO

Sur cette terre dont je foule le sol, j'ai vu le jour. Aussi vous comprendrez ma légitime curiosité d'apprendre en quel état se trouve l'Aragon.

ZARATAN

Tout le pays est en querelles, mais mon Maître et Seigneur vous renseignerait mieux que moi sur ces choses.

NUÑO

Et quel est ton Seigneur?

ZARATAN

Il a grand renom et grande vaillance; c'est Pedro Ruiz de Azagra, seigneur d'Estela, et digne, si le mérite était justement récompensé, d'être seigneur de l'univers.

NUÑO

J'ai beaucoup entendu parler de ses hauts faits, mais en attendant qu'il vienne, dis-moi quel chevalier se fait le plus remarquer dans les armes en Aragon?

ZARATAN

Sanche Aulaga est le Cid moderne.

NUÑO (*à part.*)

Ah! mon fils aimé!

ZARATAN

Partout, ici, à l'étranger, on lui a décerné le surnom de *Vaillant*. Et si sa naissance était plus haute, il serait le premier de l'Aragon.

NUÑO (*à part.*)

Sanche, ta valeur m'affermit dans ma résolution. O mon fils, Nuño Aulaga, ton père vient t'élever aux plus grandes destinées et venger aussi le crime de ta mère ! (*Haut.*) Ce Sanche Aulaga n'est-il pas le fils d'un certain Nuño Aulaga qui, à Fraga, aux côtés d'Alphonse le Fort, périt de la main des Mores ?

ZARATAN

C'est celui-là même !

NUÑO

Et qu'est devenue sa mère ?

ZARATAN

Doña Théodora, mère de Sanche, ignorant si son époux est réellement mort, n'a pas quitté le couvent où la laissa Nuño Aulaga partant pour la guerre.

NUÑO (*à part.*)

Tu vis encore, épouse infâme ?... Le ciel me permet donc la vengeance !...

SCÈNE III

PEDRO RUIZ *en costume de chasse*, LES MÊMES

PEDRO (*à part.*)

La corde tendue se rapproche de l'arc avec violence : ainsi agit la distraction sur un cœur amoureux ! (*Haut.*) Zaratan ?..

ZARATAN

Seigneur...

PEDRO

Mon cheval est las de courir.

ZARATAN

Pendant que je vais m'occuper de votre cheval, vous

pourriez vous entretenir avec cet honnête pèlerin qui vient de la Terre Sainte pour visiter le patron de Galice. Sa conversation doit être intéressante; c'est un vieillard qui ne tousse pas et un mendiant qui n'insiste pas.

PEDRO

Son excellente tournure est une bonne recommandation. *(Zaratan sort.)*

SCÈNE IV

PEDRO RUIZ, NUÑO AULAGA

PEDRO

De quel pays es-tu ?

NUÑO

L'illustre royaume d'Aragon renferme la ville qui fut ma patrie.

PEDRO

Depuis combien de temps es-tu parti pour Jérusalem ?

NUÑO

J'étais en pleine jeunesse lors de mon départ. Vingt-huit hivers ont couvert les prés de neige, les rivières de glace depuis mon arrivée en Asie.

PEDRO

S'il en est ainsi tu pourrais peut-être m'éclairer sur un bruit qui court en Aragon. On dit que le Roi Alphonse, celui-là même qui assiégea Fraga (1) et disparut dans la bataille contre les Mores, il y a vingt-huit ans, est demeuré en Asie. Comme il n'a pas reparu vivant, comme on ne l'a pas retrouvé mort, bien que son royaume soit d'un prix inestimable, on ajoute que dépité, humilié, honteux, il s'est caché et s'est rendu à

(1) En l'an 1134.

Jérusalem. Puisque tu es demeuré si longtemps en Terre Sainte, peut-être as-tu appris quelque chose.

NUÑO

Seigneur Pedro Ruiz, je puis dire la vérité puisque j'ai pris part avec Sa Majesté à la malheureuse expédition de Fraga et, en échange des informations que je vous donnerai, je vous demanderai la faveur d'être mis au courant des affaires de ce royaume. Ne vous étonnez pas de la curiosité que je vous témoigne; l'amour de la patrie est le plus naturel des sentiments.

PEDRO

Je veux bien satisfaire votre désir, car je serai largement payé par les nouvelles que vous m'apprendrez. Le roi Alphonse disparu, les grands seigneurs se querellèrent. On couronna le frère d'Alphonse, Ramire le Moine qui, en ce temps-là, était évêque de Barbastro et afin que dans l'avenir, il n'y eut pas en Aragon de querelles lors de la succession au trône, le Pape, dans l'intérêt du royaume, releva Ramire de ses vœux. Il se maria avec la belle Inès, sœur de Guillaume, comte de Poitiers. Ce fut ainsi qu'on vit un homme roi et évêque, marié et moine. De cette union naquit une héritière, Pétronille, dont les aimables qualités font la gloire de l'Aragon et l'admiration de l'univers. On la donna pour femme à Ramon, comte de Barcelone. Le Roi moine, las des agitations de la cour, las des choses de la guerre, courbé sous le poids des ans, se retira au monastère de Saint-Pierre, à Huesca, et ordonna à ses sujets d'obéir à son gendre, prudent et valeureux jeune homme. Ramire mourut, et alors que Ramon donnait les plus grandes espérances, au pied des Alpes, allant à Turin, la mort le frappa de sa faux impitoyable. Des dissensions éclatèrent. La couronne échut à un enfant, l'aîné de trois garçons en bas âge que laissait le Roi. En présence de cet enfant et d'une Reine jeune et belle, les prétentions des seigneurs, même les plus loyaux, se firent jour. Les uns agirent par ambition, les autres par amour pour la Reine. D'autres enfin, fidèles au trône, ne s'accordèrent pas entre eux, en sorte que le royaume entier est désolé par mille factions et marche à sa perte si le ciel ne vient à son aide. Telle est, en résumé, la situation de l'Aragon. Plût à Dieu que les nouvelles que vous allez m'apprendre fussent de nature à faire cesser un état si désastreux ! Plût à Dieu que vécût le vieux roi Alphonse ; si son bras n'a plus la vigueur de la jeunesse, sa sagesse ramènerait la paix en Aragon : les cheveux blancs commandent le respect, et l'autorité inspire l'obéissance.

NUÑO (*à part.*)

L'occasion me présente son cheveu. Pour régner il est permis de mentir. La vengeance d'ailleurs excuse tous les moyens. Ma ressemblance avec le roi Alphonse facilitera ma réussite. Allons... du courage ! La fortune sourit aux audacieux. (*Haut.*) Seigneur Pedro Ruiz de Azagra, si le roi Alphonse vivait encore, s'il se présentait à la cour d'Aragon, alors que la division est partout, que les nobles manquent à leurs devoirs de loyauté, qui se rangerait sous sa bannière ? Sa venue ne causerait-elle pas de plus grands malheurs ?

PEDRO

Qu'osez-vous dire ? Moi seul me déclarant en sa faveur, je suffirais pour en imposer aux esprits les plus turbulents. Mon père m'a transmis le souvenir de ses bienfaits, l'admiration de ses mérites, les sentiments d'une reconnaissance inaltérable.

NUÑO

Alors, Azagra, Alphonse est vivant.

PEDRO

Est-il vrai ?

NUÑO

Il est en Espagne et, si ton bras se déclare pour lui, si tu jures de le servir, je te ferai savoir où il se trouve.

PEDRO

Voici ma main ! (*Pedro Ruiz place ses mains jointes entre celles de Nuño.*) Je jure, dût le monde entier s'y opposer, d'être le vassal fidèle du roi Alphonse et de l'aider à recouvrer son royaume.

NUÑO

C'est bien ! Je suis Alphonse.

PEDRO

Vous ?

NUÑO

Moi-même. Vous ne reconnaissez pas mes traits. Vous étiez Pedro Ruiz, trop jeune lorsque je quittai ce pays ; mais il ne manque pas de vieillards qui auront gardé leur souvenir. En attendant que la preuve soit entièrement faite, voici mon sceau (*Il le montre.*) Voici mon anneau, témoignage que j'ai pu conserver. D'ailleurs la hardiesse d'oser aspirer au trône est une preuve morale. Vous seul pouvez juger de la folie ou de la réalité de prétentions si grandes.

PEDRO

Certes, une telle audace est par elle-même une preuve suffisante ; mais les peintres qui sauvent de l'oubli et des injures du temps ont retracé vos traits et j'en ai comme le souvenir. Les cheveux blancs changent les physionomies, mais l'ensemble de votre visage est conforme aux images qui vous représentent. L'agitation que ressent mon âme, l'entraînement de mon cœur vers vous, la joie qui m'inonde me font vous reconnaître pour mon Roi. (*Il s'agenouille.*) Sire, permettez que je baise vos mains.

SCÈNE V

Les Mêmes, ZARATAN

ZARATAN
Que vois-je?

NUÑO
Venez dans mes bras! Des vôtres, j'attends qu'ils me rendent le trône.

ZARATAN (*à part.*)
Avec quel respect il l'embrasse!

NUÑO
Il s'agit maintenant de vaincre les difficultés et d'empêcher les troubles.

PEDRO
Vous demeurerez sur mes terres dans un château fort; là, vous recevrez les hommages, vous apprendrez les résolutions des puissants seigneurs avant que de vous présenter à la cour. Sire, tout le reste est à ma charge.

NUÑO
Du Midi au Septentrion, la grandeur de votre nom retentira. Vous mériteriez d'être Roi.

PEDRO
Tant de bonté me flatte, mais puisque je suis prêt à vous faire le sacrifice de ma vie, je vous demanderai une faveur, d'un prix inestimable pour moi.

NUÑO
Demandez, demandez, s'il est possible de demander à qui vous doit tout.

PEDRO

Sire, votre nièce Pétronille, dont l'éclat fait pâlir le soleil, est un ange incomparable, et, parmi ceux qui soupirent pour elle, je suis le plus épris. Vous n'ignorez pas que les seigneurs d'Estela en Espagne ne reconnaissent personne au-dessus d'eux. Ils rendent hommage aux rois d'Aragon de leur plein gré et sans y être contraints, et il en sera toujours ainsi tant que leurs priviléges seront respectés. Rendez-moi le plus fortuné des hommes en accomplissant ce mariage. Vous aurez récompensé mes services et comblé mes vœux.

NUÑO

Si, avec ma nièce, je pouvais vous donner l'Europe en dot, je n'estimerais pas avoir payé vos services. Je vous donne donc ma parole que j'emploierai tout mon crédit pour que ce mariage se fasse.

PEDRO

Et moi je vous jure que mes armes porteront votre nom aux confins de l'univers.

ZARATAN (*se montrant.*)

Le cheval de Sa Seigneurie est reposé, et la nuit étend ses voiles sombres sur la cime des monts.

PEDRO

Sire, prenez mon cheval et partons pour Estela.

ZARATAN

Pour Estela?

PEDRO

En route, vous me raconterez vos aventures.

NUÑO (*à part.*)

Fortune, protège mon audace. J'entreprends la plus étrange action qu'un homme ait osé concevoir. De vassal je me fais Roi. O fortune, ne m'abandonne pas! (*Il sort.*)

SCÈNE VI

PEDRO RUIZ, ZARATAN

ZARATAN

Eh! là! Il monte à cheval. Seigneur, c'est donc un prêtre, ou un saint.

PEDRO

Tais-toi, Zaratan! C'est le roi Alphonse...

ZARATAN

Par Dieu! je suis sorcier vraiment. Son port noble, son grand air, perçaient sous ses humbles habits.

PEDRO

Donne-moi ton cheval.

ZARATAN

Et moi, Seigneur, que vais-je devenir? J'ai fait une chûte et ne puis marcher.

PEDRO

A la lisière de ce bois, se trouve un hameau; je vais donner des ordres pour qu'on te prépare un gîte. (*Il sort.*)

ZARATAN

Et jusque-là je vais boiter?... grand merci!... Les voilà partis à cheval... Au diable les inventeurs de la chasse! Que ne les a-t-on brûlés!... On condamne les gens aux galères, mieux vaudrait les contraindre à chasser. (*Il sort.*)

INTÉRIEUR DU PALAIS DU ROI A SARAGOSSE

SCÈNE VII

La Reine PÉTRONILLE, DON RAMON

LA REINE

Comte Ramon, vous prétendez à ma main, et l'amour excuse bien des choses; pourtant, votre manque de foi m'étonne. Doña Rica, qui fut reine de Castille, est venue, à la mort d'Alphonse son époux, habiter Saragosse; elle est veuve, belle, jeune; il y a eu des pourparlers de mariage entre vous; elle a tout ce qu'il faut pour vous rendre heureux. Et voilà que vous changez de sentiment? Que dira-t-on dans le royaume? Et que dirait le monde de moi, si tous deux nous faisions à doña Rica une si cruelle injure?

DON RAMON

O Pétronille, plus belle que l'aube naissante, ne montrez pas tant de rigueur à qui vous aime si passionnément! Mon excuse est dans l'excès de mon amour. Celui qui raisonne n'aime pas véritablement. Qu'importe les dires du monde, si vous acceptez mes hommages?

LA REINE

Vous parlez en amoureux qui ne voit rien, n'écoute rien que sa passion; mais moi, qui n'éprouve pas votre ardeur extrême, j'ai le devoir de vous ouvrir les yeux. Aujourd'hui même, Comte, j'ai le dessein de renoncer au trône et à la couronne, et j'entends abdiquer en faveur de mon fils; son jeune âge favorise les dissensions, les querelles, on le répète du moins de toutes parts. Puisque vous m'aimez, aidez-moi dans l'accomplissement de mes desseins; sinon je croirai que c'est le désir du trône qui a fait éclore votre amoureuse ardeur.

DON RAMON

Certes je vous aiderai, si vous me donnez une parole d'espérance; mais si je dois renoncer à vous, et vous perdre, Madame, j'ai le pouvoir de vous faire beaucoup de mal.

LA REINE

Il suffit! Je n'ai pas besoin de votre appui, comte Ramon. Le droit est de mon côté.

DON RAMON

Le droit, sans la force, n'a pas grande valeur.

LA REINE

Je vous montrerai qu'appuyée sur la raison et la justice, je suis plus puissante que vous avec toute votre déloyauté. *(Elle sort.)*

SCÈNE VIII

DON RAMON

Une ambition comme la mienne est capable de grandes choses; mais le bon droit a aussi sa force, et s'il ne se présente pas une bonne occasion pour faire réussir mes projets, il me faudra bien me soumettre à la volonté de la Reine. Seul je ne puis empêcher le couronnement du Prince.

SCÈNE IX

LE COMTE D'URGEL, DON RAMON

LE COMTE

Valeureux don Ramon!

DON RAMON

Illustre comte d'Urgel!

LE COMTE

L'Aragon traverse une crise difficile et mon étonnement est extrême. On dit que, dédaignant la belle Rica, vous aspirez à la main de la Reine. Un tel désir serait une trahison. Le Roi défunt était votre oncle. Cette parenté doit vous interdire tout sentiment d'amour. Il vaut mieux pour vous rester fidèle à vos engagements, épouser la jolie veuve de Castille et appuyer mes prétentions. Car si Pétronille épouse mon fils, nos soldats réunis suffiront à maintenir l'ordre et faire cesser les divisions.

DON RAMON

Je conclus de vos paroles que le bien de votre fils est votre seule préoccupation. Mais comment se fait-il, comte d'Urgel, que votre fils Bérenger ayant publiquement demandé en mariage doña Thérèse, sœur du comte de Montpellier, ait si vite changé d'avis et ne craigne point d'offenser si charmante et si puissante dame?

LE COMTE

Je vous ai fait part de mes projets, car mon fils sacrifierait Thérèse à toutes les reines de l'univers.

DON RAMON

Mais je sais que Bérenger n'a demandé doña Thérèse qu'avec votre assentiment.

LE COMTE

Les circonstances ne sont plus les mêmes, et j'ai changé d'avis.

DON RAMON

Alors si, en raison des événements, vos projets ont varié; si, dans l'espérance d'une situation plus élevée, vous sacrifiez Thérèse, pourquoi vous étonner que moi, qui adore la Reine et améliore mon état, j'ai également changé d'opinion?

LE COMTE

Notre position est différente. Vous offensez par votre recherche, votre oncle, don Ramon; mon fils a des prétentions nouvelles et n'est infidèle à personne.

DON RAMON

Vos paroles me donnent raison. Qui mieux qu'un parent est digne de succéder à don Ramon? Si mon affection a changé d'objet, cela ne regarde que moi, et je ne vois pas, Comte, en quoi vous vous mêlez de mes affaires. Donc, s'il le faut, je soutiendrai, l'épée à la main, la résolution que j'ai prise.

LE COMTE

J'aime à croire que vous n'ignorez pas quelle est ma puissance; si mes cheveux ont blanchi, la neige n'est pas tombée sur mon cœur.

DON RAMON

Je reconnais votre valeur; mais elle ne m'importe. Je désire vaincre un ennemi aussi redoutable que vous.

LE COMTE

Alors réunissez les troupes que peut vous donner la Provence. Dès aujourd'hui le comte d'Urgel déploie ses étendards.

DON RAMON

Qu'Urgel, qu'Aragon, que l'univers entier prennent les armes! La guerre décidera lequel de nous possédera la belle Pétronille.

LE COMTE

Soit, et fasse le ciel qu'il me donne la victoire! (*Ils sortent.*)

SCÈNE X

THÉRÈSE, INÈS

THÉRÈSE

O mes tristes pensées! Laissez-moi un peu de repos. Comment pourrai-je résister? Bérenger prétend être mon époux; je ne l'aime point; que vais-je devenir? C'est l'héritier du comté d'Urgel... Et moi je n'aime que Sanche Aulaga; il n'est pas mon égal; je l'adore... Hélas!... C'est un vaillant guerrier; il jouit d'un grand renom; mais il est de petite condition. Que dois-je faire entre l'amour et le devoir?

INÈS

Madame, les nobles cœurs, incapables de faillir à l'honneur, doivent se montrer dans les circonstances difficiles. Bérenger est le seul qui mérite votre main. Renoncez à des sentiments indignes de vous.

THÉRÈSE

Laisse-moi!...

INÈS

Je vous parle dans votre intérêt. (*A part.*) Seigneur Bérenger, pour vous je me lance dans une difficile entreprise, et je réussirai quels que soient les obstacles qui se présenteront!

SCÈNE XI

SANCHE AULAGA, Les Mêmes

SANCHE AULAGA

O ma douce ennemie, aussi belle que cruelle, quelles pensées agitent votre esprit! C'est donc un crime d'ado-

rer votre grâce, vos charmes? Si celui qui vous aime
est condamné à un tel martyre, quel sera le châtiment
de qui vous hait. De vos trois poursuivants, je me place
au dernier rang; permettez que du cuivre sombre se
mêle à l'or éclatant.

THÉRÈSE

Sanche, les occasions engendrent parfois les hauts
faits. L'arbre cultivé ne porte pas toujours des fruits, et
la fontaine ne va pas toujours à la mer; les arbres et les
fontaines ne sont pas ingrats pour cela. Pourquoi
pensez-vous que votre amour m'offense? Attribuez ma
rigueur à d'autres causes. Il n'y a pas de contradiction
à résister ou à répondre à certains sentiments.

SANCHE AULAGA

Si justice était rendue à votre mérite, Thérèse, il n'y
aurait pas de couronne digne de vous. Si vous aimer est
se rendre votre esclave, l'amour ne tire pas une flèche
qui ne m'abatte. Si ma recherche ne vous est pas déplai-
sante, faites-moi la grâce de me le dire, et vos paroles
ne seraient pas sincères que je serais heureux de les
entendre. O vous que j'adore, l'illusion du bonheur
suffit à votre serviteur!...

THÉRÈSE

Quel amoureux peu exigeant!

SANCHE

Que de remerciements je vous dois!

THÉRÈSE

Vous vous contentez de peu.

SANCHE

Je suis si heureux de vous voir!...

THÉRÈSE

Tant d'exagération m'étonne.

SANCHE

Je vous place si haut dans mon cœur que je me crois indigne même de vos dédains.

THÉRÈSE

Vous dites bien ce que vous éprouvez.

SANCHE

J'éprouve bien ce que je dis.

THÉRÈSE

Hélas! hélas! que mon âme est agitée de sentiments divers!... Mais assez, Seigneur! On a publié dans le palais l'avis que la Reine se prépare à remettre au jeune Prince la couronne; je suis demoiselle d'honneur de la Reine; ma charge est de l'accompagner. Adieu.

SANCHE

Et mon devoir est de penser toujours à vous.

THÉRÈSE (*à part.*)

Qu'ils sont à plaindre ceux qui, le cou sous le couteau, ne peuvent ni se résigner, ni se plaindre!

(*Thérèse et Inès sortent.*)

SCÈNE XII

SANCHE AULAGA

Ma race n'est pas aussi illustre que la sienne; c'est, je crois, ce qui la retient. Je suis gentilhomme; je suis écuyer; je suis vaillant; j'ai acquis du renom. On m'appelle Sanche Aulaga le Brave. Ma mère est de noble souche; elle descend des Lara. Mon père, Nuño Aulaga a péri à Fraga aux côtés du roi Alphonse. Des maisons qui resplendissent aujourd'hui quels furent les auteurs, sinon des braves qui accomplirent des actions d'éclat?

SCÈNE XIII

La Reine PÉTRONILLE, BÉRENGER, Le Comte d'URGEL, BERMUDE, DON RAMON, Le Seigneur de MONTPELLIER, Le Jeune PRINCE, THÉRÈSE *portant la queue de la Reine;* Suite nombreuse; SANCHE AULAGA

BÉRENGER (*à Inès.*)
Inès j'ai mis en toi ma confiance.

INÈS
Je remplirai ma mission et, dussé-je perdre la vie, vos espérances se réaliseront.

BÉRENGER
Tes paroles me remplissent de joie.

INÈS
Vous plaire est le seul de mes désirs.

LA REINE
Chevaliers d'Aragon, gloire et honneur de l'Europe, dont la vaillance est redoutée des peuples les plus reculés, je vous ai convoqués en ce jour pour remettre le sceptre aux mains de mon fils Alphonse. La tranquillité du royaume me guide dans cet acte solennel. La loyauté et l'honneur vous convient à ratifier ma volonté. Bien qu'Alphonse soit fort jeune encore, je compte que nul ne s'opposera à cette résolution inspirée pour le bien du royaume. Mon fils est sage et le sceptre est mieux tenu par un homme que par une femme. Le royaume ne manque pas de conseillers prudents qui l'assisteront de leur expérience.

LE COMTE D'URGEL

Majesté, vous pouvez renoncer à la couronne, mais le gouvernement me revient de droit.

DON RAMON

Si quelqu'un doit gouverner, c'est moi. Ne suis-je pas le cousin du roi Alphonse ?

BERMUDE

Quelle dispute vaine ! Avec moi, Bermude, le royaume est assuré de la tranquillité. J'étais le confident du feu roi Ramon ; j'ai traité toutes les affaires de l'État ; j'en connais tous les ressorts et n'ai nul besoin d'apprentissage.

LE SEIGNEUR DE MONTPELLIER

Je suis là pour soutenir les prétentions de mon père. Seigneur de Montpellier, mes armes appuieront son droit indiscutable.

DON RAMON

Et moi, je vais déployer mes bannières.

BERMUDE

La force prononcera. Au vainqueur, la puissance !

LA REINE

Pourquoi perdre le temps en dissensions inutiles ? Ne suis-je pas la tutrice légitime d'Alphonse et le gouvernement ne m'est-il pas acquis ?

LE PRINCE

Et c'est justice ! Ma mère n'est qu'une femme, je ne suis qu'un enfant, mais que nul ne s'avise de se rebéller, car je suis le Roi et, par la vie de ma mère, je ferai tomber la tête de quiconque répliquera.

LE COMTE D'URGEL

Vous êtes un enfant, Prince.

DON RAMON

Vos forces, Alphonse, ne sont pas suffisantes pour vous saisir de ma personne.

BÉRENGER

Vous l'ignorez; mais la renommée, qui les célèbre, n'ignore pas les hauts fait de Bermude.

SANCHE AULAGA (*à part.*)

Ah! si ma puissance égalait mon courage, comme je répondrais à ces fous arrogants!...

LE PRINCE

Je suis un enfant; mais je suis le fils de mon père et mon cœur se sent appelé à marcher sur ses traces.

SANCHE AULAGA (*à part.*)

Bravo! Alphonse, cela s'appelle parler. En avant, passons aux actes!...

SCÈNE XIV

PEDRO RUIZ, Les Mêmes

PEDRO RUIZ

Reine, prince, seigneurs, soldats, peuple, je vous porte une nouvelle des plus heureuses. Calmez vos ardeurs guerrières. Le ciel a compassion de nous; il veut mettre fin à nos discordes et c'est moi qui apporte le rameau d'olivier. Le roi Alphonse le Brave, le Sage, le Fort qu'on avait cru mort à la bataille de Fraga et qui n'avait que disparu, vient de se présenter en Aragon. Je l'ai vu de mes yeux et je lui ai serré la main. J'étais trop jeune quand courut le bruit de sa mort pour me rappeler ses traits, mais les anciens l'ont reconnu. Il a passé un long temps en Asie où il s'était réfugié après Fraga, n'ayant pu supporter la défaite et oublieux que la fortune est souvent inconstante. Il avait entrepris la guerre malgré son peuple; il fut vaincu; ne se souvenant plus de ses vingt-six victoires, il fut désespéré et s'exila volontairement sur les rives du Jourdain. Enfin il est de retour et c'est un bienfait de la providence qui a pitié de l'état de division du royaume. Puisque notre Roi est vivant, il n'y a plus de raison pour couronner un nouveau prince. Tous ceux qui ont fait serment de loyauté et féauté iront rendre hommage à Alphonse le Brave.

LA REINE

Quelle est cette nouvelle cause de désunion que l'on déguise sous une apparence de paix et de concorde? Azagra, vous commettez une mauvaise action! Alphonse vivant! Alphonse qui a succombé sous les coups des Mores!... Des témoins n'ont-ils pas certifié son décès? Si l'on ne retrouva pas son cadavre, c'est que la quantité des morts fut telle qu'il fut impossible de le rechercher! Pourquoi accréditer une fable ridicule et, pour se donner de l'importance, prêter son appui à un misérable imposteur!... *(Pedro Ruiz sort.)*

SCÈNE XV

Les Mêmes, moins PEDRO RUIZ

LA REINE

Ne faites pas attention; le prince a de nobles amis, vaillants et dévoués, puissants et fidèles. Allons, comte Ramon, oubliez quelques paroles un peu vives. Vous êtes le cousin du feu roi Alphonse, et l'injure qu'on me fait doit être relevée par vous.

DON RAMON

Azagra, qui est l'honneur même, affirme que votre

oncle est vivant. Le royaume est à lui, et je ne vois pas ce qu'il y a d'outrageant à rendre hommage à son Roi légitime. *(Don Ramon sort.)*

LA REINE

Illustre comte d'Urgel, en vous j'ai foi et en Bérenger votre fils; vous châtierez un traître qui usurpe une qualité qui n'est pas sienne.

LE COMTE D'URGEL

Alphonse le Fort est le seul possesseur de la couronne. Je suis son ami et je tiens pour réel, sur l'affirmation d'Azagra, qu'il est vivant. Vous ne m'avez pas témoigné assez de déférence pour que je renonce pour vous à une ancienne amitié. *(Urgel sort.)*

BÉRENGER

Mon devoir est de suivre mon père. Vous m'excuserez, Madame. *(Bérenger sort.)*

LA REINE

Bermude, je n'ai d'espoir qu'en vous.

BERMUDE

J'étais le favori d'Alphonse. Je ne mets pas en doute les paroles d'Azagra. Puisque le Roi n'est pas mort, je suis son serviteur. *(Bermude sort.)*

LA REINE

Et vous, seigneur de Montpellier ?

LE SEIGNEUR DE MONTPELLIER

Madame, Bermude est mon père et je lui dois obéissance.

THÉRÈSE

Mon frère, écoute!...

(Le seigneur de Montpellier et les autres seigneurs s'en vont.)

SCÈNE XVI
LA REINE, LE PRINCE, SANCHE, THÉRÈSE

LA REINE

Comment semblable imposture peut elle trouver des partisans? Les seigneurs préfèrent un aventurier à leur roi légitime. Vous seul, Sanche Aulaga, êtes demeuré et mon seul espoir se reporte sur vous. Vous êtes un brave, un vaillant soldat et j'ai toute confiance dans le succès.

SANCHE AULAGA

Les grands du royaume vous abandonnent; leur défection vous afflige, Madame, et moi elle me fait plaisir. Je leur montrerai que mon épée suffit pour faire triompher vos droits. Nommez-moi général, et que les troupes se massent aux sons éclatants du clairon. Bientôt votre étendard victorieux.

LA REINE

Qu'on m'apporte un bâton de commandement.

THÉRÈSE

Et moi je vous fais serment, si vous revenez vainqueur, de vous donner ma main, mon père et mon frère dussent-ils s'y opposer.

SANCHE AULAGA

Soutenu par une telle promesse, je me sens de force à conquérir le monde.

LA REINE

Voici les insignes du commandement. Allez rejoindre les troupes. Je vous attends victorieux...

LE PRINCE

Embrassez-moi et courage, vaillant Sanche!

SANCHE AULAGA

Que le ciel vous comble de ses faveurs!

LE PRINCE

Le sort de ma couronne est entre vos mains.
(*La Reine et le Prince sortent.*)

THÉRÈSE

Sanche, soyez vainqueur et je suis à vous... Au revoir!

SANCHE AULAGA

Donnez-moi un gage qui doublera ma valeur et me rendra invincible...

THÉRÈSE

Voici qui vous rappellera ma promesse!
(*Elle lui remet une écharpe.*)

SANCHE

Je jure de vous porter la tête de l'imposteur, dans cette main, avant de vous donner à jamais cette autre!..

ACTE DEUXIÈME

SALLE D'ARMES D'UN CHATEAU

SCÈNE I

NUÑO, AULAGA, ZARATAN

NUÑO

C'est Sanche Aulaga qui commande les troupes envoyées contre moi?...

ZARATAN

On le dit.

NUÑO (à part.)

Mon fils marche à ma rencontre! Il faut que je lui parle en tête à tête; pour dessiller ses yeux je ne puis me confier à personne.

ZARATAN

On ajoute qu'il a promis à la Reine de lui apporter votre tête et, si vous ne vous défendez pas, je ne donnerais pas grand chose de votre personne. Mais, à l'instigation de mon maître, les grands seigneurs du royaume viennent vous prêter leur appui et se reconnaître vos vassaux. Ils ont réuni leurs troupes et la guerre sera terrible. Les deux vaillants comtes de Provence et d'Urgel sont près d'ici. Pedro de Azagra m'a envoyé vers vous pour que je vous mette au courant de la situation.

NUÑO

Je te remercie et je te récompenserai, si je réussis, comme je récompenserai tous ceux qui m'aideront. En ce moment tu vois ma misère.

ZARATAN
Hélas! Vous connaissez le tableau d'Apelle?

NUÑO
Que représente-t-il?

ZARATAN
Un roi couronné, placé sur une roue et entouré par une foule nombreuse. Le peintre voulant montrer la grande distance qu'il y a entre les paroles et les actes a écrit sur la bouche le mot : « Promettre » et sur la tête le mot : « Tenir ».

NUÑO
Un roi ne peut manquer à sa parole.

ZARATAN
Les bons rois n'ont qu'une parole et même les pauvres gens blâment ceux qui ne remplissent pas leurs serments. Mais il me semble entendre la venue de mon maître : j'ai tant couru que je suis à bout de forces.

SCÈNE II

PEDRO RUIZ, Le Comte d'URGEL, BERMUDE, DON RAMON, Le Seigneur de MONTPELLIER, *tous en costume de route*, Les Mêmes

PEDRO RUIZ
Que Votre Majesté reçoive mon hommage...

NUÑO
Relevez-vous! Votre venue était le comble de mes désirs...

LE COMTE D'URGEL
Sur la foi de Pedro Ruiz, j'ai cru que vous étiez vivant; maintenant que je vous vois, moi, comte d'Urgel

qui vous ai connu, je déclare que vous êtes le roi Alphonse.

BERMUDE

Le ciel a voulu que je puisse jouir encore de votre affection. Moi, Bermude, votre favori, toujours fidèle, toujours dévoué, je n'ai jamais cessé de garder votre souvenir.

DON RAMON

Ramon, comte de Provence, vous salue et vous offre sa vie...

NUÑO

Comte d'Urgel, Bermude, comte de Provence, relevez-vous...

LE COMTE D'URGEL

Sire, donnez votre royale main à mon fils Bérenger.

BERMUDE

Et à mon fils, votre vassal, le seigneur de Montpellier...

NUÑO

Dans mes bras, chevaliers ! Ma joie de vous voir est extrême. Comment avez-vous laissé ma nièce ?

PEDRO

En bonne santé, Sire, et toujours fort belle; mais elle refuse de vous reconnaître et a mis en marche des soldats sous le commandement de Sanche Aulaga.

NUÑO

Si j'ai été battu à Fraga, je n'ai rien perdu de mon courage.

BERMUDE

Elle prétend que vous avez laissé la vie sur le champ de bataille.

NUÑO

Si vos forces ne suffisent pas pour vaincre ma nièce,

vous tous qui me connaissez pourrez me rendre témoignage.

BERMUDE

Je suis certain que les soldats refuseront de se battre quand ils auront la certitude que les grands seigneurs de l'Aragon vous ont reconnu.

NUÑO

Mon intention est d'écrire à Sanche Aulaga. Je ne désire pas en venir aux mains ; ceux que j'aurais à vaincre sont mes vassaux. Tous vous devez en faire de même et écrire aux chefs et aux officiers principaux. Dès qu'ils sauront que vous m'avez reconnu, ils rentreront dans l'obéissance et avec eux l'Aragon entier.

BERMUDE

Il n'y a pas de doute.

NUÑO

Allez donc vous reposer et écrire ; le temps presse et il convient de se hâter.

BERMUDE

Nous obéissons, Sire.

DON RAMON

Lors même qu'il n'y aurait pas d'autre preuve, de si généreux sentiments montrent que vous êtes bien le Roi !...

BERMUDE

Et la majesté de votre attitude !

LE SEIGNEUR DE MONTPELLIER

Le soleil a toujours un éclat incomparable.

BERMUDE

Il n'y a aucune hésitation possible. Je le connais comme moi-même.

NUÑO

Va te reposer, Zaratan. Je t'appellerai quand sera prête ma missive; tu seras mon messager...

ZARATAN (*à part.*)

Joli remerciement! Fasse le ciel que tout se passe bien et que je ne sois pas payé avec une corde de chanvre!...

UN CAMP

SCÈNE III

SANCHE AULAGA, *ouvrant un pli*, Soldats

SANCHE
Halte!
SOLDATS
Halte!
SANCHE

Les ennemis sont proches; reposez-vous, amis; reprenez des forces; c'est vous qui devez faire cesser les discordes de l'Aragon. (*Il lit des lettres.*) C'est Thérèse qui m'écrit! Quelle joie! Elle ne m'oublie pas! Cette lettre placée sur mon cœur centuplera mon courage. (*Il lit.*) « La Reine, ma souveraine, m'ordonne de vous
« écrire pour ratifier ma promesse; je vous jure que je
« ne pourrais me soumettre à un ordre contraire. Je ne
« veux pas exciter votre vaillance, mais vous montrer
« combien votre absence m'est pénible. J'ai peur que
« vous ne teniez pas vos conditions, tant j'ai hâte, pour
« le bien de la Reine, que vous apportiez la tête de
« notre ennemi et pour ma félicité que nous soyons
« unis. Doña Thérèse. » — Oh! lettre précieuse qui ne quittera pas mon cœur! Je triompherai ou je périrai. (*Il lit une autre lettre.*) « Mon fils, la mission qui vous

« a été confiée est si grande que je vous écris pour que
« vous imploriez la puissance divine, la seule qui peut
« vous procurer la victoire. Mon amour m'engage à
« vous le rappeler. Dans le couvent où je suis, tant
« que durera la guerre, nos prières ne cesseront pas.
« Dieu vous ramène victorieux! Votre mère : Doña
« Théodora de Lara. »

SCÈNE IV

ZARATAN, *botté et éperonné*, Les Mêmes

ZARATAN

Illustre général, dont la valeur est connue du monde entier, je suis envoyé vers vous par le ressuscité. Voici une missive qui vous concerne...

SANCHE

Tu l'as vu?

ZARATAN

C'est moi qui le rencontrai le premier sous son costume de pèlerin.

SANCHE

Et que t'en semble?

ZARATAN

Rien.

SANCHE

Ne crains pas : parle!...

ZARATAN

J'admire sa tenue; si c'est un imposteur, par Dieu! il a de l'allure. Les grands seigneurs de l'Aragon l'ont reconnu, et je crois qu'ils vous écrivent afin de vous faire changer de projets ou tout au moins afin qu'avant la bataille, vous ayez une entrevue avec Alphonse Premier.

SANCHE

Tu oses donner le nom d'Alphonse à un traître? Si tes lèvres répètent encore ce nom, sans respect pour ta qualité de messager, je te ferai brancher.

ZARATAN

J'ai mal parlé, soit! Cependant, le nommer ainsi, est-ce soutenir qu'il est réellement roi d'Aragon?

SANCHE

Pourquoi ce traître veut-il me parler? Sans doute, il veut me séduire ou m'enchaîner par des présents. Mais je connais ma loyauté, ma valeur, et je l'entendrai et je m'efforcerai de le ramener à de meilleurs sentiments. Moi aussi, je prétends éviter la bataille désastreuse pour tous. Je vais lire le message. Toi, Zaratan, tiens-toi prêt à rapporter ma réponse.

ZARATAN

Puisque vous êtes déterminé à lui parler, il est inutile d'écrire votre réponse. Il est pressé de vous voir et il est tout près d'ici. *(Sanche sort.)*

SCÈNE V

ZARATAN, Soldats

ZARATAN

Je viens de l'échapper belle! Êtes-vous des soldats d'Aulaga? Quels diables! Dieu me garde d'un pauvre sire élevé aux honneurs! Un jour, le lion malade réunit l'assemblée générale des animaux pour élire un magistrat qui aurait la charge du gouvernement du royaume. Les animaux, envisageant la patience de l'âne, demandèrent qu'on lui confiât le gouvernement. L'âne fut mis en possession de sa charge et, afin de joindre la puissance à l'autorité, le lion lui donna ses griffes. Bientôt, tout joyeux, un roussin de ses amis vint le féliciter de son élévation et l'âne, pour montrer sa force, donna deux coups de griffe à l'ami innocent. En voyant ses chairs pantelantes, le roussin s'éloigna, en pleurant : « Ce n'est pas ta faute, non ; la faute est à celui qui donna des griffes à un animal de basse extraction. » Le lion fut avisé du fait ; il le dépouilla de sa charge, lui enleva ses griffes et le remit à son ancien métier de bête de somme. Donc un homme qui remplit une charge élevée doit l'exercer avec modération, sinon il risque fort qu'on lui rogne les ongles.

(Il s'en va.)

UN AUTRE CAMP

SCÈNE VI

Le Comte d'Urgel, Bermude, Pedro Ruiz, Bérenger, Don Ramon, Le Seigneur de Montpellier, Nuño, *sans manteau, avec le bâton de commandement*

LE COMTE D'URGEL

À mon avis, Sire, puisque l'ennemi a la témérité de s'avancer, il convient de porter le camp dans cette forteresse dont la solidité est à l'épreuve. Que l'adversaire use ses forces contre les murailles et qu'il se lasse dans de périlleux combats.

BÉRENGER

J'appuie cette manière de voir.

PEDRO RUIZ

Tel n'est pas mon avis ; c'est montrer de la crainte et enhardir l'ennemi.

DON RAMON

Sire, continuons à avancer; puisque l'ennemi nous cherche, allons à son devant. C'est un devoir, et nous lui inspirerons de la crainte.

NUÑO

Seigneurs, j'ai l'assurance que si je puis converser avec Sanche, je serai victorieux sans qu'il soit besoin de tirer l'épée. Je crois également que, dès que vos lettres auront été lues par l'armée ennemie, tout s'arrangera au mieux. Aussi, je ne veux pas laisser croire à ma lâcheté en me retirant; de plus, ce serait donner un mauvais exemple. Mieux vaut continuer la marche en avant. D'ailleurs, la hardiesse est fille de la raison...

SCÈNE VII

ZARATAN, *une lettre à la main*, LES MÊMES

ZARATAN

C'est à Dieu plus qu'à votre grandeur que je dois de vous revoir. (*Il remet des lettres au comte d'Urgel, à Bermude, à don Ramon. Les seigneurs lisent.*) Aulaga vous répond à tous les trois, Barrabas distribue les missives aux autres officiers. En apprenant vos desseins, le général a failli me faire pendre. Il ne vous écrit pas, Sire; vous demandez à lui parler et il accepte cette conférence dans l'espoir d'obtenir votre désistement.

BERMUDE (*lisant.*)

« Je sers, avec fidélité, celui qui m'a donné le comman-
« dement et règne en Aragon par droit naturel. » — SAN-
« CHE AULAGA. » — Voilà toute la réponse.

DON RAMON

Il ne me dit pas autre chose.

NUÑO

Je m'engage à le soumettre en m'entretenant avec lui. Mais que mes étendards se déploient sur le coteau voisin.

PEDRO RUIZ

Il me semble qu'un trompette du camp ennemi s'avance vers nous.

SCÈNE VIII

UN TROMPETTE, LES MÊMES

LE TROMPETTE

Lequel de vous se dit Alphonse, roi d'Aragon?

PEDRO RUIZ

Ne vois-tu pas le bâton du commandement?

LE TROMPETTE

Le général Sanche Aulaga demande que vous lui indiquiez un endroit où vous puissiez converser seuls, à distance égale.

NUÑO

Dis-lui que je l'attends sur la rive de ce ruisseau qui porte à la mer ses eaux cristallines. Vous, seigneurs, allez prendre rang parmi vos soldats.

PEDRO RUIZ

Remettons nos épées au fourreau! (*Les seigneurs et le trompette se retirent.*)

ZARATAN

Que Dieu vous entende! Il est joyeux de vivre et

barbare de se tuer. Il n'est pas besoin de la guerre pour mourir : il y a bien assez pour cela des melons, des femmes et des apothicaires ! *(Il sort.)*

NUÑO

Enfin, Sanche arrive ; il est général et je suis roi d'Aragon ; si je venais à perdre la situation où je suis arrivé, jamais je ne perdrais la gloire de m'être élevé si haut.

SCÈNE IX

SANCHE AULAGA, *sans manteau, avec le bâton de commandement;* NUÑO

SANCHE

Dieu vous garde ! Vous êtes un faux roi ; mais pour que je vous parle avec respect, il suffit que vous en portiez le nom. Ceci dit, je vous déclare que vous ne pourrez m'abuser ni par paroles, ni par présents ; je viens vous entendre avec des idées arrêtées. Abrégez donc : j'ai promis votre tête à la Reine, et je prétends remplir ma promesse en ce jour.

NUÑO

Sanche, tu es abusé ; et j'ai la conviction, en t'ouvrant les yeux, de te rendre un plus grand service qu'en cherchant à tromper les autres. Hélas ! Sanche, pourquoi tant de témoins nous regardent-ils ? Je t'ouvrirais mes bras et je t'embrasserais, jusqu'à ce que mon cœur privé de ce plaisir par une longue absence fût rassasié. Je ne suis point le Roi, Sanche, non, je ne suis point le Roi. Je suis ton père, Nuño Aulaga, que tu as cru mort à la bataille de Fraga. C'est moi ton père !

SANCHE

Que dites-vous ?

NUÑO

Ne t'émeus point. Écoute mes aventures et apprends les motifs qui m'inspirent.

SANCHE

Non, vous voulez m'induire en erreur ! Vous, mon père ! Mon sang peut-il trahir son souverain ?

NUÑO

Folle pensée ! Pour régner n'est-il pas permis de trahir ? Qui eut osé tenter un tel acte, sinon celui qui fut capable d'engendrer un fils si plein de vaillance ? Je te demande un peu d'attention et, après que tu m'auras entendu, tu feras ce que tu voudras.

SANCHE

Parlez.

NUÑO

En mes jeunes années, la noble et belle Théodora de Lara captiva mon cœur. L'amour m'aveugla à ce point que je ne suivis pas les conseils de la raison. Sa naissance était supérieure à la mienne. Je n'étais qu'un simple écuyer. Elle était du sang des Lara. Mais grâce à ma fortune, à mes soins empressés, j'obtins son consentement. Elle me donna sa main. Le soir des noces, alors que j'atteignais le suprême du bonheur, je fus précipité du ciel dans l'enfer. Je m'aperçus — infamie ! — dévoiler ce secret est encore une torture — je m'aperçus que Théodora n'était pas la pure jeune fille que je croyais et que je n'étais pas le premier auquel elle avait accordé ses faveurs. Les idées de vengeance, de châtiment bouillonnèrent dans mon esprit. Je n'insiste pas. Cependant, pour ne pas rendre public mon affront, je dissimulai. L'honneur me faisait une loi de prendre patience et d'attendre le moment propice. J'étais certain de mon malheur ; je me mis à surveiller, à m'enquérir, et je découvris qu'avant de s'unir à moi, le favori du Roi, don Bermude, le père du seigneur de Montpellier, avait été agréé par elle. Enfin, je les surpris tous deux ensemble dans ma propre maison. L'offense présente confirmait l'offense passée. Je tirai mon épée, mais le droit est impuissant contre la force. Un bras ne suffit pas contre plusieurs hommes. Il échappa à ma vengeance. J'emmenai Théodora et la plaçai dans un couvent. Mon affront fut connu. Certes, sous mes yeux, Bermude n'avait pas commis d'adultère, mais l'opinion publique est le bourreau de l'honneur. Bermude était un puissant seigneur ; je n'étais qu'un simple gentilhomm Je ne pus avoir raison de lui. Alors Alphonse le Batailleur partit en guerre ; je le suivis. La désastreuse bataille de Fraga fut livrée. Le Roi se vit entouré d'ennemis nombreux ; afin de se battre avec plus de sécurité, il changea de harnais de guerre avec moi. Mais il succomba sous les coups d'un More géant. En vain, je me portai à son aide : mes bras ne ramassèrent qu'un cadavre. Je lui enlevai son anneau royal et son sceau et, m'élançant sur un coursier rapide, je pris la fuite. Comme je portais son armure, son casque, comme je lui ressemblais par les traits, par la stature, le bruit se répandit que le Roi avait échappé à la mort. Ce bruit n'est pas éteint aujourd'hui. Cependant j'appris que Théodora, que j'avais laissée enceinte, t'avait donné le jour. Je gagnai des pays lointains. Le souvenir de mon malheur l'emporta sur mon affection pour toi. En Asie, je changeai de nom. J'avais toujours l'espoir de me venger un jour. Maintenant que les années ont passé, que j'ai apprécié les hautes destinées auxquelles tu t'es élevé, j'ai résolu de mettre à exécution mes projets. Tous ceux qui ont connu Alphonse le Batailleur, n'hésitent pas à le reconnaître en moi. Me voici donc en Aragon, décidé à profiter de l'état de trouble du pays pour mener à bien ma vengeance. Toutes les villes se soumettent à mon autorité. C'est pour ton avenir, Sanche, que je continue à abuser le peuple et les seigneurs. Je veux t'élever et me venger. Bermude est puissant. L'affection que j'ai pour toi, mon affront l'ont emporté sur ma droiture. Ton devoir est de m'aider. Je suis ton père et tu as à supporter une part de mon injure. Enfin, je désire t'élever jusqu'au trône d'Aragon.

SANCHE (*à part, s'éloignant de Nuño.*)

Dieu ait pitié de moi! Ce que je viens d'entendre, l'ai-je rêvé? Est-il vrai que Nuño est mon père? Hélas! je suis donc bien infortuné, puisque je doute. Que ma destinée est affreuse! Qu'ai-je fait pour que la fortune se soit courroucée contre moi? — Mon père, son injure, un royaume! — Effrayantes pensées! — Ma parole, ma loyauté, mon devoir! — Voilà ce que dit mon âme. Et j'adore Thérèse et son père m'a offensé! Si l'on découvre avec le temps que celui-ci fut mon père, ne dira-t-on pas que celui qui ne hasarde rien ne s'élève jamais? Mais que dis-je? Un royaume! Et mon honneur? Que l'ambition cède au devoir! Demeurons fidèle au devoir! J'ignorais si c'était ou non le roi Alphonse, quand j'ai promis à la Reine de la servir! Ce serait trahison que de manquer à mon serment. D'ailleurs, j'ai la certitude qu'Alphonse n'est plus et que j'ai devant moi un imposteur. Mon devoir est donc encore plus étroit. Si quelqu'un prétend que pour régner il est licite de trahir, ce ne peut être que lorsque la tyrannie opprime un peuple; lorsque le vassal n'a pas juré fidélité au souverain; aujourd'hui la succession au trône est établie, aujourd'hui les serments sont sacrés. Non, non, mon devoir avant tout!

NUÑO

Que dis-tu? Quelles sont tes résolutions?

SANCHE

Je dis que tu n'es point Nuño. Tu cherches à me tromper. Un fils tel que moi ne saurait trahir. Ma mère ne fut pas coupable. Rien n'eut arrêté mon père. Bermude serait mort. Donc ma résolution n'est pas ébranlée. Mais vous n'êtes pas Alphonse le Batailleur, et cela me suffit pour demeurer fidèle à la Reine.

NUÑO

Mon fils!...

SANCHE

Je ne suis pas votre fils!

NUÑO

Vive Dieu! Si tu t'obstines encore, pour ton châtiment, je vais proclamer bien haut que je suis ton père. Le monde connaîtra l'infamie de ta mère. Et quand je serai mort par la main du bourreau, la honte de tes parents rejaillira sur toi.

SANCHE

Que m'importe! mes actes démentent vos paroles; ma valeur l'emporte sur votre trahison! Nul ne croira que celui qui a acquis tant de renom doit le jour à des parents misérables. Ma vie est sans tache. Nul ne vous connaît pour mon père. Préparez-vous donc à résister à mes soldats.

NUÑO

Sanche, ouvre les yeux, réfléchis.

SANCHE

Je suis déterminé.

NUÑO

Mais c'est ton élévation que je te donne.

SANCHE

Et moi votre châtiment.

NUÑO

Je suis ton père.

SANCHE

Mon père est mort. Aux armes!

NUÑO

Aux armes? Apprenez tous qui je suis!

SANCHE

Arrêtez; taisez-vous! de grâce...

NUÑO

Si tu ne cèdes pas, je parle.

SANCHE

La fortune a-t-elle jamais placé quelqu'un en pareille situation?

NUÑO

Si je ne suis pas ton père, pourquoi crains-tu que je le dise?

SANCHO

Vous êtes Nuño pour me nuire, mais jamais je n'obéirai à vos prétentions.

NUÑO

Alors, si tu n'obéis pas, je déclare que tu es mon fils.

SANCHE

Puisque si je ne trahis pas, vous me menacez de parler, qu'ai-je à risquer de parler le premier? Que l'Aragon, que le monde entier sachent...

NUÑO

Tais-toi, au nom de Dieu, tais-toi, mon fils... Je ne crains pas pour moi, mais pour toi et je t'arrête...

SANCHE

Alors si, tous deux, il y a péril à dire la vérité,

taisons-nous, Nuño. Contentez-vous de mon silence et laissez-moi remplir mon devoir. Aux armes !

NUÑO

Aux armes !... Et soit maudit le sol qui engendra un parricide !

SANCHE

Dieu lit dans mon âme. Il sait que j'obéis au devoir.

(Ils s'éloignent.)

SCÈNE X

SOLDATS, puis SANCHE

PREMIER SOLDAT

C'est entendu.

DEUXIÈME SOLDAT

C'en est fait. La vérité finit toujours par triompher.

TROISIÈME SOLDAT

Puisque les grands qui ont prêté serment, se rendent à l'évidence, pourquoi l'Aragon ne suivrait-il pas leur exemple ?

SANCHE

Aux armes, soldats, aux armes !

PREMIER SOLDAT

Où courez-vous ?

SANCHE

Battez aux armes.

PREMIER SOLDAT

Général, pourquoi entreprendre une guerre ingrate et inique ?

SANCHE

Le droit et la force sont pour nous.

PREMIER SOLDAT

Les troupes vous montreront votre erreur.

SOLDATS (*au dehors.*)

Vive Alphonse le Batailleur !

SANCHE

Que veut dire ?...

PREMIER SOLDAT

Le camp entier sait que la mort du Roi à Fraga n'a jamais été certaine. Les vieillards d'Aragon reconnaissent Alphonse.

SANCHE

Mais ce n'est point Alphonse, soldats.

PREMIER SOLDAT

C'est folie, en semblable occurrence, de s'élever seul contre tous. Mieux vaut se soumettre à la fortune que de sacrifier inutilement sa vie.

SOLDATS (*au dehors.*)

Vive Alphonse !

PREMIER SOLDAT

Vous voyez bien que la résistance est impossible.

SANCHE (*à part.*)

Le ciel peut dire que cette défection n'est pas pour me déplaire. C'est mon père, après tout.

PREMIER SOLDAT

Que décidez-vous ?

SANCHE

Mieux vaut mourir fidèle au devoir.

PREMIER SOLDAT

Puisque vous refusez d'obéir au Roi, vous êtes un rebelle, rendez-vous.

SANCHE

Trahison !

PREMIER SOLDAT

Il n'y a de traître que celui qui se révolte contre son Roi ! (*Il enlève à Sanche son épée.*)

SANCHE (*à part.*)

Que la loyauté me pardonne si la prison me réjouit !

SCÈNE XI

NUÑO BERMUDE *au dehors;* ensuite PEDRO RUIZ, LE COMTE D'URGEL, BÉRENGER, LE SEIGNEUR DE MONTPELLIER, DON RAMON, ZARATAN.

NUÑO (*au dehors.*)

Ne le tuez pas ! Attendez !...

BERMUDE (*au dehors.*)

Soldats, arrêtez !...

PREMIER SOLDAT

Tous doivent obéissance au vaillant Alphonse !

NUÑO (*entrant, suivi de Bermude.*)

Amis, j'ai besoin d'un bras vaillant...

PREMIER SOLDAT

C'est sa folle obstination qui nous a obligés à le faire prisonnier. (*Pedro Ruiz, le comte d'Urgel, Bérenger, le seigneur de Montpellier, don Ramon, Zaratan entrent.*)

NUÑO

Le devoir du général est de servir qui lui remet le commandement. Vous autres, vous avez fait votre devoir puisque vous avez été désabusés, et puisque vous êtes convaincus que je suis Alphonse. Sanche sera mon soutien d'autant plus fidèle qu'il m'a été opposé.

BERMUDE

Sire, sa vie vous sera précieuse.

ZARATAN

Maintenant, Sanche, je ne crains plus vos griffes puisque le Roi vous les rogne.

NUÑO

Écoute, Sanche... (*Il lui parle bas.*)

BERMUDE (*à part.*)

La dernière fois que j'ai vu Thérèse au palais, n'avait-elle pas cette écharpe? Mais oui!... C'est elle qui la lui a donnée. Mes soupçons sont confirmés. Ciel! j'y mettrai bon ordre.

LE SEIGNEUR DE MONTPELLIER

Père, écoute. Ma sœur ne portait-elle pas cette écharpe la dernière fois que nous l'avons vue au palais?

BERMUDE

Je n'en suis pas certain.

LE SEIGNEUR DE MONTPELLIER

Et moi je n'en doute plus. (*Il tire son poignard.*) Vive Dieu! Je vais le tuer malgré la défense du Roi...

BERMUDE

Mon fils, arrête!

LE SEIGNEUR DE MONTPELLIER

Père, pourquoi prends-tu sa défense?

BERMUDE

Ne vois-tu pas qu'en le châtiant tu rends publique notre offense?

LE SEIGNEUR DE MONTPELLIER

Mais ne l'est-elle pas déjà ?

BERMUDE

Mon fils, il convient de ne pas s'emporter. Je suis vieux, honorable et, mieux que toi, je prétends savoir ce qu'il y a à faire. Il n'y a encore rien de désespéré ; calme-toi et fais semblant de ne rien voir. (*A part.*) Afin que sa mère Théodora ne perde pas sa réputation, il faut me taire encore et attendre une occasion favorable.

SANCHE

Sire, vous voyez que je suis contraint de vous obéir ; j'ai été fait prisonnier et j'ai rempli mon devoir. Laissez-moi au dedans de moi-même me réjouir de vous voir roi d'Aragon. Aussi bien je puis vous affirmer que le devoir l'avait emporté sur les liens du sang. Maintenant que je suis votre prisonnier, il faudra bien que la Reine vous reconnaisse et vous donne la couronne. J'aurai donc l'autorisation de vous obéir et nul ne pourra accuser ma loyauté.

NUÑO

C'est bien parler ! (*Haut.*) Vous êtes mon prisonnier, Sanche Aulaga, puisque je ne puis vaincre votre obstination.

SANCHE

Mon devoir est d'obéir à ma Souveraine légitime, à la reine Pétronille.

NUÑO

Soit ! Mais, quand la Reine se sera soumise et m'aura reconnu, ou tu feras amende honorable ou tu mourras !

SANCHE

Ce que fera la Reine, je le ferai.

NUÑO

Allons à Saragosse! (*Il sort.*)

PEDRO RUIZ (*à part.*)

O belle Pétronille, bientôt j'espère que mes vœux seront comblés ! (*Il sort.*)

LE COMTE D'URGEL (*à part.*)

Mon fils, je pense bientôt te rendre plus heureux que tu ne t'y attends. (*Il sort.*)

BÉRENGER (*à part.*)

Je m'en vais furieux. (*Il sort.*)

ZARATAN

Vous ne me menacez plus. Le lion vous a dompté : vous voilà devenu bien sage et bien petit. (*Il sort.*)

SCÈNE XII

SANCHE, Soldats

SANCHE

Thérèse, celui qui avait juré de revenir vainqueur, revient prisonnier. Le destin a été plus fort que sa volonté. Et vous, ô ma Reine, j'ai fait mon devoir et j'ai résisté jusqu'au bout. Si maintenant je me tais, c'est que mon père est celui qui s'élève contre vous. Un fils ne peut que s'incliner et la loyauté ne peut exiger davantage !...

ACTE TROISIÈME

SALLE DU PALAIS A SARAGOSSE

SCÈNE I

NUÑO, BERMUDE

NUÑO

Bermude, maintenant que Pétronille s'est soumise à mon autorité et que je suis rentré en possession de mon royaume, il faut que je me garde des occasions qui pourraient susciter des mécontentements. Les grands du royaume sollicitent ma faveur et ils prennent souci de votre situation près de moi. Vous seul êtes mon favori et, depuis un long temps, je connais et apprécie votre expérience, votre prudence et votre loyauté. Aussi, afin que notre intimité échappe à l'envie et aux conspirations, nous devons nous arranger, ami Bermude, pour que tout le monde — hormis vous — ignore en quels termes affectueux nous sommes. Si j'ai un bon souvenir, il y a dans votre demeure un jardin retiré qui peut servir à nos desseins. Il faut vous abstenir de venir au palais pour ne pas donner prise à l'envie. Vous me donnerez, ami, une clef de votre jardin et je viendrai vous voir chaque fois que j'aurai un moment de liberté.

BERMUDE

Ma maison, mon jardin sont ouverts par cette clef. (*Il remet une clef.*) Je vous la confie ; il suffit à Bermude de garder une place dans votre cœur.

NUÑO
Mon affection est égale à la vôtre.

BERMUDE
Quels jours puis-je vous attendre ?

NUÑO
D'abord tous les jours de fête.

BERMUDE
A quelle heure ?

NUÑO
Quand les étoiles seront au milieu de leur course. Mais donnez-moi votre parole de garder le plus absolu secret.

BERMUDE
Vous avez ma parole.

NUÑO
Adieu; nous voilà assurés contre l'envie.

BERMUDE
Que Dieu vous accorde de longs jours! *(A part.)* C'est parler en Roi et montrer de la sagesse. Ainsi l'on récompense les services et l'on évite les propos méchants. *(Il sort.)*

NUÑO
Cette privauté feinte prépare ma vengeance ; je suis sûr de l'impunité et du mystère

SCÈNE II

DON PEDRO, SANCHE, ZARATAN, NUÑO

DON PEDRO
Sire, je m'empresse d'obéir à vos ordres. Sanche, mis en liberté, vient vous jurer foi et obéissance...

SANCHE

Puisque la reine Pétronille s'est soumise, je suis son exemple et vous rends hommage et vous souhaite bien des prospérités.

NUÑO

Comte, relevez-vous.

SANCHE

Sire, vous me comblez et je ne mérite pas un si grand honneur.

NUÑO

Quand on est un vaillant soldat, on ne démérite point. Vous avez servi loyalement ma nièce ; vous avez rempli votre devoir et je tiens à vous récompenser. Il n'est pas d'ami plus fidèle que celui qui fut loyal ennemi.

DON PEDRO

Sire, puisque Votre Altesse dispense ses faveurs, je vous prie de vous souvenir de vos promesses à mon égard.

NUÑO

Pedro Azagra, je n'oublie rien de ce que je vous dois ; bientôt vous aurez satisfaction.

DON PEDRO

Et mon bonheur sera sans égal quand je serai l'époux d'une si divine créature.

NUÑO

En attendant que vos vœux soient exaucés, je vous nomme amiral.

DON PEDRO

Mon bras vous est tout acquis, Sire, et je soumettrai l'univers à votre empire. *(Il sort.)*

SCÈNE III

NUÑO, SANCHE, ZARATAN

ZARATAN

Sire, je suis à vos pieds, vous implorant de me confier un emploi. Nul ne remplira mieux son office. Je célébrerai votre générosité et votre magnificence.

NUÑO

Réfléchis à ce que je puis t'accorder en rapport avec ton état.

ZARATAN

J'ai beaucoup plus de disposition pour la paix que pour la guerre. Donnez-moi un gouvernement et je serai un Solon. J'ai entendu dire que vous vouliez réformer les lois, coutumes et privilèges de Saragosse ; si vous voulez m'entendre, j'ai fixé sur le papier quelques-unes de mes idées. (*Il sort un papier et lit* :)

« ARRÊTÉ. — Considérant que les procès ruinent la tranquillité et la fortune des gens, l'avocat de la partie condamnée paiera tous les frais. L'avocat, craignant son propre dommage, examinera ainsi les causes avec soin et ne lancera pas son client dans une affaire injuste ; il y aura ainsi moins de chicane et moins de ruines.

« *Item*, considérant que les fruits se vendent fort cher en commençant et très bon marché à la fin, les prix seront intervertis, car il est acquis que les premiers fruits sont verts et mauvais tandis que les autres sont mûrs et à point.

« *Item*, considérant qu'il y a peu d'ouvriers et peu de travailleurs de terre, que par suite il y a pénurie d'outils et de culture, ne seront pas admis les fils d'ouvriers et de paysans à l'étude des lettres, ne leur seront confiées aucunes fonctions, car il est évident qu'un chat remplissant l'office d'un lion redevient chat à la vue d'un rat.

« *Item*, considérant que les choses nécessaires à la vie ne doivent pas être imposées, seront frappés les objets de luxe tels que voitures, garnitures d'habits, et aussi les fêtes et les bals. Nul ne trouvera injuste le tribut payé pour le plaisir.

« *Item*, plaise à Sa Majesté de vendre les places et les emplois ; il y aura mille acheteurs pour un.

« *Item*, les hommes jeunes ne rempliront pas des places pouvant être tenues par des femmes ; il est absurde que quelqu'un, qui peut être soldat ou laboureur, vende du fil ou de la soie assis derrière un comptoir.

« *Item*, considérant qu'il est inconcevable que les femmes sortent en se voilant la figure, les femmes de mauvaise vie seront contraintes à se couvrir le visage ; les autres alors, pour le bon renom, s'empresseront de montrer leurs traits.

« *Item*... »

NUÑO

Assez.

ZARATAN

Oui, assez, car j'ai prouvé que j'étais préparé à gouverner.

NUÑO

Je te donne mille ducats pour tes services.

ZARATAN

Vive Sa Majesté! Je cours chercher le mandat afin que vous le signez. Je serai le premier qui me serai enrichi en rendant service. (*Il sort.*)

SCÈNE IV

NUÑO, SANCHE

NUÑO

Mon fils, viens dans mes bras; mon cœur se désolait d'une si pénible attente.

SANCHE

Je suis heureux de retrouver un père, et si j'ai longtemps résisté, c'était pour obéir à mon devoir.

NUÑO

Je suis assuré maintenant d'avoir pour moi la voix publique. Déjà j'ai arrêté le plan de ma vengeance. Je tuerai Bermude dans son jardin même.

SANCHE

Et comment?

NUÑO

Il m'a remis une clef qui me permet de pénétrer en secret. J'ai feint de lui accorder toute ma confiance; pour échapper aux regards des envieux, je lui donne rendez-vous chez lui et je vengerai mon injure dans sa maison. Lui seul saura que c'est Nuño Aulaga qui lui donne la mort et tire vengeance de son affront.

SANCHE

Faut-il que je vous accompagne?

NUÑO

C'est inutile. Afin d'éviter tout soupçon, la nuit où j'exécuterai mon projet, tu dois te trouver auprès de Pétronille. Montre lui de l'empressement et même de l'affection. J'ai l'espoir de t'élever assez haut pour te donner sa main et la couronne.   (*Il sort.*)

SCÈNE V

SANCHE

Quelles machinations! Que de luttes, de tourments, de sacrifices! Ainsi une ambition désordonnée s'opposerait à un amour si constant! Ainsi je devrais oublier Thérèse! Naguère, mon humble position était un obstacle au mariage; aujourd'hui que je suis à même de mériter cette beauté non pareille, on me parle d'un établissement royal! Non, Thérèse, non; il n'y a pas de fortune, de couronne même qui puisse m'empêcher de t'adorer. Je suis à toi; et cependant celui qui ne défend pas son père est-il un amant sincère? L'honneur et l'amour sont en lutte. L'outrage réclame une vengeance et mon père a raison de se venger. Et puis, tu ignores que c'est mon père qui tue le tien; non, tu ne peux pas savoir. Quelle situation! J'aime et je suis fils. Si tu dois être à moi, il ne faut pas que tu sois unie à un homme dont le père fut outragé. *(Il sort.)*

APPARTEMENT CHEZ BERMUDE

SCÈNE VI

BERMUDE, THÉRÈSE

BERMUDE

Comme tu es triste, ma Thérèse chérie? Quelles sombres pensées t'affligent? Ne t'ouvriras-tu pas à ton père? Parle moi. A qui te confierais-tu mieux qu'à ton père qui t'aime?

THÉRÈSE

Si ma peine pouvait être soulagée, si mon mal pouvait se guérir, rien ne me contraindrait à parler, tant j'éprouve de honte. Depuis ma plus tendre enfance, une inclination secrète me porte vers Sanche Aulaga. Tant que sa position a été inférieure à la mienne, je me suis tue ; mais aujourd'hui il est comte ; il doit à son courage le surnom de Vaillant ; il est le favori du Roi. Je puis donc sans forfaire aspirer à sa main. Ainsi...

BERMUDE

Assez, ma fille ! Oublies-tu que ton père est Bermude et que ta mère avait la seigneurie de Montpellier ? Penses-tu que je t'ai retirée du palais par simple caprice ? Non : j'ai agi ainsi parce que la Reine appuyait la prétention de Sanche. Sa fortune est accidentelle, et celui que tu prends pour un comte peut être aisément remis dans son premier état. Il est aujourd'hui favori, demain il peut être en disgrâce. Bérenger n'est-il pas amoureux de ta beauté ? N'est-il pas un parfait cavalier ? N'est-il pas des comtes d'Urgel ? Laisse donc tes folles pensées ! Reviens à la raison ; il est des choses que je ne puis t'apprendre. J'aimerais mieux, vive Dieu ! te voir morte que de consentir à de telles chimères. *(Il sort.)*

SCÈNE VII

THÉRÈSE

Vous me tueriez plutôt que de me donner votre consentement ! Eh ! qu'importe ? Je n'ai point peur de mourir puisque je meurs d'amour. Sanche, je serai à toi ! Mon père ne saurait m'empêcher d'épouser celui que j'aime. Tu es vaillant, je t'adore. Thérèse, avec ton appui, ne craint rien au monde !...

SCÈNE VIII

INÈS, THÉRÈSE

INÈS

Qu'avez-vous, Madame?

THÉRÈSE

Inès, mes inquiétudes sont grandes. Mon amour augmente ma peine. Prends ton manteau et va chercher Sancho Aulaga le Brave. Dis-lui que je ne puis attendre plus longtemps et qu'il vienne me trouver au jardin vers minuit.

INÈS

Mais prenez garde...

TRÉRÈSE

Quand on aime passionnément, on ne craint rien. Aie l'assurance que ce que je veux ne saurait ne pas être accompli. Va promptement faire ce que je t'ordonne et ne me demande rien de plus. *(Elle sort.)*

SCÈNE IX

INÈS

Voilà l'occasion que souhaitait Bérenger. Il est grand seigneur et m'a mis dans ses intérêts. L'obscurité de la nuit favorise nos desseins; le hasard nous sert. Lors même que Bermude viendrait à apprendre quelque chose, je ne pense pas qu'il en ait déplaisir. Cela sert trop bien ses désirs. *(Elle s'en va.)*

UNE RUE

SCÈNE X

MOLINA, VERA, *en costume de nuit*

MOLINA

Jusques à quand devons-nous garder ce coin de rue?

VERA

Je n'en sais rien, Molina. Un serviteur doit être patient.

MOLINA

Vera, chaque nuit faire le guet jusqu'au jour finirait par lasser un mannequin.

VERA

Le seigneur Bérenger a ses raisons.

MOLINA

Cela m'est égal. Si Thérèse se montre cruelle et a d'autres prétentions, à quoi servent ces fantaisies? La contraindra-t-on à aimer parce que nous gardons la rue toute la nuit?

SCÈNE XI

ZARATAN *arriva très vite*, LES MÊMES

ZARATAN

Ah! caissier! que le diable t'emporte!

MOLINA

Qui va là?

ZARATAN

Quelqu'un qui passe.

MOLINA

Qui ?

ZARATAN

Moi.

VERA

Attends.

ZARATAN

Avant que je m'en aille, laissez-moi crier.

MOLINA

Que veux-tu dire ?

ZARATAN

Je reviens dans l'instant.

MOLINA

Tais-toi.

ZARATAN

Vous m'excuserez si cela pue.

VERA

Voyons, parle.

ZARATAN

Je suis un serviteur de Pedro Azagra. Sa famille qui n'aima jamais la dépense m'a donné à soutirer une certaine barrique qui sent le vin de Candie... Laissez-moi, de par Dieu...

MOLINA

Continue.

ZARATAN

Mais au vin se trouvait mêlé du séné et tous ceux qui en burent, nous payâmes tribut. Ainsi furent découverts les amateurs de bon vin. Mon maître m'a envoyé en course et le vin a tellement travaillé en route qu'on eût dit que je mesurais le sol ; mes chausses en offrent le témoignage ; j'ai laissé des traces de mon passage dans toutes les rues que j'ai parcourues. Et pourtant il faut que je rende réponse à Sancho Aulaga qui, cette nuit, est de garde au Palais. (*Il s'en va.*)

MOLINA

Il est drôle !

VERA

Il a conté son aventure avec entrain.

SCÈNE XII

BÉRENGER, MOLINA, VERA

BÉRENGER

Et moi, je me réjouis d'apprendre que cette nuit Sanche est de garde au palais.

MOLINA

Seigneur !... Alors vous avez entendu ?...

BERMUDE

Oui. Voici ce qui m'amène. Venez avec moi à la porte du jardin de Thérèse. J'ai l'espoir de réussir grâce à l'appui de sa camériste Inès. Ainsi je parviendrai à mes fins, je triompherai de ses dédains et je me vengerai du don qu'elle a fait à Sanche de son écharpe.

SCÈNE XIII

INÈS *à une porte*, LES MÊMES

INÈS

Est-ce le seigneur Bérenger ?

BÉRENGER

C'est toi, Inès ?

INÈS

Oui, c'est moi. Mais quelles sont ces gens ?

BÉRENGER

Si tu peux, sans que ta maîtresse s'en aperçoive, faire entrer ceux que tu vois, ce sont des gens de cœur. Dans une affaire de ce genre, il est bon, en cas de surprise, de se précautionner.

INÈS

Entrez... mais... *(Ils entrent.)*

LE JARDIN DE BERMUDE

SCÈNE XIV

BÉRENGER, INÈS, MOLINA, VERA, puis THÉRÈSE

INÈS

Demeurez là cachés derrière ce lierre.

BÉRENGER

Et si l'on vous aperçoit ?

MOLINA

Nous saurons mourir pour vous. *(Molina et Vera se cachent; Inès et Bérenger s'avancent à tâtons avec précautions.)*

INÈS

Thérèse est près de cette fontaine. Votre amour va être récompensé. Soyez sans crainte. Le jardin est assez éloigné de la maison pour que vous puissiez avec sécurité exécuter votre projet.

THÉRÈSE *(entrant, à part.)*

Il n'y a plus à hésiter : mon amour est résolu.

INÈS

Madame, celui que votre cœur adore est là.

THÉRÈSE

Sanche...

BÉRENGER

Mon adorée !

THÉRÈSE

Celui qui aime ne recule point.

INÈS

Arrêtez ! j'entends des pas dans le jardin...

THÉRÈSE

Miséricorde !... Qui vient là ?

BÉRENGER

Soyez sans crainte. Je suis là.

THÉRÈSE

Écoutons derrière cette charmille. (*Ils se cachent.*)

SCÈNE XV

BERMUDE, NUÑO, Les Mêmes, *cachés*

NUÑO

Sommes-nous seuls, Bermude ?

BERMUDE

Absolument seuls, et le jet de cette fontaine rompt seul le silence de la nuit.

VERA (*à part.*)

Voilà deux hommes. Quels sont-ils ?

MOLINA (*à part.*)

Des fantômes, peut-être.

BERMUDE

Votre Majesté peut s'asseoir ici.

NUÑO

Bermude, prenez place. (*Nuño et Bermude sont assis de telle façon qu'ils ont derrière eux Bérenger, Thérèse et Inès.*)

THÉRÈSE (*à part.*)

Quelle affaire importante amène ici le Roi et mon père ?

INÈS (*à part.*)

Nous courons un grand danger.

BÉRENGER (*à part.*)

Écoutons en silence.

NUÑO

Bermude, vous avez peut-être gardé le souvenir de Nuño Aulaga ?

BERMUDE

Oui, Sire ; il disparut avec vous à Fraga.

NUÑO

Vous rappelez-vous, Bermude, l'outrage que vous lui fîtes avec sa femme ? Vous étiez si puissant qu'il ne put en tirer vengeance...

BERMUDE

Sire... (*A part.*) Je ne sais quel pressentiment oppresse mon cœur.

NUÑO

Si le châtiment des offenses contre le ciel est parfois différé, il vient un moment où ce châtiment s'accomplit. Je ne suis pas Alphonse le Fort. C'est Nuño Aulaga qui te tue pour venger son outrage ! (*Il tire son poignard, le lève pour frapper. Thérèse et Bérenger s'élancent sur lui et le retiennent.*)

THÉRÈSE

Ah ! traître !...

BÉRENGER

Je te tiens   Molina, Vera !... (*Les deux spadassins arrivent.*)

MOLINA

Seigneur !...

BERMUDE

Emparez-vous de lui !

NUÑO

Arrière !... Que voulez-vous à votre Roi ?

BÉRENGER

Nous avons tout entendu, Nuño Aulaga.

BERMUDE

Faux roi, ton dernier jour est venu.

NUÑO

Tuez-moi, puisque je n'ai pu me venger.

BERMUDE

Tu recevras une mort plus ignominieuse ; mais qui m'a sauvé ?

BÉRENGER

Bérenger !

THÉRÈSE (*à part.*)

Horrible situation !

BÉRENGER

C'est le ciel qui a voulu vous sauver, seigneur Bermude. C'est un excès d'amour, qui a fait qu'un traître ne vous a pas donné la mort. J'ai été seul coupable ; Thérèse est innocente.

BERMUDE

Ce n'est pas le moment de discuter ; j'ai l'assurance que vous donnerez satisfaction à mon honneur.

MOLINA

Il est si bien attaché que, fut-il Hercule en personne, il ne romprait pas ses liens.

BERMUDE

Conduisez-le dans ma demeure.

NUÑO

Hélas !

BERMUDE

Qu'on prévienne mon fils. Pendant qu'avec Bérenger je vais avertir la Reine, vous autres deux, gardez le prisonnier.

VERA

Allons.

BERMUDE

Dépêchez.

BÉRENGER (à part.)

Ah ! Thérèse, quelle occasion j'ai perdu !

(*Bermudo et Bérenger sortent.*)

NUÑO (à part.)

Oh ! mon fils, pour toi seul je m'inquiète.

(*On emmène Nuño.*)

INÈS (à part.)

Bien que ma tromperie ait abouti à un tel résultat, je vais me sauver. Il y a toujours une corde pour les petits. (*Elle sort.*)

SCÈNE XVI

THÉRÈSE

O ciel, qu'ai-je fait pour que vous soyez contre moi ? J'ai perdu ma réputation. J'ai perdu l'espoir d'épouser

Sanche. Son père est prisonnier; il est l'ennemi de mon père. Sanche est fils d'un traître. Je l'ai perdu et j'ai perdu Bérenger, qui a été témoin de ma passion. Ciel, donne-moi la mort, tu seras moins cruel!...

(Elle sort.)

UNE RUE

SCÈNE XVII

PEDRO RUIZ

Comment Nuño Aulaga a-t-il pu me tromper ainsi? Comment vais-je me réconcilier avec la Reine? Je suis le complice d'un traître; je suis poursuivi; ce que je croyais qui devait m'élever m'a perdu. Avant tout ceci elle se montrait insensible; comment céderait-elle maintenant que je l'ai offensé? Je vais passer à Murcie puisque le roi More m'offre de l'or et de l'argent. Je n'ai plus à attendre que des malheurs!...

SCÈNE XVIII

SANCHE, PEDRO RUIZ

SANCHE

Quel est mon espoir maintenant? Et qu'importent les rêves de fortune à qui est las de la vie!

PEDRO RUIZ

Ami Sanche, où vas-tu?

SANCHE

Hélas! que demandes-tu à un malheureux? Je vais mourir ignominieusement, puisqu'on me donne un père traître.

PEDRO RUIZ

Alors, tu manques de courage ?

SANCHE

Peut-on être brave, peut-on être sage, quand on est si éprouvé ?

PEDRO RUIZ

Je ne suis pas moins éprouvé que toi, car je fus complice sans m'en douter. Je vais donc me réfugier à Murcie. Viens avec moi, ami Aulaga. Je t'offre mon bras et mon épée. (*A part.*) Si je le décide à venir à Murcie, son bras et le mien, ô Reine, se vengeront de ton dédain ; c'est ce que je souhaite !...

SANCHE

De toute part je suis entouré de périls. (*A part.*) Hélas ! grandeurs ! renommée ! mon père ! Thérèse ! J'ai tout perdu en un jour. Mais le souvenir de ton amour augmente ma douleur. Et dire que dans le jardin Bérenger était dans tes bras !...

SCÈNE XIX

ZARATAN, Les Mêmes

ZARATAN

Que faites-vous là si tranquille, Sanche Aulaga ? Au palais on publie la sentence qui ordonne votre arrestation et condamne votre père à la mort infamante du gibet.

SANCHE

Que dis-tu ?

ZARATAN

Si vous ne me croyez pas, les cloches des confréries vous le montreront bientôt.

SANCHE

Comment supporter pareils tourments? Les juges qui ont condamné le traître n'auront pas de pitié pour celui qu'ils lui attribuent comme fils! Ils se soucieront peu que l'on me nomme Sanche le Vaillant. Azagra, je suis votre conseil. Fuyons à Murcie, mais auparavant j'ai besoin de votre aide pour deux choses...

PEDRO RUIZ

Je suis heureux que vous m'accompagniez.

SANCHE

Venez avec moi et vous connaîtrez les projets que conçoit un noble cœur. *(Ils sortent.)*

ZARATAN

Hier, un roi, aujourd'hui un pendu !... Voilà d'étranges choses! Que le vrai Alphonse se garde de jamais revenir; sans quoi on le pendrait sans l'entendre!

(Il s'en va.)

UNE PRISON

SCÈNE XX

NUÑO *aux fers*, UN GREFFIER *avec un papier*

UN GREFFIER

Voici la sentence. Il ne me reste plus qu'à vous prévenir que l'exécution aura lieu dans une heure.

(Il s'en va.)

NUÑO

C'en est fait! Voilà le triomphe d'un désir de vengeance et d'une ambition démesurée. Ah! mon fils! Est-il possible que ma mort infamante pèse sur toi? Et je ne puis me tuer avant que le bourreau ne pose son pied sur mes épaules!

SCÈNE XXI

SANCHE, NUÑO

SANCHE (à part.)

Que l'honneur me soutienne, maintenant!

NUÑO

Qui vient là?

SANCHE (à part.)

Me voici! Que l'honneur l'emporte sur l'affection!... (*Haut.*) Mon père!

NUÑO

O mon fils! T'exposer ainsi?...

SANCHE

C'est l'influence d'Azagra qui m'a ouvert ces portes; d'ailleurs, un malheureux ne craint pas le danger, non; je suis tombé au dernier degré de l'infortune. On publie que je suis votre complice et on vous prépare la mort la plus ignoble. Ainsi, bien que je vous ai renié, Nuño, et qu'il soit incontestable que d'autres que moi ont été trompés, je crois, mon père, qu'il faut se décider à éviter une peine infamante. La renommée vous appelle Nuño et mon père; elle me couvre d'infamie, bien que je ne me sente pas atteint. Il vous reste une heure de vie et une éternité de honte; échappez donc par la mort à une honte si grande. Vous savez ce que vous y gagnerez: n'est point honoré celui qui évite des siècles de honte pour jouir de quelques instants de plus de vie. Il n'est pas bien que celui qui se dit mon père, qu'on a appelé roi d'Aragon, attende un supplice infâme. Et c'est pourquoi, allant au devant de vos désirs, confiant en votre courage, je viens vous offrir ce poignard. Que votre main rachète votre faute, si vous ne voulez pas me donner un office inhumain!...

NUÑO

Ne crois pas que tu aies besoin d'être excusé. Tu vas au devant de mon désir, et tu ne m'as pas déterminé.

SANCHE

Vous montrez, maintenant, que vous êtes vraiment mon père.

NUÑO

Et ton cœur et ton acte prouvent que tu es bien mon fils. Ton devoir est de me tuer : je ne veux pas enlever cette gloire à ta renommée. Ainsi, ma honte est effacée et l'Espagne entière répètera que tu as donné le coup et que j'ai donné la vie.

SANCHE

Non, mon père ; puisque vous avez eu le courage de vous justifier vous-même, ne me forcez pas à commettre une action si inhumaine.

NUÑO

N'essaie pas de résister. Avec toi, je veux partager la gloire de cette action, car la honte nous menaçait tous deux. Ainsi, tous deux nous aurons un renom éternel. C'est la main d'un brave qui m'enlèvera la vie, puisque le courage d'un homicide rend ma mort honorable. Et toi, en montrant tant d'héroïsme, tu auras donné à ton père la mort pour sauver ton honneur.

SANCHE

Seigneur !...

NUÑO

Inutile de répondre. Me résister serait m'offenser. Ou je ne meurs pas ici, ou tu me donnes la mort. Je t'ordonne de me tuer et, en te donnant cet ordre, je m'acquitte de ce que je te dois, car tu hérites d'un acte d'héroïsme.

SANCHE

Puisque vous êtes décidé, j'obéis, et, si je ne me tue pas après vous, c'est afin de pouvoir vous venger.

NUÑO

Oui, mon fils. Ton père n'a pu tirer vengeance de l'injure de sa femme et de Bermude. Vis pour venger ton père et toi-même. Mon affront est connu; l'infamie est plus grande, plus grande aussi l'obligation de se venger... Mais il me semble que j'entends les pas des exécuteurs... Vite ton poignard !... Un dernier baiser, mon fils, et la mort !... (*Ils s'embrassent... Sanche lève son poignard au moment où les exécuteurs entrent.*)

SANCHE

Pitié pour moi ! L'honneur commande...

(*La toile tombe.*)

UNE SALLE AU PALAIS

SCÈNE XXII

LA REINE, Le Comte d'URGEL, BÉRENGER, BERMUDE, DON RAMON, LE PRINCE, Le Seigneur de MONTPELLIER, THÉRÈSE, Suite

(La Reine et le Prince sont assis sur un trône ; Don Ramon tient une bannière, d'autres Seigneurs la couronne et le sceptre.)

LA REINE

Seigneurs d'Aragon, le ciel a permis que vos yeux fussent éclairés et que vous reconnaissiez mon droit. Je renonce au trône en faveur de mon fils. Que le royaume jouisse d'une paix profonde ! (*Elle place la couronne sur la tête de son fils.*) Répétez à haute voix : Vive Alphonse, roi d'Aragon ! Don Ramon, agitez la bannière !...

DON RAMON

Vive Alphonse !

TOUS

Vive Alphonse !

SCÈNE XXIII

THÉODORA, *en deuil*, Les Mêmes

THÉODORA

Reine généreuse, roi Alphonse auquel je désire gloire et renom, Théodora de Lara vient se jeter à vos genoux et implorer votre merci en ce jour de fête. Pardonnez à la femme de Nuño Aulaga cette hardiesse extrême : la douleur ose tout ; la peur de l'infamie fait perdre la tête. Je ne demande pas sa vie, non ; mon espoir ne va pas jusque là. Je demande seulement que, prenant en considération l'honneur de sa femme qui descend des Lara, les services de son fils dont la valeur est connue de tous, vous accordiez un changement de peine et lui épargniez un supplice infâme. Je ne suis point coupable et...

SCÈNE XXIV

PEDRO RUIZ, SANCHE, Les Mêmes

SANCHE.

Arrêtez, ma mère, et vous tous, écoutez ! Celui pour qui vous implorez n'est plus vivant et celui qui est mort n'est pas Nuño Aulaga. Reine Pétronille, roi Alphonse, je suis Sanche Aulaga, celui qu'on a surnommé le Brave, qui vous a donné plus de villes que vous n'en avez héritées, qui a remporté plus de victoires que tous les seigneurs du royaume réunis. O Reine, je suis celui — et je ne m'explique pas ce manque de mémoire, — je suis celui qui, ici même, voyant que s'éloignaient de vous tous ceux qui sont ici présents, ai seul tiré mon épée, ai seul offert ma vie pour défendre votre cause, ai seul, alors que tous s'inclinaient devant l'imposteur, crié à haute voix : « Prenez garde, on vous trompe, c'est un traître et non Alphonse ! » Si mes soldats ne m'avaient eux-mêmes fait prisonnier, j'aurais pu ne pas vaincre, mais au moins je serais mort. Seul j'ai été loyal, j'ai été fidèle alors que tous abandonnaient le trône. Seul je ne me suis soumis qu'après que vous m'en avez donné l'exemple. Et alors, pourquoi vos conseillers ordonnent-ils de m'arrêter ? Si l'on me croit complice du traître, si l'on me fait un crime d'avoir Nuño pour père, sur quoi est basée une telle articulation ? Ils mentent tous ceux qui prétendent ternir ma loyauté !

Et don Bermude se trompe et aussi don Bérenger en affirmant que le traître est Nuño Aulaga, mon père, et qu'il voulait tirer vengeance d'une offense que lui fit doña Théodora. Tous se trompent! Il est certain que la mère de Sanche Aulaga n'a pu être coupable, que le père de Sanche Aulaga ne fut ni imposteur, ni traître. Et si je l'ai tué moi-même, c'est qu'il suffisait que le bruit public le dise père de Sanche, et que l'infamie du supplice devait lui être évité. A Bermude, à Bérenger, au monde entier, je suis prêt à prouver corps à corps que leurs paroles sont des mensonges. Roi Alphonse, donnez-moi le champ, vous ne pouvez le refuser: les coutumes d'Espagne vous y obligent!...

BERMUDE

Il suffit, Sanche. Je ne puis, pour plusieurs raisons, accepter ton défi. Tu veux prouver que ton père ne fut pas un imposteur, que ta mère ne fut pas indigne. Je dis comme toi. Et puisque Nuño Aulaga n'est plus, je romprai le silence que j'ai gardé tant que ta mère a été mariée. Son honneur m'oblige à parler. Apprenez tous que Sanche est mon fils; j'avais donné ma parole à Théodora: nous avions eu ensemble des relations; il y avait deux mois que tu étais conçu lorsque, la tête perdue par l'amitié et les honneurs dont Alphonse me comblait, je contraignis Théodora à se contenter d'être la femme de Nuño Aulaga. Nuño me trouva une fois avec elle dans sa demeure; il crut injustement que Théodora l'outrageait. Depuis son mariage elle ne manqua jamais à ses devoirs. Nuño tira son épée, mais ce fut en vain; il dut renoncer à la vengeance. Bientôt il partit pour la guerre. Son absence fut longue. Et moi, n'étant pas assuré de sa mort à Fraga, j'ai gardé ces secrets jusques à ce moment. La mort de Nuño, ma parole, ta valeur, la réputation de Théodora exigent une réparation. J'épouse Théodora et je te légitime.

THÉODORA

Votre cœur est noble et généreux. Je vous donne ma main et mon âme.

SANCHE

Je vous baise les mains. Certainement, vous êtes mon père : il n'y a qu'un père capable de si grandes choses.

LE SEIGNEUR DE MONTPELLIER

Sanche, embrasse ton frère.

THÉRÈSE

J'ai perdu un amant, mais je retrouve le meilleur des frères.

BERMUDE

Thérèse, voilà l'empêchement dont je te parlais ; voilà pourquoi, mon fils, je t'ai empêché de tirer vengeance du don de l'écharpe. Et vous, Bérenger, vous devez être convaincu que les faveurs de Thérèse à Sanche ne préjudicient pas à sa réputation. J'attends que vous fassiez votre devoir.

LE COMTE D'URGEL

Mon fils, tiens ta parole.

BÉRENGER

Thérèse, voulez-vous faire mon bonheur?

THÉRÈSE

C'est moi qui vous suis reconnaissante.

DON ALPHONSE

Et moi, je me réjouis de voir Sanche hors de soupçon et je lui confirme toutes les faveurs qu'il reçut de Nuño Aulaga.

LA REINE

Et vous, don Ramon, puisque c'est le jour des obligations remplies, donnez votre main à Rica. Maintenant que mon fils règne, j'entends vivre retirée dans un couvent.

DON RAMON

Vous ordonnez et j'obéis.

PEDRO RUIZ

Et moi, Madame, je perds la plus douce des espérances et je m'éloigne afin de ne plus vous importuner.

ZARATAN

Et moi, puisque j'ai la chance qu'on ne me marie pas, en vous priant d'en excuser les fautes, je mets fin à cette comédie véridique, que le docte père Mariana a rapportée au livre onzième des Annales d'Espagne.

FIN DE LA CRUAUTÉ POUR L'HONNEUR

APPENDICE

COMÉDIES IMPRIMÉES DE CALDERON (1)

La vida es sueño.
Casa con dos puertas.
El purgatorio de San Patricio.
La gran Cenobia.
La devoción de la Cruz.
La puente de Mantible.
Saber del mal y del bien.
Lances de amor y fortuna.
La dama duende.
Peor está que estaba.
El sitio de Breda.
El Príncipe constante.
El mayor encanto amor.
Argénis y Poliarco.
El galán fantasma.
Judas Macabeo.
El médico de su honra.
La Virgen del Sagrario.
El mayor monstruo del mundo.
El hombre pobre todo es trazas.
Á secreto agravio, secreta venganza.
El astrólogo fingido.
Amor, honor y poder.
Los tres mayores prodigios.
En esta vida, todo es verdad y todo mentira.
El maestro de danzar.
Mañanas de Abril y Mayo.
Los hijos de la fortuna.
Afectos de odio y amor.
La hija del aire, primera y segunda parte.
Ni amor se libra de amor.
El laurel de Apolo.
La púrpura de la rosa.
La fiera, el rayo y la piedra.
También hay duelo en las damas.
El postrer duelo de España.
Eco y Narciso.
El monstruo de los jardines.
El encanto sin encanto.
La niña de Gómez Arias.
El gran príncipe de Fez.
El Faetonte.
La aurora en Copacabana.
El conde Lucanor.
Apolo y Climene.
El golfo de las Sirenas.
Fineza contra fineza.
Fieras afemina amor.
La estatua de Prometeo.
El Tuzaní de la Alpujarra.
Amado y aborrecido.
El jardín de Falerina.
Darlo todo, y no dar nada.
De un castigo tres venganzas.
¿Cuál es mayor perfección, hermosura ó discreción?
Luis Pérez el gallego.

(1) D'après une liste dressée par lui et envoyée à son protecteur, le duc de Veragua, le 24 juillet 1680.

Mujer, llora y vencerás.
Basta callar.
La Virgen de los Remedios.
Auristela y Lisidante.
Mejor está que estaba.
Mañana será otro día.
La Virgen de la Almudena, primera y segunda parte.
El mágico prodigioso.
San Francisco de Borja.
Los dos amantes del cielo.
Amigo, amante y leal.
El secreto á voces.
Hado y divisa de Leonido y de Marfisa.
Las armas de la hermosura.
Duelos de amor y lealtad.
El segundo Scipión.
El castillo de Lindabridis.
Don Quijote de la Mancha.
La Celestina.
No hay cosa como callar.
El José de las mujeres.
El triunfo de la Cruz.
Los empeños de un acaso.
Primero soy yo.
El agua mansa.
Agradecer y no amar.
Para vencer á amor, querer vencerle
No siempre lo peor es cierto.
Gustos y disgustos no son más que imaginación.
Dicha y desdicha del nombre.
Manos blancas no ofenden.
El escondido y la tapada.
Cada uno para sí.
La desdicha de la voz.
Antes que todo es mi dama.
Los tres afectos de amor.
El pintor de su deshonra.
No hay burlas con el amor.
Dar tiempo al tiempo.
¡Fuego de Dios en el querer bien!
La cisma de Inglaterra.
El acaso y el error.
Celos, aun del aire, matan.
Andrómeda y Perseo.
El alcalde de Zalamea.
La banda y la flor.
Con quien vengo, vengo.
El alcalde de sí mismo.
El carro del cielo.
De una causa dos efectos.
Bien vengas mal, si vienes solo.
Certamen de amor y celos.
Los cabellos de Absalón.

TABLE DES MATIÈRES

	Pages
INTRODUCTION	1
L'Alcade de Zalaméa	1
On ne Badine pas avec l'Amour	107
La Dévotion à la Croix	281
Le Tisserand de Ségovie	199
La Cruauté pour l'Honneur	487

Paris. — Librairie GARNIER Frères, 6, rue des Saint-Pères.

www.ingramcontent.com/pod-product-compliance
Lightning Source LLC
Chambersburg PA
CBHW060404230426
43663CB00008B/1383